本书为国家社科基金重点项目
"早期汉族移民与'西南夷'社会发展研究"（23AMZ007）阶段性成果

李东红 著

夷汉歌咏

汉代西南夷民族交往交流交融

中华书局

图书在版编目(CIP)数据

夷汉歌咏:汉代西南夷民族交往交流交融/李东红著. —北京:中华书局,2024.2
ISBN 978-7-101-16420-6

Ⅰ.夷… Ⅱ.李… Ⅲ.西南夷-民族文化-文化研究-两汉时代 Ⅳ.K280.034

中国国家版本馆 CIP 数据核字(2023)第 216793 号

书　　名	夷汉歌咏:汉代西南夷民族交往交流交融	
著　　者	李东红	
责任编辑	樊玉兰	
责任印制	陈丽娜	
出版发行	中华书局	
	(北京市丰台区太平桥西里38号　100073)	
	http://www.zhbc.com.cn	
	E-mail:zhbc@zhbc.com.cn	
印　　刷	三河市中晟雅豪印务有限公司	
版　　次	2024年2月第1版	
	2024年2月第1次印刷	
规　　格	开本/920×1250 毫米　1/32	
	印张 15¼　插页 3　字数 353 千字	
国际书号	ISBN 978-7-101-16420-6	
定　　价	95.00 元	

李东红 1965年生,云南洱源凤羽人,历史学博士、二级教授,博士生导师。美国宾州大学(The Pennsylvania State University)、新西兰梅西大学(Massey University)访问学者,英国诺森比亚大学(Northumbria University)特约研究员,泰国格乐大学(Krirk University)特聘博士生导师。历任云南大学科研处副处长、出版社总编、图书馆馆长等职,现任大理大学民族学学科负责人,特聘教授。主要学术领域为中国西南民族研究、佛教考古、南诏大理学等,完成"白族文化与汉文化互动与构建"等十余项国家级、省级科研课题。出版《南天佛国:南诏大理佛教历史与文化》《乡人说事:凤羽白族村的人类学研究》《苍洱五百年》《白族佛教密宗阿吒力教派研究》《白族密教》等学术著作,发表学术论文一百余篇。

目　录

绪　论 ··· 1
　一　何为西南夷？ ··· 2
　二　西南夷的汉族移民 ··· 9
　三　西南夷研究的基本学术问题 ·· 13
第一章　战国至秦汉时期西南夷族群及其文化 ···························· 21
　第一节　川南滇北僰人文化 ·· 22
　第二节　邛都夷与大石墓文化 ··· 25
　第三节　夜郎与夜郎文化 ··· 26
　第四节　滇国与"滇文化" ··· 28
　第五节　嶲、昆明、叶榆夷及其文化 ····································· 31
　第六节　徙、筰、冉駹、白马族群与石棺葬文化 ······················ 39
　第七节　西南夷及其文化起源 ··· 45
第二章　汉代在西南夷设置的边郡与属国 ································· 57
　第一节　秦对巴蜀、西南夷的经营与治理 ································ 57
　第二节　汉代西南夷郡县制度的确立 ······································ 59
　第三节　西南夷郡县设治的时代特点与历史意义 ······················ 79
第三章　西南夷交通与邮传系统的建立 ···································· 89
　第一节　秦蜀通道——巴蜀与关中的交通大道 ·························· 91
　第二节　河南道——巴蜀与西域之间的通道 ····························· 94
　第三节　巴楚道——巴蜀与荆楚之间的通道 ····························· 96

第四节	南夷道与西夷道——巴蜀与西南夷之间的通道……	98
第五节	博南道——西南夷通身毒国道……………………	102
第六节	秦汉西南夷邮传系统的建立………………………	104
第七节	西南大通道的价值与意义…………………………	109

第四章　西南夷早期汉族移民……………………………… 113

第一节	有关西南夷早期汉族移民的学术讨论……………	113
第二节	吕不韦家族门人迁居蜀地、西南夷的故事……	116
第三节	西南夷郡县设治与移民实边………………………	120
第四节	治道、置邮传与移民………………………………	122
第五节	移民屯田……………………………………………	124
第六节	战乱与流民迁入西南夷……………………………	126
第七节	汉族移民与西南夷社会发展………………………	131

第五章　汉代内地生活方式的传入………………………… 135

第一节	住屋与院落…………………………………………	135
第二节	仓房与水井…………………………………………	145
第三节	"俑"与汉代庄园生活……………………………	150
第四节	车马器及铜车马……………………………………	156
第五节	炊爨用具……………………………………………	160
第六节	饮食器具……………………………………………	166
第七节	灯具…………………………………………………	173
第八节	铜镜…………………………………………………	176

第六章　西南夷族群结构的变迁…………………………… 183

第一节	夷汉大杂居小聚居格局的形成……………………	183
第二节	西南夷族群称谓的变化……………………………	185
第三节	新社会阶层"夷帅""大姓"的产生……………	188
第四节	西南夷早期汉族移民与土著族群的融合…………	192

第五节　西南夷土著人群向巴蜀及内地的迁移……………　195

第七章　西南夷土著文化向汉文化的转型……………………　199
　　第一节　设教讲学与汉文化传播……………………………　201
　　第二节　汉晋王朝纪年与年号的流行………………………　204
　　第三节　使用汉朝的官防印信………………………………　207
　　第四节　政令通行汉文………………………………………　217
　　第五节　以汉文书写西南夷族群历史与文化………………　222
　　第六节　金石碑铭通行汉文…………………………………　224

第八章　汉代西南夷农业发展…………………………………　243
　　第一节　农业生产工具的进步………………………………　243
　　第二节　陂塘水田系统的发明与推广………………………　251
　　第三节　考古发现的"陂塘水田"模型………………………　254
　　第四节　牛耕在西南夷的兴起………………………………　268
　　第五节　两汉西南夷的人口增长……………………………　271
　　第六节　西南夷农业的发展…………………………………　276

第九章　汉式器物在西南夷的本土化生产……………………　279
　　第一节　铜洗的输入与本土化生产…………………………　279
　　第二节　西南夷生产的朱提堂狼铜洗………………………　282
　　第三节　青蛉、邛都铜洗的发现……………………………　288
　　第四节　西南夷生产汉式青铜器的意义……………………　290
　　第五节　西南夷汉式器物本土化过程分析…………………　294

第十章　汉式葬俗在西南夷的流行……………………………　299
　　第一节　汉式葬俗传入西南夷………………………………　300
　　第二节　西南夷社会记忆中的汉式墓葬"梁堆"……………　306
　　第三节　考古发现的西南夷汉式墓葬遗迹…………………　310
　　第四节　西南夷汉式墓葬的典型案例：霍氏壁画墓………　321

第五节	西南夷汉式墓葬的文化特征与时空意义	326
第六节	西南夷汉式墓葬的族属、宗教意象与隐喻	340
第七节	西南夷葬俗变革的社会历史情境分析	347

第十一章 西南夷发现的摇钱树 ········ 355
- 第一节 摇钱树的发现与定名 ········ 355
- 第二节 摇钱树出土情况及其时空意义 ········ 357
- 第三节 摇钱树装饰纹样与图像 ········ 367
- 第四节 摇钱树的文化渊源 ········ 374
- 第五节 摇钱树的生产与流通 ········ 386

第十二章 西南夷祖源叙事与神话的变迁 ········ 389
- 第一节 西南夷土著祖源叙事 ········ 389
- 第二节 西南夷为"庄蹻之后"祖源叙事 ········ 391
- 第三节 西南夷汉族祖源叙事 ········ 393
- 第四节 西南夷土著神话的变迁 ········ 402

第十三章 西王母信仰在西南夷的流传 ········ 407
- 第一节 汉代西王母信仰 ········ 408
- 第二节 汉代西王母形象 ········ 409
- 第三节 西南夷流传的西王母信仰 ········ 412
- 第四节 摇钱树与西王母信仰 ········ 414
- 第五节 日月神、伏羲女娲与天门图像 ········ 418
- 第六节 西王母使者"神鸟送仙药"图像 ········ 421
- 第七节 "四神"信仰在西南夷的流传 ········ 423

第十四章 西南夷与中国早期佛教 ········ 429
- 第一节 汉文献对中国早期佛教的记载 ········ 429
- 第二节 佛教传入西南夷 ········ 436
- 第三节 西南夷考古发现的佛教造像 ········ 443

第四节　西南夷与早期佛教传播……………………………… 458
结束语……………………………………………………………… 463

主要参考文献……………………………………………………… 467
后　记……………………………………………………………… 479

绪 论

《华阳国志》卷四《南中志》记载：

> 孝武时，通博南山，度兰仓水、耆溪，置嶲唐、不韦二县……行人歌之曰"汉德广，开不宾；渡博南，越兰津；渡澜沧，为他人"。①

"行人歌"表现了汉代开拓西南夷、徙民实边的社会历史情境，显示西汉武帝时期，汉族移民深入澜沧江以西，并聚落成群，落地生根。东汉设立永昌郡，"俾建永昌，同编亿兆"②。"极边之地"的永昌城，已然是汉朝治理下各民族聚落成邑、夷汉歌咏、乐居共处的疆土。

汉代，是中国统一多民族国家形成、发展与巩固的关键时期，两汉时期的政治发展、文化凝聚、民族迁徙与融合，为此后的中国历史发展奠定了坚实基础。郡县制度的确立，使西南夷原有部族社会融入到大一统国家政治体系之中；早期汉族移民的迁入，改变

---

① 〔晋〕常璩撰，任乃强校注：《华阳国志校补图注》，上海古籍出版社，1987年，第285页。如无特别说明，本书引用《华阳国志》文字均出自此本。
② 〔南朝宋〕范晔撰，〔唐〕李贤注：《后汉书》卷八六《西南夷列传》，中华书局，1965年，第2860–2861页。

了当地的族群结构,促成西南夷民族交往交流交融;通道与邮亭把西南夷纳入汉代交通与邮传系统;汉式器物与内地礼俗成为引领西南夷文化发展方向的新风尚。两汉对西南夷的开拓与治理,促进了当地社会的变革与发展,奠立了此后两千多年中国西南边疆政治稳固、多民族和谐共处、文化繁荣发展的根基。

一 何为西南夷?

"西南夷"属于动态的历史概念,它的内涵随着中国统一多民族国家的发展不断变迁与演化。"西南夷"一词最早出现于战国之际,在当时"华夏"与"蛮夷戎狄""五方之民"共处天下、同居四海的天下观中,处在"诸夏"西南方的诸多民族群体被视为"西南夷"[①]。

按司马迁《史记·西南夷列传》所指,汉代西南夷是"巴蜀西南外蛮夷"的总称[②]。此后,它从族群概念演化为地理范畴,由于政治设治而成为行政区域。后世中国西南之称,即源自汉代的西南夷[③]。西南夷社会历史发展,是汉代统一多民族国家形成与发展不可或缺的重要组成部分;西南夷研究,是汉代历史文化研究的重要内容,更是西南区域研究中受到高度关注的基本学术问题。

[①] 童恩正:《近年来中国西南民族地区战国秦汉时代的考古发现及其研究》,《考古学报》,1980年第4期;李东红:《边疆考古的民族视角与范式思考》,《民族研究》,2008年第4期。

[②] 〔汉〕司马迁撰,〔南朝宋〕裴骃集解,〔唐〕司马贞索隐,〔唐〕张守节正义:《史记》卷一一六《西南夷列传》,中华书局,1959年,第2991页。

[③] 方国瑜:《中国西南历史地理考释》,中华书局,1987年,第1页。

（一）西南夷概念的提出

秦统一六国之后，以巴蜀四郡为基础，开始经略西南夷①。汉代是中国统一多民族国家形成与发展的关键时期。汉承秦制，在全国设立十三州（部）刺史，全面推行郡县制度②。汉初，由蜀郡分置广汉郡，同时设置蜀郡南、北、西三部都尉③。汉武帝时期，积极开拓、经营四裔之地，其间北伐朝鲜，西征匈奴，略康居，定西域，东征闽越，南略西南夷④。正是在汉代中国统一多民族国家形成与发展的历史大潮中，"西南夷"第一次出现在《史记》之中。可见，西南夷是以秦汉蜀郡为中心的一种视角，它是地理、族群、文化与行政的复合概念。秦汉以前，这一区域内的族群及其文化，彼此之间就有着密切的相关性，发展出具有共同性的区域文化。汉代设置"西南夷七郡"，奠定了该区域政治设治的基本格局，从此"巴蜀以西以南"就成为统一多民族国家体制内的一个行政区域，或者说是政治地理单元。在《汉书·地理志》之中，西南夷与全国其他地方一样，都是汉王朝治理下的郡县之地。

西南夷有"西夷"与"南夷"之分。《史记》、两《汉书》之《西南夷列传》，大致以笮、徙、冉駹、白马为西夷，以僰、夜郎、滇为南夷，而巂、昆明、叶榆、邛都介于"西夷"与"南夷"之间，或属南夷，

---

① 蒙文通：《巴蜀史的问题》，《四川大学学报（社科版）》，1959年第5期。
② 西汉十三部刺史，即扬州（东南）、荆州（正南）、豫州（河南）、青州（正东）、兖州（河东）、凉州（正西）、幽州（东北）、冀州（河内）、并州（正北）、益州（西南）、朔方、交州、徐州，各郡分属之。十三部，其中有益州部，与益州郡同名。参见〔汉〕班固撰、〔唐〕颜师古注：《汉书》卷二八上《地理志上》，中华书局，1962年，第1543页。
③ 《华阳国志校补图注》，第128、141页。
④ 参见《史记》卷一一七《司马相如列传》，第3044页。

或属西夷。

"西夷"的空间范畴较为广阔,主要包括"蜀之西"即今天四川甘孜藏族自治州、雅安地区、阿坝藏族羌族自治州,向北延伸至甘南武都地区,向西包括藏东地区,向南涵盖金沙江流域的滇西北、川西南部分地区,这一区域的族群,主要是徙、筰、冉駹、白马等群体①。汉武帝时期,在此区域设置汶山、沈犁、武都三郡。

"南夷"地区大致在今四川南部、云南东部与贵州西部,以川南黔西滇东北为主体,包括两汉时期的犍为郡、犍为属国(朱提郡)、牂牁郡大部和益州郡的一部分②。此区域内主要的族群,以僰、夜郎、滇为主体。

嶲、昆明、叶榆、邛都夷等族群介于"西夷"与"南夷"之间,地理上包括金沙江中游、洱海区域,相当于今天四川西南部的凉山彝族自治州与云南西部地区。汉代在此区域设置越嶲郡、益州郡与益州西部属国(永昌郡)。

《后汉书·西南夷列传》说:

> 西南夷者,在蜀郡徼外。有夜郎国,东接交阯,西有滇国,北有邛都国,各立君长。其人皆椎结左衽,邑聚而居,能耕田。其外又有嶲、昆明诸落,西极同师,东北至叶榆,地方数千里。无君长,辫发,随畜迁徙无常。自嶲东北有莋都国,东北有冉駹国,或土著,或随畜迁徙。自冉駹东北有白马国,氐种是也。

---

① 童恩正:《古代的巴蜀》,重庆出版社,2004年(四川人民出版社1979年初版),第67页。
② 叶成勇:《战国至秦汉时期南夷社会考古学研究》,文物出版社,2019年,第7—8页。

此三国亦有君长。①

"西南夷者,在蜀郡徼外"一句特别重要。西南夷是以蜀郡为中心的一种地理视角,同时也是政治视域。秦汉以来,西南夷社会的发展始终离不开蜀郡的支持,这是中国西南边疆历史发展的基本逻辑。

(二)西南夷有完整的区域文化发展谱系

如前所述,西南夷位于青藏高原东缘,自然地理包括了康藏高原、云贵高原的大部分地域。从现代行政区划而论,它以云南为主体,包括滇、川、藏、黔、桂、陇六省区相邻、交汇的广袤地理空间,是从西方、南方围绕四川盆地的"半月形纵深地带"。

西南夷突出的地理现象,是拥有大量被当地人称为"坝子"的山间盆地与河谷,它是西南夷族群与文化发生、发展的自然地理单元。坝子的基本特点是四周群山环绕,中部是较为平坦的土地,其中有河流与湖泊。坝子内气候温和,土壤肥厚,水源充足,适宜人类生产与生活。考古发现证明,在生命起源、人类起源、文明起源的几个重要阶段,西南夷坝子中都留下了重要的遗迹与遗物。譬如,云南澄江寒武纪动物化石群,是寒武纪地球生命大爆发的遗迹;元谋猿人则是中国旧石器时代早期文化的代表。新石器时代,在这些地理单元内普遍分布着文化遗址,并形成若干相互独立、文化个性突出、彼此差异明显的文化类型。青铜时代,西南夷土著文化具有明显的区域性共同特征,说明各地理单元之间的文化交流不断加强②。

先秦时期,西南夷形成了诸多既有联系,更有自身特点的部族

---

① 《后汉书》卷八六《西南夷列传》,第2844页。
② 刘弘:《巴蜀文化在西南地区的辐射与影响》,《中华文化论坛》,2007年第4期。

及其文化,在整个中国古代文化版图上,它还处在中原之外的"四裔之地"。秦并巴蜀后,虽然西南夷"诸此国颇置吏焉"①,但仍然是秦帝国的西南徼外。汉武帝时期,随着汉王朝大规模开拓行动并设置郡县,西南夷成为汉帝国的郡县,在大一统制度下,其社会历史和文化都得到了跨越式发展②。

(三)西南夷的内涵因时而异

先秦时期,西南夷包括巴蜀,《尚书·牧誓》说:

> 时甲子昧爽,王朝至于商郊牧野,乃誓……逖矣,西土之人……及庸、蜀、羌、髳、微、卢、彭、濮人……

《牧誓》所列庸、蜀、羌、髳、微、卢、彭、濮八部,其中有族名,亦有国名。孔颖达"正义"曰:"八国皆蛮夷戎狄属文王者国名,羌在西,蜀、叟、髳、微在巴蜀,卢、彭在西北。庸、濮在江汉之南。"孔颖达称"八国"为西南夷:"此八国并非华夏,故大判言之,皆蛮夷戎狄属文王者国名也,此八国皆西南夷也。"又说:"汉世西南之夷,蜀名为大,故'传'据蜀而说。"③巴蜀属于西南夷,而且是西南夷中最有影响者,应该是先秦时期的普遍认知,因此《汉书·地理志》说:

> 巴、蜀、广汉本南夷,秦并以为郡,土地肥美,有江水沃

---

① 《史记》卷一一六《西南夷列传》,第 2993 页。
② 杨勇:《战国秦汉时期云贵高原考古学文化研究·白云翔序》,科学出版社,2011 年,第Ⅰ—Ⅴ页。
③ 〔汉〕孔安国传,〔唐〕孔颖达等正义,黄怀信整理:《尚书正义》卷一一《牧誓第四》,上海古籍出版社,2008 年,第 418 页。

野,山林竹木疏食果实之饶。南贾滇、僰僮,西近邛、莋马旄牛……武都……及犍为、牂柯、越巂,皆西南外夷,武帝初开置。民俗略与巴、蜀同,而武都近天水,俗颇似焉。①

秦灭巴蜀之前,从关中、陇西视角出发,西南夷包括巴、蜀两大族群及其所在地域。秦灭巴蜀,并置巴、蜀、汉中、黔中四郡之后,巴人与蜀人很快与迁入的"秦民"融合,"巴蜀之地"与"巴蜀之民"已然不再属于西南夷的范畴,彼时西南夷已经专指"巴蜀以西以南"的族群及其活动地域②。

《史记·秦本纪》记载:

> (秦惠文君)九年(前316),司马错伐蜀,灭之。③

秦灭巴蜀后,巴蜀文化很快融入中原文化之中,巴蜀成为汉文化的重要流行之地④。西汉时期,文献所称的西南夷已经不再包括巴蜀之地,也不包括巴蜀之民,譬如司马迁《史记·西南夷列传》记录其为"巴蜀西南徼外蛮夷"⑤。

《史记·项羽本纪》记载说,在秦汉之际,项羽封刘邦于汉中

---

① 《汉书》卷二八下《地理志下》,第1645—1646页。
② 童恩正:《近年来中国西南民族地区战国秦汉时代的考古发现及其研究》,《考古学报》,1980年第4期。
③ 《史记·秦本纪》"索隐"云:"蜀西南夷旧有君长,故昌意娶蜀山氏女也。其后有杜宇,自立为王,号曰'望帝'。《蜀王本纪》曰:'张仪伐蜀,蜀王开战不胜,为仪所灭也。'"(《史记》卷五,第207—208页)
④ 刘弘:《巴蜀文化在西南地区的辐射与影响》,《中华文化论坛》,2007年第4期。
⑤ 《史记》卷一一六《西南夷列传》,第2991页。

时,有"'巴、蜀道险,秦之迁人皆居蜀。'……'巴、蜀亦关中地也。'故立沛公为汉王,王巴、蜀、汉中,都南郑"之语①。

尤中指出,西南夷包括今云南全境,贵州大部,川西、川南与云南贵州接界的部分,川西北与甘肃接界的部分,广西与云南贵州相连的地带。在这一广大区域内,居住着众多的、不同的氏族和部落②。童恩正的研究常将"巴蜀"与"西南夷"并列,以此合称中国西南③。秦并巴灭蜀前后西南夷地理范畴、族群情况的变迁,真实地反映了战国至秦汉时期中国西南边疆的历史发展轨迹。

司马贞《史记·司马相如传》"索隐"称:"晋灼曰,南夷谓犍为、牂柯也。西夷谓越嶲、益州。"④说明在晋代人们的概念中,西南夷已经不再包括"蜀之西"的族群与地域。

(四)"中国西南"源于西南夷

近世中国西南概念,源自西南夷共同地域传统的形成。任乃强先生明确指出,中国西南包括巴蜀与西南夷两部分⑤。前面引述的《汉书·地理志》"巴、蜀、广汉本南夷"之语说明,在中原视域下,汉代以前,巴蜀之地属于西南夷的一部分。汉代将"巴蜀以西以南"的族群与地域视为一个整体,汉武帝在此区域设置"西南夷七郡",这就是最初的"中国西南"。

方国瑜《中国西南历史地理考释》开宗明义说,大渡河以南、贵阳以西,自汉至元是我国一个重要的政治区域:两汉为西南夷,

---

① 《史记》卷七《项羽本纪》,第316页。
② 尤中:《汉晋时期的"西南夷"》,《历史研究》,1957年第12期。
③ 童恩正:《我国西南地区青铜剑的研究》,《考古学报》,1977年第2期。
④ 《史记》卷一一七《司马相如列传》,第3046—3047页。
⑤ 《华阳国志校补图注》第6页。

魏晋为南中,南朝为宁州,唐为云南安抚司,沿至元代为云南行省。各时期疆界虽有出入,而大体相同。明代贵州单独建省,并将金沙江以北割归四川省之前,西南夷一直属于一个统一的行政单位①。

明代以来,西南夷之地的行政设置累有变更,分属不同行政单位,最终演变为跨越今天滇、川、黔、桂、藏、陕、甘、渝等省(市、区)的格局。

中国西南起源于秦汉时期的西南夷,而西南夷是集族群、文化与行政建置于一体的复合概念,这是中国西南边疆历史发展的基本脉络。

二 西南夷的汉族移民

秦汉以来,内地人民通过各种途径,不断迁徙至边地,此为中国统一多民族国家形成与发展初期人口迁徙的基本趋势。《汉书·高帝纪》说:"粤人之俗,好相攻击,前时秦徙中县之民南方三郡,使与百粤杂处。"②《汉书·两粤传》说:"秦并天下,略定扬粤,置桂林、南海、象郡,以适徙民与粤杂处。"颜师古注曰:"适(適)读曰谪。谪有罪者,徙之于越地,与其同土人杂居。"③

《华阳国志·蜀志》记载:

> 周赧王元年,秦惠王封子通国侯为蜀侯,以陈壮为相。置巴、蜀郡,以张若为蜀守。戎伯尚强,乃移秦民万家实之。三

---

① 方国瑜:《中国西南历史地理考释》,第1页。
② 《汉书》卷一下《高帝纪下》,第73页。
③ 《汉书》卷九五《两粤传》,第3847页。

年,分巴蜀置汉中郡。①

汉代开始,巴蜀四郡与关中、内地人民,以治道、从军、戍边、屯田、商旅等途径进入西南夷。西汉武帝设置沈犁郡,后又废郡,将其并入蜀郡而"置两都尉:一居旄牛,主徼外夷;一居青衣,主汉人"②。汉武帝以前,西南夷的居民只有土著族群;自汉武帝时期开始,随着新移民不断迁入,汉族成为西南夷的新居民,汉族移民与西南夷土著族群彼此大杂居小聚居,西南夷从此成为"夷汉"共有的家园。

西汉中后期以来,有关西南夷族群的记载中,开始出现"夷汉""民夷"对举的称谓,"夷"为当地土著的泛称,"汉"与"民"为落籍的汉族移民。相关的记载,多见于《华阳国志》《后汉书·西南夷列传》《三国志》等史籍。

蜀汉时期有关西南夷的著述,凡提到地方人民,常是"民""夷"并举,可知当时内地人民移入定居的已经不少③。晋代,"夷汉"演变为"夷晋"④。南北朝时期,刘宋称当地族群为"宋夷"⑤;《南齐书·州郡志》"宁州"条所称"齐民"⑥,则指萧齐之民,当然属于汉族移民。

中国统一多民族国家缔造之初的秦汉时期,秦民、汉人即已迁

---

① 《华阳国志校补图注》,第128页。
② 《后汉书》卷八六《西南夷列传》,第2854页。
③ 江应樑:《明代外地移民进入云南考》,《云南大学学术论文集》第二辑,1963年。
④ 《华阳国志校补图注》,第247页。
⑤ 汪宁生:《云南考古》,云南人民出版社,1992年,第117页。
⑥ 〔梁〕萧子显撰:《南齐书》,中华书局,1972年,第303页。

入西南夷生活,成为当地的常住居民。此过程一直延续到魏晋时期。因此,自秦汉以来,西南夷就形成"夷汉"大杂居小聚居的族群分布格局。汉晋时期迁入"西南夷"的汉族移民,被称为"早期汉族移民",以区别于唐宋元明清时期迁入的汉族移民。早期汉族移民由"寄籍变土著"之后,完全融入到当地土著族群之中,这是后世西南少数民族多有汉族祖源叙事的历史渊源,是中华民族共同体在西南边疆形成与发展的历史根基。

不可否认,有关西南夷的学术研究中,以往较多地关注土著族群的历史与文化,而对于区域内的"汉族研究"着墨不多。事实上,秦汉以来,特别是汉武帝开拓、经营西南夷以来,以"汉式器物"与"内地礼俗"为代表的汉文化,随着边郡制度、汉族移民进入西南夷。两汉时期,土著族群与汉族移民、土著文化与汉文化的接触、交流、融合成为西南夷社会发展的主题。在此历史进程中,汉族移民发挥了不可替代的作用,他们是郡县制度的捍卫者,汉文化与内地礼俗的传播者,民族融合的践行者。正是在汉族移民与西南夷土著族群交往交流交融历史洪流的推动下,汉代西南夷社会在政治制度、族群结构、文化模式、器物生产、经济发展、宗教信仰各方面都发生了根本性的变革。从考古学的视域观察,秦汉以来,西南夷就存在两种类型的文化,即"西南夷土著青铜文化"与"汉族移民文化",两种文化接触、交流、融合的过程,就是西南夷社会从"四裔边疆"成为汉朝郡县的过程,是汉文化逐渐成为西南夷主体文化的过程。

汉武帝时期以来,汉族移民开始成规模地迁入西南夷地区,历经两百多年的发展,到东汉中后期,西南夷已然是汉朝统治下夷汉共处的郡县之地。汉代实行"坟墓相从"制度,为徙边移民建房立坟,而"汉墓"及其所反映的丧葬礼俗,是汉族移民重要的文化遗存。西南夷土著葬俗的"汉化"则反映了汉文化与内地礼俗对当地社会文化的深刻影响。

汉魏六朝时期的汉式墓葬"梁堆"——砖室墓遗迹,是西南夷考古工作中绕不开的话题。此类墓葬地表有高大的封土堆,墓葬结构与丧葬礼俗具有浓厚的汉文化特征,它们与当时巴蜀地区,甚至与关中、荆楚地区有明显的相似、类同性,属于典型的汉式墓葬。

秦汉史研究中,以墓葬为代表的考古发现具有特殊的意义与价值。墓葬作为神圣空间,其随葬器物及组合的意义,无一不昭示那个时代的信仰与思想。英国汉学家鲁惟一(Michael Loewe)在《汉代的信仰、神话和理性》等系列著作中,以秦汉考古发现,尤其是非文字考古物证,讨论汉代宗教及其知识生产,包括汉代人们对未知领域的信仰、对自然的解释以及对人的看法。鲁惟一认为,秦汉时期,信仰的力量使皇权实现了从依赖武力到依靠信仰、从通过军事力量到借助宗教思想进行治理的转型[1]。毫无疑问,汉代风俗与信仰,成为支持、维护汉帝国大一统体制的重要力量。在边远的四裔之地,这样的力量就是凝聚华夷,实现统一多民族国家巩固、繁荣与发展的文化力量[2]。进一步说,汉代不仅形成了汉族与汉文化,推动了汉人汉文化与四裔边民的接触、交流与融合,形成"华夷杂处",夷汉大杂居小聚居的多民族共居格局,更重要的是拓展了统一多民族国家的发展空间,奠基了影响中国统一多民族国家历史发展方向的政治制度、文化思想与宗教信仰。

---

[1] 周群:《世界历史进程中的西方汉学研究——以鲁惟一为个案的考察》,《东岳论丛》,2016年第7期。
[2] 〔英〕崔瑞德、〔英〕鲁惟一撰,杨品泉等译:《剑桥中国秦汉史》,中国社会科学出版社,1992年,第27页。

三　西南夷研究的基本学术问题

有关西南夷的研究由来已久，司马迁"奉使西征巴蜀以南，略邛、筰、昆明"而作的《史记·西南夷列传》①，可以称得上是首倡之作。《史记·西南夷列传》所描述的西南夷族群及其地理空间、生计模式，以及汉武帝对西南夷的开拓与治理举措，生动体现了在汉代统一多民族国家缔造的伟大进程中，各民族共同开拓祖国西南疆域、共同书写中国历史的光辉篇章。

近世对西南夷的学术研究，关注者多矣。历史学、考古学、民族学三大领域，从文献梳理到田野考古发现，再到民族志书写，学术积累深厚。方国瑜、任乃强、刘琳、冯汉骥、蒙文通、费孝通、童恩正、尤中、宋蜀华、王明珂……一代又一代学人，有的从"早期汉族移民"入手，有的以"西南夷考古"为对象，有的以"走廊研究"为线索，有的以"西南区域研究"为出发点，在深度和广度上，把西南夷研究不断推向前进。

以西南夷为对象的研究，涉及诸多学科。我们从综合性视域出发，力求梳理出西南夷研究的基本学术问题。

（一）对西南夷的整体认知

这是方法论或者说是理论问题，同时也是研究范式问题。首先要认识到随着时间的改变，西南夷的空间范畴与包含的族群是

---

① "筰"，《史记·西南夷列传》作"笮"；《汉书·地理志》《西南夷传》《后汉书·西南夷列传》写为"莋"；《华阳国志》称"筰"。笮、莋、筰当为汉字对当地同一民族语的记音，用字不定，但意义相通。其义如《元和郡县图志》所说"夷人于大江水上置藤桥谓之筰"。本书除引用原文外，统一写为"筰"。

动态发展的,因此要历史地看待西南夷的空间与族群。

在中国文化传统中,"内地—边疆"和"中心—边缘"常与"华夏—四裔"相对应。诸如此类的概念,表面上看起来是地理、族群范畴,实则是文化概念。中国统一多民族国家形成与发展的历史长河中,中心与边缘总是此消彼长,融合发展,最终形成不可分割的共同体。

疆域变迁带来的空间转换,使内地与边疆一直处于动态变化之中。具体来说,三代时期,夏、商、西周王朝直接统治的王畿是内地,周边的方国是边疆。春秋战国时期,诸夏所居是内地,四裔所在为边疆。白云翔指出,秦汉时期,尤其是汉武帝时期,对周边地区大规模开拓与经略,从岭南到朝鲜半岛北部,从西南夷到西域大地,都先后进入到汉帝国的政治版图之中。在边郡制度、汉族移民、汉文化影响下,四裔之地迅速汇入到大一统帝国体制之内、中华文化之中①。汉代大一统帝国的建立与发展,奠定了中国统一多民族国家广袤疆土的基础;"华夏"与"蛮夷戎狄"的接触、交流与融合,最终形成多元一体的中华民族共同体。"四裔边地"成为土著族群与"秦民""汉人"共同居处的疆土。因此,"边疆研究"既要关注土著族群及其文化,同时要研究移居边疆的汉人群体,以及汉文化、内地礼俗对边疆社会历史发展的作用、贡献与影响,研究各民族在边疆地区的交往交流交融。

方国瑜先生有关中国西南的整体性论述给我们重要启示,这就是:今天我们研究历史时期中国西南文化、行政建置,或者族群演变,应该从中国历史发展的整体性出发,明了从"西南夷"到"中国西南"的发展逻辑。考古发现、历史研究、民族研究在内的学术

---

① 杨勇:《战国秦汉时期云贵高原考古学文化研究·白云翔序》,第Ⅰ—Ⅴ页。

探讨,不能简单地从当下行政单元出发,要突破地域研究"分块包干"式的研究范式,即不能以当下的行政区划,把西南夷变成碎片化的、画地为牢式的"分区研究",而应以长时段、大视角的历史方法论来探讨西南夷相关问题,从区域研究着眼,才能正确理解中国西南边疆的历史与文化,正确理解中国统一多民族国家形成与发展的内在逻辑。

本书的方法论或者说是研究范式,首先是站在历史的维度,把西南夷视为整体进行思考与探讨。其次是以考古人类学方法,对近百年来西南夷考古发现与研究成果进行解读、理解、阐明器物背后的社会文化意义,目标是揭示汉代经营与治理西南夷的历史情境下,汉族移民、汉式器物、汉文化、内地礼俗对西南夷社会发展的作用与影响,以及西南夷融入大一统政治制度、汉文化体系之后,该地区的政治设治、族群结构与文化特色。

(二)西南夷族群及其土著文化

战国至秦汉时期,西南夷族群创造了具有鲜明地域特征的青铜文化。汉武帝开拓西南夷以来,汉文化、内地礼俗随着汉族移民传入西南夷社会,土著族群与汉族移民、土著文化与汉文化接触、交流与互动,成为西南夷社会发展的主轴。时光虽已远去,两汉时期开拓西南夷的历史足迹仍依稀可见。史籍、文物古迹、考古发现,还有地方社会历史记忆都保留着那个时代的踪迹。

《史记》、两《汉书》之《西南夷列传》,以及《华阳国志》与《三国志》等文献,对于西南夷的记载,虽互有详略,但彼此印证,总体上能够勾画出战国至秦汉时期西南夷族群的基本样态。

文献记载之外,考古发现能够为学术界展示更加丰富、生动的文化样貌,以器物、图像等"物象"形式,再现西南夷土著族群的文化。近百年来,"西南夷考古"不断取得新成果,西南夷土著族群与相关考古学文化之间的关系逐渐明朗化。譬如徙、筰、冉駹、白马等族群与石棺葬文化;邛都夷与大石墓文化;滇国与滇文化;夜郎与黔西滇东青铜文化等等,均已为学界所公认。西南夷考古揭示了西南地区土著文化的发展序列,以及各地理单元之间的文化关系,厘清了西汉武帝设置"西南夷七郡"之前的当地族群及其文化样态。

(三)汉代对西南夷的设治及其变迁

汉代西南夷社会发展的起点在哪里?这就是战国至秦汉时期西南夷族群及其文化,它是汉武帝在西南夷进行政治设治与文化教化的历史起点。从国家层面来说,这是汉代大一统多民族国家发展的一部分;就西南夷区域社会发展而言,这是"多元一体入华夏"伟大实践的开端。在这一历史过程中,汉族移民发挥了重要的、深远的作用与影响。

《汉书·地理志》中,西南夷与全国其他地方一样,是汉王朝治理下的郡县。西南夷设治,始于西汉武帝时期。汉武帝以巴蜀四郡为基础,经营"巴蜀以西以南"的广阔地域,先后设置犍为等七郡[1]。彼时,西南夷七郡与巴蜀四郡同属益州刺史部。《史记》"集解"引徐广注说,西南夷七郡是"犍为、牂柯、越嶲、益州、武都、沈犂与汶山"[2]。这是西汉以西南夷部族社会为基础,"即其部落列置郡县"而设立的"新郡"。它奠定了此后两千多年中国西南边疆发展的政治基础。

---

[1]《史记》卷一一六《西南夷列传》,第 2996—2997 页。
[2]《史记》卷一一六《西南夷列传》,第 2998 页。

西南夷的设治是一个变迁与发展的过程。《史记·西南夷列传》说:"南越破后,即汉诛且兰、邛君,并杀筰侯、冉駹皆振恐,诸臣置吏。乃以邛都为越嶲郡,筰都为沈犁郡,冉駹为汶山郡,广汉西白马为武都郡。"① 其中沈犁、汶山与武都三郡在"蜀之西",武都郡虽然设治较为稳定,但"地杂氐羌,近天水",后来被划入凉州刺史部;沈犁与汶山两郡,则改置为广汉属国与蜀郡属国②。因此,"蜀之西"地区的政治设治与部族治理,更多地与蜀郡、广汉、天水诸郡相联系,而与西南夷其他地区相疏离。西晋时期,晋灼作《汉书集注》时指明"南夷谓犍为、牂柯也。西夷谓越嶲、益州"③。此时的"西南夷"已不再包括沈犁、汶山、武都三郡之地。

犍为、牂柯、越嶲、益州四郡在"蜀之南"④。据《史记·西南夷列传》相关记载,建元六年(前135)通夜郎,分蜀郡设置犍为郡;元鼎六年(前111),平南夷为牂柯郡,以蜀南部都尉所辖邛都夷设置越嶲郡;元封二年(前109),平滇国为益州郡⑤。《汉书·地理志》说"益州郡,武帝元封二年开",应劭注:"故滇王国也。"⑥ 同书又载:"犍为、牂柯、越嶲,皆西南外夷,武帝初开置。民俗略与巴、蜀同。"⑦ 后来,益州郡设置西部都尉,东汉时改置永昌郡;犍为郡设置南部都尉,蜀汉改置朱提郡。三国时期,诸葛亮平定南中之乱后,调整郡县建置,以庲降都督统领"南中七郡"。从两汉到元代,

---

① 《史记》卷一一六《西南夷列传》,第2997页。
② 《后汉书》志第二十三《郡国五》,第3514—3516页。
③ 《史记》卷一一七《司马相如列传》,第3047页。
④ "牂柯"二字,史籍有时作记作"牂牁"。本书除引用原文之外,统一为"牂柯"。
⑤ 《史记》卷一一六《西南夷列传》,第2994—2996页。
⑥ 《汉书》卷二八上《地理志上》,第1601页。
⑦ 《汉书》卷二八下《地理志下》,第1646页。

西南夷作为一个整体,属于王朝体制下同一行政单元①。两千多年来,西南夷郡县建置沿革不断发展与演化。对于此问题的考释、讨论与研究,是西南夷基本学术问题之一。

(四)汉族移民文化研究

汉族移民、汉式器物与内地礼俗,对于汉代西南夷社会发展起到关键作用。对于相关问题的深入研究,不仅具有重大的学术价值,还有明确的实践意义。以物质文化,即汉式器物的研究为例,早在战国时期,汉式器物即已输入西南夷。自西汉中期开始,西南夷土著文化墓葬中的"汉式器物",如秦汉钱币、汉文印章、铜镜、弩机、镞斗、釜、甑、洗、盘、熏炉、鍪、钟、漆杯、灯具等大量出现,有的器物还带着郡望、纪年铭文,譬如晋宁河泊所遗址出土始元四年(前83)木牍,江川李家山出土"河内工官"弩机,贵州清镇汉墓出土元始三年(3)广汉郡、蜀郡工官漆耳杯等。汉式器物,是汉文化传入西南夷地区的考古学证据。此类汉式器物出土较多,地点遍及西南夷各大区域。文化地理学认为,文化事象的扩散,是由于初始承载者人口迁移造成的,即由他们从发源地带到了新的居住地,进行推广与扩散②。西南夷发现的汉式器物,正是早期汉族移民从其发源地——巴蜀、关中等地区,带入西南夷并流传的产物③。对于汉式器物的研究,理应透物见人见事,理解器物背后的社会生产、人群流动与文化意义。此项研究无论对于汉代考古学,还是两汉时期中国西南边疆的开拓与治理研究,均具有不可替代的价值与意义。

---

① 方国瑜:《中国西南历史地理考释》,第1页。
② 周尚意、孔翔等:《文化地理学》,高等教育出版社,2004年,第177页。
③ 郑朝彬、吕幼樵:《汉代中原文化在贵州的扩散》,《贵州民族研究》,2013年第4期。

(五)西南地域文化研究

一般认为,自然地理状况、族群迁徙与交流以及政治设治,是影响地域文化形成与发展的主要因素。白云翔指出,战国至秦汉时期西南夷社会历史的发展,以汉武帝开西南夷为界,可分为"前郡县时期"和"汉郡县时期"两个发展阶段。前者彰显的是当地土著文化的发生、发展及其同邻近地区的交流与联系,而后者强调"汉化"进程、土著文化与汉文化的互动以及同域外的联系①。张勇以汉代西南夷属国为例,讨论了西南夷土著文化与汉文化两个系统接触、交流、融合的历史过程:西汉以来,两者长时段地并存发展;西汉晚期至东汉早期,汉文化逐渐取得优势地位,土著文化渐趋衰退;东汉中晚期至汉末,整个西南夷地区的土著文化基本消失,汉文化成为主流文化②。两种文化的消长变迁,生动地揭示了汉族移民、汉文化促进西南夷政治、族群、文化变迁的过程。

西南夷汉式墓葬始于西汉中晚期,盛于东汉,厚葬之风一直延续到六朝,甚至是隋末唐初。西南夷汉式厚葬礼俗流行时间比中原、巴蜀地区更长(东汉末,内地厚葬之风急剧衰退;巴蜀厚葬之风,在蜀汉时期基本消失)③。正是汉文化、内地礼俗的持续影响,使西南夷土著文化成功转型为融汉代内地文化礼俗与西南夷土著文化为一体的"西南地域文化",奠定了中国西南社会发展的文化基础。西南地域文化最重要的特征,是流行干栏式瓦屋顶建筑的住屋,普遍使用朱提堂狼铜器等西南青铜器,墓葬中随葬摇钱树、陂

---

① 杨勇:《战国秦汉时期云贵高原考古学文化研究·白云翔序》,第Ⅰ—Ⅴ页。
② 张勇:《汉代西南属国考古学文化变迁及相关问题研究》,《郑州大学学报(哲社版)》,2017年第4期。
③ 罗二虎:《四川汉代砖石室墓的初步研究》,《考古学报》,2001年第4期。

塘水田模型、早期佛教造像、胡人吹箫俑、鸟负罐等器物组合。上述器物不见或罕见于中原地区，是"西南器物"，这是汉代考古中应该重视的地域文化特征。

有关西南夷研究的学术问题较多，以上所列，仅为作者一孔之见、一得之议。汉代文献中常常用"夷汉歌咏"表达西南夷社会的人心与民意，描绘民族交往交流交融，夷汉乐居共处的美好图景。本书的研究，努力从汉代统一多民族国家缔造与发展的高度、深度与广度出发，围绕西南夷研究的基本学术问题，深入呈现、诠释、理解西南夷社会的政治设治、族群变迁与文化发展逻辑。

总之，从西汉武帝时期到东汉中晚期，经过两百多年的经营与治理，西南夷不仅完全融入到中华一体之中，而且形成了特色鲜明的西南地域文化。西南夷土著文化与汉文化的互动，西南夷土著族群与汉族移民的交往交流交融，西南夷在中国西南对外交往中的作用，乃至整个西南夷社会的发展与变迁，就是我们关注的议题。用事实呈现西南夷融入汉代中国统一多民族国家的历史过程，就是本书的学术旨趣。

第一章　战国至秦汉时期西南夷族群及其文化

司马迁以巴蜀为中心,记录了西南夷,即巴蜀南方的贵州西部,西南方的云南滇池区域、洱海区域、四川西南部的凉山州,西部的甘孜州,西北的阿坝州以及北部的甘南武都地区的土著族群,并概而称之为"西南夷"①。

《史记·西南夷列传》开篇即概述了西南夷民族群体及其分布状况,其文曰:

> 西南夷君长以什数,夜郎最大;其西靡莫之属以什数,滇最大;自滇以北君长以什数,邛都最大;此皆魋结,耕田,有邑聚。其外西自同师以东,北至楪榆②,名为嶲、昆明,皆编发,随畜迁徙,毋常处,毋君长,地方可数千里。自嶲以东北,君长以什数,徙、筰都最大;自筰以东北,君长以什数,冉駹最大。其俗或土箸,或移徙,在蜀之西。自冉駹以东北,君长以什数,白马最大,皆氐类也。此皆巴蜀西南外蛮夷也。③

---

① 童恩正:《古代的巴蜀》,第 67 页。
② "楪榆",即"叶榆"。本书叙述统一为"叶榆"。
③ 《史记》卷一一六《西南夷列传》,第 2991 页。

这段文字首先提出了"西南夷"概念,其次是把当地族群分布状态作了基本的陈述。我们认为,司马迁把西南夷分为"三种生计方式"、"四大分布地域"与"七大民族族群"。西南夷一词,成为秦汉时期此区域内各土著族群的总称,同时也是"巴蜀西南外蛮夷"所居的地理范畴,具有族群与地域两层含义。

为了从整体上观照西南夷的空间、族群与考古学文化关系,我们将秦汉时期西南夷土著族群及其文化,按照川南滇北僰人文化、邛都夷文化、滇东黔西夜郎文化、滇池区域滇国文化、洱海区域青铜文化、滇川藏石棺葬文化六大板块进行陈述。

第一节　川南滇北僰人文化

"僰"是西南夷古老的族群,最早记载"僰人"的文献史料,见于《吕氏春秋·恃君览》:"氐、羌、呼唐、离水之西,僰人、野人、篇笮之川,舟人、送龙、突人之乡,多无君。"① 指明"僰人"为西南夷族群之一。

《史记》《汉书》《后汉书》都有僰人的记述。《华阳国志·蜀志》说:"建元六年(前135),分蜀、广汉置犍为郡。"②《汉书·地理志》所列犍为郡属县以"僰道"为首③。《说文·人部》对"僰"的解释是:"犍为蛮夷,从人,棘声。"④

《华阳国志·蜀志》"僰道县"条记载:"高后六年置,治马湖江会。水通越嶲,本有僰人,故《秦纪》言有僰童之富。汉民多,渐斥

---

① 许维遹撰,梁运华整理:《吕氏春秋集释》,中华书局,2009年,第545—546页。
②《华阳国志校补图注》,第142页。
③《汉书》卷二八上《地理志上》,第1599页。
④〔汉〕许慎撰:《说文解字》,中华书局,1963年,第167页。

徙之。"①

"道"是汉代在边远地区设置的县,所谓"(县)有蛮夷曰道"②。前引《汉书·地理志》"僰道"应劭注说:"故僰侯国也。"指的就是周秦时期的"僰人国",其地在汉代犍为郡,今川南、滇东北地区。

《元和郡县图志》卷三一《剑南道上》"戎州"条:

> 禹贡梁州之域,古僰国也。初,秦军破滇,通五尺道,至汉武帝建元六年,遣唐蒙发巴、蜀卒通西南夷自僰道抵牂柯,凿石开道,二十余里,通西南夷,置僰道县,属犍为郡,今州即僰道县也。③

汉代犍为郡在今四川彭山以南至云、贵北部一带,这里是"僰人"的主要分布区。任乃强先生说,僰人是"能操汉语之少数民族",在周秦时期,广泛分布于青衣以南、氐筰以东、巴楚以西广大地区④。到晋代,当地的"僰人"一部分逐渐被汉化,一部分则可能向南迁徙而融入到其他民族群体中⑤。童恩正认为,春秋时期开明氏统治蜀国时代,今川南地区的僰族,已然臣服于蜀,在蜀的影响下,经济社会有了长足发展。秦灭巴、蜀以后,僰人"慕义来宾",接受更多、更深的中原文化。随着中原地区的移民向僰人居住区迁

---

① 《华阳国志校补图注》,第 175 页。
② 《汉书》卷一九上《百官公卿表上》,第 742 页。
③ 〔唐〕李吉甫撰:《元和郡县图志》卷三一《剑南道上》,贺次君点校,中华书局,1983 年,第 790 页。
④ 《华阳国志校补图注》,第 178 页。
⑤ 林向:《云南盐津"僰人悬棺"考察记——兼辨川滇间"僰人悬棺"的族属》,《四川文物》,2010 年第 1 期。

徙,僰族的一部分逐渐与中原移民融合,而另一部分则向南移居。因为秦灭巴蜀之后,川南的僰族社会经济得以快速发展,所以秦汉时期通西南夷均以"僰道"为出发地;而司马迁在书写《史记·西南夷列传》时,也就没有再将这一地区的僰人单独叙述①。言下之意,司马迁已然不将"僰人"视为"土著夷人"了。

  学术史上,僰人或者僰族的文化,往往被联系到此区域内的"僰人悬棺"。此种联系显然是不妥当的。林向认为,目前所知最早记载"叙南悬棺"的是北宋《太平寰宇记》卷八八《剑南东道七》"泸州风俗"条:"其夷僚与汉不同……巢居岩谷,因险凭高,着斑布,击铜鼓,弄鞘刀。男则露髻跣足,女则椎髻横裙。夫亡,妇不归家,葬之崖穴。"②北宋时今云南昭通一带是与乌蛮交界的"叙州领羁縻州"及"泸州领羁縻州"地,此地早已没有"僰人"的踪迹,流行崖葬习俗的是"夷僚"的"僚人"而不是"僰人"或"乌蛮"。元初李京《云南志略》"诸夷风俗"载:"土僚蛮在叙州南,乌蒙北皆是,男子及十四、五即左右击去两齿,然后婚娶,人死则以棺木盛之,置之千仞巅崖之上,以先坠为吉。"一样确认"叙南崖葬"属于"僚人"而不是"僰人"。因此,川滇间"僰人悬棺"于史无证,它是套用清代叙南某些地方志的讹传而成的错误说法,悬棺与僰人无关③。

  那么僰人的考古学文化是什么呢?战国晚期至西汉初,今川南一带,即汉代犍为郡之地,主要的考古遗存是属于巴蜀文化系统

---

① 童恩正认为,史汉之"僰",一指川南、滇北、滇中的僰族;另一为泛指西夷"西僰"或"羌僰"。"史籍中有关僰的记载多抵触者,分之两全,合之则两伤。"参见氏著《古代的巴蜀》,第69—71页。
② 〔宋〕乐史撰:《太平寰宇记》卷八八《剑南东道七》,王文楚等点校,中华书局,2007年,第1740页。
③ 林向:《云南盐津"僰人悬棺"考察记》,《四川文物》,2010年第1期。

的土坑墓。其随葬器物除巴蜀文化常见的铜器、陶器外,汉文化、楚文化等外来文化因素较多,说明这些墓葬的主人和中原、荆楚等地区关系密切①。因此,今四川南部战国至秦汉时期的土坑墓遗存所代表的犍为僰人文化,具有明显的汉文化特色。

第二节　邛都夷与大石墓文化

汉代越嶲郡界内部族众多,而以"邛都最大"②。

1970年代以来,考古工作者在安宁河流域冕宁、西昌、喜德、米易、越西等县市,发现一批大石墓和石板墓,清理发掘了四十多座墓葬,出土文物一千五百多件③。这批墓葬的时代,早至春秋末战国早期,晚至西汉末东汉初期。研究者认为,大石墓的起源与本地区的新石器文化有着密切的关系,无论在器物形制(带流壶、单耳罐、双耳罐)抑或地层叠压关系中都表现得很明显④。

大石墓文化的分布范围,相当于今四川西南部的凉山州以及相邻的云南大姚、姚安、永胜、丽江、宁蒗等金沙江沿岸地区。该区域地理上属于金沙江中游⑤。从族群与考古学文化关系判断,文献

---

① 宋治民:《四川战国墓葬试析》,《四川文物》,1990年第5期。
② 《史记》卷一一六《西南夷列传》,第2991页。
③ 金沙江安宁河流域联合考古队:《西昌坝河堡子大石墓发掘简报》,《考古》,1976年第5期;《西昌坝河堡子大石墓第二次发掘简报》,《考古》,1978年第2期;凉山州博物馆、普格县文化馆:《四川普格小兴场大石墓》,《考古与文物》,1982年第5期;凉山州博物馆、喜德县文化馆:《四川喜德县清理一座大石墓》,《考古》,1987年第3期。
④ 刘世旭:《试论川西南大石墓的起源与分期》,《考古》,1985年第6期。
⑤ 陈宗祥、王家祐:《凉山彝族自治州大石墓族属试探》,《中国考古学会第一次年会论文集(1979)》,文物出版社,1980年。

记载中的"邛都夷"就是金沙江中游地区大石墓的创造者。赵殿增认为,大石墓被确认为邛都夷的文化遗存,是继"滇文化"被确认之后,西南夷考古的又一重要收获①。金沙江流域发现的此种以青铜器为主的文化,与夜郎、滇国青铜文化有不少共同之处,体现了西南夷文化的共性②。

第三节　夜郎与夜郎文化

《史记·西南夷列传》开篇称"西南夷君长以什数,夜郎最大"③。地理区位上,夜郎处于西南夷东南部地区。其他族群或处于夜郎之西,或处于夜郎之北。

以蜀郡为中心,则夜郎位于"蜀之南",属于"南夷"。元鼎六年(前111),西汉王朝"平南夷为牂柯郡……夜郎遂入朝,上以为夜郎王"④。西汉设置的牂牁郡,领十七县⑤,包括了今贵州西部、云南东部,以及滇、黔、桂三省交界地带。方国瑜认为,其中九个县在今云南省辖境,六个县在今贵州辖境。两个县涉及云南、贵州与广西三省区⑥。因此,今贵州西部与云南东部地区,被认为是古夜郎所在地。但学界对夜郎的核心区域,有不同的看法⑦。

---

① 赵殿增:《金沙江流域早期考古的几个问题》,《中华文化论坛》,2002年第4期。
② 宋世坤:《贵州古夜郎地区青铜文化初论》,《中国考古学会第二次年会论文集(1980)》,文物出版社,1982年。
③ 《史记》卷一一六《西南夷列传》,第2991页。
④ 《史记》卷一一六《西南夷列传》,第2996页。
⑤ 《汉书》卷二八上《地理志上》,第1602页。
⑥ 方国瑜:《中国西南历史地理考释》,第138—142页。
⑦ 王红光:《贵州考古的新发现和新认识》,《考古》,2006年第8期。

夜郎属于什么族群？不少研究者认为它属于百越系统的僚人，而僚即濮。有的观点则将夜郎与现代族群，如彝族、苗族相联系①。

考古发现与研究表明，夜郎地区古代文化的发展，谱系较为清晰：在中原汉文化逐渐成为该地区的主体文化以前，滇东北—黔西北地区具有鲜明地方特色的青铜文化遗存至少有三种，即鸡公山文化（早期）、野石村文化（中期）与营盘村文化（晚期）。晚期的营盘村文化，明显受到晋宁石寨山文化影响②。这一特点，与《史记·西南夷列传》有关"夜郎国"与"滇国"亲缘关系的记载是相吻合的。

有研究者认为战国至秦汉时期的夜郎文化，空间分布范围是"黔西滇东地区"，而"南夷地区的土著文化遗存"包括贵州威宁中水、赫章可乐、普安铜鼓山，云南昭通营盘、曲靖珠街八塔台与横大路、曲靖潇湘平坡、宣威来宾屯与苏家坡等③。

夜郎文化遗迹，主要是墓葬。今滇东北的昭通、鲁甸、绥江、大关、威信、曲靖等地，贵州西部的赫章、威宁、兴义、兴仁、平坝等县市，发现大批战国至西汉中期青铜文化的"西南夷墓葬"。此类墓葬地面无高大封土堆，墓坑均为长方形竖穴土坑，无墓道，无墓具，多系"软埋"；没有砖室墓。葬式大多为仰身直肢葬。墓葬特点与石寨山文化小型墓葬相同④。随葬陶器多罐、杯、瓿、碗等，器身上有

---

① 刘琳：《夜郎族属试探》，《民族研究》，1980年第5期。
② 张合荣、罗二虎：《试论鸡公山文化》，《考古》，2006年第8期；孙华：《黔西滇东青铜文化初论——以云南昭通及贵州毕节地区的考古材料为中心》，《四川文物》，2007年第5期；云南省文物考古研究所等：《云南鲁甸县野石山遗址发掘简报》，《考古》，2009年第8期。
③ 叶成勇：《战国至秦汉时期南夷社会考古学研究》，第29页。
④ 宋世坤：《贵州古夜郎地区青铜文化初论》，《中国考古学会第二次年会论文集（1980）》；赵小帆：《试论贵州汉墓的几个问题》，《贵州民族研究》，1998年第4期。

刻划符号。青铜器有生产工具、兵器、生活用具、乐器、贮贝器及饰品,包括钁、锄、钺、戈、剑、斧、鼓、釜、手镯、扣饰、干栏式住屋模型器等。出土器物显示出与"滇文化"之间的密切关系①。

第四节　滇国与"滇文化"

《史记·西南夷列传》大约一千七百字,其中近三分之一的文字与滇国相关:

> 西南夷君长以什数,夜郎最大;其西靡莫之属以什数,滇最大……
>
> 上使王然于以越破及诛南夷兵威风喻滇王入朝。滇王者,其众数万人,其旁东北有劳浸、靡莫,皆同姓相扶,未肯听。劳浸、靡莫数侵犯使者吏卒。元封二年(前109),天子发巴蜀兵击灭劳浸、靡莫,以兵临滇。……滇王离难西南夷,举国降,请置吏入朝。于是以为益州郡,赐滇王王印,复长其民。②

1956年,云南晋宁石寨山六号墓出土的"滇王之印"印证了《史记》所载③。考古发现与研究成果表明,滇人、滇族、滇国文化以滇池区域为中心,其时代从战国延续至西汉中、晚期,它代表的是

---

① 童恩正:《近年来中国西南民族地区战国至秦汉时代的考古发现及其研究》,《考古学报》,1980年第4期。
② 《史记》卷一一六《西南夷列传》,第2991、2997页。
③ 云南省博物馆:《云南晋宁石寨山古墓群发掘报告》,文物出版社,1959年,第113页。

西南夷土著青铜文化的最高发展水平①。滇文化器物上的图像、场景以及人俑,鲜活地表现了滇国各族人群的面貌、衣着、发式、器用、住屋等,以及生产、战斗、狩猎、祭祀等场景(图1—1)②。

图1—1　滇国青铜器人物图像(采自张增祺《晋宁石寨山》)

与夜郎国的情况相似,文献缺乏滇国地理范围的明确记载。《后汉书·西南夷列传》说:"滇王者,庄𫏋之后也。元封二年(前109),武帝平之,以其地为益州郡,割牂柯、越嶲各数县配之。后数年,复并昆明地,皆以属之此郡。"③据此,西汉益州郡二十四县,是

---

① 汪宁生:《试论石寨山文化》,《中国考古学会第一次年会论文集(1979)》。
② 冯汉骥:《云南晋宁石寨山出土铜器研究——若干主要人物活动图像试释》,《考古》,1961年第9期。
③ 《后汉书》卷八六《西南夷列传》,第2846页。

滇国、滇文化空间的基本范畴①。

土著文化分类与文化发展序列问题是西南夷考古的基本问题。有的观点将滇池地区的青铜文化与洱海地区的青铜文化截然分开②。我们则认为，二者本质上属于同一文化类型，并不存在明显的边界。

滇池区域的青铜文化发现的青铜器有贮贝器、铜鼓、钟、葫芦笙、尊、壶、枕、牛虎案、伞盖、针线盒、干栏式房屋模型（图1—2）等，带有浓厚的地方特色。出土器物中，铜制农业生产工具，如锄、镰、锸、斧、凿，纺织工具等数量较多；兵器以剑、钺、啄、戈、棒为主；

图1—2　滇国干栏式房屋（采自张增祺《晋宁石寨山》）

---

① 尤中：《滇国及其境内外的民族》，《思想战线》，1999年第6期；李东红、陈丽媛：《从"滇国三印"看西汉时期的西南边疆治理》，《中国边疆史地研究》，2021年第3期。

② 张增祺：《滇国与滇文化》，云南美术出版社，1997年，第11页。

还有数量较多的海贝①。整体上,青铜器的形制,墓葬中随葬器物的组合,体现出不同于内地青铜时代的"西南夷"地方性。此种地方性,在西南夷各族群土著青铜文化中都能找到②。

滇国与滇文化大致延续了五百年,它的出现不晚于战国初期,战国末至西汉初为全盛时期,西汉中期以后开始衰落,最终融入汉代大一统郡县体制之中③。

第五节　嶲、昆明、叶榆夷及其文化

《史记·西南夷列传》记载,在滇之北是邛都夷,邛都之外"西自同师以东,北至叶榆,名为嶲、昆明"④。这一地域,相当于西至澜沧江,东至洱海,北达金沙江中游地区。简单地说,这就是洱海区域。洱海区域青铜时代的考古学文化,呈现出多样性特征,即以定居的农耕文化为主体,同时存在半农半牧的游牧文化,但《史记·西南夷列传》关于此区域族群的记载,却只有被描述成"随畜迁徙"的嶲、昆明族群,以至于学术界对于此地考古发现与族群关系的各种解释,歧见迭出,莫衷一是。

考古发现表明,战国至秦汉时期,洱海区域存在两种青铜文化:一支是分布在河谷地带,具有半农半牧性质的石棺葬文化,它属于金沙江流域石棺葬文化的延伸,并与滇北横断山区、川西高原

---

① 童恩正:《近年来中国西南民族地区战国至秦汉时代的考古发现及其研究》,《考古学报》,1980年第4期。
② 参见李东红:《云南青铜文化的若干关键问题研究》,《思想战线》,2020年第3期。
③ 张增祺:《滇国与滇文化》,第1页。
④ 《史记》卷一一六《西南夷列传》,第2991页。

石棺葬文化具有高度相似性,同属一个文化系统。汪宁生认为,石棺葬文化并非当地的主流文化,它深受当地青铜农耕文化的影响,并最终融入到农耕文化体系之中①。另一支是分布在湖滨地带的青铜农耕文化,它起源于当地新石器时代的农耕文化,同时是整个云贵高原青铜文明的主要来源②。综合文献记载与考古发现,我们认为此两种考古学文化,前者与《史记》所载的"巂、昆明"族群相关,后者是《史记》、两《汉书》所载"叶榆夷"创造的农耕文化遗产。

一、巂、昆明族群及其文化

按照《史记·西南夷列传》记载,巂、昆明族群的分布空间"地方可数千里"只是个概数,甚至"西自同师以东,北至叶榆"中"同师"之地望,也存有不同看法。《史记·大宛列传》记载说:

> 天子欣然,以骞言为然,乃令骞因蜀犍为发间使,四道并出:出駹,出冉,出徙,出邛、僰,皆各行一二千里。其北方闭氐、筰,南方闭巂、昆明。昆明之属无君长,善寇盗,辄杀略汉使,终莫得通。然闻其西可千余里有乘象国,名曰滇越,而蜀贾奸出物者或至焉,于是汉以求大夏道始通滇国。③

此条记载给我们指明,巂、昆明在氐、筰之南方,而"其西可千里有乘象国(滇越)"。滇越即后来的腾越,今之腾冲。因此,巂、昆

---

① 汪宁生:《云南考古》,第235—236页。
② 闵锐:《云南剑川县海门口遗址第三次发掘》,《考古》,2009年8期。
③ 《史记》卷一二三《大宛列传》,第3166页。

第一章 战国至秦汉时期西南夷族群及其文化

明活动地域,大致为洱海区域及其相邻地区①。

洱海区域是嶲、昆明主要活动区域的证据,见于《史记》《汉书》有关昆明池的记载。《史记·平准书》"(元狩三年)故吏皆适令伐棘上林,作昆明池","索隐"引《黄图》云:"昆明池周四十里,以习水战。"又引荀悦语说:"昆明子居滇河中,故习水战以伐之也。"②《汉书·武帝纪》元狩三年(前120)"发谪吏穿昆明池",臣瓒曰:"汉使求身毒国,而为昆明所闭。今欲伐之,故作昆明池象之,以习水战,在长安西南,周回四十里。"③史家明确指出,此处的"昆明池"指的是洱海而非滇池④。

《史记·大宛列传》又说:

> 是时汉既灭越,而蜀、西南夷皆震,请吏入朝。于是置益州、越嶲、牂柯、沈犂、汶山郡,欲地接以前通大夏。乃遣使柏始昌、吕越人等岁十余辈,出此初郡抵大夏,皆复闭昆明,为所杀,夺币财,终莫能通至大夏焉。于是汉发三辅罪人,因巴蜀士数万人,遣两将军郭昌、卫广等往击昆明之遮汉使者,斩首虏数万人而去。其后遣使,昆明复为寇,竟莫能得通。⑤

"集解"引徐广曰,"郭昌、卫广等往击昆明遮汉使者,斩首虏数万人而去"发生在元封二年(前109)。是年设置益州郡。

---

① 林超民:《秦汉西南夷新论》,《林超民文集》第一卷,云南人民出版社,2008年,第280—281页。
② 《史记》卷三〇《平准书》,第1428页。
③ 《汉书》卷六《武帝纪》,第177页。
④ 方国瑜:《中国西南历史地理考释》,第14页。
⑤ 《史记》卷一二三《大宛列传》,第3170—3171页。

"嶲"与"昆明"是两个地域相邻、文化接近的族群,《史记·西南夷列传》"索隐"引崔浩之言称"嶲、昆明为二国名",说明史家早就注意到这一事实。与此相关联,《史记》"集解"引徐广曰"永昌有嶲唐县"①。方国瑜认为:"嶲即嶲唐,可能是哀牢人的一个部族。"②

　　《后汉书·西南夷列传》说:"后数年,复并昆明地,皆以属之此郡。"③ 即以昆明族群之地,设置益州郡西部属国都尉。《续汉书·郡国志》益州郡西部都尉所领六县是:不韦、嶲唐、比苏、叶榆、邪龙、云南。《续汉书·郡国志》刘昭注引《古今注》说:"益州西部都尉治嶲唐,镇尉哀牢人、叶榆蛮夷。"④ 由此可见,嶲唐在西,主要分布在澜沧江流域;昆明在东,主要分布在洱海区域至金沙江中游一带。

　　澜沧江流域的青铜文化,与嶲唐族群有关⑤。洱海区域及其周边的石棺葬文化,则与昆明族群的分布地域,特别是文化特征相契合。此种石棺葬文化,最早发源于金沙江中游地区,主要分布在云南祥云、弥渡、大姚、姚安、永胜、丽江、宁蒗,以及四川理县等地。年代上早于岷江上游的同类文化遗存,文化上起源于当地商周时期的新石器时代文化,并深受战国秦汉时期洱海地区青铜文化的影响。族群关系上,与筰、徙、冉駹、白马更为接近⑥。

---

① 《史记》卷一一六《西南夷列传》,第 2991 页。
② 方国瑜:《中国西南历史地理考释》,第 19—22 页。
③ 《后汉书》卷八六《西南夷列传》,第 2846 页。
④ 〔晋〕司马彪撰:《续汉书·郡国志》,方国瑜主编:《云南史料丛刊》第一卷,云南大学出版社,1998 年,第 50—52 页。
⑤ 张增祺:《关于"昆明"与"昆明文化"的若干问题》,《考古与文物》,1987 年第 4 期。
⑥ 大理州文物管理所、祥云县文化馆:《云南祥云检村石椁墓》,《文物》,1983 年第 5 期;云南省博物馆文物工作队:《云南弥渡苴力战国石墓》,(转下页)

二、"叶榆夷"与洱海青铜农耕文化

研究表明,剑川海门口遗址是云贵高原青铜文明的主要发源地,此种青铜文化显然不是"嶲、昆明"所代表的文化类型,而是自新石器时代以来当地定居族群所创造的农耕文明①。马曜、林超民两位先生均认为,此种农耕文化是"洱滨人"创造的,"洱滨人"是后来"河蛮"的先民②。但"洱滨人"之称未见于文献记载。

随着1957年剑川海门口遗址的发现,考古学家先后发掘、清理了包括剑川海门口、鳌凤山、祥云大波那、弥渡合家山、楚雄万家坝、祥云红土坡等一大批重要的青铜时代的遗址与墓葬③。与此同

(接上页)《文物》,1986年第7期;宋治民:《川西和滇西北的石棺葬》,《考古与文物》,1987年第3期;刘化石、高寒:《石棺葬文化研究获突破性新材料——会理县猴子洞遗址发掘取得重要收获》,中国文物信息网,2018年10月18日;汪宁生:《云南考古》,第235—236页。

① 云南省文物考古研究所等:《云南剑川县海门口遗址第三次发掘》,《考古》,2009年8期;李昆声、闵锐:《云南早期青铜时代研究》,《思想战线》,2011年第4期;张增祺:《洱海区域的古代民族与文化》,《云南民族学院学报(哲社版)》,1987年第4期;李东红:《云南青铜文化的若干关键问题研究》,《思想战线》,2020年第3期。

② 马曜:《白族异源同流说》,《云南社会科学》,2000年第3期;林超民:《白族形成问题新探》,《民族学评论》,云南大学出版社,2005年。

③ 作铭:《剑川海门口古文化遗址清理简报》,《考古通讯》,1958年第6期;肖明华:《云南剑川海门口青铜时代早期遗址》,《考古》,1995年第9期;闵锐:《云南剑川县海门口遗址第三次发掘》,《考古》,2009年第8期;阚勇、熊瑛:《剑川鳌凤山古墓发掘报告》,《考古学报》,1990年第2期;熊瑛、孙太初:《云南祥云大波那木椁铜棺墓清理报告》,《考古》,1964年第12期;张昭:《云南弥渡合家山出土古代石、陶范和青铜器》,《文物》,2000年第11期;云南省博物馆、四川大学历史系:《云南楚雄县万家坝古墓群发掘简报》,《文物》,1978年第10期;李雁芬、杨伟林:《云南祥云红土坡14号墓清理简报》,《文物》,2011年第1期。

时,一批重要的古代铜鼓在洱海周边的大理弥渡、南涧、洱源等县市及楚雄、丽江、保山等地区被发现①。

研究者注意到,剑川海门口遗址不仅是洱海区域年代最早的青铜时代遗址,同时也是云贵高原青铜文化的源头之一②。大约在公元前6至前4世纪的战国中期,洱海区域的青铜文化已进入繁荣时期,祥云大波那是其主要代表。洱海青铜农耕文化器物种类以兵器、农具、纺织工具、乐器为主,铜器包括剑、矛、斧、锄、家畜与家禽俑、镯,还有铜鼓、编钟、房屋模型、葫芦笙,以及大型铜棺(图1—3)等③。

洱海区域青铜时代农耕文化,发源于当地新石器文化,是一种定居的农耕文化,创造此文化的族群,属于"耕田,有邑聚"的定居农耕民族④。那么它应该是哪个族群呢?

从地理空间来看,汉武帝设置的益州郡,所辖二十四县有"叶榆",《汉书·地理志》"益州郡"条说:"叶榆,叶榆泽在东,贪水首

---

① 田怀清:《云南弥渡县苴力公社出土两具早期铜鼓》,《考古》,1981年第4期;张顺彩:《云南永胜县发现两面铜鼓》,《考古》,1990年第2期;吕蕴琪、李淳信:《腾冲县新发现二具铜鼓》,《中国古代铜鼓研究通讯(第五期)》,1987年;汪宁生:《云南考古》;李东红:《五十年来洱海区域的考古发现与研究述略》,《中国民族史研究》,云南大学出版社,1997年;童恩正:《试论早期铜鼓》,《考古学报》,1983年3期;李昆声、黄德荣:《论万家坝型铜鼓》,《考古》,1990年5期;李昆声、黄德荣:《再论万家坝型铜鼓》,《考古学报》,2007年2期;田怀清:《云南南涧县浪沧乡三岔河村出土一件古代铜鼓》,《文物》,2004年10期。
② 李昆声、闵锐:《云南早期青铜时代研究》,《思想战线》,2011年第4期。
③ 张增祺:《滇西青铜文化初论》,《云南青铜器论丛》,文物出版社,1981年。
④ 张增祺:《洱海区域的古代民族与文化》,《云南民族学院学报(哲社版)》,1987年第4期。

图1—3 祥云大波那战国铜棺

受青蛉,南至邪龙入仆,行五百里。"①《史记·西南夷列传》"正义"云:"楪泽在靡北百余里,汉楪榆县在泽西益都。靡非,本叶榆王属国也。"并说"靡非在姚州北……即靡莫之夷"②。此处称"泽西益都"为汉叶榆县治,文中还提到"叶榆王属国",说明当时的叶榆族群有朝廷承认的夷王,且有属国,势力不小。《后汉书·西南夷列传》说:"建武十八年,夷渠帅栋蚕与姑复、楪榆、梼栋、连然、滇池、建伶、昆明诸种反叛,杀长吏。"③说明两汉时期,叶榆是较大的族群,它与昆明同处于洱海区域。

任乃强说,古汉语"榆"为民族地域之义。"叶榆"为民族部落之称。故徙之国曰"斯榆",今羌藏语之"察榆""狢榆""杂榆"

---

① 《汉书》卷二八上《地理志上》,第1601页。
② 《史记》卷一一六《西南夷列传》,第2992页注9、注5。
③ 《后汉书》卷八六《西南夷列传》,第2846页。

同此义①。由此可论,《史记》《汉书》《后汉书》所记载的"北至叶榆"之叶榆、"叶泽在东"的叶榆泽,还有叶榆王、叶榆蛮之"叶榆",意指"叶榆夷",而"叶榆县"是因叶榆夷而设置的西汉益州郡属县。

方国瑜先生考证,西汉叶榆县的范围,基本涵盖洱海区域及其邻近地区②,与战国到西汉时期洱海青铜农耕文化的分布空间大致相当。"叶榆夷"与叶榆文化表现出来的与滇文化相类似,而年代更为久远的特征,说明云贵高原西南夷族群青铜文化,起源于洱海区域,然后不断地向东发展③。

进一步说,滇池区域的滇国青铜文化,与洱海区域叶榆族群的青铜农耕文化,在考古学文化面貌上是非常接近的。二者均盛行土坑墓,以棺椁为主要葬具,随葬品以青铜器为主,也有玉石器、金银器与陶器,晚期还出现了铁器。青铜器中武器的数量和种类很多,还有不少生产工具,甚至原应以其他质料制成的器物亦以青铜器制成,反映青铜冶铸业的高度发展。有一些器物为他处少见,此处却大量存在,经常共出,譬如各式青铜锄、青铜粗茎剑与空首钺、铜鼓、铜房屋模型、铜扣饰、海贝,而贮贝器基本出土于滇池周边④。考古发现与研究结果,支持《史记·西南夷列传》所说的滇与靡非、靡莫、叶榆等族群在文化上较为接近的记载。

---

① 《华阳国志校补图注》,第 232 页。
② 方国瑜:《中国西南历史地理考释》,第 91—92 页。
③ 童恩正:《近年来中国西南民族地区战国至秦汉时代的考古发现及其研究》,《考古学报》,1980 年第 4 期;李昆声、闵锐:《云南早期青铜时代研究》,《思想战线》,2011 年第 4 期。
④ 汪宁生:《试论石寨山文化》,《中国考古学会第一次年会论文集(1979)》。

第六节　徙、筰、冉駹、白马族群与石棺葬文化

《史记》所记载"蜀之西"地区,从自然地理单元来说,位于"世界屋脊"西藏高原的东南边缘,北段是川西高原、藏东高山峡谷区,南段是滇西北高原和峡谷地带①。

秦汉时期这里居住的族群,兼具农、牧、狩猎等生计方式,其族群往往被称为"氐类"与"羌人"。《史记·西南夷列传》说:

> 自嶲以东北,君长以什数,徙、筰都最大;自筰以东北,君长以什数,冉駹最大。其俗或土著,或移徙,在蜀之西。自冉駹以东北,君长以什数,白马最大,皆氐类也。②

《史记·西南夷列传》所说的徙、筰、冉駹、白马等族群的分布空间,从南向北,大致来说,徙、筰在今四川省甘孜州与雅安一带,冉駹在今四川阿坝州,白马在今甘南武都地区。区域内的岷江、雅砻江、大渡河、金沙江等几大河谷,是各族群南来北往迁徙的孔道。特殊的地理环境,形成了这里族群及其经济、文化的复杂性。

在汉文化进入之前,该区域的土著文化,是战国至西汉中期的"西南夷"青铜文化,它们具有一定的共同性。建筑上,当地流行用石头建筑碉楼和碉房为居屋,墓葬则流行大石墓、石板墓、石

---

① 童恩正:《试论我国从东北至西南的边地半月形文化传播带》,《文物与考古论集》,文物出版社,1987年。
② 《史记》卷一一六《西南夷列传》,第2991页。

棺葬,多以石板作棺。墓葬中出土器物以青铜兵器为主,主要器形有"山"字形格剑、铜柄铁剑;陶器以双耳罐、单耳罐等为特征。从生计上看,石棺墓代表的文化,属于定居为主的农、牧、猎兼顾的文化类型。经济发展程度而言,本地域似较"西南夷"文化圈内其他地区后进①,并呈现出多元文化融合的"走廊地带"文化特征②。据《史记·西南夷列传》,并参照两《汉书》之《西南夷列传》、《华阳国志》等记载,秦汉时期"蜀之西"的族群及其考古学文化,由南至北,大致情形如下文所述。

一、白狼、槃木、唐菆与雅砻江上游石棺葬文化

大渡河以西,雅砻江流域,包括康藏高原东端至横断山区的川滇藏"大三角地带",今四川甘孜藏族自治州、凉山彝族自治州西部,云南迪庆藏族自治州、丽江市,西藏昌都地区,均发现大批战国至秦汉时期的石棺葬文化遗存。

童恩正认为,雅砻江上游,秦汉时期的族群多不可考,但从天汉四年(前97)"置两都尉,一居旄牛,主徼外夷,一居青衣,主汉人"③的记载可知,石棺葬当为"徼外夷"的文化。从《史记·西南夷列传》所记载的族群方位来看,这里活动着若干与"邛都夷"、"筰都夷"相联系的"徼外夷",据《后汉书·西南夷列传》记载,它们是"旄牛徼外夷"白狼、槃木、唐菆等族群。这些族群应该是当

---

① 罗开玉:《川滇西部及藏东石棺墓研究》,《考古学报》,1992年第4期。
② 赵殿增:《金沙江流域早期考古的几个问题》,《中华文化论坛》,2002年第4期。
③ 《后汉书》卷八六《西南夷列传》,第2854页。

地石棺葬文化的创造者①。其中的"汶山以西"的白狼族群,东汉永平年间作《远夷乐德歌》《远夷慕德歌》与《远夷怀德歌》三章,献歌朝廷,传为佳话②。

二、徙、筰都夷与青衣江流域青铜文化

今四川雅安地区,是徙、筰都族群的主要分布地域。《史记·西南夷列传》说:"自嶲以东北,君长以什数,徙、筰都最大。"徙和筰都,是西汉时期西南夷中两个比较大的部落。秦时置有徙县,其故城在今四川天全县。秦灭楚之后,迁严王之族实筰地,称严道县。论者以为秦代严道县即今四川雅安及其所辖之荥经、汉源两县。筰人的居住地,大约在今四川雅安之荥经、汉源、石棉,也可能远及凉山之木里、盐源等县及滇西北地区。

《史记·西南夷列传》"集解"引徐广说:"徙在汉嘉。筰音昨,在越嶲。"③汉代越嶲郡以"筰"为名者有定筰、筰秦与大筰三县④。《汉书·西南夷传》颜师古曰:"徙及莋都,二国也。徙后为徙县,属蜀郡。莋都后为沈犁郡。"⑤童恩正认为,县名称"筰"(莋),当系本县居民以筰人为主⑥。此为汉代郡县设置之惯例,其说为是。

《后汉书·西南夷列传》说:

---

① 童恩正:《近年来中国西南民族地区战国至秦汉时代的考古发现及其研究》,《考古学报》,1980年第4期。
② 《后汉书》卷八六《西南夷列传》,第2856—2857页。
③ 《史记》卷一一六《西南夷列传》,第2992页注12。
④ 《汉书》卷二八上《地理志上》,第1600页。
⑤ 《汉书》卷九五《西南夷传》,第3838页。
⑥ 童恩正:《近年来中国西南民族地区战国至秦汉时代的考古发现及其研究》,《考古学报》,1980年第4期。笮、莋、筰三字相通,具体考说见本书第13页注1。

> 筰都夷者,武帝所开,以为筰都县。其人皆被发左衽,言语多好譬类,居处略与汶山夷同。土出长年神药,仙人山图所居焉。元鼎六年,以为沈黎郡。至天汉四年,并蜀为西部,置两都尉,一居旄牛,主徼外夷;一居青衣,主汉人。①

筰人原居岷江上游,后逐渐迁徙到大渡河中游,再迁至今川西南和滇西北及滇西金沙江中游地区。"筰都夷"属于"蜀郡徼外夷"②。此区域内有石棺葬,还发现了不少土坑墓,这两种类型的考古学文化,都与"筰都夷"有关。两类墓葬中多出土三叉格剑、铜簇、铜鍪、铜手镯等"西南夷器物"③。

今四川盐源县附近,曾发现数百件形态独特的青铜器,学术界称之为"盐源铜器群",时代大约在战国至汉代④。这批青铜器以兵器为主,主要器形有山字形格剑与铜柄铁剑,风格与川西、滇西北的同类器物相似。盐源铜器群中的铜鼓和铜铃,器形特征受到滇文化的强烈影响。装饰品中的镯、泡、带钩、发钗等,都有浓郁的民族特色。

盐源铜器群中,以"枝形器"和铜杖最为特殊。"枝形器"是一种树枝状的扁平物,树枝上有圆形饰物及人牵马图像。铜杖,杖首为鸟形、羊头形或人形,杖身上有密集的纹饰,有的杖两旁还插两排饰片,并饰三只老虎。此地发现的陶器主要是各式各样的双

---

① 《后汉书》卷八六《西南夷列传》,第2854页。
② 沈仲常、李复华:《关于"石棺葬文化"的几个问题》,《中国考古学会第一次年会论文集(1979)》。
③ 宝兴县文化馆:《四川宝兴出土的西汉铜器》,《考古》,1978年第2期。
④ 凉山州博物馆等:《盐源近年出土的战国西汉文物》,《四川文物》,1999年第4期。

耳罐、单耳罐,器形与滇西石棺葬文化的同类陶器相似。

盐源、盐边一带是汉代"笮人"的主要分布地域,汉武帝曾在此设大笮、定笮与笮秦三县。因此,盐源铜器群和众多土坑墓遗迹,可能就是西南夷笮人的文化遗存。盐边县西牛山发掘的土坑墓群中,出土了山字形格剑、三角窄长援戈等铜器,双耳罐、单耳罐等陶器,器形与盐源铜器群的同类器物相似,这或许就是"笮人"考古学文化的典型器物。

《华阳国志·蜀志》"定笮县"条说:"笮,夷也。汶山曰夷,南中曰昆明,汉嘉、越嶲曰笮,蜀曰邛,县在郡西。"①《元和郡县图志·剑南道中》"汶川县"条说:"绳桥,在县西北三里。回大江水,篾笮四条,以葛藤纬络,布板其上,虽从风摇动,而牢固有余,夷人驱牛马去来无惧。"又说:"笮桥,在县(卫山)北三十里。以竹篾为索,架北江水。"②《元和郡县图志·剑南道中》"昆明县"条亦载:"凡言笮者,夷人于大江水上置藤桥谓之笮;其定笮、大笮皆是近水置笮桥处。"③

方国瑜认为,绳桥称笮者,与族名有关。汉代居于定笮者多为"摩沙夷",定笮与大笮接壤,因此大笮可能也是摩沙夷所居之地。而笮人之后裔,为西番(普米族)及摩些族(纳西族)④。

三、冉駹、白马与岷江上游石棺葬文化

岷江上游,阿坝藏族羌族自治州境内,秦汉三国时期是西南夷冉駹、白马族群的分布地域。对此,文献记载比较清楚,譬如《史

---

① 《华阳国志校补图注》,第210页。
② 《元和郡县图志》卷三二《剑南道中》,第812、814页。
③ 《元和郡县图志》卷三二《剑南道中》,第824—825页。
④ 方国瑜:《中国西南历史地理考释》,第129页。

记·西南夷列传》说:"自筰以东北,君长以什数,冉駹最大,其俗或土箸,或移徙,在蜀之西。"《华阳国志·蜀志》则说,三国时期,姜维、马忠等讨伐汶山郡"叛羌"。而此地之"叛羌","本徼外羌,冉駹之别种也"。《后汉书·西南夷列传》说:

> 冉駹夷者,武帝所开。元鼎六年,以为汶山郡。至地节三年,夷人以立郡赋重,宣帝乃省并蜀郡为北部都尉。其山有六夷七羌九氐,各有部落。……皆依山居止,累石为室,高者至十余丈,为邛笼。①

"白马"处于西南夷最北端。《史记·西南夷列传》说:"自冉駹以东北,君长以什数,白马最大,皆氐类也。""索隐"称"夷邑名,即白马氐"。"正义"引《括地志》说:"陇右成州、武州皆白马氐,其豪族杨氏居成州仇池山上。"②汉武帝元鼎六年(前111)于白马夷之地设置武都郡,其地望在今四川西北部及甘肃南部。《后汉书·西南夷列传》说:

> 白马氐者,武帝元鼎六年开,分广汉西部,合以为武都。……元封三年,氐人反叛,遣兵破之,分徙酒泉郡。③

因此,岷江上游,从战国至秦汉时期,属于西南夷中冉駹、白马等族群的聚居地,这一基本状态,到三国时期仍然没有变化。从同一时空下文化与族群对应关系判断,此区域内的"石棺葬文化",属

---

① 《后汉书》卷八六《西南夷列传》,第2857—2858页。
② 《史记》卷一一六《西南夷列传》,第2992页注14。
③ 《后汉书》卷八六《西南夷列传》,第2859页。

于包括冉駹、白马在内的羌人文化遗存①。

第七节　西南夷及其文化起源

在族群与考古学文化对应关系相对明确的前提下,讨论考古学文化的渊源,就是讨论族群的来源。

一、文献记录的西南夷族群与生计

《史记·西南夷列传》呈现的是战国至秦汉时期巴蜀以南以西广阔地域中的族群活动情况,其文字虽然简约,但叙事清晰,线索清楚可信。以《史记·西南夷列传》为基础,参照两《汉书》之《西南夷列传》以及《华阳国志》的记载,从整体观出发,可将西南夷族群分为"蜀之南""蜀之西"两大地理板块:"蜀之南"的族群通常被称为"南夷",包括犍为僰人、夜郎与滇等部族,主要活动于今四川南部、云南东部与贵州西部交汇地带;"蜀之西"的族群通常被称为"西夷",包括徙、筰、冉駹、白马等部族。"西夷"族群主要活动于川西高原与滇北横断山区,包括川西藏东、滇西北河谷地区。而邛都夷、嶲、昆明、叶榆、靡非等族群在地理上介于"南夷"与"西夷"之间。

《史记·西南夷列传》将西南夷族群的生计,归为三大类:第一类,夜郎、滇、邛都、叶榆,是"耕田,有邑聚"的农耕、定居文化;第二类,嶲、昆明,是"随畜迁徙,毋常处"的游牧状态;第三类,徙、

---

① 沈仲常、李复华:《关于"石棺葬文化"的几个问题》,《中国考古学会第一次年会论文集(1979)》;童恩正:《近年来中国西南民族地区战国至秦汉时代的考古发现及其研究》,《考古学报》,1980年第4期。

筰、冉駹、白马,是"或土箸,或移徙"的半农半牧生活[①]。

二、西南夷族群起源的考古学证据

考古发现证明,战国至秦汉时期西南夷的青铜文化,起源于当地的新石器文化,说明至迟在距今五千年前的新石器时代,西南夷土著族群已经生活在当地,创造并形成了若干重要的文化类型。正是在发达的新石器文化基础上,大约在夏末商初,以剑川海门口遗址为代表,开启了云贵高原的青铜时代[②]。考古发现表明,战国至秦汉时期西南夷的青铜文化,主要是两种类型,一是农耕文化,另一种属于半农半牧的文化类型。由于族群之间的联系明显加强,两种文化之间存在较多的交流与联系[③]。

(一)西南夷农耕文明的缘起

农耕文化主要分布在"坝区",即山间盆地,这种文化起源于剑川海门口遗址,然后渐次向东、向北发展。向东的一支为主体,发展成为滇文化,并明显地影响了夜郎文化、两越文化[④]。因此,在夜郎、两广地区的战国至秦汉时期的墓葬中,很容易找到西南夷青铜文化元素[⑤]。马曜先生《从海门口到石寨山》一文中,首先提出云贵

[①]《史记》卷一一六《西南夷列传》,第 2991 页。
[②] 云南省文物考古研究所等:《云南剑川县海门口遗址第三次发掘》,《考古》,2009 年第 8 期。
[③] 刘弘:《巴蜀文化在西南地区的辐射与影响》,《中华文化论坛》,2007 年第 4 期。
[④] 彭长林:《云贵高原与岭南早期文化关系的考古学观察》,《广西民族研究》,2006 年第 2 期。
[⑤] 李昆声、黄德荣:《论黑格尔Ⅰ型铜鼓》,《考古学报》,2016 年第 2 期;李昆声、陈果:《中国云南与越南的青铜文明》,社会科学文献出版社,2013 年,第 375 页。

高原的青铜文化由西向东发展的科学假说[①],为后来的考古发现与研究所证实[②]。这种定居的农耕青铜文化,主要分布在洱海区域、滇池区域、滇东黔西一带的山间盆地,是《史记·西南夷列传》记载的"耕田,有邑聚"的族群,包括夜郎及其以西的滇、劳浸、靡莫、靡非、叶榆,甚至邛都夷等,这些族群大多"同姓相扶",属于有亲缘关系的部族。

西南夷农耕青铜文化,以墓葬为主要遗存,出土器物丰富多样,以农业生产工具(图1—4)、纺织工具、兵器、海贝为主,高等级墓葬中出土铜鼓、贮贝器、编钟、权杖、铜棺等,还有大量扣饰,人物形象与生产、战争、祭祀等图像场景。在生计方式、居住形式与社会风尚等方面特色明显。他们从事农业生产,同时进行捕捞、狩猎、饲养,且纺织业发达。人们实行定居,并形成了一定规模的聚落。青铜器物之中有大量的人物形象和许多表现当时社会

图1—4 西南夷青铜农业生产工具:锄与镰(采自《云南江川李家山古墓群发掘简报》)

生活的器物和场景,譬如农作、饲养、纺织、放牧、狩猎、炊煮、居住、上仓、交易、祭祀、战争、歌舞、饮酒、媾合等,生动地反映了当时人

---

① 马曜:《从海门口到石寨山——云南洱海和滇池地区原始社会的解体与奴隶制社会的形成》,《马曜学术论著自选集》,云南人民出版社,1998年,第271—290页。
② 李昆声、闵锐:《云南早期青铜时代研究》,《思想战线》,2011年第4期。

们的生活样态①。

(二)石棺葬文化的缘起

1930年代以来,最先在岷江上游、川北草原地区,后来在川滇藏三省区的大渡河流域、金沙江中游,以及贵州西部地区,均发现利用石板或石块做成墓葬、葬具的石棺墓、石板墓、大石墓等遗存,学术界将此类墓葬统称为"石棺葬"。

冯汉骥、童恩正认为石棺葬与甘青文化、北方草原文化有渊源②。沈仲常、李复华则描述了石棺葬由甘青高原南下,经岷江、青衣江流域,沿川、藏、滇交汇地带一路南下的传播路径③。"南下说"至今仍有影响④。

战国至秦汉时期,分布在川西高原与横断山区的徙、筰、冉䮾、白马,还有白狼、槃木、唐菆诸族群,学术界多认为它们是氐羌部落。他们活动的地域,是汉代沈犁郡、汶山郡与武都郡所在。以往的研究多认为,氐羌族群及其石棺葬文化,是自北而南发展的。那么,氐羌是自古生活在西北,后来南下吗?文献记载与考古发现同时证明,传统意义上氐羌族群由北方南迁而来的"南下说",显然缺少证据⑤。

1.文献记载:羌人源自南方,先由南而北迁徙,战国时其中一支折返南迁。

---

① 李东红:《云南青铜文化的若干关键问题研究》,《思想战线》,2020年第3期。
② 冯汉骥、童恩正:《岷江上游的石棺葬》,《考古学报》,1973年第2期。
③ 沈仲常、李复华:《关于"石棺葬文化"的几个问题》,《中国考古学会第一次年会论文集(1979)》。
④ 李水城:《石棺葬的起源与扩散——以中国为例》,《四川文物》,2011年第6期。
⑤ 李东红、马丽娜:《坚守还是改变:中国西南古代民族研究"三大族系说"的多学科讨论》,《思想战线》,2019年第1期。

《后汉书·西羌传》说：

> 西羌之本,出自三苗,姜姓之别也。其国近南岳。及舜流四凶,徙之三危,河关之西南羌地是也。滨于赐支,至乎河首,绵地千里。赐支者,《禹贡》所谓析支者也。南接蜀、汉徼外蛮夷,西北〔接〕鄯善、车师诸国。所居无常,依随水草。①

从以上《后汉书·西羌传》记载可知,羌人起源于南方,后北迁,并曾一度进入中原,影响三代政治。春秋战国之世,当秦厉公时期,羌人在首领爰剑带领下,西迁入"三河间",即黄河上游的湟河与赐支河一带,其地"南接蜀、汉徼外蛮夷,西北接鄯善、车师诸国"。

再后来,秦献公时,其中的一支"畏秦之威"而由河湟地区折返南迁,进入"蜀之西"的川西高原与横断山区。《后汉书·西羌传》说：

> 至爰剑曾孙忍时,秦献公初立,欲复穆公之迹,兵临渭首,灭狄獂戎。忍季父卬畏秦之威,将其种人附落而南,出赐支河曲西数千里,与众羌绝远,不复交通。其后子孙分别,各自为种,任随所之。或为牦牛种,越嶲羌是也；或为白马种,广汉羌是也；或为参狼种,武都羌是也。②

王叔武先生认为,羌人发源于滇北川西一带,后来迁到黄河流域。秦献公时,北方的一支"羌人"又复南下,其中"白马"在最北,

---

① 《后汉书》卷八七《西羌传》,第 2869 页。
② 《后汉书》卷八七《西羌传》,第 2875—2876 页。

西南下为"冉䮾"(今四川汶川、松潘),绕过蜀郡,再西南下为"徙"(今四川天全县)、"筰都"(今四川汉源县一带),又再南下为"邛都"(今四川凉山州)①。

2. 考古发现证明:石棺葬最早起源于金沙江中游。

1990年代,金沙江中游云南元谋大墩子、永仁菜园子等遗址发现的新石器时代石棺葬,与青铜时代石棺葬之间有传承关系②。之前被认为是来自北方的最有代表性器物"双耳陶罐"与"单耳陶罐",也发现于此石棺葬之中(图1—5)③。2017年至2018年,在距离元谋大墩子不远的四川会理县猴子洞遗址,发现距今约五千年的新石器时代石棺葬及与之共存的聚落,出土器物包括单耳陶罐、双

图1—5　丽江博物馆藏双耳陶罐(图片采自丽江博物馆网站)

---

① 云南各族古代史略编写组:《云南各族古代史略》,云南人民出版社,1977年,第270—271页。
② 汪宁生:《云南考古》,第220—221页。
③ 楚雄彝族自治州文管所、云南省博物馆文物队:《云南永仁永定镇石板墓清理简报》,《文物》,1986年第7期;云南省博物馆文物队:《云南永仁维的石棺墓发掘纪略》,《云南文物》,总第19期(1986)。

耳陶罐、三耳陶罐、石镞、海贝、骨角器等典型的"石棺葬器物"①。

研究者指出,金沙江中游地区石棺葬,年代最早,墓葬型制、随葬器物与其他地区石棺葬高度接近。相对来说,早前发现的岷江上游石棺葬遗存,其年代最早者距今三千年左右,明显晚于金沙江中游石棺葬的年代。

如果只考虑考古学证据,则金沙江中游地区,才是石棺葬文化的起源地。说明石棺葬文化是由金沙江流域向北发展与传播。这就是说,"氐羌南下"的历史叙事,还有为之背书的"石棺葬是由甘青地区一路南下至岷江流域、金沙江流域"的考古学证据链,并不是经得起推敲的科学论断。石棺葬很可能是由南向北传播②。

汪宁生指出,云南境内金沙江流域的石棺葬,与川西南、川西北同类石棺葬属于同一文化类型。青铜时代,在中国西南地区,以滇池、洱海区域的青铜文化发展程度最高,影响最大,年代较早,因此在川西、滇西北、川西南的石棺葬,甚至是巴蜀船棺葬等战国秦汉时期的墓葬中,也不断发现云南青铜器或类似的器物,说明云南青铜文化向北扩展,对川西北、川西南青铜文化有明显影响③。

罗开玉的研究表明,川西高原、滇西高原及藏东高原,即岷江、金沙江、雅砻江与大渡河流域,属于同一考古学文化类型分布区域,在经济与文化上呈现出整体性特征④。这种整体观,恰恰是对于《史记·西南夷列传》文献关于"巂、昆明、邛都、筰都、徙、冉

---

① 刘化石、高寒:《石棺葬文化研究获突破性新材料——会理县猴子洞遗址发掘取得重要收获》,《中国文物信息网》,2018年10月18日。
② 宋治民:《川西和滇西北的石棺葬》,《考古与文物》,1987年第3期;王涵:《我国西南地区一种新的青铜文化》,《云南文物》,总第15期(1984)。
③ 汪宁生:《云南考古》,第82、235—236页。
④ 罗开玉:《川滇西部及藏东石棺墓研究》,《考古学报》,1992年第4期。

騀、白马"等为代表的"六夷、七羌、九氐"众多族群整体性特征的考古学回应。这种文化整体性,至少可以溯源至距今五千年的新石器时代,并延续至战国秦汉时期的青铜文化。此种族群与文化上的连续性,正是西南夷族群与文化起源"土著性"的最好说明。

有关石棺葬的起源,学术界还有不同的解读,譬如有研究者指出,西南地区石棺葬并非只有单一的起源;云南元谋、永仁,四川会理等金沙江中游的石棺葬,与岷江流域的石棺葬并不属于同一文化圈,族属亦有差别①。与此同时,岷江上游的石棺葬文化,与甘青地区的石棺葬同样存在较大的差异,此种差异性是由于创造主体的不同而造成的。换言之,岷江上游的石棺葬文化,不是甘青南下的氐羌文化,而是由当地夷人创造的、独立发展的"土著文化"②。

冯汉骥、童恩正认为,石棺墓的建造者大概是畜牧兼农耕的民族③。石棺葬随葬品的器类和造型,既有北方游牧文化的影响,又有巴蜀文化与云南青铜文化的因素,显示出"走廊文化"或者"中间地带"色彩。

总之,石棺葬延续时间长,上起新石器期时代,下迄元明时期,延续三千多年。早期石棺葬发现于金沙江中游地区,包括云南永仁菜园子遗址、四川会理县猴子洞遗址,其绝对年代为距今五千年。猴子洞遗址已经出现聚落与高等级大墓。出土器物中包括石

---

① 李水城:《石棺葬的起源与扩散——以中国为例》,《四川文物》,2011年第6期。
② 王涵:《我国西南地区一种新的青铜文化》,《云南文物》,总第15期(1984);宋治民:《川西和滇西北的石棺葬》,《考古与文物》,1987年第3期;罗开玉:《川滇西部及藏东石棺墓研究》,《考古学报》,1992年第4期。
③ 冯汉骥、童恩正:《岷江上游的石棺葬》,《考古学报》,1973年第2期。

棺墓的典型器物单耳罐与双耳罐,还有兵器、纺轮、海贝等①。从目前的材料看,年代最早的石棺葬,主要发现于金沙江中游,这就提出了一个重大的问题:石棺葬果真是由北向南传播与发展吗?还是相反,即从南向北发展?

三、西南夷土著青铜文化的地域特色

大约在夏商之际,西南夷各地或早或晚都进入了青铜时代,战国至西汉早、中期为该地区青铜文化的鼎盛时期,西汉末至东汉初,在汉文化影响下,大部分西南夷青铜文化消失②。《史记·西南夷列传》等文献所记载的战国至秦汉时期西南夷族群,譬如僰人、夜郎、滇、邛都、嶲、昆明、叶榆、徙、筰、冉駹、白马等,在相对的时间与空间范畴内,大多能够找到族群与考古学文化之间的关联。西南夷族群及其土著青铜文化,是汉武帝"设郡置吏"与汉代西南夷社会发展和文化变迁的逻辑起点。

李伯谦《中国青铜文化结构体系研究》将在商末周初(前13世纪—前10世纪)分布在以滇池为中心的云贵高原的青铜文化,称为中国青铜时代的"西南文化区"③。学界有关"西南文化区"的研究,有的以中国西南、西南夷、云贵高原等区域性研究见长④;有的以现今行政单元为研究对象(分省研究),如云南青铜文化研

---

① 刘化石、高寒:《石棺葬文化研究获突破性新材料——会理县猴子洞遗址发掘取得重要收获》,中国文物信息网,2018年10月18日。
② 李昆声、闵锐:《云南早期青铜时代研究》,《思想战线》,2011年第4期;彭长林:《云贵高原的青铜时代》,广西科学技术出版社,2008年,第11页。
③ 李伯谦:《中国青铜文化结构体系研究》,科学出版社,1998年,第6—7页。
④ 童恩正:《近年来中国西南民族地区战国至秦汉时代的考古发现及其研究》,《考古学报》,1980年第4期;彭长林:《云贵高原的青铜时代》;杨勇:《战国秦汉时期云贵高原考古学文化研究》。

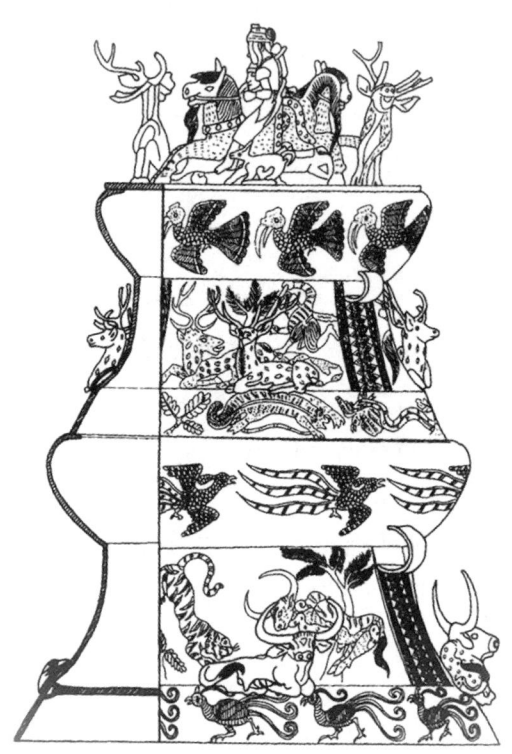

图1—6 石寨山出土叠鼓形贮贝器（采自蒋志龙《云南晋宁石山M71出土的叠鼓形贮贝器》）

究①、贵州青铜文化研究②，或者是川西高原青铜文化、南夷地区青铜文化、滇池区域青铜文化、洱海区域青铜文化等等③，视角与方法多元多样。无论何种研究，学术界均意识到，战国至秦汉时期的西南夷土著文化，具有以下特点：

第一，战国秦汉时期西南夷的土著文化，属于青铜文化时代，以墓葬遗存为主，分为两种类型：一是土坑墓所代表的农耕文化，一为石棺墓、石板墓、大石

---

① 张增祺：《云南青铜文化概论》，《思想战线》，1979年第4期；李昆声、闵锐：《云南早期青铜时代研究》，《思想战线》，2011年第4期；李东红：《云南青铜文化若干关键问题研究》，《思想战线》，2020年第3期。
② 宋世坤：《贵州古夜郎地区青铜文化初论》，《中国考古学会第二次年会论文集（1980）》。
③ 王大道：《滇池区域的青铜文化》，《云南青铜器论丛》；张增祺：《滇西青铜文化初探》，《云南青铜器论丛》；叶成勇：《战国至秦汉时期南夷社会考古学研究》；孙华：《黔西滇东青铜文化初论——以云南昭通及贵州毕节地区的考古材料为中心》，《四川文物》，2007年第5期。

墓代表的半耕半农文化。两种文化类型无论是空间分布,还是文化内涵,都存在较多的交叉与联系。

第二,随葬品以青铜器为主,也有玉石器、金银器与陶器,晚期还出现了铁器。青铜器中武器的数量和种类很多,农业生产工具所占比重较大。各式青铜锄、锸、粗茎剑、空首钺、铜鼓、房屋模型、扣饰、海贝,是普遍共出的器物。而贮贝器多数出自滇池周边,少数出自夜郎故地;大型铜棺出自洱海区域。高等级墓葬有编钟、铜鼓、贮贝器(图1—6)、权杖共出现象。平民墓葬多为无葬具、无随葬品的"软葬"。

第三,早晚期墓葬时代特征明显。早期墓葬中的青铜器全部为西南夷本土器物;中期的高等级墓葬中开始出现一些"汉式器物",同时出现"铜铁合制器",譬如铜柄铁刃剑等。西汉末至东汉初期,土坑墓的型制还保留,但随葬器物基本都汉化。说明本土文化从西汉武帝经略西南夷开始,逐渐变迁转向,最后完全融入汉文化之中。

第二章 汉代在西南夷设置的边郡与属国

先秦时期,西南夷形成了富有地域色彩的部族及其文化,虽然与内地的联系日益增多,但在整个中国古代文化版图上,尚属于中原徼外的四裔之地。汉代在西南夷的经营与治理,使之成为大一统体制内的郡县,奠定了此后中国西南边疆社会发展的政治基础、族群结构与文化取向。

第一节 秦对巴蜀、西南夷的经营与治理

战国时期,在中原王朝的视野中,西南夷包含巴、蜀之地。《汉书·地理志》说"巴、蜀、广汉本南夷,秦并以为郡"①。秦并巴蜀,开启了以巴蜀为基础,开拓、经营西南夷的历史进程。

《华阳国志》卷三《蜀志》说:

> 周赧王元年(前314),秦惠王封子通国为蜀侯,以陈壮为相。置巴、蜀郡,以张若为蜀守。戎伯尚强,乃移秦民万家实之。三年,分巴、蜀置汉中郡。六年,陈壮反,杀蜀侯通国。秦

---

① 《汉书》卷二八下《地理志下》,第1645页。

遣庶长甘茂、张仪、司马错复伐蜀。诛陈壮。七年,封公子恽为蜀侯。司马错率巴、蜀众十万,大舶船万艘,米六百万斛,浮江伐楚,取商于之地,为黔中郡。①

秦灭巴蜀,并置巴、蜀、汉中、黔中四郡之后,巴蜀之地成为秦国治下的郡县。由于"戎伯尚强",秦在巴蜀建立郡县的同时,仍将原蜀王之子(通国)封为蜀侯,在郡县制度下,保持了蜀国原有的统治习惯②。此种"设郡封王"的统治策略,汉代被推广到西南夷等"四裔之地"③。

秦统一六国之后,以巴蜀四郡为基础,开始经略西南夷。《史记·西南夷列传》说:

> 秦时尝颇略通五尺道,诸此国颇置吏焉。十余岁,秦灭。及汉兴,皆弃此国而开蜀故徼。巴蜀民或窃出商贾,取其筰马、僰僮、髦牛,以此巴蜀殷富。④

《史记》"索隐"称"栈道广五尺","正义"引《括地志》说"五尺道在郎州"⑤。《汉书》颜师古注说:"其处险陼,故道才广五

---

① 《华阳国志校补图注》,第128页。
② 童恩正:《古代的巴蜀》,第108页。
③ 秦代"设郡封王"的统治策略,汉代发展成为边郡制度。汉王朝在南越、西南夷、诸羌之地的土著部族社会之中,以族群为基础设立郡县与属国,委任郡守、都尉、县令的同时,又封部族君长为王侯,令其"以旧俗"治理部族事务,但王侯必须服从郡县的管辖。参见蒙文通:《巴蜀史的问题》,《四川大学学报(社科版)》,1959年第5期。
④ 《史记》卷一一六《西南夷列传》,第2993页。
⑤ 《史记》卷一一六《西南夷列传》,第2993页。

尺。"① 唐代的郎州治味县,《旧唐书·地理志》"郎州"条记载:

> 武德元年,开南中置南宁州……武德四年,置总管府……五年,罢总管。其年冬,复置,寄治益州。七年,改为都督……八年,自益州移都督于今治(味县)。贞观六年,罢都督,置刺史。八年,改南宁为郎州也。②

因此,"诸此国"指"郎州道"上的南夷诸国。有学者据《山海经》《蜀本记》《太平寰宇记》等文献考定,秦代曾在南夷地区设置汉阳、夜郎、鳖、且兰等县,分属象郡和蜀郡③。此外,秦在"蜀之西"的地区亦有设治,因此,《史记·司马相如列传》说:"邛、筰、冉、駹者近蜀,道亦易通,秦时尝通为郡县。"④

第二节 汉代西南夷郡县制度的确立

汉代在西南夷的设治,主要发生在西汉武帝时期。司马迁《史记·西南夷列传》盛赞汉武帝在西南夷设治之举,认为西南夷"卒为七郡"符合大一统发展的历史大势。《史记》"集解"引徐广注说,西南夷设置"犍为、牂柯、越巂、益州、武都、沈犂、汶山"诸郡⑤,这是以西南夷部族社会为基础,"即其部落列置郡县"而设立的"西南夷七郡",它奠定了后世中国西南边疆发展的政

---

① 《汉书》卷九五《西南夷传》,第 3838—3839 页。
② 〔后晋〕刘昫等撰:《旧唐书》卷四一《地理志四》,中华书局,1975 年,第 1694 页。
③ 唐文元:《贵州汉墓及其分期特点》,《贵州文史丛刊》,1982 年第 4 期。
④ 《史记》卷一一七《司马相如列传》,第 3046 页。
⑤ 《史记》卷一一六《西南夷列传》,第 2998 页。

治基础(图2—1)。

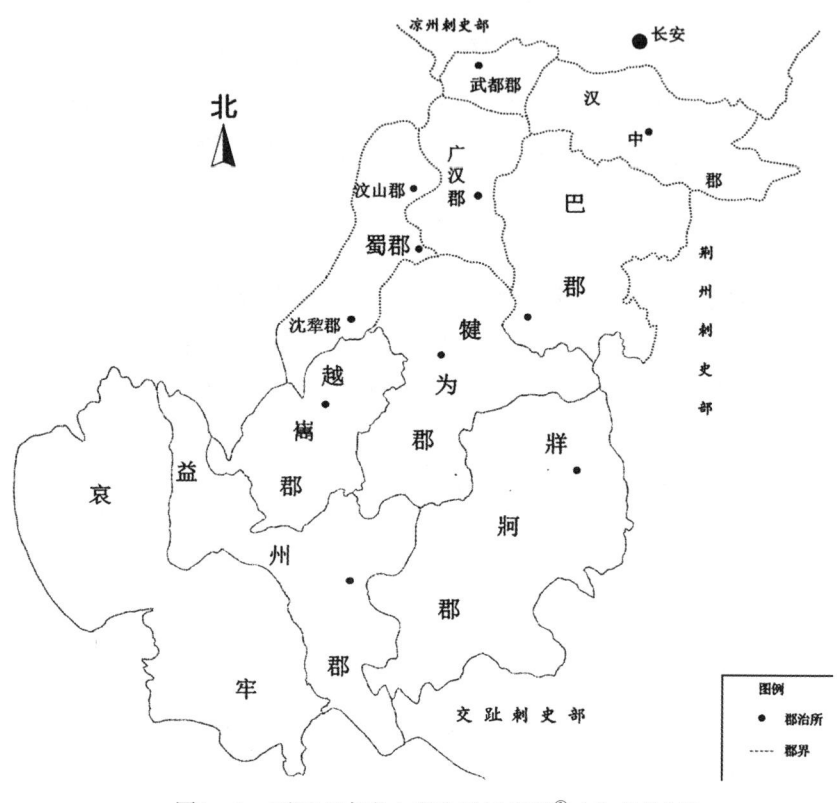

图2—1　西汉西南夷七郡位置示意图①（作者绘制）

一、犍为、牂牁、越嶲、益州四郡及属国的设置

西汉时期,以巴蜀为基地,向南出发,在"巴蜀以南"的广袤地区设置犍为、牂牁、越嶲、益州四郡。《汉书·地理志》对此四郡

---

① 汶山、沈犁二郡之间,以及它们与蜀郡、广汉郡之间的界限,缺乏明确的文献依据,尤其是汶山、沈犁二郡省并之后,成为蜀郡属国、广汉属国,故此图不标界线。

的建置沿革以及所领属县情况均有详细记载。具体来说,汉武帝建元六年(前135)分蜀郡与广汉郡,设置犍为郡;元鼎六年(前111)以邛都为越嶲郡,平南夷为牂柯郡;元封二年(前109)以滇国为益州郡①。

(一)犍为郡的设立

《华阳国志》卷三《蜀志》有"高后六年(前182),城僰道,开青衣"之说。任乃强认为此举"遂发展为牂柯、南广诸郡也"②。说明汉初即着手经营西南夷事务。汉武帝时期,为了经营夜郎,以蜀郡、广汉郡的一部分属地,分置犍为郡。《史记·西南夷列传》说:

> (建元六年)……上许之。乃拜蒙为郎中将,将千人,食重万余人,从巴蜀筰关入,遂见夜郎侯多同。蒙厚赐,喻以威德,约为置吏,使其子为令。夜郎旁小邑皆贪汉缯帛,以为汉道险,终不能有也,乃且听蒙约。还报,乃以为犍为郡。③

《华阳国志·蜀志》因此说,汉武帝"建元六年,分蜀、广汉置犍为郡"④。犍为郡初设时,以唐蒙为都尉,治鳖(大方),辖夜郎(安顺、镇宁、关岭、普定)、且兰(贵阳、都匀、黄平)两县⑤。

元鼎六年平南夷为牂柯郡,与此同时,犍为郡领县即作调整并增至十二:其中七县在今四川南部,四县在滇东北,一县在贵州西部。《汉书·地理志》"犍为郡"条记载:

---

① 《汉书》卷二八上《地理志上》,第1599、1600、1602、1601页。
② 《华阳国志校补图注》,第141页。
③ 《史记》卷一一六《西南夷列传》,第2994页。
④ 《华阳国志校补图注》,第142页。
⑤ 方国瑜:《中国西南历史地理考释》,第114—116页。

户十万九千四百一十九,口四十八万九千四百八十六。县十二:僰道(宜宾),江阳(泸州),武阳(彭山),南安(乐山),资中(资阳),符(合江),牛鞞(简阳),南广(镇雄、威信),汉阳(赫章、威宁),郁邬(宣威),朱提(昭通、鲁甸),堂琅(巧家、会泽)。①

《汉书·地理志》犍为郡属县以"僰道"为首。应劭注"故僰侯国也",指的就是犍为郡"僰人国"②。其地望包括今四川南部、滇北、黔西交汇地带。这里的居民,以"僰人"为主体。因此,《说文解字》释"僰"为"犍为蛮夷"。

《华阳国志》卷四《南中志》有"卒开僰门,通南中"之语,其文如下:

帝乃拜蒙中郎将,发巴、蜀兵千人,奉币帛见夜郎侯,喻以威德,为置吏……蒙卒开僰门,通南中。相如持节开越嶲,按道侯韩说开益州。武帝转拜唐蒙为都尉,开牂柯……置牂柯郡,以吴霸为太守。③

前有高后"城僰道,开青衣",后有汉武帝时唐蒙"开僰门,通南中",则僰人所居之僰道,实为汉代经营西南夷时"南夷道"上的重要门户,出僰道,通南中,即出犍为,可达牂柯、越嶲、益州之地。

(二)牂柯郡的设置

根据《史记·西南夷列传》的描述,"夜郎"是西南夷中最大的

---

① 《汉书》卷二八上《地理志上》,第1599页。
② 《汉书》卷二八上《地理志上》,第1599页。
③ 《华阳国志校补图注》,第230页。

一个群体,分布空间主要在"南夷"地界。《后汉书·西南夷列传》说:"有夜郎国,东接交阯,西有滇国,北有邛都国,各立君长。"① 涉及"夜郎国"的地望。

汉武帝平南夷为牂牁郡,其事在元鼎六年(前111)。《汉书·地理志》说:

> 牂牁郡,武帝元鼎六年开……属益州。户二万四千二百一十九,口十五万三千三百六十,县十七。②

方国瑜考证,西汉牂牁郡十七县中,六个县在今贵州省辖境,它们是且兰(贵阳、都匀、黄平)、鳖(黔西、大方、纳雍、织金、金沙)、平夷(普照安、郎岱)、谈指(兴仁、晴隆)、毋敛(独山、荔波、三都)、夜郎(安顺、镇宁、关岭、普定);九个县在今云南省辖境,分别为镡封(邱北)、漏卧(罗平)、同并(弥勒)、毋单(华宁)、漏江(泸西、师宗)、西随(蒙自、平边、金平)、都梦(西畴、麻栗坡)、谈槀(陆良)、进桑(河口、马关、文山、砚山);两个县(宛温、句町)涉及云南、贵州与广西三省区③。足见牂牁郡地域广阔。

蜀汉时分牂牁郡之地设兴古郡,又分辖县与建宁郡,牂牁仅留六县。东晋时又分牂牁郡为牂牁、平夷、夜郎三郡④。所以《华阳国志·南中志》"牂牁郡"条说:"牂牁郡,汉武帝元鼎六年开。属县,汉十七,户二万。及晋,县四,户五千。"⑤任乃强先生考证牂牁

---

① 《后汉书》卷八六《西南夷列传》,第2844页。
② 《汉书》卷二八上《地理志上》,第1602页。
③ 方国瑜:《中国西南历史地理考释》,第138—142页。
④ 方国瑜:《中国西南历史地理考释》,第108页。
⑤ 《华阳国志校补图注》,第259页。

郡户籍人口时说:"汉时,汉夷皆编户入籍,晋时唯籍汉民及向化夷民,多有自由夷民逃避编籍。"由于统计口径不一,加之战乱影响,两晋人口远不及汉时①。说明汉晋之际,西南夷地区郡县、人口变化较大。

(三)越嶲郡的设置

《史记·西南夷列传》记载:"及汉诛且兰、邛君……乃以邛都为越嶲郡。"②《华阳国志·蜀志》说,越嶲郡"故邛都夷国也……元鼎六年(前111),以蜀南部邛为越嶲郡"③。越嶲郡为汉武帝"开邛都国而置",治邛都县(今西昌),《汉书·地理志》"越嶲郡"条说:

> 越嶲郡,武帝元鼎六年开。……属益州。户六万一千二百八,口四十万八千四百五。县十五。④

西汉越嶲郡所辖十五县为:邛都(西昌)、灵关道(喜德)、台登(泸沽)、定莋(盐源)、会无(会理)、莋秦(冕宁)、大莋(米易)、姑复(华坪)、三绛(会理)、苏示(礼州)、兰县(越西)、卑水(昭觉、美姑)、灊街(峨边)、遂久(永胜、丽江)、青蛉(永仁、大姚)⑤。上述十五县中,十二县在今四川辖境,姑复、遂久、青蛉三县在云南辖境,地理上属于金沙江流域。

《史记·司马相如列传》说:

---

① 《华阳国志校补图注》,第 261 页。
② 《史记》卷一一六《西南夷列传》,第 2997 页。
③ 《华阳国志校补图注》,第 142 页。
④ 《汉书》卷二八上《地理志上》,第 1600 页。
⑤ 方国瑜:《中国西南历史地理考释》,第 122—132 页;《华阳国志校补图注》,第 204 页。

第二章 汉代在西南夷设置的边郡与属国

> 司马长卿便略定西夷，邛、筰、冉駹、斯榆之君皆请为内臣。除边关，关益斥，西至沫、若水，南至牂柯为徼，通零关道，桥孙水以通邛都。①

这是西汉武帝"略定西夷"之后，从蜀郡向西南"通邛都"的"西夷道"。由于越嶲郡联结蜀地、西南夷的独特区位，两汉、蜀汉、晋、南朝刘宋时并设越嶲郡②。

《后汉书·西南夷列传》说：

> 邛都夷者，武帝所开，以为邛都县。无几而地陷为污泽，因名为邛池，南人以为邛河。后复反叛。元鼎六年，汉兵自越嶲水伐之，以为越嶲郡。其土地平原，有稻田。青蛉县禺同山有碧鸡金马，光景时时出见。俗多游荡，而喜讴歌，略与牂柯相类。豪帅放纵，难得制御。③

《华阳国志·南中志》记载："建兴三年（225）春，亮南征，由水路自安上（屏山）入越嶲……高定元自旄牛（汉源）、定筰（盐源、木里、宁蒗）、卑水（昭觉），多为垒守。"④高定元所走的路线，即是司马相如所开的"西夷道"。

简而言之，西汉越嶲郡的空间范围，相当于今四川省凉山州的大部分、乐山与雅安的西南部、攀枝花市，云南省金沙江沿线永仁、

---

① 《史记》卷一一七《司马相如列传》，第3047页。
② 方国瑜：《中国西南历史地理考释》，第122页。
③ 《后汉书》卷八六《西南夷列传》，第2852页。
④ 《华阳国志校补图注》，第241页。

姚安、大姚、华坪、永胜、丽江等地①。地处金沙江中、上游地带。

(四)益州郡的设置

西汉武帝时期,以滇国之地设置益州郡。史家考证,益州是西汉在西南夷设置了犍为、牂牁、越巂、汶山、沈犁、武都六郡之后,又增置的新郡,因此称为"益州",具有拓疆益土之义②。《史记·西南夷列传》说:"元封二年(前109),天子发巴蜀兵击灭劳浸、靡莫,以兵临滇。滇王始首善,以故弗诛。滇王离难西南夷,举国降,请置吏入朝。于是以为益州郡,赐滇王王印,复长其民。"③滇与劳浸、靡莫同姓相扶,为同一部族群体,他们与夜郎同属于西南夷"耕田,有邑聚"的族群。

《汉书·地理志》"益州郡"条说:

> 武帝元封二年开。……属益州。户八万一千九百四十六,口五十八万四百六十三。县二十四。④

益州郡所领二十四县,均在今云南省辖境,分布在滇中、滇西、滇东、滇南四大片区。具体而言,滇中地区十个县,即滇池(晋宁)、谷昌(昆明)、连然(安宁)、健伶(晋宁)、昆泽(宜良)、收靡(寻甸、嵩明)、秦臧(富民、禄丰)、双柏(易门)、律高(通海)、俞元(澄江、江

---

① 方国瑜:《中国西南历史地理考释》,第122页。
② 任乃强说,东汉应劭《地理风俗记》有"疆壤益广,故名益州"之说,西汉武帝初开西南夷,已置犍为、牂牁、越巂、沈犁、汶山、武都六郡,元封二年又增置此郡,命名益州,以彰拓土之功也。后置十三州刺史部,改梁州曰益州,则益州刺史部,领有益州郡。参见《华阳国志校补图注》,第269页。
③ 《史记》卷一一六《西南夷列传》,第2997页。
④ 《汉书》卷二八上《地理志上》,第1601页。

川、玉溪);滇东地区三个县,即味县(曲靖)、同劳(陆良)、铜濑(马龙);滇西地区八个县,即云南(祥云、弥渡)、叶榆(大理、洱源、剑川、鹤庆)、邪龙(巍山、漾濞)、来唯(南涧、云县)、弄栋(南华、大姚、姚安)、不韦(施甸)、嶲唐(保山)、比苏(云龙、兰坪);滇南地区三个县,即贲古(蒙自、个旧)、毋棳(建水、开远)、胜休(石屏、峨山、红河、元阳)等①。

《华阳国志·南中志》"晋宁郡"条说:

> 本滇国也。元鼎初置吏,分属牂柯、越嶲。元封二年,叟反,遣将军郭昌讨平之,因开为郡,治滇池上,号曰"益州"。汉属县二十四,户二十万;晋县七,户万。②

《华阳国志》称益州郡户口数为"二十万户",与《汉书·地理志》"户八万一千九百四十六"相差颇大,不知从何为是?

《后汉书·西南夷列传》说:"滇王者,庄蹻之后也。元封二年武帝平之,以其地为益州郡,割牂柯、越嶲各数县配之。后数年,复并昆明地,皆以属之此郡。"③牂柯郡地在夜郎,越嶲郡地在邛都,昆明地在洱海区域。可见益州郡的设置,并不完全局限于"滇国之地",而是经过归并、组建的。

汉武帝所设的益州郡,郡治在哪里?晋宁县"晋城"有一块"汉益州郡滇池县治故址"碑,碑文指称晋城即是汉滇池县故址,

---

① 方国瑜:《中国西南历史地理考释》,第132—143页。
② 《华阳国志校补图注》,第267页。
③ 《后汉书》卷八六《西南夷列传》,第2846页。

是郡治所在地①。《汉书·地理志》称益州郡设二十四县,滇池为其一。《华阳国志·南中志》"晋宁郡"条曰:"治滇池上,号曰益州。"②"治滇池上",即以滇池县为益州郡治所在。史籍记载,自西汉至南朝,均有滇池县建制。因建置变迁,滇池县先后作为益州郡治、建宁郡治、宁州治与晋宁郡治,南梁时才将滇池县撤并入晋宁郡。因此,《后汉书·光武纪》"建武十九年九月"李贤注说:"(益州郡)故城在今昆州晋宁县。"③类似的记载见于《汉书·地理志》"益州郡"条颜师古"滇池县注"等④,方国瑜对此有详尽的考说⑤。

(五)犍为属国—朱提郡的设置与变迁

犍为郡建立不久,即设置南部都尉,专门管理今川南滇东北黔西地区。东汉时改南部都尉为犍为属国,蜀汉改置朱提郡。

《华阳国志·南中志》记载,西汉武帝元封二年(前109),设置犍为南部都尉,管辖朱提、堂琅、汉阳等县⑥。《后汉书·安帝纪》记载:"(永初元年〔107〕正月)戊寅,分犍为南部为属国都尉。"⑦《后汉书·郡国五》亦载:

> 犍为属国,故郡南部都尉,永初元年以为属国都尉,别领二城。户七千九百三十八,口三万七千一百八十七。⑧

---

① 益州郡治在滇池县是没有问题的,但最新的考古发现表明,西汉益州郡滇池县,最初的县治可能在离晋城不远处的河泊所。
② 《华阳国志校补图注》,第267页。
③ 《后汉书》卷一《光武帝纪下》,第71页。
④ 《汉书》卷二八上《地理志上》,第1601页。
⑤ 方国瑜:《中国西南历史地理考释》,第58—75页。
⑥ 《华阳国志校补图注》,第278页。
⑦ 《后汉书》卷五《安帝纪》,第206页。
⑧ 《后汉书》志第二十三《郡国五》,第3515页。

犍为属国辖朱提(昭通)、汉阳(威宁)二县。犍为属国地望,相当于今云南昭通市、曲靖会泽县及相邻的贵州省水城、威宁、赫章等地,郡治在朱提县(昭阳区)①。按照属国之制度,属国是"主蛮夷降者"之郡国,其居民以"夷"为主②。

犍为属国何时改置为朱提郡?《三国志·蜀书·邓方传》记载:

> 孔山名方,南郡人也。以荆州从事随先主入蜀。蜀既定,为犍为属国都尉,因易郡名,为朱提太守,选为安远将军、庲降都督,住南昌县。章武二年(222)卒。③

"易郡名,为朱提太守",就是说邓方(邓孔山)任属国都尉之时,犍为属国改称朱提郡,邓方为首任朱提太守。《华阳国志·南中志》"朱提郡"条说:

> 本犍为南部。孝武帝元封二年置,属县四,建武后省为犍为属国,至建安二十年(215),邓方为都尉,先主因易名太守,属县五,户八千。去洛五千三百里。先有梓潼文齐,初为属国。穿龙池溉稻田,为民兴利,民为立祠。大姓朱、鲁、雷、奥、仇、递、高、李,亦有部曲。其民好学,地滨犍为,号多士人,为宁州冠冕。④

---

① 方国瑜:《中国西南历史地理考释》,第102—105页。
② 贾敬颜:《汉属国与属国都尉考》,《史学集刊》,1982年第4期。
③〔晋〕陈寿撰,〔宋〕裴松之注:《三国志》卷四五《蜀书·邓方传》,中华书局,1959年,第1081页。
④《华阳国志校补图注》,第278页。

由此可知,建安二十年,以犍为属国改置朱提郡。其属县有朱提、堂琅、南秦、汉阳、南昌五县。朱提郡治在朱提县,即今云南昭通市昭阳区。经考证,朱提郡五县所辖地域,包含滇东北昭阳、鲁甸、巧家、绥江、永善、彝良、镇雄、威信、盐津、大关等县市区,还有贵州西部的威宁、水城、赫章、毕节、珙县、高县、筠连等县市[①]。

(六)益州西部属国——永昌郡的设置与变迁

西汉益州郡设有西部都尉,后来改称属国,其事迹多见于史籍记载。《华阳国志·南中志》说:"孝武时,通博南山,度兰仓水、耆溪,置嶲唐、不韦二县。"当时的"行人歌"有曰:"汉德广,开不宾。渡博南,越兰津。渡澜沧,为他人。"[②] 这里所指的地域,就是嶲、昆明、叶榆等族群活动的洱海——澜沧江流域。益州郡设置数年之后,"复并昆明地,皆以属之此郡"[③]。

《后汉书·西南夷列传》说:

> 永平十二年(69),哀牢王柳貌遣子率种人内属,其称邑王者七十七人,户五万一千八百九十,口五十五万三千七百一十一。西南去洛阳七千里,显宗以其地置哀牢、博南二县,割益州郡西部都尉所领六县,合为永昌郡。[④]

《后汉书·明帝纪》亦有"(永平十二年正月)益州徼外夷哀牢王相率内属,于是置永昌郡,罢益州西部都尉"的记载[⑤]。

---

① 方国瑜:《中国西南历史地理考释》,第102—105、142—143页。
② 《华阳国志校补图注》,第285页。
③ 《后汉书》卷八六《西南夷列传》,第2846页。
④ 《后汉书》卷八六《西南夷列传》,第2849页。
⑤ 《后汉书》卷二《明帝纪》,第114页。

益州西部都尉建立时间,《华阳国志》认为在西汉武帝时期,"益州郡设置后数年"。《续汉书·郡国志》刘昭注引《古今注》说:"永平十年(67)置益州西部都尉,治嶲唐,镇尉哀牢人、叶榆蛮夷。"① 则认为益州西部都尉为东汉永平间所置。

汉代边郡属国之制,多始于汉武帝之时。任乃强综合《华阳国志》《后汉书》与《续汉书》所载,认为汉武帝时期即已设置益州郡西部都尉,下辖不韦、嶲唐、比苏、叶榆、邪龙、云南六县。东汉光武时,哀牢内附,以为益州西部都尉领之属国。至明帝时,又以西部都尉所领六县与新开哀牢、博南二县,合置永昌郡,改都尉为太守②。我们认为这是比较合理的解释。

《后汉书·郡国志》说:"永昌郡,明帝永平十二年分益州置。八城,户二十三万一千九百八十七,口百八十九万七千三百四十四。"③《华阳国志·南中志》称永昌郡"其地东西三千里,南北四千六百里",包括洱海区域、金沙江中游,以及澜沧江流域广袤的"哀牢之地"④。所谓"八城"即指八县:不韦(施甸)、嶲唐(保山)、比苏(云龙、兰坪)、云南(祥云、弥渡)、邪龙(巍山、漾鼻)、叶榆(大理、洱源、剑川、鹤庆)、哀牢(腾冲、龙陵)与博南(永平)。而二十三万户一百八十九万人口,在东汉王朝堪称大郡⑤。

永昌郡的设置,是东汉王朝的盛事。班固《东都赋》云:"绥哀牢,开永昌,春王三朝,会同汉京。是日也,天子受四海之图籍,膺

---

① 〔晋〕司马彪撰:《续汉书·郡国志》"西南诸部",方国瑜主编:《云南史料丛刊》第一卷,第 52 页。
② 《华阳国志校补图注》,第 289 页。
③ 《后汉书》志第二十三《郡国五》,第 3513 页。
④ 《华阳国志校补图注》,第 285 页。
⑤ 方国瑜:《云南史料目录概说》,中华书局,1984 年,第 16—19 页。

万国之贡珍,内抚诸夏,外接百蛮……"① 从此而后,东汉王朝以永昌郡为西南重镇,招徕邻近诸国、各部。《华阳国志·南中志》说:"永昌有闽濮、鸠僚、僄、躶濮、身毒之民。"② 论者多以为"身毒之民"即是汉代印度人的称名。

二、沈犁、汶山、武都三郡的设治与变迁

"西夷"地区的郡县设置变化较大,沿革颇为复杂。汉高祖六年(前201),由蜀郡分置广汉郡③。汉武帝时期设置沈犁、汶山、武都三郡,后来又多次省、并。《史记·西南夷列传》说:"南越破后……并杀筰侯,冉駹皆振恐,请臣置吏。乃以……筰都为沈犁郡,冉駹为汶山郡,广汉西白马为武都郡。"④《后汉书·西南夷列传》明确此事发生在元鼎六年(前111)⑤。此"西夷三郡"的设治与演变发展具体情况如下:

(一)沈犁郡—蜀郡属国—汉嘉郡建置沿革

《后汉书·西南夷列传》"筰都夷"条说:"筰都夷者,武帝所开,以为筰都县。其人皆被发左衽,言语多好譬类,居处略与汶山夷同。土出长年神药,仙人山图所居焉。元鼎六年,以为沈犁郡。至天汉四年(前97),并蜀为西部,置两都尉,一居旄牛,主徼外夷;一居青衣,主汉人。"⑥

东汉明帝永平年间,沈犁郡故地,有白狼、槃木、唐菆等百余

---

① 《后汉书》卷四〇《班彪列传》,第1364页。
② 《华阳国志校补图注》,第285页。
③ 《华阳国志校补图注》,第128、141页。
④ 《史记》卷一一六《西南夷列传》,第2997页。
⑤ 《后汉书》卷八六《西南夷列传》,第2854、2857、2859页。
⑥ 《后汉书》卷八六《西南夷列传》,第2854页。

国"举种奉贡",并进《白狼歌》诗三章①。《后汉书·安帝纪》记载:"永初元年(107)春正月,蜀郡徼外羌内属。"李贤注引《东观记》说:"徼外羌龙桥等六种慕义来降。"同卷记载:"永初二年闰七月癸未,蜀郡徼外羌举土内属。"李贤注引《东观记》曰"徼外羌薄申等八种举众归"②。由此可见,蜀郡属国,即沈黎郡所属的徙、筰等族群属于"徼外羌",是"羌人种"。

《后汉书》之《安帝纪》《西南夷列传》记载的"蜀郡属国"设立时间为延光二年(123),而《郡国志》所记要早一年,其文曰:

> 蜀郡属国,故属西部都尉,延光元年以为蜀国都尉,别领四城。户十一万一千五百六十八,口四十七万五千六百二十九。③

"四城"即汉嘉(青衣)、严道、徙、旄牛等四县。此四县的记载,见于《汉书·地理志》"蜀郡"条④,蜀郡属国所辖之县,当然是蜀郡之属县。

《后汉书·安帝纪》说:"延光二年春正月,旄牛夷叛,寇灵关,杀县令。益州刺史蜀郡西部都尉讨之。"同年"分蜀郡西部为属国都尉"⑤。《后汉书·西南夷列传》记此事说:"延光二年春,旄牛夷叛,攻零关,杀长史,益州刺史张乔与西部都尉击破之。于是分置

---

① 《后汉书》卷八六《西南夷列传》,第2856页。
② 《后汉书》卷五《安帝纪》,第206、210页。
③ 《后汉书》志第二十三《郡国五》,第3515页。
④ 《汉书》卷二八上《地理志上》,第1598页。
⑤ 《后汉书》卷五《安帝纪》,第236、237页。

蜀郡属国都尉,领四县如太守。"①

蜀郡属国所辖汉嘉、严道、徙与旄牛四县,是从原沈黎郡、蜀郡西部两都尉所辖旄牛、青衣二城分割而来。旄牛主外夷,即管理诸羌;青衣主汉人,管理那些与"徼外夷"杂居同处的汉人。西汉早期,汉族移民、汉文化开始进入蜀郡属国之地,旄牛县(汉源)、青衣县(宝兴)故地均发现为数不少的汉式墓葬就是证据②。

东汉灵帝时,改蜀郡属国为汉嘉郡。因此,《华阳国志·蜀志》无沈黎郡,亦无蜀郡属国,而列汉嘉郡,其文曰:

> 汉嘉郡,本筰都夷也……及汉诛且兰、邛君,并杀筰侯,冉駹皆请臣、置吏。乃以筰都为沈黎郡……沈黎郡,治筰都,领县二十一……天汉四年,并蜀郡为西部……永平中,益州刺史梁国朱辅好立功名,在州数岁,宣示汉德,威怀远夷。自汶山以西,前世所不至,正朔所未加,白狼、槃木、唐菆等百余国……举种奉贡,称为臣僕……延光二年(123)……分置蜀国都尉,领四县,如太守。灵帝时,复以蜀郡属国为汉嘉郡,四县户十一万。太康户一万三千。③

---

① 《后汉书》卷八六《西南夷列传》,第 2857 页。
② 郭富、胡昌钰:《四川汉源大地头遗址汉代遗存发掘简报》,《四川文物》,2006 年第 2 期;四川省文物考古研究院、西安美术学院中国艺术与考古研究所:《四川汉源县市荣遗址 2009 年度发掘报告》,《四川文物》,2011 年第 5 期;汤惠生:《四川汉源县背后山遗址发掘简报》,《四川文物》,2011 年第 6 期;杨文成:《四川宝兴陇东东汉墓群》,《文物》,1987 年第 10 期;雷雨:《宝兴跷碛旦地美地汉代砖室墓及跷丰崖墓发掘简报》,《四川文物》,2006 年第 4 期;凤武、唐国富:《芦山芦阳镇汉墓清理简报》,《四川文物》,1993 年第 4 期。
③ 《华阳国志校补图注》,第 195—196 页。

徙与笮，是西汉沈犛郡、蜀郡属国，东汉汉嘉郡的"主体居民"。

徙即斯，《史记·西南夷列传》"正义"说："徙音斯。"① 则"斯叟"即"徙叟"，即"徙"。依据《益部耆旧传》与《华阳国志》叙述，《史记·司马相如列传》所载之"斯榆"，当为"斯叟"，即"汉嘉夷"，其地在今四川雅安一带②。

《华阳国志·蜀志》"定笮县"条说："笮，笮夷也。汶山曰夷，南中曰昆明，汉嘉、越嶲曰笮，蜀曰邛，皆夷种也。"并有"白狼、槃木、唐菆等百余国"③。任乃强先生认为，白狼、槃木王之地望在今四川盐源、木里与云南宁蒗县，其后裔即是西番（普米族）④。

因此，沈犛郡、蜀郡属国及后来的汉嘉郡，其地望相当于今四川西部雅安、盐源、木里，云南宁蒗一带，其治所在汉嘉县（今芦山县、宝兴县）。

（二）汶山郡—广汉属国的设治与变迁

《史记·西南夷列传》说，元鼎六年（前111）"以蜀郡北部都尉所辖冉駹夷设置汶山郡"⑤。《汉书·宣帝纪》地节三年（前67）十二月："省汶山郡，并蜀。"颜师古注云"以其县道隶蜀郡"⑥。即汶山郡本蜀郡北部都尉，改郡。郡罢，仍置蜀郡都尉。

由西汉武帝时期设治，至于晋代，汶山郡屡立屡废。因建置变

---

① 《史记》卷一一六《西南夷列传》，第2992页注12。
② 童恩正：《近年来中国西南民族地区战国秦汉时代的考古发现及其研究》，《考古学报》，1980年第4期。
③ 《华阳国志校补图注》，第210页。
④ 《华阳国志校补图注》，第197页注3。
⑤ 《史记》卷一一六《西南夷列传》，第2996页。
⑥ 《汉书》卷八《宣帝纪》，第250页。

迁,汶山故地,有时省入蜀郡,有时属广汉郡,有时又属武都郡。任乃强据《晋书·地理志》等史籍"全补汶山郡属县",考证汉晋间汶山郡的属县为汶山(郡治)、都安、广阳、广柔、蚕陵、升迁、平康与兴荣八县①。

《后汉书·西南夷列传》说:

> 冉駹夷者,武帝所开,元鼎六年(前111),以为汶山郡。至地节三年,夷人以立郡赋重,宣帝乃省并蜀郡为北部都尉。其山有六夷七羌九氐,各有部落。②

《华阳国志·蜀志》有关汶山郡置、废的记载如下:

> 元鼎六年,以蜀北部冉駹为汶山郡……孝宣帝地节三年(前67),罢汶山郡,置北部都尉……灵帝时再为郡,寻复为都尉。
>
> 汶山郡,本蜀郡北部冉駹都尉……旧属县八,口二十五万……其地东接蜀郡,南接汉嘉,西接凉州生羌,北接阴平,有六夷、羌、胡货房、白兰、蟥峒九种之戎。③

汶山郡原本是以"蜀之西"的"冉駹夷"之地设置的边郡,其建置兴废、沿革相当复杂。大致而论,先以蜀郡北部都尉设置汶山郡,郡立四十五年后被省并,重入蜀郡,由北部都尉管辖。蜀郡分置广汉郡之后,原蜀郡北部都尉所属之地划归广汉郡管辖。因

---

① 《华阳国志校补图注》,第190页。
② 《后汉书》卷八六《西南夷列传》,第2857—2858页。
③ 《华阳国志校补图注》,第142、184、185页。

为汶山郡省废不定,《汉书·地理志》中就没有记载汶山郡。再因为广汉郡由蜀郡分置而来,史籍记载中广汉属国的渊源,有的称"蜀郡",有的称"广汉郡",有时径称汶山郡,任乃强先生对此有考说①。

《后汉书·郡国志》"广汉属国(都尉)"条说:"故北部都尉,属广汉郡,安帝时以为属国都尉,别领三城。户三万七千一百一十,口二十万五千六百五十二。"②"三城"为阴平道、甸氐道、刚氐道。"道"为汉代"四裔"即少数民族聚居之地的县,《汉书·百官公卿表》就说"有蛮夷曰道"③。广汉属国所辖阴平、甸氐、刚氐三道,当然是"蛮夷"聚居之地了。对照《汉书·地理志》所载,甸氐道、阴平道、刚氐道为西汉广汉郡属县,阴平道是当时广汉郡北部都尉治④。

东汉时期,有关广汉属国的记载较多,略举如下。

《后汉书·安帝纪》:"(永初二年〔108〕十二月辛卯)广汉塞外参狼羌降,分广汉北部为属国都尉。"⑤

《后汉书·顺帝纪》:"(永和二年〔137〕)二月,广汉属国都尉击破白马羌。"⑥

《后汉书·桓帝纪》:"(建和二年〔148〕三月戊辰)白马羌寇广汉属国,杀长吏,益州刺史率板楯蛮讨破之。"⑦

史料说明,广汉属国是因为"参狼羌"内属而设置。参狼羌即

---

① 《华阳国志校补图注》,第 185 页。
② 《后汉书》志第二十三《郡国五》,第 3514 页。
③ 《汉书》卷一九上《百官公卿表上》,第 742 页。
④ 《汉书》卷二八上《地理志上》,第 1597 页。
⑤ 《后汉书》卷五《安帝纪》,第 211 页。
⑥ 《后汉书》卷六《顺帝纪》,第 266 页。
⑦ 《后汉书》卷七《桓帝纪》,第 292 页。

武都羌,又称武都参狼羌。白马羌即《后汉书·西南夷列传》所称"武都塞上白马羌",又名广汉羌①。西汉武帝时,因白马羌设置武都郡。东汉时期的广汉属国之地望,相当于汉武帝设置的汶山郡北部,以及部分武都郡之地,是"羌人种"聚居之地。

(三)武都郡的设治与变迁

《汉书·地理志》:

> 武都郡,武帝元鼎六年(前111)置。户五万一千三百七十六,口二十三万五千五百六十。县九:武都、上禄、故道、河池、平乐道、沮、嘉陵道、循成道、下辨道。②

《后汉书·西南夷列传》:

> 白马氐者,武帝元鼎六年开,分广汉西部,合以为武都。土地险阻,有麻田,出名马、牛、羊、漆、蜜。氐人勇戆抵冒,贪货死利。居于河池,一名仇池,方百顷,四面斗绝。数为边寇,郡县讨之,则依固自守。元封三年,氐人反叛,遣兵破之,分徙酒泉郡。昭帝元凤元年,氐人复叛,遣执金吾马适建、龙额侯韩增、大鸿胪田广明,将三辅、太常徒讨破之。③

《华阳国志》卷二《汉中志》"武都郡"条:

> 武都郡,本广汉西部都尉治也。元鼎六年(前111)别为

---

① 贾敬颜:《汉属国与属国都尉考》,《史学集刊》,1982年第4期。
② 《汉书》卷二八下《地理志下》,第1609页。
③ 《后汉书》卷八六《西南夷列传》,第2859页。

郡,属县九……东接汉中,南接梓潼,西接天水,北接始平。土地险阻,有麻田氐傁,多羌戎之民。其人半秦,多勇慭……元康六年(296),氐傁齐万年反,郡罹其寇,晋民流徙入蜀及梁州。①

"晋民流徙入蜀及梁州",说明武都设郡之后,汉族移民不少。《资治通鉴·晋纪四》元康七年(297)七月,"雍、秦二州大旱,疾疫,米斛万钱"。"(八年)及齐万年反,关中荐饥,略阳、天水六郡民流移就谷入汉川者数万家。"②同样记载了关中汉人移民进入此区域的事实。

任乃强说,武都为前汉旧郡,永初以后,历经兵燹,文物摧毁,人民亡散,至三国时,几成荒地。六朝时氐杨氏建国于仇池,地方暂获宁定。隋唐为成州,领二、三县,户口数千而已。后复没于吐蕃。下迄明清,即逐渐恢复繁盛③。西南夷七郡之一的武都郡,其沿革大概如此。

第三节　西南夷郡县设治的时代特点与历史意义

一、西南夷郡县与汉代边郡制度

从国家层面来说,西汉王朝中央设置大鸿胪、典属国两大机

---

① 《华阳国志校补图注》,第 96 页。
② 〔宋〕司马光编著,〔元〕胡三省音注:《资治通鉴》卷八二《晋纪四》,中华书局,1956 年,第 2618、2621—2622 页。
③ 《华阳国志校补图注》,第 96—97 页。

构,专司"四裔"事务。为了巩固四裔边疆,汉武帝对于归附的四裔族群,按照"即其部落列置郡县"的政策,实行初郡、边郡制度,明确实施"以其故俗治"与"毋赋税"治策,并以边郡属国的形式,不断招徕、吸纳新的族群内属。

《史记·平准书》记载:"汉连兵三岁,诛羌,灭南越,番禺以西至蜀南者置初郡十七,且以其故俗治,毋赋税。南阳、汉中以往郡,各以地比给初郡吏卒奉食币物,传车马被具。"司马贞"索隐"称"初郡""即西南夷初所置之郡"①。由此可知,初郡之制,始于"西南夷七郡"的设置。

袁嘉谷《云南大事记二》说:"汉武开郡,李贤谓虽有官吏,仍以其君长为侯王,使主其种类。"实行"守令治其人,酋长世其官"的制度②。李大龙认为,边郡实行"土流结合"的两套管理体系:"流官"由朝廷委派并定期更替,直接执行朝廷使命;"土官"来自土著酋长,奉王侯之命,按照习惯履行"土长管土民"的责任③。西南夷"初郡"与内地"旧郡"相比,有自己的特点:

第一,初郡是为内属的四裔部族设置的"边郡",其居民以原部落土著族群为主体。设置郡县时,保存其部落名号,即其部落列置郡县。大者设郡,小者置县。

第二,实行按当地旧有风俗和制度进行治理的"以其故俗治"政策。郡、县治下,保持部族王国之制,原部族酋长,照例封王列侯。郡太守,县、道令长等,有的委任部族首领担任,有的是从内地派来的"流官"。

---

① 《史记》卷三〇《平准书》,第 1440 页。
② 周钟岳等纂:《新纂云南通志》(二),王珏等点校,李春龙审定,云南人民出版社,2007 年,第 43 页。
③ 李大龙:《西汉王朝藩属体制的建立和维系》,《学习与探索》,2005 年第 3 期。

第三,部族土长王侯仍然拥有自己的部曲武装与军队。

第四,汉王朝在初郡地区"毋赋税",不向当地百姓征收赋税。

第五,郡县均有一定数量的汉族移民,或为官吏,或为戍卒,或为屯田,朝廷根据不同情况,给予初郡徙边移民"复除"政策,免除其赋役;给予吏卒俸禄、钱粮、货物,同时保障驿传的畅通。

总之,初郡虽然实行一部分与内地不同的治理政策措施,但隶属十三部刺史管辖,政治上是大一统体制内的郡县之地,是汉朝的国土臣民。

二、西南夷边郡属国与汉代属国制度

边(初)郡与旧郡最大的不同,还在于它往往设置若干属国。何为属国?《汉书·武帝纪》记载:"(元狩二年)秋,匈奴昆邪王杀休屠王,并将其众合四万余人来降,置五属国以处之。以其地为武威、酒泉郡。"颜师古注曰:"凡言属国者,存其国号而属汉朝,故曰属国。"① 西汉武帝元狩二年(前121)秋冬之际,匈奴人内属。西汉朝廷把他们安置到五郡故塞之外。《史记·卫将军骠骑列传》进一步说:"居顷之,乃分徙降者边五郡故塞外,而皆在河南,因其故俗,为属国。""正义"曰:"五郡谓陇西、北地、上郡、朔方、云中。"② 这是汉代设置属国的最早记录。

"属国"与"属国都尉"之设,贯穿了两汉及三国时期,尤以西汉武帝之世为盛。属国之设置,在于它"主蛮夷降者",即安置内属

---

① 《汉书》卷六《武帝纪》,第176—177页。
② 《史记》卷一一一《卫将军骠骑列传》,第2934页。《汉书·卫青霍去病传》作"乃分处降者于边五郡故塞外,而皆在河南,因其故俗为属国"(《汉书》卷五五,第2483页)。

之四裔部族。属国的居民以羌胡、诸夷为主体，胡汉、夷汉杂居①。属国都尉之所以权重一方，在于他掌管属国的兵与民。

据《后汉书·郡国志》记载，广汉属国、蜀郡属国、犍为属国和广汉郡、蜀郡、犍为郡并列，同属益州刺史部；张掖属国、张掖居延属国与张掖郡、酒泉郡、敦煌郡并列，同属凉州刺史部②。由于东汉的属国都尉地位与郡太守相当，自然不会再受郡太守节制③。

《汉书·地理志》记载了五处"属国都尉治"④。胡宏启考证五属国都尉是"安定、上郡、天水、西河、五原"⑤。《汉书·地理志》所载西汉属国之地皆西北边地，但属国之数互有差参。王庆宪认为，汉志有关汉武帝所设属国都尉的记载并不全面，因为不见于记载的"属国都尉治"至少有七处之多⑥。

"属国"是专为内属"四裔部众"设置的管理机构，它依边郡而设，以边郡之名为名，如"蜀郡属国"之类。朝廷对属国"因其故俗"进行管理，即属国吏民可以保留原有的生产、生活方式和社会组织等，这是基于边郡制度的管理机制。属国之制源于秦时的属邦，汉初为避高祖讳而改"属邦"为"属国"，汉武帝时期，属国制度得以确立与完善，历三国两晋时期，属国制度逐渐为郡县所代替。

西汉时期，属国主要分布于西北、西南边郡地区，主要管理匈奴、羌人、西南夷等族群。当时属国都尉受所在郡的郡太守节制，

---

① 贾敬颜：《汉属国与属国都尉考》，《史学集刊》，1982年第4期。
② 《后汉书》志第二十三《郡国五》，第3514、3515、3520页。
③ 孙言诚：《秦汉的属邦和属国》，《史学月刊》，1987年第2期。
④ 《汉书》卷二八下《地理志下》，第1611—1612、1614—1615页。
⑤ 胡宏启：《汉代兵力论考》，《历史研究》，1996年第3期。
⑥ 王庆宪：《西汉武帝复增属国地理位置考辨》，《中国边疆史地研究》，2010年第2期。

并由朝廷典属国统管,具有受中央专职机构与地方边郡"双重领导"的性质。东汉属国制度有了进一步的发展变化,属国之设从西北扩大到西南、岭南、东北等地。此时的边郡属国,不再受郡太守节制而成为"比郡属国",是与郡平级的军政单位①。

关于属国职官之设,《汉书·百官公卿表》记载:"典属国,秦官,掌蛮夷降者。武帝元狩三年昆邪王降,复增属国,置都尉、丞、候、千人。属官,九译令。成帝河平元年省并大鸿胪。"②有研究者指出,所谓"复增属国",不能理解为数量上的增加,而是指机构上的变化,其意思是增设了一级新的属国机构。新的属国不再隶属典属国,而是由属国都尉统领③。

东汉时,属国性质又发生了一次变化,由单纯的军事组织再变而成为与郡并列的地方军政机构。《后汉书·百官志》载:

> 其属国都尉。属国,分郡离远县置之,如郡差小,置本郡名……每属国置都尉一人,比二千石,丞一人……边郡置农都尉,主屯田殖谷。又置属国都尉,主蛮夷降者……唯边郡往往置都尉及属国都尉,稍有分县,治民比郡。④

"如郡差小",就是与郡同等,只是地盘略小。"置本郡名",即在属国前冠以郡名。虽然两汉的属国都冠郡名,但实际含义并不相同。西汉的属国是其所冠郡名的郡太守治下的一个都尉,东汉的属国却是与郡并列的独立军政单元,其所冠郡名只表示所在地

---

① 安梅梅:《两汉魏晋属国制度研究》,中央民族大学博士学位论文,2012年。
② 《汉书》卷一九上《百官公卿表上》,第735页。
③ 孙言诚:《秦汉的属邦和属国》,《史学月刊》,1987年第2期。
④ 《后汉书》志第二十八《百官五》,第3619、3621页。

域,并不表示隶属关系。

三、"西南夷七郡"的变迁与发展

汉代对西南夷进行经营与治理,设郡置吏,使西南夷成为汉朝治下的郡县之地。郡县制度的确立,又将西南夷从地理、族群,以及文化概念,演变成政治概念与行政区划。

汉初设置蜀郡南、北、西三部都尉,招徕西南夷诸部各族。高祖六年(前201)由蜀郡分置广汉郡。高后六年(前182)"城僰道,开青衣江",由此开启了开拓、经营西南夷的伟大历史篇章①。如前所述,西汉时期"西南夷七郡"及属国的设治,大致分为"蜀之南"与"蜀之西"两大区域。

在"蜀之南"设置犍为、牂牁、益州、越嶲四郡,还有犍为属国、益州郡西部属国。《史记·西南夷列传》记载,建元六年(前135)通夜郎,分蜀郡设置犍为郡;元鼎六年(前111),平南夷为牂牁郡,以邛都为越嶲郡;元封二年(前109),平滇国为益州郡。此四郡、两属国的地域范围,大致包括今川南滇东黔西交汇地区、滇池区域、洱海区域。

在"蜀之西"的广袤地域设置沈黎、汶山与武都三郡。《史记·西南夷列传》说:"南越破后,及汉诛且兰、邛君,并杀筰侯,冉駹皆振恐,请臣置吏。乃以筰都为沈黎郡,冉駹为汶山郡,广汉西白马为武都郡。"②"蜀之西"所设置的三郡,都是以蜀郡、广汉郡为基础设立的,对此,《华阳国志·蜀志》讲得更为明白:元鼎六年,以蜀南部都尉所辖"邛都夷"设置越嶲郡,北部都尉所辖"冉駹

---

① 《华阳国志校补图注》,第128、141页。
② 《史记》卷一一六《西南夷列传》,第2997页。

夷"设置汶山郡,西部都尉所辖"筰都夷"设置沈犁郡,广汉西部都尉"白马羌"设置武都郡①。沈犁、汶山与武都三郡地域范围,相当于今天的青藏高原与四川盆地的交汇地带,自北而南包括甘南、川西、藏东、滇西北高原的广袤地域。

西南夷七郡设置不久,位于"蜀之西"的沈犁、汶山与武都三郡中,武都郡被划入凉州刺史部,沈犁郡立十四年而废,汶山郡则屡罢屡立②。东汉安帝时期,设置广汉、蜀郡属国都尉,统领原汶山、沈犁两郡之地③。从此,该区域的政治设治与部族治理,更多地与蜀郡、广汉、陇西、天水诸郡相联系,而与西南夷其他地区相疏离。西晋时期,晋灼作《汉书集注》时就认为"西南夷"不再包括沈犁、汶山、武都三郡之地,因此才有"南夷谓犍为、牂柯也。西夷谓越嶲、益州"之语④。

另一方面,"蜀之南"各郡之间的联系不断加强,形成了更加紧密的政治单元与行政区域。两汉时期的犍为郡、犍为属国(朱提郡)、牂柯郡、越嶲郡、益州郡、益州郡西部都尉(永昌郡)等六郡(国),在蜀汉时期被调整为"南中七郡",由庲降都督统领。庲降都督是第一次在西南夷地区设置的一级行政区。方国瑜说,大渡河以南、贵阳以西的西南夷之地,自汉至元是我国一个重要的政治区域:两汉为西南夷,魏晋为南中,南朝为宁州,唐为云南安抚司,沿至元代为云南行省。各时期疆界虽有出入,而大体相同⑤。可以说,汉代在西南夷的设治,奠立了中国西南边疆的政治基础。

---

① 《华阳国志校补图注》,第142页。
② 《华阳国志校补图注》,第185页。
③ 《后汉书》志第二十三《郡国五》,第3514—3515页。
④ 《史记》卷一一七《司马相如列传》,第3047页注5。
⑤ 方国瑜:《中国西南历史地理考释》,第1页。

四、汉代西南夷设治的历史意义

《史记·平准书》称,汉武帝招徕东瓯,事两越;开路西南夷;并朝鲜,置沧海之郡;征大宛、伐匈奴以通西域①。通过一系列军事、政治活动,奠定中国统一多民族国家的基本版图,在全国范围内推行并确立了郡县制度,有力地推动了汉代王朝政治向大一统多民族国家的转型。

西汉王朝以推行郡县制度为目标,从"巴蜀四郡"出发,积极向南、向西拓展、延伸政治影响,经营与治理"西南夷"部族社会。汉武帝实行治道、设治、通邮传、移民、屯田、兴学等一系列行之有效的举措,确立了郡县制度,促进了西南夷社会的发展。经过两百多年的接触、交流、治理、发展与融合,到东汉中期,西南夷社会完全融入到统一多民族国家体系之中。

汉代,在全国设置十三部刺史,各郡分属之。西汉武帝时期设置"西南夷七郡",与巴蜀四郡同属益州刺史部管辖。因为汶山、沈犁二郡省并入蜀郡与广汉郡,《汉书·地理志》所载巴蜀与西南夷州郡,包括"益州部"所属汉中、广汉、蜀郡、犍为、越嶲、益州、牂牁、巴郡,还有凉州部所属武都郡,共九郡②。东汉时期,西南夷郡县设置有新的变化,《后汉书·郡国志》所列"益州郡国",除巴蜀四郡之外,西南夷地区的郡与属国,包括犍为、牂牁、越嶲、益州、永昌,还有广汉蜀国、蜀郡属国、犍为属国,而武都郡则列入凉州部③。

在前后《汉书》之《地理志》中,"西南夷"与全国一样,是汉代

---

① 参见《史记》卷三〇《平准书》,第 1420—1421 页。
② 《汉书》卷二八上《地理志上》,第 1596—1603 页;卷二八下《地理志下》,第 1609 页。
③ 《后汉书》志第二十三《地理五》,第 3506—3516、3518 页。

大一统体制内的郡县。郡县制度的确立,从政治、族群、文化三个维度,确立了中国西南边疆多元一体格局。

开拓西南夷,以及西南夷郡县制度的确立,是汉代国家发展大局中的重要一环,是汉代王朝政治向大一统、多民族国家迈出的最坚实的一步,它开启了西南夷各民族交往交流交融的崭新篇章。

第三章　西南夷交通与邮传系统的建立

汉代,以关中京畿地区为中心,建成联结全国的交通网络,并在郡县治所与交通要冲设置邮、亭、置等传舍,以传达政令。有研究者指出,将"治道"即交通与邮传建设,作为最重要的行政基础设施加以拓展与延伸,这是汉代交通的首重目标①。汉代开拓西南夷,同样始于"治道"之举。

据《史记》记载,张骞从西域归来,向汉武帝报告,称他发现大夏国(阿富汗)与汉朝之间有"商道"通行。《史记·西南夷列传》说:

> 元狩元年(前122),博望侯张骞使大夏来,言居大夏时见蜀布、邛竹杖,使问所从来,曰"从东南身毒国,可数千里,得蜀贾人市"。或闻邛西可二千里有身毒国。骞因盛言大夏在汉西南,慕中国,患匈奴隔其道,诚通蜀,身毒国道便近,有利无害。于是天子乃令王然于、柏始昌、吕越人等,使间出西夷西,指求身毒国。至滇,滇王尝羌乃留,为求道西十余辈。岁余,皆闭昆明,莫能通身毒国。②

---

① 王子今:《汉与罗马:交通建设与帝国行政》,《武汉大学学报(哲社版)》,2018年第6期。
② 《史记》卷一一六《西南夷列传》,第2995—2996页。

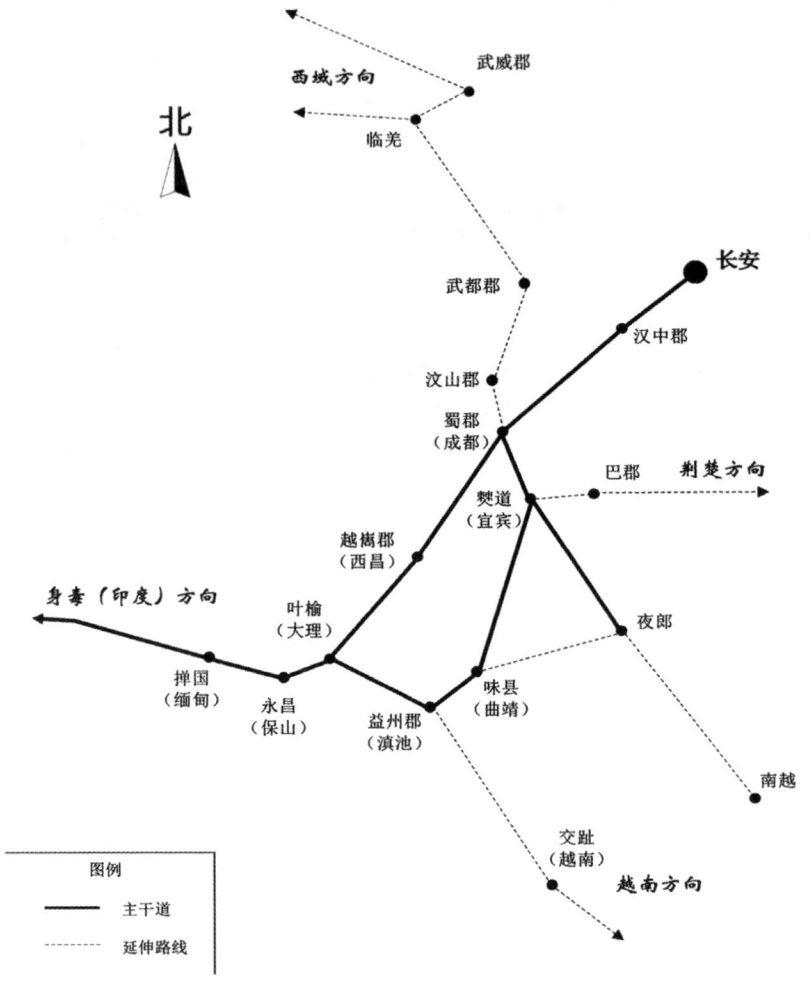

图3—1 西南大通道路线示意图（作者绘制）

张骞在大夏国见到"蜀布"与"邛竹杖","问所从来",得知在汉朝与大夏国之间,商人早已开通了一条连通中国西南与身毒国的商道,即"蜀身毒道"。此条通道,先由关中过秦岭入蜀郡,再从蜀地向南,进入西南夷,然后向西,到达身毒国（印度）,再通往大夏。

汉代中国西南的交通网络,即是任乃强先生所说"由东印度、缅甸入境中国,到达滇越、永昌,经云南、巴蜀至关中京畿之地"的路线①。西南夷交通、邮传系统的建立,畅通了从京都洛阳,经秦岭进入巴蜀,再南下西南夷,向西越过博南山,渡澜沧江出境,通达身毒(印度)的交通路线。是一条名符其实的"西南大通道"(图3—1)。

西南夷作为汉王朝郡县之地,负有招徕远人、交通境外的使命,在汉王朝与南亚、东南亚的交往中,它既是"桥梁"与"通道",又是"远夷"与汉朝之间的联络人、沟通者。蜀地则是连接关中与西南夷的关键节点,西南夷同内地的联系,经由蜀郡得以实现;同时,关中京畿亦通过蜀地进入西南夷,进而联结境外,直通身毒国②。

第一节 秦蜀通道——巴蜀与关中的交通大道

商周以来,一直存在着一条由关中地区南下,过秦岭,经汉中、陇南到达巴蜀的交通路线③。周原甲骨文 H11:68 片有"伐蜀"铭文,H11:97 片有"克蜀"之词,论者以为此"蜀"即指蜀国。文王克蜀,蜀国成为周人的属国,并参与了武王伐纣之战④。

---

① 《华阳国志校补图注》,第 325 页。
② 李学勤:《略论巴蜀考古新发现及其学术地位》,《中华文化论坛》,2002 年第 3 期。
③ 魏京武:《陕南巴蜀文化的考古发现与研究》,李绍明、林向、赵殿增主编:《三星堆与巴蜀文化》,巴蜀书社,1993 年;孙华:《四川盆地的青铜时代》,科学出版社,2000 年,第 39—40 页;李水城:《石棺葬的起源与扩散——以中国为例》,《四川文物》,2011 年第 6 期。
④ 王晖:《周文王克商方略考》,《陕西师范大学学报(哲社版)》,2000 年第 3 期。

战国后期,秦与巴蜀之间的联系更为广泛,《史记·六国年表》列有秦、蜀两国交通往还的记录,譬如秦厉共公二年(前475)"蜀人来赂","秦惠文王元年(前337),楚、韩、赵、蜀人来"等等①。《华阳国志·蜀志》记载:"周显王二十二年(前347),蜀侯使朝秦,秦惠王数以美女进,蜀王感之,故朝焉。"②《史记·货殖列传》记载"及秦文、德、缪居雍,隙陇、蜀之货而多贾"③。说明秦地的物资,多来自蜀国。人员往还与物质流通,以交通为先,因此不少研究者认为,《史记·货殖列传》所载"巴蜀亦沃野……栈道千里,无所不通"④,指的就是巴蜀北通关中的"金牛道",即"秦蜀通道"。

战国时期,秦楚争霸,秦国"有举巴、蜀并汉中之心"⑤。而巴、蜀两国之间的矛盾,正好给秦国"并巴灭蜀"的机会。《史记·张仪列传》记载:

> 苴、蜀相攻击,各来告急于秦。秦惠王欲发兵以伐蜀,以为道险狭难至,而韩又来侵秦,秦惠王欲先伐韩,后伐蜀,恐不利,欲先伐蜀,恐韩袭秦之敝,犹豫未能决。⑥

这里讲的是张仪与司马错"伐韩""伐蜀"之争的故事。秦惠王采用司马错之计,遣张仪、司马错、都尉墨率兵伐蜀。《华阳国志·蜀志》说:"周慎王五年(前316)秋,秦大夫张仪、司马错、都

---

① 《史记》卷一五《六国年表》,第688、727页。
② 《华阳国志校补图注》,第123页。
③ 《史记》卷一二九《货殖列传》,第3261页。
④ 《史记》卷一二九《货殖列传》,第3261—3262页。
⑤ 《史记》卷六九《苏秦列传》,第2261页。
⑥ 《史记》卷七〇《张仪列传》,第2281页。

第三章 西南夷交通与邮传系统的建立

尉墨等从石牛道伐蜀。"① 秦伐蜀的路线"石牛道"即是"金牛道"。

有关石牛道的记载,最初见于西汉扬雄《蜀王本纪》,此书后来佚失不存,但书中的"石牛便金"与"五丁开道"两个故事,为宋代李昉《太平御览》和欧阳询《艺文类聚》所保留。其文如下:

《太平御览》卷八八八"石牛便金"条:

> 秦惠王时,蜀王不降秦,秦亦无道出于蜀。蜀王从万余人东猎褒谷,卒见秦惠王。惠王以金一笥遗蜀王,蜀王报以礼物,物尽化为土。秦王大怒,臣下皆再拜贺曰:"土者土地,秦当得蜀矣。"秦王恐亡相见处,乃刻五石牛,置金其后。蜀王以为金,便令五丁拖牛成道,致三枚于成都。秦道乃得通,石牛之力也。②

《艺文类聚》卷九四"五丁开道"条:

> 秦惠王欲伐蜀,乃刻五石牛,置金其后,蜀人见之,以为牛能大便金,牛下有养卒,以为此天牛也,能便金。蜀王以为然,即发卒千人,使五丁力士,拖牛成道。致三枚于成都,秦得道通,石牛力也。后遣丞相张仪等,随石牛道伐蜀。③

除上述两则文字之外,北魏阚骃《十三州志》有"五丁共引牛

---

① 《华阳国志校补图注》,第 126 页。
② 〔宋〕李昉:《太平御览》卷八八八,中华书局,1960 年,第 3945 页。
③ 〔宋〕欧阳询撰,汪绍楹校:《艺文类聚》引《蜀王本纪》,中华书局,1965 年,第 1626 页。

成道,致之成都"的记载①,而《括地志》也有"五丁共引牛,堑山堙谷,致之成都"之语②。蒙文通先生说,"石牛便金"与"五丁开道"故事中的"五丁",并非从天而降的五位大力士,实际是蜀国所推行的"五家为伍,家出一人"的劳役组织形式③。秦人有以交通建设促成政治、军事发展的传统,秦惠文王即位后,与蜀王通好、互赠馈遗的同时,暗中修筑南下伐蜀的大道。因此,"金牛道"是秦蜀双方共同开凿的"秦蜀通道"。

总之,关中、陕南和成都平原之间,早已开辟了交通路线,后经战国时期"五丁开道",还有秦并巴蜀以来的开凿和修筑,在咸阳、汉中、成都之间,形成"栈道千里",奠定了关中与蜀川间交通的基本格局。穿越秦岭巴山的"秦蜀通道",将关中平原与成都平原相互连接,为秦汉大一统政治格局在西南的确立奠定了基础。

第二节 河南道——巴蜀与西域之间的通道

唐长孺先生指出,汉代至南北朝时期,自江南通往西域有一条溯长江而上的通道"河南道",其路径是由江南入益州,再从蜀郡向西北而行,进入甘南、青海,然后前往西域④。此道是汉武帝派出的探寻"蜀身毒国道"四路秘使之一,即"出冉、出駹"一路使者所取

---

① 〔北魏〕阚骃撰:《十三州志》,《西北稀见丛书文献》卷六,兰州古籍书店,1990年,第255页。
② 〔唐〕李泰撰,贺次君辑校:《括地志辑校》卷四"梁州",中华书局,1980年,第198页。
③ 蒙文通:《巴蜀古史论述》,四川人民出版社,1981年,第65页。
④ 唐长孺:《南北朝期间西域与南朝的陆路交通》,氏著《魏晋南北朝史论拾遗》,中华书局,1983年,第189—190页。

之道,是从蜀郡,经汶山郡、武都郡,进入凉州地界,从武威郡到达西域的通道。以现代地理言之,则是从成都平原西进,到达川西高原之后,由阿坝州进入甘南武威,再入青海大通,前往新疆吐鲁番。这条通道,也是古代凉州(武威)商旅,经敦煌或张掖南入青海,东行进入蜀地的交通路径①。

当下考古发现中,"河南道"沿线,多见汉代交通往还与文化交流的证据,譬如青海大通、甘肃武威东汉墓葬中都有"西南文化器物"摇钱树,说明此道是西南文化向北传播的重要孔道。

唐宋时期,此道仍然通行。南宋末年,蒙古大军"斡腹之举",从蒙古高原一路南下,平大理、灭南宋,走的就是这条连通陕甘川藏的"河南道"。

《元史·世祖本纪》记载:

> (夏六月)奉命帅师征云南……秋八月,师次临洮……九月壬寅,师次忒剌,分三道以进。……冬十月丙午,过大渡河,又经行山谷二千余里,至金沙江,乘革囊及筏以渡……十二月丙辰,军薄大理城。②

《元史·宪宗本纪》说:"冬十二月,大理平。"③ 立于元至大元年(1308)的"元世祖平云南碑",对忽必烈南征大理之事,记载较详:

---

① 江玉祥:《关于考古出土的"摇钱树"研究中的几个问题》,《四川文物》,2000年第4期。
② 〔明〕宋濂等撰:《元史》卷四《世祖本纪》,中华书局,1976年,第58—59页。
③ 《元史》卷三《宪宗本纪》,第47页。

宪宗践祚之二年(1253),岁在壬子,我世祖圣德神功文武皇帝,以介弟亲王之重,授钺专征。秋九月出师,冬十二月济河,明年春历盐、夏。四月出萧关、驻六盘,八月绝洮(今甘肃临洮)、逾吐蕃,分军为三道……十月过大渡河……十一月渡泸……十二月薄其都城。①

《元史》记载的忽必烈出征云南时间相互抵牾,孙太初以为,当以"元世祖平云南碑"为准②。忽必烈征大理之路线,碑文与史籍所载虽互有详略,但大致相同,即从蒙古草原南渡黄河,经宁夏萧关,过六盘山,入陇西临洮,南下至吐蕃忒剌(甘南与川西北交界处的达拉沟),然后兵分三路,由松潘南下,过大渡河,渡金沙江至大理。其中"历盐夏、出萧关、驻六盘、绝临洮、师次忒剌、逾吐蕃"之路线,即是汉代巴蜀通河西走廊的"河南道"。

第三节　巴楚道——巴蜀与荆楚之间的通道

巴蜀与荆楚间的交通,有陆路与水道两线。《华阳国志》卷一《巴志》"巴伐邓"故事说:"《春秋》鲁公九年,巴子使韩服告楚,请与邓为好。楚子使道朔将巴客聘邓。邓南鄙攻而夺其币。巴子怒,伐邓,败之。其后巴师、楚师伐申。"③说明春秋之际,巴楚之间的交通已然畅达。

《史记·西南夷列传》记载:

---

① 孙太初:《云南古代石刻丛考》,文物出版社,1983年,第100—101页。
② 孙太初:《云南古代石刻丛考》,第105—106页。
③ 《华阳国志校补图注》,第10—11页。

第三章 西南夷交通与邮传系统的建立

> 始楚威王时,使将军庄蹻将兵循江上,略巴、黔中以西……以兵威定属楚。欲归报,会秦击夺楚巴、黔中郡,道塞不通,因还,以其众王滇,变服,从其俗,以长之。①

这条史料说明,庄蹻一众是经楚地黔中郡,沿江进入巴郡,再进入西南夷。因此,《华阳国志·蜀志》司马错对秦惠文王说:"(蜀)水通于楚,有巴之劲卒,浮大舶舡,以东向楚,楚地可得。得蜀则得楚。楚亡,则天下并矣。"②

秦并巴蜀之后,与楚国争汉中,同时从黔中、巫郡威胁楚国。秦惠王时,司马错与苏秦"伐蜀伐韩"之争时,苏秦认为"秦必起两军,一军出武关,一军下黔中,则鄢、郢动矣"③。出武关,指汉中、南阳;下黔中,则从巴蜀因水路直指楚国江南之地。事实证明,后来的历史发展确如苏秦所言。《史记·秦本纪》说:

> (秦惠文王后十三年〔前312〕)攻楚汉中,取地六百里,置汉中郡……(昭襄王二十七年)司马错发陇西,因蜀攻楚黔中,拔之。二十八年,大良造白起攻楚,取鄢、邓,赦罪人迁之。二十九年,大良造白起攻楚,取郢为南郡,楚王走……三十年,蜀守若伐楚,取巫郡,及江南为黔中郡。④

商周至秦汉,巴蜀与荆楚之间的交通,为史籍所载,更为考古发现所证实。秦国就是沿着巴、楚之间的两大通道,水陆并进攻灭

---

① 《史记》卷一一六《西南夷列传》,第2993页。
② 《华阳国志校补图注》,第126页。
③ 《史记》卷六九《苏秦列传》,第2260页。
④ 《史记》卷五《秦本纪》,第207、213页。

楚国。西南夷考古发现中，今四川简阳、遂宁、渠县、达州和重庆忠县等地东汉墓葬中出土的摇钱树及早期佛教造像，是"西南文化"由西向东传播的证据①。

第四节　南夷道与西夷道——巴蜀与西南夷之间的通道

《史记·西南夷列传》将蜀郡经西南夷到达身毒（印度）的交通线，称为"蜀身毒道"。这是自战国以来就存在的交通路线。

西汉王朝为"指求身毒国道"，以国家力量大规模治道西南夷。《史记》有"当是时，巴蜀四郡通西南夷道，戍转相饷"之记载，"集解"引徐广注曰"巴蜀四郡"是汉中、巴郡、广汉与蜀郡②。巴蜀与西南夷之间的通道，在西汉时期被开辟成官道。因为西南夷地域上有"南夷"与"西夷"之别，由蜀地通达此间的道路亦有"南夷道"与"西夷道"的不同③。

一、南夷道——从犍为僰道至牂牁江

《史记·西南夷列传》说："秦时常頞略通五尺道，诸此国颇置

---

① 江玉祥：《关于考古出土的"摇钱树"研究中的几个问题》，《四川文物》，2000年第4期。
② 《史记》卷一一六《西南夷列传》，第2995页。
③ 任乃强先生说：汉魏时自蜀入滇凡三道：东道自江阳，经平夷、汉阳、朱提、味县至滇池。中道自僰道经南广、朱提、味县。西道自旄牛、越嶲渡泸。诸葛亮南征，大军由越嶲渡泸。李恢取中路向滇池。诸葛亮还军则从汉阳、江阳，取东道。任先生所称的"东道"与"中道"，同属"南夷道"。参见《华阳国志校补图注》，第265—266页注20。

吏焉。""正义"说:"五尺道在郎州。"① 唐代的郎州在今云南曲靖地区。"诸此国"指南夷地区。《史记·西南夷列传》又说:

> 建元六年(前135),大行王恢击东越,东越杀王郢以报。恢因兵威使番阳令唐蒙风指晓南越。南越食蒙蜀枸酱,蒙问所从来,曰"道西北牂柯,牂柯江广数里,出番禺城下"。蒙归至长安,问蜀贾人,贾人曰:"独蜀出枸酱,多持窃出市夜郎。夜郎者,临牂柯江,江广百余步,足以行船。南越以财物役属夜郎,西至同师,然亦不能臣使也。"蒙乃上书说上曰:"南越王黄屋左纛,地东西万余里,名为外臣,实一州主也。今以长沙、豫章往,水道多绝,难行。窃闻夜郎所有精兵,可得十余万,浮船牂柯江,出其不意,此制越一奇也。诚以汉之强,巴蜀之饶,通夜郎道,为置吏,易甚。"上许之。乃拜蒙为郎中将,将千人,食重万余人,从巴蜀筰关入,遂见夜郎侯多同。蒙厚赐,喻以威德,约为置吏,使其子为令。夜郎旁小邑皆贪汉缯帛,以为汉道险,终不能有也,乃且听蒙约。还报,乃以为犍为郡。发巴蜀卒治道,自僰道指牂柯江。②

《华阳国志·蜀志》记载此段历史时说:"建元六年,分蜀、广汉置犍为郡。"③ 犍为郡最初只领"南夷"夜郎、鳖两县。元鼎六年(前111)平南夷,领县十二。前文我们曾指出,《汉书·地理志》记载牂牁郡所领十二县,考诸当下行政区划,其中七县在今四川南部,

---

① 《史记》卷一一六《西南夷列传》,第2993页。
② 《史记》卷一一六《西南夷列传》,第2993—2994页。
③ 《华阳国志校补图注》,第142页。

四县在滇东北,一县在贵州西部。

南夷道自成都南下,由僰道(宜宾)渡长江,然后分为两道:一从牂牁江,入夜郎地,直通番禺,此为"牂牁道"。这是"西南夷"与南越相联系的主要通道;二从僰道向南,经"五尺道",由犍为、牂牁郡地,进入滇国益州郡地区,然后向西到达洱海区域①。

我们在本书第二章第二节中指出,汉初高后吕氏"城僰道,开青衣",之后,汉武帝命唐蒙"开僰门通南中",则僰人所居之僰道,实为汉代"南夷道"上的重要门户,出僰道,通南中,可达牂牁、越嶲、益州之地。

二、西夷道——蜀郡通零关的交通路线

《史记》记载的"西夷"徙、筰、冉駹、白马诸族群,或近蜀,或在蜀之西。此区域是连接蜀地、西南夷、西域的"三达之地",可东出蜀地,南下越嶲,北上进入武都、河西走廊。

《史记·司马相如列传》说:

> 是时邛筰之君长闻南夷与汉通,得赏赐多,多欲愿为内臣妾,请吏,比南夷。天子问相如,相如曰:"邛、筰、冉、駹者近蜀,道亦易通,秦时尝通为郡县,至汉兴而罢。今诚复通,为置郡县,愈于南夷。"天子以为然,乃拜相如为中郎将,建节往使。副使王然于、壶充国、吕越人驰四乘之传,因巴蜀吏币物以赂西夷。至蜀,蜀太守以下郊迎,县令负弩矢先驱,蜀人以为宠……司马长卿便略定西夷,邛、筰、冉、駹、斯榆之君皆为

---

① 刘弘:《巴蜀文化在西南地区的辐射与影响》,《中华文化论坛》,2007年第4期。

内臣。除边关,关益斥,西至沫、若水,南至牂柯为徼,通零关,桥孙水,以通邛都。还报天子,天子大说。①

《史记·西南夷列传》记此事说:建元六年(前135),"蜀人司马相如亦言西夷邛、筰可置郡。使相如以郎中将往喻,皆如南夷,为置一都尉,十余县,属蜀"②。"通零关,桥孙水,以通邛都",疏通的就是"零关道"。

"西夷道"的走向,是由蜀郡向西,经沈犁郡(蜀郡属国—汉嘉郡)、汶山郡(广汉属国),南下至越嶲郡,渡金沙江,进入蜻岭川(今大姚、姚安),向东可达滇池地区(益州郡),向西到达洱海地区(益州郡西部属国—永昌郡),这就是汉代的"零关道"。其基本路径是沿青藏高原东部与川西平原西部交汇地带一路而南,从蜀地,经西夷,深入西南夷腹地。方国瑜先生认为,司马迁《史记·太史公自序》所言"奉使西征巴、蜀以南,南略邛、筰、昆明"所走的路线,即循此道③。

《三国志·蜀书·张嶷传》:"(越嶲)郡有旧道,经旄牛中至成都,既平且近;自旄牛绝道,已百余年,更由安上,既险且远。"④ 所谓"旄牛道"即零关道,而"旄牛羌"即后世所称之"西番"人。台登以上至汉嘉郡界,为旄牛人主要的居住地⑤。刘弘认为,按照当下的行政区划,此道所经之地,是从成都出发,经邛崃南下,过雅安、

---

① 《史记》卷一一七《司马相如列传》,第3046—3047页。
② 《史记》卷一一六《西南夷列传》,第2994页。
③ 方国瑜:《中国西南历史地理考释》,第129页。
④ 《三国志》卷四三《蜀书·张嶷传》,第1053页。
⑤ 方国瑜:《中国西南历史地理考释》,第129页。

汉源、西昌、会理、姚安,直通滇中与滇西地区①。

第五节　博南道——西南夷通身毒国道

方国瑜认为,《华阳国志·南中志》和《后汉书·哀牢传》的记载说明,西南夷包括后来缅甸北部,毗邻"东天竺"(今印度阿萨姆地区)②。连接中国西南与身毒国的交通线"蜀身毒道",从蜀郡南下,经"南夷道"和"西夷道"进入西南夷,在洱海地区汇合之后,越博南山、渡澜沧江,向西出境,即到达身毒国③。

考古材料表明,战国至秦汉时期西南夷青铜文化遗存中,出土了数量较多的蚀花玛瑙、琥珀、玻璃、海贝、扣饰等"西亚文物",说明彼时西南夷土著族群与西亚、中亚和南亚地区曾有过较密切的文化交流,而当时的主要交通路线,就是由西南夷出境,到达南亚、中亚的古老通道④。研究者进一步指出,出土海贝地点连接出来的路径,正好与"蜀身毒道"相符⑤。童恩正认为,"蜀身毒道"关系到中、印两大文明中心之间早期文化的交流,包括古代中国西南、缅甸和东天竺地区文化的发明和传播等论题⑥。

---

① 刘弘:《巴蜀文化在西南地区的辐射与影响》,《中华文化论坛》,2007 年第 4 期。
② 方国瑜:《中国西南历史地理考释》,第 22、24 页。
③ 朱惠荣:《汉承秦制与西南边疆民族地区的开发》,《思想战线》,1975 年第 2 期。
④ 杨勇:《战国秦汉时期云贵高原考古学文化研究》,第 344 页。
⑤ 段渝:《中国西南早期对外交通》,《历史研究》,2009 年第 1 期。
⑥ 李约瑟(Joseph Needham)认为,印度 7 世纪金刚乘的起源深受中国道教的影响。参见童恩正:《古代中国南方与印度交通的考古学研究》,《考古》,1999 年第 4 期。

汉代经由永昌郡通往境外的道路主要有两条：一是经过永昌、缅甸北部、印度到达西方，这就是张骞在大夏时所发现的"蜀身毒道"；另一条道路则经由永昌、缅甸南部出海，通往西方大秦等地①。《三国志》说"大秦国……又有水道通益州、永昌，故永昌出异物。前世但论有水道，不知有陆道"②，这是汉晋正史文献对于"博南道"的明确记载。

《后汉书》记载了东汉王朝依托永昌郡招徕"永昌徼外蛮夷"的历史③。《华阳国志·南中志》说永昌郡"有闽濮、鸠僚、僄越、躶濮、身毒之民"④。"身毒之民"即是印度之民。近年来在滇西地区保山、大理一带的汉晋砖室墓中，多出土高鼻深目的"胡人俑"，论者以为与"身毒之民"有关⑤。1920年代，法国人伯希和（Paul Pelliot）认为，"当纪元一世纪时，云南及缅甸之通道，亦得为佛法输入所必经"⑥。

任乃强《蜀布筇竹杖入大夏考》一文，旁征博引，以《后汉书》、《三国志》、《梁书》、新旧《唐书》、《通典》、《大唐西域记》、《大唐西域求法高僧传》等众多文献，专论"永昌与亚山（阿萨姆）之间的中

---

① 关于这条道路，成书于公元1世纪的希腊游记《爱利脱利亚海周游记》已经有记载。参见张星烺：《中西交通史料汇编》卷一，中华书局，1977年，第35页。
② 《三国志》卷三〇《魏书·乌丸鲜卑东夷传》注引《魏略》，第861页。
③ 参见《后汉书》卷四《和帝纪》"永元六年春正月"（第177页）、"永元九年春正月"（第183页）等记载。
④ 《华阳国志校补图注》，第285页。
⑤ 耿德铭：《保山坝蜀汉墓的考古发现与研究》，《东南文化》，1993年第3期；大理州文物管理所：《云南大理市下关城北东汉纪年墓》，《考古》，1997年第4期。
⑥ 冯承钧译：《西域南海史地考证译丛》第一卷第五编，商务印书馆，1995年，第161页。

印上古通道",阐明由东印度、缅甸入境中国,到达滇越、永昌,经云南、巴蜀至京都洛阳的路线及交通往来①。

第六节 秦汉西南夷邮传系统的建立

西南夷交通网络的成熟与完善,以邮传系统的建立为标志。《华阳国志·蜀志》"严道县"条说:"秦开邛来道,置邮传,属临邛。"②《史记·西南夷列传》"集解"引徐广注说:"元光六年(前129),南夷始置邮亭。"③《华阳国志·南中志》"朱提郡·南秦县"条说:"自僰道、南广,有八亭,道通平夷。"西汉郡县设治,僰道为犍为郡属县,其地在今四川宜宾;南广县为东汉朱提郡治所在,其地在今云南盐津县境;平夷县为西汉牂柯郡治所在,在今贵州毕节赤水卫城,而今川南、黔西之叙永、古蔺与贵州仁怀、毕节一带,均属平夷县之辖境④。

1958年,贵州赫章县可乐镇出土一件刻有"武阳传舍比二"的铁炉。此物为武阳地方官办传舍的专用之具⑤。据《汉书·地理志》,武阳为汉代犍为郡治,故地在今四川彭山;出土此铁炉的贵州赫章县,属于汉代犍为郡汉阳县辖地⑥。

王应麟《玉海·邸驿》中设有"汉亭候、邮亭、传置"一目⑦。

---

① 《华阳国志校补图注》,第325页。
② 《华阳国志校补图注》,第198—199页。
③ 《史记》卷一一六《西南夷列传》,第2995页。
④ 《华阳国志校补图注》,第173、278、261页。
⑤ 贵州省博物馆等:《赫章可乐发掘报告》,《考古学报》,1986年第2期。
⑥ 《汉书》卷二八上《地理志上》,第1599页。
⑦ 〔宋〕王应麟辑:《玉海》卷一七二《宫室·邸驿》,影印清光绪九年浙江书局本,广陵书社,2003年,第3160页。

《汉书·高帝纪》颜师古注说："传者,若今之驿。古者以车,谓之传车,其后又单置马,谓之驿骑。"①传有房舍供住宿,有驿马、传车供骑乘。因此,传舍是指官方设立的,为过往官吏、军队等提供食宿与车马交通的驿站,是保证汉帝国存在与正常运转的基础性国家机构②。

赫章出土的这件文物,原为武阳所造或从属于武阳的传舍。同一墓葬中还出土了铜制"同劳澡槃",盘口沿上刻有"同劳澡槃比五尺周一,元始四年(4)十月造"十六字铭文③。"同劳"是西汉时期设置的县,先属牂牁郡,后并入益州郡,其地在今云南陆良④。这里还出土了十余件"昼炊饭食,夜击持行"的军用器皿铜鐎斗⑤。《史记·李将军列传》"集解"引孟康曰:"以铜作鐎器,受一斗,昼炊饭食,夜击持行,名曰刁斗。"《埤仓》云:"鐎,温器,有柄斗,似铫无缘。"⑥说明赫章(武阳)是西汉末期北连犍为、南通益州,为西南夷邮传交通的关键枢纽,是官吏、军伍往返的重要集结地。

前引《史记·平准书》说:西汉王朝在"番禺以西至蜀南者置初郡十七,且以其故俗治,毋赋税",并要求"南阳、汉中以往郡,各以地比给初郡吏卒奉食币物,传车马被具"⑦。说明初郡之内有固定驻守的吏卒,还有邮传车马的设置。

西汉时期,与官道相通的是邮传,与邮传相连的是封泥。汉代

---

① 《汉书》卷一《高帝纪》,第58页注2。
② 侯旭东:《传舍使用与汉帝国的日常统治》,《中国史研究》,2008年第1期。
③ 李衍垣:《汉代武阳传舍铁炉》,《文物》,1979年第4期。
④ 方国瑜:《中国西南历史地理考释》,第65—66页。
⑤ 贵州省博物馆考古组、贵州省赫章县文化馆:《赫章可乐发掘报告》,《考古学报》,1986年第2期。
⑥ 《史记》卷一〇九《李将军列传》,第2870页注3。
⑦ 《史记》卷三〇《平准书》,第1440页。

的邮传,首要任务是"置邮传命",因此邮传是行政管理体系中重要的一环。邮书寄发前要进行邮书封缄与登记。用绳封缄,在结绳交结处封上粘土,盖上印记,以防私拆,这就叫"封泥"或"泥封"。王国维说,封缄即"书函之上即封以检,而复以绳约之,经泥填之,以印按之,而后题所予之人,其事始毕"①。封泥是文书真实性和权威性的凭证,可防止泄漏与作伪。

秦汉时期,邮亭与乡亭均具备文书传递功能。论者以为取道邮亭的文书传递称"以邮行",取道乡亭的邮书传递称"以亭行"②。邮书通过邮亭之间分程传送,邮书运行期间,凡误期、封泥破损都要追究责任;各区间要详细记录邮书数量、性质、种类、收文者、发文者,封泥是否完好与邮书受付时间、传递者等内容;邮书送达目的地后,要签收登记;拆发邮封须作启封记录。还有定期的报告与考核处罚制度③。1990年代,甘肃敦煌悬泉置遗址,出土一批汉简,涉及汉代邮书管理制度,包括封检与登记、发运与传递,还有传递方式、出驿路径与程限等丰富内容④。

西南夷交通与邮传网络的形成,把西南夷各郡县与蜀地相连,进而通达京师洛阳,联系全国,形成畅通全国的"西南大通道"。传世"益州太守章"与考古发现"滇国相印"封泥,证明在西汉郡县制

---

① 王国维:《简牍检署考》,《王国维遗书》第 9 册,上海书店出版社,1983 年,第 110 页。
② 王彦辉:《聚落与交通视阈下的秦汉亭制变迁》,《历史研究》,2017 年第 1 期。
③ 高荣:《秦汉邮书管理制度初探》,《人文杂志》,2002 年第 2 期。
④ 甘肃省文物考古研究所:《甘肃敦煌汉代悬泉置遗址发掘简报》《敦煌悬泉汉简内容概述》《敦煌悬泉汉简释文选》,《文物》,2000 年第 5 期;马智全:《悬泉汉简二十年研究综述》,《中国史研究动态》,2011 年第 5 期。

度之下,西南夷已经建立了与全国一样的邮传、封缄制度①。

2021年、2022年,滇池之滨、晋宁县河泊所遗址,发掘出土包括"益州太守章""建伶令印"等在内的益州郡和所辖属县官员的封泥五百余枚,其中包含益州郡二十四县中十八个属县的官印,同时也有不少私印封泥。出土汉字简牍中,已经辨认出"滇池以亭行""罪当死""建伶长""始元四年"等文字与纪年(图3—2)。②

图3—2　晋宁河泊所遗址出土西汉邮传木简
(采自《云南昆明市河泊所青铜时代遗址》)

---

① 李东红、陈丽媛:《从"滇国三印"看西汉时期的西南边疆治理》,《中国边疆史地研究》,2021年第3期。
② 云南文物考古研究所、昆明市晋宁区文物管理所:《云南昆明市河泊所青铜时代遗址》,《考古》,2023年第7期;宗和:《"滇国相印"等汉代官印封泥与大量汉简出土》:澎湃新闻,2022年10月5日;新华社:《汉代如何治理西南边疆? 晋宁河泊所遗址出土简牍有新发现》,《昆明日报》,2023年3月21日。

始元为西汉昭帝年号,始元四年当公元前83年,上距汉武帝元封二年(前109)以滇国之地设置益州郡仅二十六年。因此,河泊所发现的大量封泥与简牍,具有重大的学术价值与现实意义。

由汉代邮传封传递制度的研究成果,加之悬泉置汉简的记载,比照河泊所遗址发现的封泥与简牍,我们可以明确如下几点:

第一,汉律规定"邮行有程",文书的封检和登记簿上,一般记有文书传递的时限。"始元四年十月"是此封泥的寄送时间,说明这批封泥的年代,是汉武帝设立益州郡之后不久的遗存。

第二,十八枚益州郡属县官印封泥,说明河泊所是郡治所在。河泊所是滇池县治,同时是益州郡治。《汉书·地理志》说益州郡属县二十四县,以滇池县为首①。《华阳国志·南中志》说:"晋宁郡,本滇国也。元封二年,叟反,遣将军郭昌讨平之。因开为郡,治滇池上,号曰益州。"②方国瑜考证认为,西汉益州郡治滇池县,而滇池县治在晋宁县城东部,即今河泊所地界③。此次发现的益州郡属十八县官印封泥,还有共出的简牍中有"滇池以亭行"文字,说明此邮件到达之地,即发现之所,为滇池县治无疑,亦可说明此处是郡治所在,因为只有益州郡治,才可能收到如此之多的属县公文,集合如此多的官印封泥与检署简牍。

第三,封泥之中的"益州太守章""滇国相印"同出,说明河泊所,即滇池县治,是益州郡太守、滇国国相驻地。此"益州太守章"封泥,与传世的"益州太守章"相同,证诸始元四年(前83)简牍,可知此印是益州郡设立之初的太守官印封泥。

---

① 《汉书》卷二八上《地理志上》,第1601页。
② 《华阳国志校补图注》,第267页。
③ 方国瑜:《中国西南地理考释》,第58—60页。

第四,取道乡亭的邮书传递称"以亭行"。"滇池以亭行"木简铭文,说明滇池县的邮亭,属于乡亭性质。

东汉时期,西南夷的邮传制度更为完善。1980年代,汉代越嶲郡故地,四川凉山州昭觉县好谷乡汉墓群遗址,发现东汉石表、石碑若干,其中初平三年(192)"越嶲太守碑"是越嶲太守向汉朝皇帝所上奏牍的刻文,透露出越嶲郡族群、移民、屯田、驿传,以及汉代"复除"制度等重要内容。其中"缮治邮亭"一语,专指当地邮传制度与设施管理情况。同一地点发现的"光和四年五曹诏书石表",提及"益州""邛都""苏示"等郡县,以及军伍与人民组织如"部曲""十四里丁众"等,均与西南夷郡县治理有关①。

第七节　西南大通道的价值与意义

自古以来,交通能够达成不同地域、不同族群、不同经济文化中心之间的互联互通,使政令传达、人员往还、文化交流、经济贸易、军事行动成为可能。治道与交通,历来是政治、军事的基础。从"路学"的视域出发,道路空间的建构与使用,具有更为丰富的功能与意义。

《史记·五帝本纪》说"天下有不顺者,黄帝从而征之,平者去之,披山通道,未尝宁居","索隐"称"披山通道"之义是"披山林草木而行以通道也"②。《史记·夏本纪》记载大禹治水,曾"开九

---

① 吉木布初、关荣华:《四川昭觉县发现东汉石表和阿残石》,《考古》,1987年第5期;刘弘:《从川滇古道上的汉墓看汉代邮亭》,《四川文物》,1990年第3期;凉山彝族自治州博物馆、昭觉县文管所:《四川凉山州昭觉县好谷乡发现的东汉石表》,《四川文物》,2007年第5期。
② 《史记》卷一《五帝本纪》,第3、6页。

州,通九道,陂九泽,度九山"①。"九道"当然非实数,意指大禹治水时,曾开辟诸多道路。可知在中国历史的传说时代,交通制度早已确立。

秦统一全国,"一法度衡石丈尺。车同轨。书同文字"②。秦汉王朝以关中为京畿,建立了全国的驰道、驿传系统,大一统政体的成立,亦以交通作为基础。《汉书·贾山传》"(秦)为驰道于天下,东穷燕齐,南极吴楚,江湖之上,濒海之观毕至。道广五十步,三丈而树,厚筑其外,隐以金椎,树以青松。为驰道之丽至于此"③,正是秦代通达全国的"驰道"与"直道"的最好写照。

汉承秦制,在交通上有更大的发展。《汉书·地理志》说"昔在黄帝,作舟车以济不通,旁行天下",颜师古注曰:"旁行,谓四出而行。"④ 有研究者指出,汉代在西南夷的汉族移民聚居区,与朝廷在当地的治道、邮亭设置有关⑤。"西南大通道"所包含的道路、邮传系统,把西南夷郡县纳入全国交通、邮传大网络之中,成为汉代全国交通不可分割的组成部分。汉代西南夷交通系统,是名符其实的"西南大通道"。

如前所述,秦汉时期的西南大通道,起自京畿长安、洛阳,过秦岭,先达于汉中,入蜀,到达蜀郡成都之地,从蜀郡至"西南夷",向西出境之后,一道经阿萨姆入身毒,一路沿伊洛瓦底江出海⑥。此

---

① 《史记》卷二《夏本纪》,第51页。
② 《史记》卷六《秦始皇本纪》,第239页。
③ 《汉书》卷五一《贾山传》,第2328页。
④ 《汉书》卷二八上《地理志上》,第1523页。
⑤ 刘弘:《从川滇古道上的汉墓看汉代邮亭》,《四川文物》,1990年第3期。
⑥ 徐冶等:《南方陆上丝绸路》,云南民族出版社,1987年;刘弘:《巴蜀文化在西南地区的辐射与影响》,《中华文化论坛》,2007年第4期;段渝:《中国西南早期对外交通》,《历史研究》,2009年第1期。

条由关中三辅京畿之地至巴蜀,从蜀郡入西南夷,西行到达身毒国(印度)的捷径,至迟在战国时期即已开通。当时的联通方式,很可能是"甲地与乙地,乙地与丙地,丙地与丁地……",不同部族间的接力,最终形成跨越不同族群、不同地理空间,甚至是不同国度的商贸、人员往还、文化交流的通道①。蜀郡位于这条路线的中枢,它向北联结关陇大地,向南深入西南夷;而西南夷则是重要的"中间地带",它一头联结巴蜀,一头通向域外。我们认为,以"西南大通道"来指称汉代连通关中、蜀地、西南夷的交通路线,更能彰显西南夷交通在汉代的区位、作用与贡献。

　　罗世平在讨论"佛教初传巴蜀路线图"时,为我们直观地呈现了西南大通道的路线与走向:它的主线呈南北走向,出成都北上有两条路线,一条东北行,走绵阳,过剑门,越秦岭,到达长安和洛阳,这是"秦蜀驿道";另一条从西北上,经汶山(茂汶),出龙涸(松潘),逾岷山,转河湟,与西域丝绸之路相接,因主要路段经过河南王的吐谷浑境,史称"河南道"。由成都南下的两条路线,一条东南顺岷江走武阳(彭山),下犍为(宜宾),转循长江出三峡抵江陵,史称"江道"。另一条即成都入云南的"川滇道"。这条道出成都后分为东西二途,"川滇东道"是由成都南下彭山,走犍为僰道,南经云南昭通而抵达昆明。"川滇西道"则出成都西南,经临邛(邛崃),过西昌到达云南大理,往西到永昌(保山)出境②。

---

① 方国瑜:《中国西南历史地理考释》,第6—8页。
② 罗世平:《早期佛教进入巴蜀的途径——以摇钱树佛像为中心》,《湖北美术学院学报》,2011年第2期。

第四章　西南夷早期汉族移民

先秦时期，内地与西南夷之间就有人员迁徙与往还。秦汉之际，在国家力量的支持下，巴蜀、关陇等地的"秦民"与"汉人"，通过多种途径，大批移居西南夷，成为当地民族群体中的新成员，他们是"早期汉族移民"。早期汉族移民与西南夷各土著族群，共同开拓祖国西南疆域，共同书写西南边疆社会历史，他们是推动西南夷社会发展的重要力量。

第一节　有关西南夷早期汉族移民的学术讨论

20世纪30年代，有关西南夷族群的研究中形成的"氐羌、百越、百濮"三大族系说，主张西南夷族群是不同时期从外地迁入的。近一个世纪的考古发现与学术研究表明，"外来说"缺乏说服力，是错误的假说①。正如我们在本书第一章所指出的那样，西南夷有完整的本土文化发展序列，西南夷土著族群是本地起源，而非外来迁入。

"庄蹻王滇"传说，则是又一个外来移民进入西南夷的古老故

---

① 李东红、马丽娜：《坚守还是改变：中国西南古代民族研究"三大族系说"的多学科讨论》，《思想战线》，2019年第1期。

事。《史记·西南夷列传》说：

> 始楚威王时，使将军庄蹻将兵循江上，略巴、黔中以西。庄蹻者，故楚庄王苗裔也。蹻至滇池，方三百里，旁平地，肥饶数千里，以兵威定属楚。欲归报，会秦击夺楚巴、黔中郡，道塞不通，因还，以其众王滇，变服，从其俗，以长之。①

1970年代，学术界就"庄蹻王滇"进行了一场大讨论，当时的焦点在于：历史上是否确有庄蹻王滇一事？如有，那么庄蹻的身份、庄蹻王滇的时间、路线如何？②冯汉骥、江应樑都肯定庄蹻王滇为历史事实，并称"庄蹻王滇移来人数史无记载，惟根据当时历史情况推测，庄蹻带入云南的人数，至少也当在几千人或者上万人以上，'食重'者或尚不在内"③。庄蹻王滇的时间，《史记·西南夷列传》称楚威王时，即公元前339—前329年之间；《后汉书·西南夷列传》称楚顷襄王时，在公元前298—前263年之间④。

楚国庄蹻及其部属是否为后世所称的"汉族移民"，是存在不

---

① 《史记》卷一一六《西南夷列传》，第2993页。
② 方国瑜：《从秦楚争霸看庄蹻开滇》，《思想战线》，1975年第5期。马曜：《庄蹻起义与开滇庄蹻王滇的历史功绩》，《思想战线》，1975年第1期；《从〈史记〉本证论庄蹻非"楚王苗裔"和"楚国将军"》，《思想战线》，1975年第5期；《楚国只有一个庄蹻——与杨堃先生商榷》《处于"防御""自保"的楚国能遣将军远征滇池吗？》，《马曜学术论著自选集》。另外，1975年《光明日报》刊载了徐中舒、杨堃、方国瑜、王玉哲、李埏诸先生有关庄蹻入滇的讨论文章。
③ 冯汉骥：《云南晋宁石寨山出土文物的族属问题试探》，《考古》，1961年第9期；江应樑：《明代外地移民进入云南考》，《云南大学学术论文集》第二辑，1963年4月。
④ 《后汉书》卷八六《西南夷列传》，第2845页。

同意见的。更重要的是,除了《史记》《后汉书》的文字记述之外,迄今的考古发现中并没有支持"庄蹻王滇"的直接证据。

与"庄蹻王滇"说缺乏考古学材料支持不同,西南夷土著文化之中来自关中、巴蜀的"汉式器物"与"内地礼俗"则从未间断①。秦并巴蜀,特别是秦统一六国之后,随着秦汉王朝军事、政治活动进入西南夷的军伍、官吏、商人及移民,不仅见于文献记载,亦为考古发现所证实②。

1950年代以来,方国瑜、江应樑诸先生就已关注西南夷的早期汉族移民问题。方国瑜《汉晋时期在云南的汉族移民》与《唐宋时期在云南的汉族移民》两篇宏文,几乎将有关文献资料搜集殆遍。在此基础上,江应樑《明代外地移民进入云南考》一文又有所增益。此三篇巨著,对不同历史时期进入西南夷的汉族移民进行了深入、系统的研究,成为西南夷汉民族研究的奠基之作③。

1980年代,任乃强、刘琳先后出版《华阳国志》校注本,对"巴蜀四郡"以及西南夷族群与移民考释甚详;童恩正《古代的巴蜀》对早期汉族移民进入巴、蜀及西南夷有专门讨论④;史继忠《贵州汉族移民考》搜集了夜郎故地上早期汉族移民的相关文献,并以考

---

① 张增祺:《中国西南民族考古》,云南人民出版社,2012年,第273—291页。
② 林超民:《汉族移民与云南统一》,《云南民族大学学报(哲社版)》,2005年第3期。
③ 方国瑜:《汉晋时期在云南的汉族移民》,《人文科学》,1957年第2期;《唐宋时期在云南的汉族移民》,《云南大学学报》,1957年第1期。江应樑:《明代外地移民进入云南考》,《云南大学学术论文集》第二辑,1963年4月。
④〔晋〕常璩撰,任乃强校注:《华阳国志校补图注》,上海古籍出版社,1987年;〔晋〕常璩撰,刘琳校注:《华阳国志校补图注》,巴蜀书社,1984年;童恩正:《古代的巴蜀》。

古发现相佐证①;苍铭《云南汉族的来源》认为,汉晋时期进入西南夷的汉族移民被"夷化"后,完全融入到土著族群之中②。早期汉族移民被"夷化"以及完全融入到当地土著族群之中,这是汉代西南夷民族交往交流交融最重要的特征。

西南夷故地上,地表有高大封土堆的"梁堆"墓被认为是早期汉族移民的文化遗迹。孙太初《云南"梁堆"墓研究》、唐文元《贵州汉墓及其分期特点》、张增祺《古代云南的"梁堆"墓及其族属新探》、罗二虎《四川汉代砖石室墓的初步研究》、霍巍《考古学视野下的四川汉代移民研究》等③,涉及"梁堆"墓考古学文化与族属研究。

第二节　吕不韦家族门人迁居蜀地、西南夷的故事

汉族移民从关中进入巴蜀,再由巴蜀迁至西南夷各地,是秦汉以来内地人口迁往西南地区的基本路径。当时的人口迁徙,往往与豪门大族相关,其中吕不韦家族门人的故事,最有典型意义。《史记·吕不韦列传》说:

> 庄襄王元年(前249),以吕不韦为丞相,封为文信侯,食河

---

① 史继忠:《贵州汉族移民考》,《贵州文史丛刊》,1990年第1期。
② 苍铭:《云南汉族的来源》,《民族工作》,1997年10期。
③ 孙太初:《云南"梁堆"墓之研究》,云南省博物馆编:《云南省博物馆建馆三十周年纪念文集》,云南省博物馆,1981年;唐文元:《贵州汉墓及其分期特点》,《贵州文史丛书》,1982年第4期;张增祺:《古代云南的"梁堆"墓及族属新探》,《云南民族学院学报》,1989年第4期;罗二虎:《四川汉代砖石室墓的初步研究》,《考古学报》,2001年第4期;霍巍:《考古学视野下的四川汉代移民研究》,《中华文化论坛》,2019年第3期。

南洛阳十万户……庄襄王即位三年,薨,太子政立为王,尊吕不韦为相国,号称"仲父"。①

后来,因受嫪毒案牵连,吕不韦被免,家族门人远迁蜀地:

> 秦王十年(前237)十月,免相国吕不韦……而出文信侯就国河南。
> 岁余,诸侯宾客使者相望于道,请文信侯。秦王恐其为变,乃赐文信侯书曰:"君何功于秦?秦封君河南,食十万户。君何亲于秦?号曰仲父。其与家属徙处蜀!"②

这里的重点是"其与家属徙处蜀",即将吕不韦的家族门人迁居蜀郡。汉代,原来迁入蜀郡的吕不韦家族门人及其后裔,又被迁往西南夷。《华阳国志·南中志》说:

> 孝武时,通博南山,度兰仓水、耆溪,置嶲唐、不韦二县。徙南越相吕嘉子孙宗族实之,因名不韦,以彰其先人之恶。③

引人注目的是,汉武帝将吕不韦的后裔、南越相吕嘉的子孙宗族,移民于极边之地,设置"不韦县"④。罪人谪边,是秦国的传统。

---

① 《史记》卷八五《吕不韦列传》,第 2509 页。
② 《史记》卷八五《吕不韦列传》,第 2512—2513 页。
③ 《华阳国志校补图注》,第 285 页。
④ 杨兆荣:《西汉南越王相吕嘉遗族入滇及其历史影响试探》,《中国史研究》,2004 年第 4 期;叶永新:《"吕嘉遗族入滇"说献疑——与杨兆荣先生商榷》,《社会科学评论》,2009 年第 4 期。

《史记·秦本纪》始皇帝三十三年"徙谪,实之初县","三十四年,适治狱吏不直者,筑长城及南越地"①。即徙有罪之徒以实初县,戍五岭。秦汉时期所设置的"初县",多在南越与西南夷之地。

《后汉书·西南夷列传》的记载是这样的:

> 永平十二年(69),哀牢王柳貌遣其子率种人内属……显宗以其地置哀牢、博南二县,割益州郡西部都尉所领六县,合为永昌郡。始通博南山,度兰仓水,行者苦之。歌曰:"汉德广,开不宾。度博南,越兰津。度兰仓,为它人。"②

《后汉书》引《续汉志》说,六县为"不韦、巂唐、比苏、楪榆、邪龙与云南"。与《华阳国志》不同之处在于,《后汉书》没有提到吕不韦,也没有提到吕嘉。

依据历史记录,吕不韦家族门生迁徙蜀郡,是真实的历史事件;而永昌郡"不韦县"的设置,也与蜀郡吕不韦后裔迁入西南夷有关。《汉书·司马迁传》载《报任安书》有"不韦迁蜀,世传《吕览》"之语,苏林注曰"《吕氏春秋》篇名《八览》《六论》"③,因此"吕览"即《吕氏春秋》。《后汉书·西南夷列传》"不韦"条注引孙盛《蜀世谱》说:"初,秦徙吕不韦子弟宗族于蜀,汉武帝开西南夷,置郡县,徙吕氏以充之,因置不韦县。"④ 三国时期,永昌郡的大姓吕凯,被认为是吕不韦的后裔。《三国志·蜀书·吕凯传》说:"吕凯,字季平,永昌不韦人也。"同时注引孙盛《蜀世谱》之文,称吕凯

---

① 《史记》卷五《秦本纪第五》,第253页。
② 《后汉书》卷八六《西南夷列传》,第2849页。
③ 《汉书》卷六二《司马迁传》,第2735—2736页。
④ 《后汉书》卷八六《西南夷列传》"不韦"条注引《蜀世谱》,第2847页。

之先,即秦徙吕不韦子弟宗族于蜀,汉武帝时徙吕氏以充之,因曰不韦县①。北魏郦道元《水经注》说:"汉明帝永平十二年,置为永昌郡。郡治不韦县,盖秦始皇徙吕不韦子孙于此,故以'不韦'名县。"②上述记载与考释,可谓言之凿凿。

尤中先生认为,虽然《华阳国志》和《蜀世谱》对"吕嘉遗族"或是"吕不韦宗族"的说法不同,但对"不韦县"之名来自吕不韦后裔移民,则两书所说皆同③。因此,西汉"不韦县"的设置,与吕不韦家族迁入有关是可信的。

《三国志·蜀书·吕凯传》中,还记载了吕凯《答雍闿书》,其文有曰:"伏维将军世受汉恩……曩者将军先君雍侯,造怨而封。"④论者据《汉书·高惠高后文功臣表》,认为雍侯即雍齿,高祖封为什邡侯。由此可知,益州雍氏,是由蜀迁到西南夷的。西南夷吕氏、雍氏,均为由蜀地迁入的汉族移民及其后裔⑤。

综合而言,秦时吕不韦家族门人被迁徙至蜀地,之后被一再迁徙,或入南越,或迁西南夷,这是早期汉族移民从关中至巴蜀,再到南越、西南夷的基本"套路"。吕不韦家族门人迁徙故事,在秦汉时期向边地移民实边的历史过程中,具有典型的个案意义,值得深入讨论。

---

① 《三国志》卷四三《蜀书·吕凯传》,第1046—1047页。
② 〔后魏〕郦道元注,〔清〕杨守敬纂疏,〔清〕熊会贞疏:《水经注疏》卷三七,江苏古籍出版社,1989年,第3036页。
③ 尤中:《中国西南民族地区沿革史——先秦至汉晋时期》,民族出版社,2005年,第165页。
④ 《三国志》卷四三《蜀书·吕凯传》,第1047页。
⑤ 孙太初:《云南"梁堆"墓研究》,《云南省博物馆建馆三十周年纪念文集》。

第三节　西南夷郡县设治与移民实边

秦时,往往将关中、中原地区的大姓豪族移居蜀地。《史记·项羽本纪》说:"巴、蜀道险,秦之迁人皆居蜀……巴、蜀亦关中地也。"①《华阳国志·蜀志》说:

> 周赧王元年(前314),秦惠王封子通国为蜀侯,以陈壮为相。置巴、蜀郡,以张若为蜀守。戎伯尚强,乃徙秦民万家实之。②

"戎伯尚强"即当地土著的蜀人势力强大,不得不从关中迁徙"秦民万家实之",这是秦时移民实边、戍边政策。同书《蜀志》"严道县"条说:

> 秦开邛来道,置邮传,属临邛。始皇二十五年灭楚,徙严王之族以实于此地,汉为县,故曰严道,属蜀郡。至文帝,又徙淮南王之族于此。③

秦并巴蜀之后,将楚地"严王之族"迁徙至邛崃之地,因严氏置"严道县"。汉文帝时又徙"淮南王之族"于此④。邛崃是蜀郡与邛、笮之间的大都会。"严王之族"与"淮南王之族",是因罪迁徙至

---

① 《史记》卷七《项羽本纪》,第 316 页。
② 《华阳国志校补图注》,第 128 页。
③ 《华阳国志校补图注》,第 198 页。
④ 《汉书》卷四《文帝纪》,第 121 页。

西南夷边地的"实边移民"。

秦始皇统一六国以后,曾将一批六国贵族迁往巴、蜀,以防止他们在故地反秦作乱。《华阳国志·蜀志》说:

> 秦惠文、始皇,克定六国,辄徙其豪侠于蜀……送葬必高坟瓦椁……染秦化故也。①

汉代牂牁郡故地,今云南曲靖曾发现东汉章帝元和年间的"李元礼碑"。天启《滇志》卷三"古迹"记载说:

> 汉《李元礼碑》,曲靖府南一里。上篆书"汉元和五年闰四月十五日汉李元礼"等字,余莫辨。传李膺遭党锢,流其妻子、门人于石城郡。②

李膺字元礼,《后汉书·党锢传》有传,其文曰:"李膺字元礼……祖父修,安帝时为太尉。父益,赵国相。"并说李膺在汉桓帝时屡受重用,延熹年间因张俭事起,收捕钩党,李膺"诣诏狱,考死,妻子徙边,门生、故吏及其父兄,并被禁锢"③。李膺之死,其事在汉灵帝建宁二年(169)十月。《后汉书·灵帝纪》曰:

> (建宁二年)冬十月丁亥,中常侍侯览讽有司奏前司空虞放、太仆杜密、长乐少府李膺、司隶校尉朱寓、颍川太守巴肃、沛

---

① 《华阳国志校补图注》,第148页。
② 〔明〕刘文徵撰:《滇志》,古永继校点,王云、尤中审订,云南教育出版社,1991年,第147页。以下简称天启《滇志》。
③ 《后汉书》卷六七《党锢传》,第2191、2197页。

相荀昱、河内太守魏朗、山阳太守翟超皆为钩党,下狱,死者百余人,妻子徙边,诸附从者锢及五属。①

这段史料,记载了李膺下狱而死、妻子徙边的时间。天启《滇志》所载汉"李元礼碑"铭文中的"元和",当为"光和"之误②。"光和五年",即公元182年。

《华阳国志·南中志》"晋宁郡"条说:

> 晋宁郡,本滇国也。元鼎初置吏,分属牂柯、越嶲。元封二年叟反,遣将军郭昌讨平之。因开为郡,治滇池上,号曰益州。……汉乃募、徙死罪及奸豪实之。③

"汉乃募、徙死罪及奸豪实之",这是移民戍边、实边的记载。可见设置郡县之时,从内地迁徙"奸豪、罪臣"大姓,移民实边,是秦汉时期通行的政策。中原王族大姓,因罪徙边,迁入西南夷,应该是那个时代经常发生的事。

第四节 治道、置邮传与移民

秦汉对西南夷的经营,交通先行,然后是设治,即"开道置吏"。"秦时尝颇略通五尺道"④,指的就是在西南夷修筑道路的故事。西汉武帝时,在西南夷治道修路,牵动了巴蜀四郡。《史记·西南夷

---

① 《后汉书》卷八《灵帝纪》,第330页。
② 《新纂云南通志》(五),第81—82页。
③ 《华阳国志校补图注》,第267页。
④ 《史记》卷一一六《西南夷列传》,第2993页。

列传》记载：

> 当是时，巴蜀四郡通西南夷道，戍转相饷。数岁，道不通，士罢饿离湿，死者甚众。西南夷又数反，发兵兴击，耗费无功……①

这里所说的"巴蜀四郡"，据《史记》"集解"指汉中、巴郡、广汉与蜀郡。则当时进入西南夷治道、置邮的士卒，以巴蜀之民为主。

《史记·司马相如列传》记载："相如还报。唐蒙已略通夜郎，因通西南夷道，发巴、蜀、广汉卒，作者数万人。"②"作者数万人"，最终修成了巴蜀通西南夷的交通网络，建立了联接全国的邮传系统。《史记·平准书》说：

> 汉连兵三岁，诛羌，灭南越，番禺以西至蜀南者置初郡十七，且以其故俗治，毋赋税。南阳、汉中以往郡，各以地比给初郡吏卒奉食币物，传车马被具。③

这里很重要的是"比给初郡吏卒奉食币物，传车马被具"。也就是说，在南越、西南夷设置的初郡，不仅有常务的吏卒守卫，还有"传车马被具"，即有邮传系统的保障。西南夷交通与邮传网络的形成，把西南夷各郡县与蜀地相连，进而通达关中，联系全国。由此而进入西南夷的吏卒，当不在少数。

---

① 《史记》卷一一六《西南夷列传》，第 2995 页。
② 《史记》卷一一七《司马相如列传》，第 3046 页。
③ 《史记》卷三〇《平准书》，第 1440 页。

第五节　移民屯田

汉代是中国统一多民族国家形成与发展的关键时期,通过汉初的休养生息,平息七国之乱,经历文景之治,到汉武帝时期,汉朝人口增长,经济复苏,国强民富。汉武帝通过一系列军事、政治行动,在"四裔之地"开郡设县,移民屯田,客观上促进了边疆地区经济社会的发展。

史籍记载,由于耗费巨大,巴、蜀四郡的租赋,不足以支持汉武帝在西南夷的治道、设郡等政治、军事活动,于是便号召内地大户、商人到西南夷屯田。《史记·平准书》记载:

> 当是时,汉通西南夷道,作者数万人,千里负担馈粮,率十余钟致一石,散币于邛、僰以集之。数岁道不通,蛮夷因以数攻,吏发兵诛之。悉巴、蜀租赋不足以更之,乃募豪民田南夷,入粟县官,而内受钱于都内。①

进入西南夷屯田的汉族移民,可以将收获的谷物交给当地郡县官吏以取得凭证,然后到内地的府库去取钱。

随着统一大业向岭南、西南夷推进,秦、汉帝国不断地向南方大规模移民。移民为岭南、西南夷带来了发达的水利灌溉和精耕细作的农耕技术②。考古发现的汉代西南夷"陂塘水池模型",就是直接的证据。

---

① 《史记》卷三〇《平准书》,第 1421 页。
② 罗二虎:《汉代模型明器中的水田类型》,《考古》,2003 年第 4 期。

第四章 西南夷早期汉族移民

武帝时"边郡置农都尉,主屯田殖谷。又置属国都尉,主蛮夷降者"①。因此,西南夷的屯田、移民戍边政策,是当时全国移民实边政策的一部分。《汉书·赵充国传》说屯田"内有亡费之利,外有守御之备"②。向边地移民,以图汉王朝边疆的长治久安,是当时的基本国策。《汉书·晁错传》说:

> 陛下幸募民相徙以实塞下,使屯戍之事益省,输将之费益寡,甚大惠也。下吏诚能称厚惠,奉明法,存恤所徙之老弱,善遇其壮士,和辑其心而勿侵刻,使先至者安乐而不思故乡,则贫民相募而劝往矣。臣闻古之徙远方以实广虚也,相其阴阳之和,尝其水泉之味,审其土地之宜,观其草木之饶,然后营邑立城,制里割宅,通田作之道,正阡陌之界,先为筑室,家有一堂二内,门户之闭,置器物焉,民至有所居,作有所用,此民所以轻去故乡而劝之新邑也。为置医巫,以求疾病,以修祭祀,男女有昏,生死相恤,坟墓相从,种树畜长,居屋完安,此所以使民乐其处而有长居之心也。③

越嶲郡故地发现的东汉初平三年(192)"越嶲太守碑"碑文显示,汉代在西南夷的移民,其规模是"百人以为常屯",朝廷还给予"徙边复除""丁男给宅"等政策保障④。正是有了徙民实边、屯田

---

① 《后汉书》志第二十八《百官五》,第3621页。
② 《汉书》卷六九《赵充国传》,第2989页。
③ 《汉书》卷四九《晁错传》,第2288页。
④ 吉木布初、关荣华:《四川昭觉县发现东汉石表和石阙残石》,《考古》,1987年第5期;凉山彝族自治州博物馆、昭觉县文管所:《四川凉山州昭觉县好谷乡发现的东汉石表》,《四川文物》,2007年第5期。

政策,以及"营邑立城,制里割宅"等一系列"使民乐其处而有长居之心"的配套措施支持,久而久之,部分屯田的移民落籍西南夷,成为当地新的居民。

第六节 战乱与流民迁入西南夷

《汉书·西南夷传》说:汉昭帝"始元元年(前86),益州廉头、姑缯民反,杀长吏。牂柯、谈指、同并等二十四邑,凡三万余人皆反。遣水衡都尉发蜀郡、犍为犇命万余人击牂柯,大破之。后三岁,姑缯、叶榆复反,遣水衡都尉吕辟胡将郡兵击之"①。方国瑜先生说:"所谓郡兵,就是益州郡戍守军,是长期戍守,开屯置邑,可以说寓农于军。在长期中,先后派遣来的人数当不少,这些人户有了土地,安家置业,然后乐其处而有长居之心,就不回原籍了。"②

《汉书·王莽传》说:"益州蛮夷杀大尹程隆,三边尽反。遣平蛮将军冯茂将兵击之。"③《汉书·西南夷传》说得更详细:

> 王莽遣平蛮将军冯茂发巴、蜀、犍为吏士,赋敛取足于民,以击益州。出入三年,疾疫死者什七,巴、蜀骚动。莽征茂还,诛之。更遣宁始将军廉丹与庸部牧史熊大发天水、陇西骑士,广汉、巴、蜀、犍为吏民十万人,转输者合二十万人,击之。始至,颇斩首数千,其后军粮前后不相及,士卒饥疫,三岁余死者数万。而粤巂蛮夷任贵亦杀太守枚根,自立为邛谷王。会莽

---

① 《汉书》卷九五《西南夷传》,第3834页。
② 方国瑜:《汉晋时期在云南的汉族移民》,《人文科学》,1957年第2期。
③ 《汉书》卷九九中《王莽传中》,第4139页。

败汉兴,诛贵,复旧号云。①

此处之"粤嶲"即越嶲。《后汉书·西南夷列传》也明白地说,武帝元鼎六年(前111),以邛都夷之地置越嶲郡,王莽时,郡守枚根,以邛都夷人长贵为军候。更始二年,长贵率种人攻杀枚根,自立为邛谷王,领太守事②。

论者以为,如此大规模、长时段的军事行动,必定会有数量不少的兵士流落西南夷,成为流民、移民。《后汉书·西南夷列传》记载:"建初元年(76),哀牢王类牢与守令忿争,遂杀守令而反叛,攻嶲唐城。太守王寻奔楪榆。哀牢三千余人攻博南,燔烧民舍。肃宗募发越嶲、益州、永昌夷汉九千人讨之。"③说明东汉时期越嶲、益州、永昌三郡,"夷汉"可同时成军。

东汉末、三国之初,社会动荡不已。巴蜀及内地民众四出逃散,其中有潜入西南夷者,相关资料较多,略辑录如下。

东汉安帝元初四年(117),益州、永昌、越嶲诸夷反叛,集聚十余万众。《华阳国志·南中志》记载其事:

> 益州刺史张乔遣从事蜀郡杨竦将兵讨之。竦先以诏书告谕,告谕不从,方略涤讨。凡杀虏三万余,获生口千五百人,财物四千余万,降、赦夷三十六种,举劾奸、贪长吏九十人,黄绶六十人。诸郡皆平。④

---

① 《汉书》卷九五《西南夷传》,第3846页。
② 《后汉书》卷八六《西南夷列传》,第2853页。
③ 《后汉书》卷八六《西南夷列传》,第2851页。
④ 《华阳国志校补图注》,第237页。

这段史料中,杨竦平乱"获生口千五百人"一句最为重要,论者以为"被夷虏去之汉民犹未死者为生口"。蜀汉时期,诸葛亮平定南中之后,"为夷作图谱",夷人感怀,"许致生口直"①。任乃强先生解释道,"许致生口直"是指之前夷民虏晋民为奴,无论生死,将赔偿所值②。

汉晋时期,因战乱流落西南夷的汉人不在少数,文献中多有记载。《华阳国志·南中志》永昌从事江阳孙辨,上书言南中形势,其文云:"七郡斗绝,晋弱夷强……晋民或入交州,或入永昌、牂柯,半亦为夷所困虏。"③

《王仁求碑》说:"讳仁求,安宁郡人也。其胄出于太原,因迁播而在焉,十有余世。氏族之系,肇命王子,著显之美,称高汾晋。"王仁求生于唐贞观五年(631),由王仁求上溯十余世,他的祖先迁入西南夷的时间,当在东汉之世④。

《爨龙颜碑》说:"爰暨汉末,采邑于爨,因氏族焉。……迁运庸蜀,流薄南人。"⑤ 即爨氏本于郢楚,后迁入蜀地,再流入西南夷。《新唐书·两爨蛮传》说:"西爨自言本安邑人,七世祖晋南宁太守,中国乱,遂王蛮中。"⑥《通典》的记载大致相类:西爨"自言本河东安邑人,七叶祖事晋为南宁太守,属中原乱,遂王蛮夷"⑦。爨氏东汉末年已成大姓,其迁入西南夷的时间,应不晚于东汉中

---

① 《华阳国志校补图注》,第247页。
② 《华阳国志校补图注》,第253页。
③ 《华阳国志校补图注》,第254页。
④ 汪宁生:《云南考古》,第125页。
⑤ 汪宁生:《云南考古》,第116页。
⑥ 〔宋〕欧阳修、〔宋〕宋祁撰:《新唐书》卷二二二下《南蛮·两爨蛮传》,中华书局,1975年,第6315页。
⑦ 方国瑜主编:《云南史料丛刊》第一卷,第451页。

后期。

西南夷西部地区,即蜀郡西部一带,羌人、氐、夷民反叛,以及流民的记载多见于史籍。《华阳国志·汉中志》"武都郡"条:

> 武都郡,本广汉西部都尉治也。元鼎六年(前111)别为郡,属县九……元康六年(296),氐傁齐万年反,郡罹其寇,晋民流徙入蜀及梁州。①

《晋书·李雄载记》:

> 蜀人流散,东下江阳,南入七郡。②

《资治通鉴·晋纪七》惠帝太安二年七月:

> (蜀民)或南入宁州,或东下荆州,城邑皆空,野无烟火。③

现以方国瑜《汉晋时期在云南的汉族移民》一文为基础,结合《史记》、两《汉书》及《华阳国志》有关两汉时期对西南夷用兵的材料,把其中将领、出兵时间、兵源地点、征战之地比较明确的材料,列表如下:

---

① 《华阳国志校补图注》,第96—97页。
② 〔唐〕房玄龄等撰:《晋书》卷一二一《李雄载记》,中华书局,1974年,第3036页。
③ 《资治通鉴》卷八五《晋纪七》惠帝太安二年七月,第2682页。

表1 两汉出兵西南夷情况一览表

时间	出发地、身份	将领	兵数	征战之地
元鼎六年（前111）	巴蜀罪人	郭昌 卫广		且兰
元封二年（前109）	三辅罪人、巴蜀士卒	郭昌 卫广	数万人	滇池地区
元封三年	三辅、太常徒	执金吾马适建 龙名侯韩增 大鸿卢田广明		武都郡
元封六年	京师亡命	郭昌		洱海区域
始元元年（前86）	募吏民 犍为蜀郡奔命	吕辟胡	万余人	益州郡 牂牁郡
始元元年	南阳士卒	田广明 杜延年		益州郡
天凤元年（14）	巴蜀犍为吏卒	冯茂		益州郡
天凤三年		冯茂		句町
天凤六年	天水陇西骑士、广汉巴蜀吏民	郭兴 李晔		若豆部落
建武十九年（43）	广汉犍为人、朱提夷	刘尚	一万三千人	益州郡 豆蚕部
永平元年（58）	益州（蜀）			姑复
建初二年（77）	越嶲、益州、永昌夷汉		九千人	永昌郡
元初六年（119）	益州（蜀）	杨竦		永昌郡 益州郡
延熹四年（161）	益州（蜀）	益州刺史山昱		犍为属国 朱提区域
熹平五年（176）	巴郡板楯兵	李颙 庞芝		益州郡
延光二年（123）	益州（蜀）	益州刺史张乔		蜀郡属国 旄牛夷

方国瑜先生说,自西汉武帝经营西南夷,到东汉后期的二百多年中,发生过不少次战争,由于战争流散在西南夷的人数应该不在少数,其最明显的是王莽时期丧失了数万汉人,四处流落,后来由益州太守文齐将他们招集起来,有组织地从事农业生产,促进了当地经济社会发展[①]。

第七节 汉族移民与西南夷社会发展

西汉武帝时期开始,文献资料所反映的历史是:修路、设郡、置吏、徙民实边,派兵镇压当地民众的反抗,等等。因筑路治道而来的移民,因开郡设县而起的设官置吏、戍边移民,因供给饷馈募民屯田,因行商坐贾落籍西南夷,还有军旅之师,历代流民,汉族移民以多样化的方式进入西南夷,其中的一部分人由"寄籍变土著",成为西南夷新的民族成员。

汉代进入西南夷的汉族移民,改变了西南夷的族群结构,使汉族成为西南夷众多民族中的一员;汉族移民是郡县制度得以确立的重要保障,是汉文化与内地礼俗在西南夷的传播者、引领者。因此,林超民老师说,屯垦戍边是在边疆建立统治和巩固统治的重要举措,也是汉族移民到边疆的主要形式之一[②]。尤中先生认为,从汉武帝开"西南夷"设郡置县到东晋末年的五百多年中,由内地移入的汉族人口,与土著民族的接触与交融,促进了西南夷社会的变迁

---

① 方国瑜:《汉晋时期在云南的汉族移民》,《人文科学》,1957年第2期。
② 林超民:《汉族移民与云南统一》,《云南民族大学学报(哲社版)》,2005年第3期。

与发展①。汉代西南夷的汉族移民,深刻地影响了中国西南边疆政治、族群、文化的发展方向。

西汉武帝开拓四裔,移民实边的政策在当时曾引发争议,《史记·平准书》记载:

> 自是之后,严助、朱买臣等招徕东瓯,事两越,江淮之间萧然烦费矣。唐蒙、司马相如开路西南夷,凿山通道千余里,以广巴蜀,巴蜀之民罢焉。彭吴贾灭朝鲜,置沧海之郡,则燕齐之间靡然发动。及王恢设谋马邑,匈奴绝和亲,侵扰北边,兵连而不解,天下苦其劳,而干戈日滋。行者赍,居者送,中外骚扰而相奉,百姓抏弊以巧法,财赂衰耗而不赡。入物者补官,出货者除罪,选举陵迟,廉耻相冒,武力进用,法严令具。兴利之臣自此始也。②

很显然,在那个时代,对于汉武帝开疆拓土,开创大一统多民族国家的雄才伟略,很多人是不理解,或者说理解不了的。正因为这样,秦汉时期经营、治理西南夷的方略一直存在争议,相关行动因此起停反复。譬如《史记·西南夷列传》说:"秦时常頞略通五尺道,诸此国颇置吏焉。十余岁,秦灭。及汉兴,皆弃此国而开蜀故徼。"③后来,武帝建元年间,唐蒙、司马相如开西南夷,遭到"蜀中父老"的反对,他们认为开拓西南夷,是"割齐民以附夷狄,弊所

---

① 尤中:《从滇国到南诏》,《大理民族文化研究论丛》第四辑,民族出版社,2010年。
② 《史记》卷三〇《平准书》,第1421页。
③ 《史记》卷一一六《西南夷列传》,第2993页。

恃以事无用"之举①。御史大夫公孙弘则"数言西南夷害,可且罢,专力事匈奴",于是"上罢西夷,独置南夷夜郎两县一都尉,稍令犍为自葆就"②。开拓西南夷之事,就这么停摆了。

再后来,元狩年间,张骞从大夏归来,言开通"蜀身毒道"的利害,汉武帝为"指求身毒国道"而重开西南夷,设立"西南夷七郡",西南夷由秦汉王朝徼外之地,成为郡县之邦。

今天,我们深刻体会中国历史发展的内在逻辑时,就不得不回顾、审视当年西汉武帝开拓、治理西南夷的雄才大略与丰功伟绩。正是有了汉代对西南夷的开拓、经营与有效治理,才使西南夷成为汉朝治下的郡县,奠定了中国西南边疆的政治基础。西南夷设治,成为汉代中国统一多民族国家形成与发展的关键举措之一;西南夷早期汉族移民及其与当地族群的交往交流交融,形成了西南边疆各民族你中有我、我中有你的共同体。

---

① 《史记》卷一一七《司马相如列传》,第 3049 页。
② 《史记》卷一一六《西南夷列传》,第 2995 页。

第五章 汉代内地生活方式的传入

内地生活方式的传入与流行，是汉文化、内地礼俗成为西南夷主体文化习俗的重要标志。透过今天所见汉代文化遗迹遗物，从"汉式器物"中能窥见人们的衣食住行、文物器用，乃至生活习尚与社会风俗。

第一节 住屋与院落

汉墓随葬明器中多有陶楼，而陶楼与陶井、仓、灶、磨、碓、陂池水田模型，各种陶俑人像，以及鸡、鸭、猪、狗、马、牛等家畜家禽等陶质"模型器"共出，是西南夷"汉式墓葬"的特点之一。随葬陶器的器类、功用与组合，基本上是专门为"墓主生活"定制的器用组合。西南夷汉代陶屋模型，大致有陶楼阙、陶屋、陶院落几类。

一、庑殿顶重檐式楼宇

西南夷东汉墓中发现的第一类陶楼，是庑殿顶楼阁，此类"四阿五脊"的建筑，在汉代建筑中等级较高，属于阙楼性质。

云南洱海地区，大理市下关镇东汉熹平年墓出土两件陶楼，其中一件通高106厘米，面阔34厘米，进深23.5厘米，为上、下两层庑殿式屋顶陶楼(图5—1)①。

此件陶楼下层平面呈长方形,三开间,背墙封闭,正面设内廊,内廊两端是拦板。主间设有从左向右内开的板门,右次间板壁封门,左次间无板壁,门框内设置一座独木楼梯,梯子后面有一坐姿胡人吹箫俑。一斗三升单拱支撑单坡庇檐,檐两端出山墙。檐面设九条瓦垅,两条垂脊,檐口为圆形瓦当。

图5—1 大理熹平年东汉墓出土陶楼
(采自《云南大理市下关城北东汉纪年墓》)

---

① 大理州文物管理所:《云南大理市下关城北东汉纪年墓》,《考古》,1997年第4期。

上层起于一层庇檐后面的墙体上,楼体作退步状,是庑殿式屋顶的楼阁建筑。楼阁为两开间,不隔间,后墙封闭,两侧墙中间各留一扇小窗。三方式回廊,回廊正面有男女俑各一,两端各有一胡人吹箫俑,组成主人凭栏远眺,胡人吹奏侍奉的画面。庑殿式屋顶由柱架、斗拱与山墙支撑,前后坡长,每坡设六条瓦垅;左右坡短,每坡仅有两条瓦垅。圆形瓦当封檐口。

总体而言,此楼柱架、斗拱结合,一层高起,二层退步并作三方回廊,庑殿式屋顶,主人居住在二层,凭栏远眺,有胡人吹箫侍奉。

1981年,大理市大展屯东汉墓出土一件陶楼。发现时呈散落状,经修复,陶楼通高57厘米,是一件带基座的庑殿顶三层方形阁楼。发掘报告附有此陶楼的A、B两面线图(图5—2)[①]。

修复后的陶楼基座与各层的具体情况如下:

基座:正方形,双层束腰状,下底边长15厘米,上底边长12厘米。

第一层:两立柱平置于基座上,栌斗式斗拱,上承四阿式庇檐,庇檐四面各有瓦垅五至六条,屋檐平直,四角有戗脊。

第二层:在一层庇檐上架双层斗拱,斗拱之上为四阿式庇檐,庇檐四面各有瓦垅五至六条,屋檐平直,四角有戗脊。

第三层:在二层庇檐之上架双层斗拱,斗拱上覆四阿式庑殿顶,正脊高起,四角施戗脊,呈标准的"四阿五脊"式屋顶。

此三层方形楼阁,具有望楼的性质。四阿五脊式屋顶,方形高台基座,每层用栌斗式斗拱承托腰檐。三层既相互连贯与支撑,每层又是一个独立的结构单元。木构架的结构技术,特别是穿斗式已趋成熟。斗拱既用以承托屋檐,也用以承托平座。此件陶楼模

---

① 大理州文物管理所:《云南大理大展屯二号汉墓》,《考古》,1988年第5期。

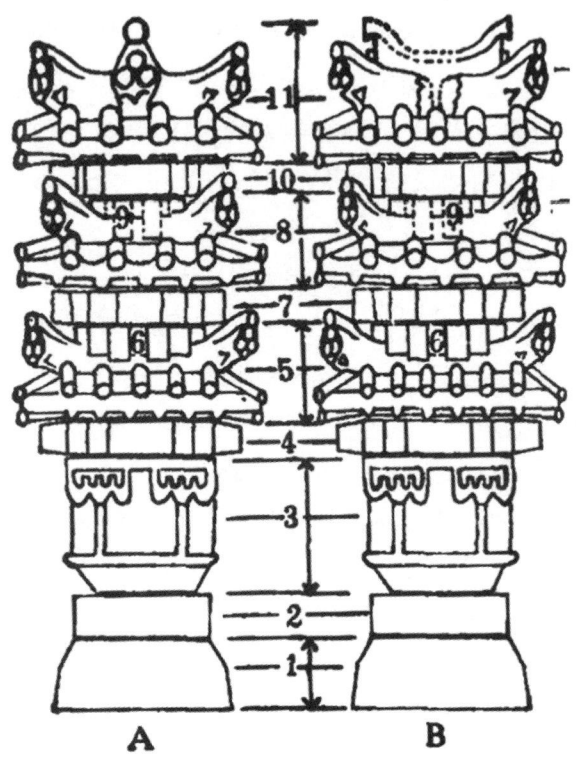

图5—2　大理大展屯二号汉墓出土陶楼
（采自《云南大理大展屯二号汉墓》）

型是汉代高层楼阁建筑的物证，说明当时汉式建筑技术在西南夷已经成熟、流行。

二、干栏式住屋

贵州赫章第二十四号墓（M24）、二百一十六号墓（M216）出土的"干栏式"陶屋模型（图5—3），明显有别于中原汉墓的陶屋模型，而具有西南夷土著房屋的特点。陶楼一呈长方形，分上、下两层。底层为碓房，内置双碓。上层为居室。上层以一壁横向隔成前、后两部分，前部为廊，后部为室，壁中部开单扇门，不隔间。廊中部设一方形立柱，上设一拱承托屋檐。廊两侧各设一段拦杆。人字形屋架，悬山式顶，两坡各有拍印的板瓦瓦垅，前坡近檐口处刻隶书"前"字，后墙及两壁均刻画柱、枋线条[①]。很显然，"前"字铭文是为了标记陶楼构件位置而作的说明。干栏式基础支撑起屋架，柱架与斗拱形成的人字形屋架，托起悬山式瓦屋顶，这是汉式结构与西南夷干栏式建筑的完美结合。

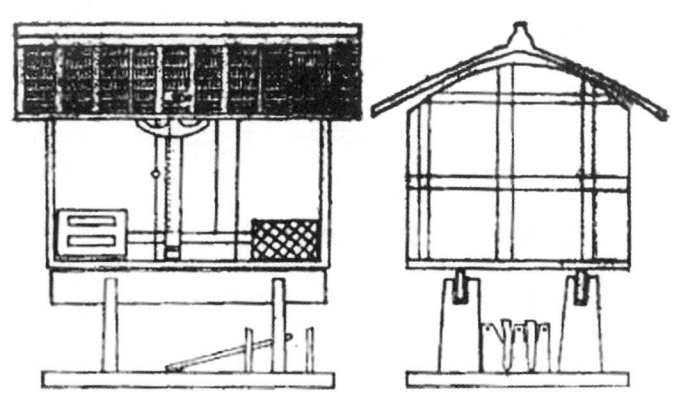

图5—3　赫章可乐汉墓出土陶楼
（采自《赫章可乐发掘报告》）

贵州省兴仁县交乐坝子，汉墓分布较为密集，从1970年代起先后发现汉墓五十余座，文物考古部门对其中十九座进行了发掘[②]。1999年，贵州省文物考古研究所对十九号墓进行清理，发现

[①] 贵州省博物馆考古组、贵州省赫章县文化馆：《赫章可乐发掘报告》，《考古学报》，1986年第2期。
[②] 贵州省考古研究所：《贵州兴仁交乐汉墓发掘报告》，《贵州田野考古四十年（1953—1993）》，贵州民族出版社，1993年。

这是一座由前、中、后、左、右五室组成的"十"字形的多室砖墓。墓葬内出土陶屋模型三件，经修复，其中一件为干栏式悬山瓦屋顶二层楼房（图5—4）。通高45.5厘米、宽29厘米，顶长53.5厘米。模型由底座、支柱、墙体和屋顶等部分组成。屋顶略呈四面坡瓦顶状，悬山顶，瓦脊突起。一层是典型的干栏式结构，由三排、六根半圆形支柱支撑，内设双碓（碓架已失）。推测一层原来是加工粮食的碓屋，虽然双碓模型已失，但应与赫章可乐汉墓出土陶楼（图5—3）相似。二层中间留门，呈不隔间的长屋状①。

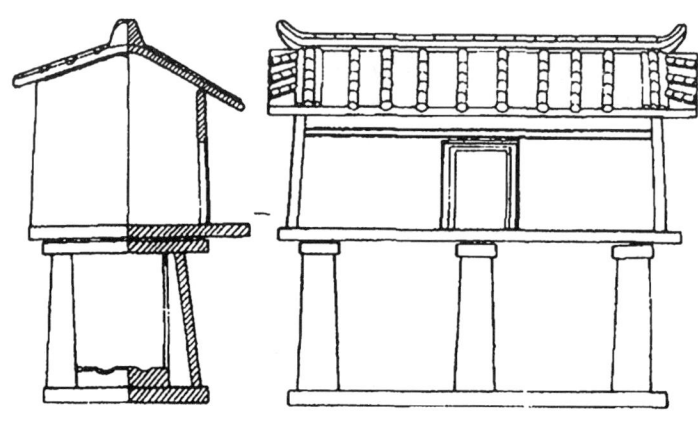

图5—4 兴仁交乐汉墓出土干栏式陶楼
（采自《贵州兴仁交乐汉墓发掘报告》）

此类干栏式基础、汉式瓦屋顶的建筑，在滇池地区亦有发现，譬如昆明羊甫头墓地，出土二层正方形阁楼模型，四面坡瓦顶，下层由四根圆形立柱支撑，类似"干栏式"建筑，二层为居室，有门，

---

① 贵州省文物考古研究所:《贵州兴仁县交乐十九号汉墓》,《考古》,2004年第3期。

有斗拱支撑瓦顶[①]。

西南夷故地发现的汉代陶楼,譬如大理熹平年墓出土陶楼,下层有意刻画的牛粪圈,还有拴牛马的方木,表明此为"上屋下厩"式的住屋。大理大展屯出土的陶楼,则是高层的楼阙,是高规格的汉式建筑。赫章、兴仁、昆明羊甫头汉墓出土的"干栏式"陶楼,下层有的设置加工粮食的"干碓",此为"上屋下碓"的住屋形式。汉代西南夷发现的"汉式"住屋,是生活、生产两不误的多功能建筑。两种房屋样式,一为典型的汉式建筑,即单檐或重檐庑殿式的"四阿五脊"式楼房,另一种具有"夷汉"结合的特点,虽有"四阿五脊"式瓦屋顶,却保留西南夷青铜时代"干栏式"住屋的基础。

三、汉式民居院落

2004 年,云南会泽水城汉墓群七号墓出土了一件陶院落(图 5—5)。院落由前、后两排房屋,围墙、天井及围墙外单体房屋组成[②]。

前排房屋为三开间,明间和右次间中部开双扇门,后中部立一方形柱,两面坡顶上有板瓦、筒瓦、正脊。左次间面阔 20.8 厘米,进深 26 厘米,高 12 厘米,明间及右次间面阔 26 厘米,进深 26 厘米,高 22 厘米。左次间无屋顶,与左侧围墙与明间左壁构成畜圈,内置马、牛、猪俑各一。牛体型肥大,牛首从墙头探出。马体型较小,昂首翘尾,作行走状。

后排房屋为双开间,两面坡顶,上覆瓦。面阔 51 厘米,进深 15 厘米,高 20 厘米。左间前壁右侧开单扇门,右间前部未设置前壁,

---

[①] 云南省文物考古研究所等:《昆明羊甫头墓地》,科学出版社,2005 年,第 753—754 页。
[②] 云南省文物考古研究所:《会泽水城古墓群发掘报告》,科学出版社,2014 年,第 44—45 页。

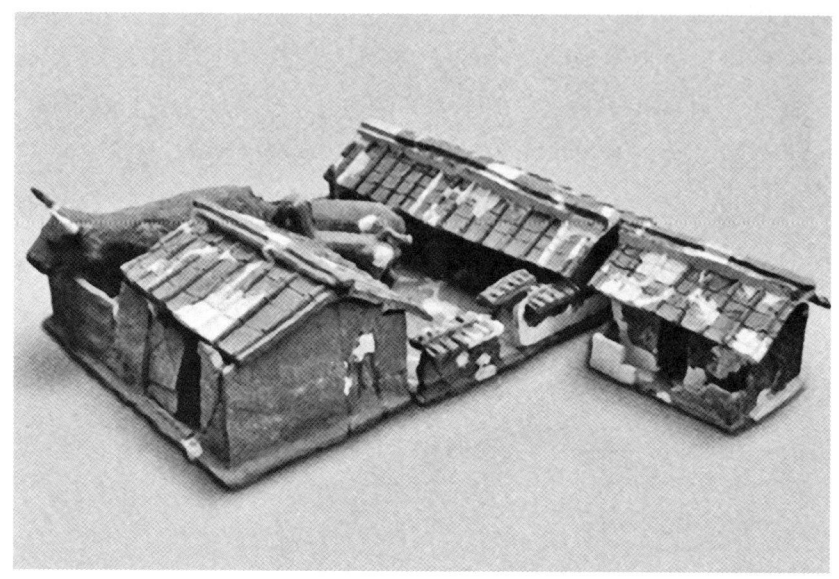

图5—5 会泽水城汉墓出土陶院落（采自《会泽水城古墓群发掘报告》）

左、右间隔墙间有一门相通。右间后壁及右墙中段附近各置一长方形床，右墙中段近屋顶处开梅花形天窗。前、后排屋左右侧用围墙相连，围墙上覆两面坡瓦顶。院落中部为天井，天井左后角有一棵大树，右侧围墙后部开有侧门。侧门外置一两面坡顶单层小屋，小屋面阔24厘米，进深19.4厘米，高19.4厘米，屋前有回廊，屋正中开单扇门。

会泽在汉代为堂琅县，是巴蜀、夜郎、滇之间重要的交通枢纽与聚落，是西南夷较早设治的地区之一。会泽水城汉墓出土的陶院落，是汉代西南夷考古中发现的唯一汉式陶院落模型。由前、后两排住屋与围墙组成的合院，两排住房前坊低后坊高；院内（天井）有牛、马、猪，说明院子兼具畜圈功能。院外的单坊房屋，很可能是仓房。此院落模型所代表的建筑式样，并不是防护森严的"高墙大院"式的坞堡、楼阙等庄园建筑,它呈现出平民性、生活化的倾向,具有开放性特征,充满寻常百姓的生活气息。总体上,建筑式样明显有别于西南夷土著建筑模式,属于典型的汉式民居院落形态,说明当时当地人们的日常居住,与内地没有太大的差别。

四、西南夷出土东汉陶楼与院落的意义

汉代是中国建筑史上承前启后的时期,全国各地发现的汉代陶楼明器,包括台梁式、穿斗式两大类,而屋顶建筑分为四阿、悬山、硬山、歇山、四角攒尖五种。从功用分,既有生活居住的住屋,也有望楼等楼堡建筑。考古发现表明,中国古代建筑的结构体系和建筑形式的若干特点,到汉代已基本定型[①]。

汉代建筑处处彰显出"坊宇显敞、高门纳驷"的博大气势。从形制来看,可以划分为住宅建筑、园林建筑、桥梁建筑以及附属建筑等四大类,其中住宅建筑又分单檐四阿式、重檐四阿式、干栏式、悬山式等,当然也有"平民式建筑"与"高等级建筑"之分。汉代建筑中特色类型有望楼、戏楼、仓楼、水榭、门楼、阙、飞阁等形制。

《汉书·郊祀志》说:

> 公孙卿曰:"仙人可见,上往常遽,以故不见。今陛下可为馆如缑氏城,置脯枣,神人宜可致。且仙人好楼居。"于是上令长安则作飞廉、桂馆,甘泉则作益寿、延寿馆,使卿持节设具而候神人。乃作通天台,置祠具其下,将招来神仙之属。[②]

[①] 马志祥:《汉代陶楼小议》,《文博》,1991年第3期。
[②] 《汉书》卷二五下《郊祀志下》,第1241—1242页。

颜师古注云,汉武帝所置通天台"高台三十丈,望见长安城"。汉代台、阁建筑多是登高求仙、游目骋怀之所,是与天通、与地隔的仙境神台。

《汉书·田蚡传》说:"(田蚡)治宅甲诸第,田园极膏腴,市买郡县器物相属于道。前堂罗钟鼓,立曲旃;后房妇女以百数。诸奏珍物狗马玩好,不可胜数。"① 东汉外戚、权臣梁冀,其妻孙寿,拥立冲、质、桓三帝,专断朝政二十年,其宅第称首于京畿达官显贵之间。《后汉书·梁统列传附梁冀传》载:

(梁)冀乃大起第舍,而(孙)寿亦对街为宅,殚极土木,互相夸竞。堂寝皆有阴阳奥室,连房洞户,柱壁雕镂,加以铜漆,窗牖皆有绮疏青琐,图以云气仙灵。台阁周通,更相临望;飞梁石磴,陵跨水道。金玉珠玑,异方珍怪,充积藏室。远致汗血名马。又广开园囿,采土筑山,十里九坂,以像二崤,深林绝涧,有若自然,奇禽驯兽,飞走其间。冀寿共乘辇车,张羽盖,饰以金银,游观第内,多从倡伎,鸣钟吹管,酣讴竟路。或连继日夜,以骋娱恣。②

庄园经济是汉代经济的基本特征与社会基础。1981年,淮阳于庄一号汉墓,出土一件西汉前期的陶质庄园模型,器长1.3米,宽1.14米,模型分两大部分:东部为陶院,西部为田园。陶院为三进的院落,即前院、中庭与后院。田园有围墙环绕,有田垄、土埂、水

---

① 《汉书》卷五二《田蚡传》,第2380页。
② 《后汉书》卷三四《梁统列传附梁冀传》,第1181—1182页。

井、水沟等。是一幅真实的汉代庄园生活、庄园经济图景①。

与西南夷关系密切的陕南汉中地区,勉县老道寺一号汉墓出土一件"四合院模型"。由十九个单体建筑组合而成,主体四合院由宅门、院墙、正楼、左厢、右厢组成,还有偏门、佣人房、家畜家禽圈为单元的偏院相连。其规模之大,规制之高,实为罕见②。

总之,思想上,汉代人们普遍信仰神仙与升天,因为"仙人好楼居"而崇尚高楼阙台。现实中,豪强大族的庄园里,通常建有大型塔楼。汉墓中随葬陶楼,既有神仙信仰的思想根源,又有现实庄园生活的物质基础。西南夷汉墓中出土陶楼模型,既有高等级的楼阙,也有平民化的院落,它既是墓主生前居所的象征,也是当时神仙信仰、富贵思想的体现。

第二节　仓房与水井

汉代,社会生产力发展加快,物质财富积累迅速。西汉时期,把储粮备战备荒,提高到治国之本的高度来认识。《汉书·食货志》说:"夫积贮者,天下之大命也。苟粟多而财有余,何为而不成?"③汉代农业生产发展,社会有较多的余粮,因为有了储备余粮的需要,才有各式各样粮仓的出现。汉墓中出土的大量陶仓模型,反映了当时国有余财、家有余粮的社会现实。

西南夷汉式墓葬中,陶仓、水井往往与陶楼共出。在汉代社会生活中,居家院落,或者庄园内建有储存粮食的仓房,是富足生活

---

① 骆崇礼、骆明:《淮阳于庄汉墓发掘简报》,《中原文物》,1983年第1期。
② 郭靖华:《陕西勉县老道寺汉墓》,《考古》,1985年第5期。
③ 《汉书》卷二四上《食货志上》,第1130页。

的标配。

一、多种形制的仓房

西南夷汉式墓葬中,往往出土各式陶仓。作为东汉墓葬中重要的明器之一,陶仓折射出汉代社会生产力发展、物质财富不断积累,人们崇高尚富的社会现实,并体现了人们对衣食无忧神仙生活的向往。

图5—6　大理大展屯二号汉墓出土陶仓（采自《云南大理大展屯二号汉墓》）

1960年代,昭通桂家院子东汉墓出土陶仓一件,高28.6厘米,口径20厘米。平底,侈口,鼓腹,颈部及下截收分①。

1981年,云南大理大展屯二号汉墓,出土陶仓二件,其中一件,圆筒形,通高52厘米,肩部附"双角",双角顶端有圆孔（图5—6）②。

1977年,云南省博物馆在呈贡县七步场村清理了一座东汉墓③。墓葬保存较为完整,墓葬随葬品共六十五件,以陶器为多,其次为铜器,还有铁钉与

---

① 云南省文物工作队:《云南昭通桂家院子东汉墓发掘》,《考古》,1962年第8期。
② 大理州文物管理所:《云南大理大展屯二号汉墓》,《考古》,1988年第5期。
③ 云南省博物馆文物工作队:《云南呈贡七步场东汉墓》,《考古》,1982年第1期。

第五章　汉代内地生活方式的传入　　147

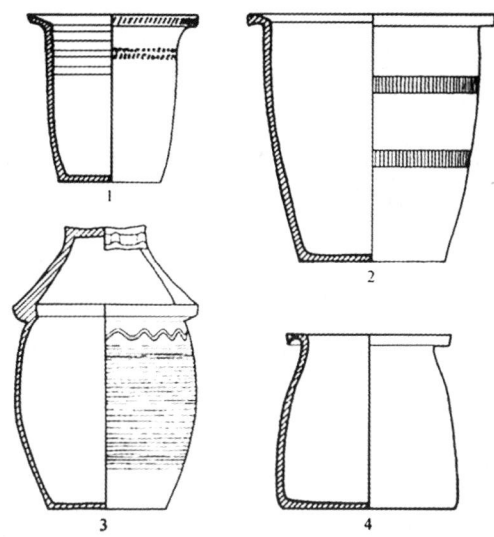

图5—7　羊甫头汉墓出土各式陶仓（采自《昆明羊甫头墓地》）

摇钱树石座等。其中有陶仓一件，高24厘米，口径24厘米，底径16厘米。

2000年，昆明羊甫头墓地出土六件东汉时期的陶仓（图5—7）。发掘报告将其分为"桶形"与"袋形"两类。编号M430:6的一件，通高17.2厘米，口径16.8厘米，器型为平底、直壁、敞口，口沿外折，唇及肩部饰戳印点纹[①]。

研究者指出，汉代陶仓的形制大致可分为圆形陶囷、方形陶仓、干栏式仓囷及大型的陶仓楼四类。囷的形制，可分为两类，一类呈筒状，或为平底，或带有兽形三足，大展屯二号汉墓出土者，即是此类型的陶仓。另一类囷，为干栏式建筑。

大量陶仓的出现，说明东汉时期西南夷农业生产得到了较大

---

① 云南省文物考古研究所等：《昆明羊甫头墓地》，第753页。

的发展,社会有较多的余粮,贮备粮食已经成为一项常规性的事务。从陶仓的形制、数量等特征判断,东汉时期西南夷仓廪丰盈,粮食储备的情况与内地非常相似。

陶仓明器的出现是汉代"事死如事生"生死观的反映。作为财富的象征,陶仓出现在西南夷汉式墓葬中,为我们再现"墓主生活"的同时,真实反映出汉代生产力发展、物质财富迅速积累的社会现实,为我们研究西南夷农业发展,社会财富积累等议题,提供了宝贵的考古学实物证据。同时也为我们探讨人们祈求在往生世界中能够丰衣足食的神仙信仰,提供了实物材料。

二、各式水井

水井是汉代庄园生活的重要设施之一。《史记·平准书》有"山川园池市井"之说,"正义"释之曰"古人未有市,若朝聚井汲水,便将货物于井边货卖,故言市井也"①。汉代水井相关的遗迹与遗物,最为常见的是墓葬中随葬的陶井模型明器。当然,遗址中发现的水井,以及画像石、壁画中的水井形制与汲水方式,也是我们了解汉代水井的重要史料。

汉代,水井已经相当普及,不仅在当时居民的生产和生活中占据重要的位置,同时作为财产的象征,被带入地下,成为模型明器。洛阳烧沟汉墓出土的大量陶井,充分展现了汉代水井结构的多样性②。

滇池之滨的河泊所遗址,是滇池县县治,同时也是益州郡郡治所在,这里发现四座保存较好的汉代水井遗迹,让我们看到西南夷

---

① 《史记》卷三〇《平准书》,第1418页。
② 王婷:《汉代水井的考古学研究》,《农业考古》,2013年第6期。

汉代水井的真实图像①。昆明羊甫头汉墓,出土陶井模型一件,通高31.2厘米,口径16.2厘米,器身呈圆筒形,器身上刻画水草、鱼纹②。

完整的陶水井模型,来自大理下关东汉熹平年砖室墓,此墓出土的陶井由井身、井台、井架、井亭四个部分组成(图5—8)。井身呈圆盆形,井台上放置汲水的陶罐,井栏两侧设井架,井架上有孔,以利相互联接。井架之上,是人字型屋顶的井亭。整件模型器通高48.5厘米,陶井口径31.3厘米③。

西南夷汉式墓葬中,出土陶井较多,大凡有陶楼、陶仓出土的墓葬,多伴有陶水井共出。譬如在汉代牂牁郡故地,今贵州赫章可乐汉墓,出土陶水井九件,井架两对。陶水井的井身呈圆筒形,井口有盖板式井台,台上二穿孔,用于装设井架④。贵州黔西县汉墓出土陶水井二件,外形呈圆桶形,口小底大,井壁较斜。井架、井盖情况不明⑤。会泽水城"汉式墓葬"出土的陶

图5—8 大理东汉熹平年墓出土陶水井(采自《云南大理市下关城北东汉纪年墓》)

---

① 《云南南晋宁河泊所遗址发掘概况》,中国考古网(kaogu.cssn.cn),2020年2月19日。
② 云南省文物考古研究所等:《昆明羊甫头墓地》,第753—754页。
③ 大理州文物管理所:《云南大理市下关城北东汉纪年墓》,《考古》,1997年第4期。
④ 贵州省博物馆考古组、贵州省赫章县文化馆:《赫章可乐发掘报告》,《考古学报》,1986年第2期。
⑤ 贵州省文物考古研究所等:《贵州黔西县汉墓的发掘》,《考古》,2006年第8期。

井(M1:8;M5:2)也很典型①。汉代越巂郡故地,今四川西昌东汉墓出土陶井模型一件,无井身,仅存井架,井栏略成覆斗形,井架上有对称圆孔②。

汉代的水井,按使用材料来分类,有土井、陶井、砖石井之别。井上附属设施有井栏、井台、井架、井亭以及井盖。附属设施的功能,是方便取水,防止雨水、落叶等物进入井内,保持水源的清洁。

研究者指出,汉代聚落中一般都会开凿水井以供居民生活,将水井建在房屋附近就是出于对生活用水的考虑。水井还是一项公共设施,可以使人口聚集形成市井。水井同样是重要的灌溉水源。水井甚至被视为一种财富而带入墓葬,成为墓主人死后生活必不可少的物质基础,它与仓、灶共出,水井代表水源,仓、灶代表食物③。

第三节 "俑"与汉代庄园生活

陶俑是代替活人或动物殉葬的一种明器,它承载着世俗的社会记忆。陶俑既是严肃的明器神品,也是对生活艺术的刻意展演。陶俑所表达的丰富多彩的社会生活内容,是我们认识西南夷早期汉族移民社会生活的实物证据。

一、陶人俑

《后汉书·王符传》记载,"今京师贵戚,郡县豪家,生不极养,

---

① 云南省文物考古研究所编著:《会泽水城古墓群发掘报告》,第28、39页。
② 凉山州博物馆:《四川凉山西昌发现东汉、蜀汉墓》,《考古》,1990年第5期。
③ 王婷:《汉代水井的考古学研究》,《农业考古》,2013年第6期。

死乃崇丧……多埋珍宝偶人车马"①。偶人就是陶人俑,其名目繁多,有男女侍俑、跪厨俑、百戏俑、持案俑、武士俑以及家畜家禽俑等等。不同的陶俑具有不同的功用,譬如百戏俑供墓主娱乐与消遣②。

汉代,"百戏"是音乐、舞蹈、杂耍、说唱、角抵等表演艺术形式的总称。"百戏"源自周代的"散乐",也称"角抵戏"。汉代"百戏"表演兴盛,司马相如《上林赋》、张衡《西京赋》、李尤《平乐观赋》等均有详细而生动的记载。汉代贵族常常在宴会上举行"百戏"表演,以享宾客。《汉书·武帝纪》记载,"(元封)三年春,作角抵戏,三百里内皆观",应劭注曰:"角者,角技也。抵者,相抵触也。"文颖曰:"名此乐为角抵者,两两相当角力,角技艺射御,故名角抵,盖杂技乐也。巴俞戏,鱼龙蔓延之属也。"元封六年(前105)夏,"京师民观角抵于上林平乐馆"③。济南出土的杂技俑,比较完整地表现了汉代"百戏"的完整场景④。

西南夷汉式墓葬中,陶人俑数量多,种类繁杂,有劳作俑、百戏技乐俑、胡人俑等⑤。出土数量众多的劳作俑,是西南夷汉墓随葬陶器的重要特征⑥。

贵州兴仁县交乐十九号汉墓出土五件陶俑(图5—9):

---

① 《后汉书》卷四九《王符传》,第1637页。
② 张合荣:《贵州汉墓出土百戏陶俑介评》,《贵州文史丛刊》,1994年第3期。
③ 《汉书》卷六《武帝纪》,第194、198页。
④ 济南市博物馆:《试谈济南无影山出土的西汉乐舞、杂技、宴饮陶俑》,《文物》,1972年第5期。
⑤ 四川凉山州博物馆:《四川西昌市杨家山一号东汉墓》,《考古》,2007年第5期。
⑥ 王玉环:《西南汉墓劳作俑的考古学研究》,南京大学硕士学位论文,2017年。

图5—9 兴仁交乐十九号汉墓出土陶俑
（采自《贵州兴仁县交乐十九号汉墓》）

①庖厨俑（M19:22），戴平巾帻，内着圆领衫，外穿喇叭形半袖长袍。手腕戴串珠饰，耳悬耳铛。跽坐，前置一案，案上放一条鱼。庖者右手捉鱼，左手执刀，正在庖宰。

②说唱俑（M19:19），戴瓜形圆帽，脸微上仰，张口吐舌、笑态可掬。

③吹箫俑（M19:20），跽坐，双手执箫，戴圆锥形尖顶高冠，隆

鼻大眼,双耳有环状耳饰。

④舞俑(M19:7),着对襟长袍,左手上举,右手叉腰,手中持一带;左腿半弓,鞋尖微露。舞蹈状。

⑤听乐俑(M19:21),戴介帻,着圆领衫,外罩右衽长袍。跽坐,左手抚腿,右手捂耳,作聆听状。脸略前仰,面露微笑①。

昭通水富县楼坝崖墓,出土男女陶俑八十件(男俑五十四件,女俑二十六件),其中有乐舞俑、抚琴俑、庖厨俑、扫地俑,骑马杂技俑、胡人吹箫俑,还有中国南方最早的陶佛像(图5—10)②。水富地

图5—10 水富楼坝汉墓出土陶俑 (采自《昭通水富县楼坝崖墓发掘报告》)

---

① 以上据贵州省文物考古研究所《贵州兴仁县交乐十九号汉墓》(《考古》,2004年第3期)整理。
② 云南省文物考古研究所等:《昭通水富县楼坝崖墓发掘报告》,《云南考古报告集(之二)》,云南科技出版社,2006年。

近宜宾,位于金沙江两岸,属汉代犍为郡僰道县,是西汉以来开拓经营西南夷的基地。这里的汉文化遗迹较多,崖墓所反映的内地生活习尚,较多地具有巴蜀、西南夷交汇之地的特征。此处出土的佛陀造像,是目前所知年代最早的佛教造像,我们将在本书第十四章《西南夷与中国早期佛教》中专题讨论。

西南夷故地汉墓出土的人俑,还有胡人俑,分为吹箫俑、灯俑、胡僧俑等不同类型,其中胡人吹箫俑,是俗称的"尖顶红帽胡人俑",它是西南夷汉墓中特殊的陶俑之一。大理下关东汉熹平年墓、水富楼坝东汉崖墓、贵州兴仁交乐汉墓等汉式墓葬均出土此类吹箫俑[①]。另外,在越嶲郡故地,今四川西昌的人俑中,有若干高鼻深目,梳有双丫髻、椎髻和叠髻的陶俑,研究者认为应是当地西南夷土著"邛都夷"或者"筰人"形象[②]。

研究者认为,巴蜀地区汉墓中随葬的陶俑,最早出现于西汉末年至东汉初期,这也是西南夷砖室墓、崖墓和石室墓出现的时间。东汉中晚期至蜀汉时期,是随葬陶俑最盛行的时间[③]。西南夷地区陶俑出现的时间,基本上与巴蜀地区同步。

二、动物俑

汉墓中出土的动物俑,主要指家禽家畜俑,有马、牛、羊、狗、猪、鹅、鸡、鸭等,尤以鸡、狗、猪居多。动物俑组合,代表的是墓主

[①] 大理州文物管理所:《云南大理市下关城北东汉纪年墓》,《考古》,1997年第4期;云南省文物考古研究所等:《昭通水富县楼坝崖墓发掘报告》,《云南考古报告集(之二)》;贵州省文物考古研究所:《贵州兴仁县交乐十九号汉墓》,《考古》,2004年第3期。
[②] 王有鹏:《四川汉代陶俑刍论》,《四川文物》,1987年第3期。
[③] 王有鹏:《四川汉代陶俑刍论》,《四川文物》,1987年第3期。

所拥有的财富与生活资源,它们是西南夷"汉式墓葬"模型明器的主题之一。

西南夷大多数墓葬中出土的动物俑,以陶质居多,亦不乏铜质、铁质者。由于不同墓葬随葬的动物俑组合形式不一,更主要的原因是历经沧桑之后,能够保留完好的墓葬不多,我们今天所见汉式墓葬中的随葬器物组合往往不完整,因此所论难免有以偏概全之嫌。

大理下关东汉熹平年墓,出土铜马一件(编号DX:14),通高16.9厘米,长21.6厘米,合范模铸。四肢直立,仰首,双耳向前直竖,圆眼突出。同时出土陶马、牛、犬、鸡、鸭、鸟等动物俑①。此马背上有鞍,是典型的鞍马,因此可以断定为拉车之马。

贵州兴仁交乐十九号汉墓,出土陶牛(M19:23),模型体长52.8厘米、高26.5厘米,体态圆滚壮硕,四肢粗短,铜铃眼,大耳,短角,长尾。背上用阴线勾出细部②。昭通水富楼坝崖墓,出土猪、鱼、狗、鸡俑达三十三件之数。其中"母鸡带小鸡"组合,妙趣横生(图5—11)③。

图5—11 水富楼坝汉墓出土陶母鸡带小鸡(采自《昭通水富县楼坝崖墓发掘报告》)

---

① 大理州文物管理所:《云南大理市下关城北东汉纪年墓》,《考古》,1997年第4期。
② 贵州省文物考古研究所:《贵州兴仁县交乐十九号汉墓》,《考古》,2004年第3期。
③ 云南省文物考古研究所等:《昭通水富县楼坝崖墓发掘报告》,《云南考古报告集(之二)》。

除了家禽家畜类陶俑之外,还有瑞鸟的形象。它往往以"鸟负罐"的形象出现,我们将在第十三章《西王母信仰在西南夷的流传》的"西王母使者神鸟送仙药图像"一节中进行讨论。

第四节　车马器及铜车马

西汉中期以来,西南夷墓葬,特别是"汉式墓葬"中,多发现车马器,有的墓葬则出土了完整的汉代铜车马。

晋宁石寨山第二次发掘时,在七座汉代墓葬中,发现二百六十件车马器,包括辔饰、节约、三通筒等二十一种类型,都是当时车马上实用的物件。车马器多出土于六号、十二号、十三号等高等级大墓之中,六号墓是出土"滇王之印"的滇王墓,而十二号、十三号墓的随葬器物要比六号墓更为丰富,说明它们与六号墓等级相当。因此,出土车马器的墓葬,应该属于西汉武帝设置益州郡之后的历代滇王墓①。

昆明羊甫头东汉时期墓葬中发现了数量不少的铜车马器。第二六八号墓出土的铜马,分段铸造拼合而成,长105厘米、高107厘米、宽32厘米(图5—12)。此马非"鞍马",是否为驾马,尚待研

图5—12　羊甫头出土铜马
（采自《昆明羊甫头墓地》）

---

① 云南省博物馆:《云南晋宁石寨山古墓群发掘报告》,第97—102页。

究,但它与兴义八号汉墓出土铜车马中的驾马非常接近。发掘报告称其为"汉式铜马"是有道理的①。

昭通白泥井东汉墓,墓砖多为画像砖,模印车轮纹饰,还有车马人物图景。其中保存完整的两块,第一块是车马,后有随行一人,车马上有华盖,车马之前有羽人、瑞鸟引导。第二块画面为车马一乘,前后各两人随行,前二人执兵器前行,车后一人骑马,第二人执兵器。马作奔腾之状(图5—13)②。

图5—13 昭通汉代画像砖上的车马画像(采自《云南昭通文物调查简报》《云南昭通县白泥井发现东汉墓》)

---

① 云南省文物考古研究所等:《昆明羊甫头墓地》,第 757—762 页。
② 云南省文物工作队:《云南昭通文物调查简报》,《文物》,1960 年第 6 期;曹吟葵:《云南昭通白泥井发现东汉墓》,《考古》,1965 年第 2 期;汪宁生:《云南考古》,第 92 页,图版伍玖。

汉代越巂郡故地,四川西昌礼州西汉晚期墓葬中出土的车马器尺寸都很小,且多已残破①。西昌市杨家山一号东汉砖室墓出土铜器中,有车軎、当卢、马衔等车马器。发掘报告认为,出土器物体量较小,应该是专门为墓主人随葬的明器。以车马器作明器随葬,足以说明当时越巂郡"西夷道"上有车马通行②。

会泽水城汉墓中,出土若干铜质车马器,主要有铃、盖弓帽、车軎、衔镳等共十四件。发掘报告认为,水城汉墓群高等级墓葬中,随葬品陶院落、陶井模型与铜车马器共出,墓主人应该是经济实力雄厚的大姓或望族③。

黔西南兴义县八号汉墓出土一套完整的铜车马(图5—14),一车一马,车驾与铜马均完整,经修复后,铜车马全长1.12米,高0.88米。铜车由驾马、轮与轴、车箱与篷盖三部分构成。驾马包括衡、轭、輗、曲辕四大部件;车轮宽牙,十二辐,毂居其中;竖长方形车箱,置弓形篷杆两根,杆上覆盖篷布。整套车马设子母口接头,由十七个销栓固定、装配而成。铜马系分段铸造,由头、尾、颈、足、躯、耳等十一段装配而成。马昂首翘尾,左前肢提起,张嘴露齿作嘶鸣状。

发掘报告认为,此车的形制与四川成都市扬子山墓葬所出土的马车、郫县出土的东汉画像石棺图像的宴客乐舞杂技画像中的车马基本一样,此车非"朝车",是《后汉书·舆服志》所载"公、列侯、中二千石、二千石夫人"所乘的"辎軿车"。辎軿车为夫人乘车,

---

① 礼州遗址联合考古发掘队:《四川西昌礼州发现的汉墓》,《考古》,1980年第5期。
② 四川省凉山彝族自治州博物馆:《四川西昌市杨家山一号东汉墓》,《考古》,2007年第5期。
③ 云南省文物考古研究所编著:《会泽水城古墓群发掘报告》,第126页。

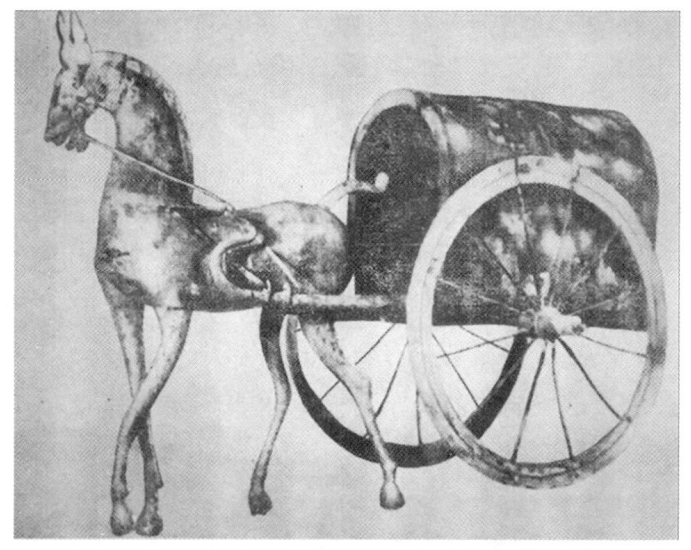

图5—14 兴义汉墓出土铜车马（采自《贵州兴义、兴仁汉墓》）

而墓主又是女性，与记载吻合①。

车马出土地点兴义县，位于贵州西南部，它西连云南富源、罗平，南接广西隆林县，属夜郎故地，很可能是汉代牂柯郡郡治所在地。秦开五尺道，西汉治道南夷均在此区域。巴蜀、夜郎与滇之间，有五尺道可通。这部铜车马的发现，正是汉代"治道西南夷"的证据。

《后汉书·舆服志》有"贾人不得乘马车"之规定②，因此墓主不可能是商人。发掘报告认为，此墓主应为"县令长夫人"一类的人物。但我们认为，在地方官长中，只有郡守才"秩二千石"，而且与车马同出的一件提梁壶（兴M8：7）底部刻有"公"字铭文，与

---

① 贵州省博物馆考古组：《贵州兴义、兴仁汉墓》，《文物》，1979年第5期。
② 《后汉书》志第二十九《舆服上》，第3648页。

《后汉书·舆服志》所载"公、列侯、中二千石、二千石夫人"之"公"相合。因此,墓主应该是公、列侯、二千石夫人,即东汉牂牁郡的某一任郡守夫人,而不是"县令长夫人"一类的人物。

综合史籍记载,汉武帝元鼎六年(前111)平南夷,即在其地设置牂牁郡。汉代的牂牁郡辖十七县,兴义之地为夜郎、谈指与漏江三县所在。元封二年(前109),又在此地增设毋掇、食古二县,属益州郡。王莽时改牂牁郡为同亭郡,后又恢复旧称,仍称牂牁郡。因此,墓主为某一代牂牁郡太守夫人的可能性较大。依据汉代礼俗,墓葬中出土的铜车马模型,应该具有多重意义,既象征墓主生前所乘车马,也象征丧礼用的魂车,同时也是仙界接引墓主升仙的车驾。

车马器如铜三通、当卢等的发现,显示中原文化开始进入西南夷地区。从画像砖图像、车饰件及车马出土情况,可以明确西汉末东汉初期,西南夷地区已经有车马通行,此种车马,与内地流行的车马结构形制相同,并符合汉代车马舆服制度的礼仪规定。

第五节　炊爨用具

西南夷汉式墓葬中,往往出土灶、炉、釜、甑等炊爨器具。制造器物的原材料,有陶、铜、铁、漆等。诸多物件既有实用器,亦有随葬模型器。

一、陶灶与铜灶

灶是东汉时期西南夷汉式墓葬随葬模型器组合的标配物件,有陶器,亦有铜制器。大理下关熹平年东汉墓出土的陶灶,泥质深灰陶,外形呈不规则长方形,长30厘米,前端宽16.5厘米、高12.9

厘米；后端宽12.4厘米，高17.9厘米。正面设长方形灶门，上平面设三个圆形灶眼。用预制的泥片拼合粘接而成①。滇池东岸，晋宁县大湾山东汉墓出土陶灶，保存较好（图5—15）②。

图5—15　晋宁大湾山汉墓出土陶灶
（采自《晋宁县大湾山东汉墓清理简报》）

昆明羊甫头墓地，采集到汉代铜灶模型一件（5—16），呈长方形，有灶门，挡墙，两只火眼与烟道。铜灶长41厘米，宽18.6厘米，高17厘米。器物厚重，造型古朴、优美③。

图5—16　羊甫头墓地采集的铜灶
（采自《昆明羊甫头墓地》）

---

① 大理州文物管理所：《云南大理市下关城北东汉纪年墓》，《考古》，1997年第4期。
② 昆明市博物馆等：《晋宁县大湾山东汉墓清理简报》，杨世钰、赵寅松主编：《大理丛书·考古文物篇》，云南民族出版社，2009年。
③ 云南省文物考古研究所等：《昆明羊甫头墓地》，第854—855页，彩版七一:3。

会泽水城西汉末至东汉初期的"汉式墓葬"中,出土多件陶灶模型①。

总体而言,在西南夷汉式墓葬中,灶是"模型器"组合中的基本器物,多数墓葬中都有发现,说明西南夷汉式墓葬的陶器组合,与内地非常接近。

二、武阳传舍铁炉

1958年,贵州赫章可乐出土的"武阳传舍铁炉"(图5—17),炉身内壁近口沿处有"武阳传舍比二"六字铭文②。此件器物由上、下两部分组合而成,下部为三足圆形承盘,上部为带三足的炉膛,炉底、炉身通体以生铁浇铸。炉身呈圆直筒形,炉膛底部、炉壁下部均有通风孔。炉壁表面饰凸弦纹两道。两侧饰鼻耳,耳部悬挂对称大圆环,其中一环缺失。炉通高21.8厘米③。

图5—17 武阳传舍铁炉
(采自《贵州省博物馆藏品志》)

据《汉书·地理志》记载,武阳为汉代犍为郡治,故地在今四川彭山;出土此铁炉的贵州赫章,属于汉代犍为郡汉阳县辖地④,是南夷道上的重要驿站。"传舍"是汉代传驿制度中的

---

① 云南省文物考古研究所编著:《会泽水城古墓群发掘报告》,第28、45页。
② 贵州省博物馆考古组、贵州省赫章县文化馆:《赫章可乐发掘报告》,《考古学报》,1986年第2期。
③ 《贵州省博物馆藏品志一》图40,贵州人民出版社,1990年。
④ 《汉书》卷二八上《地理志上》,第1599页。

驿站。"比二"即"同一款式一次铸造两件"的意思。《史记》曾把汉武帝元光六年(前129)"南夷始置邮亭"列入大事记①。《华阳国志·南中志》"南秦县"条亦载"自僰道,南广,有八亭,道通平夷"②。传舍、驿站与邮亭相同,属于由朝廷建设管理、为官方往还人员提供歇宿的驿站。该铁炉的出土,是西汉交通机构已经推广到西南夷的历史佐证③。

赫章出土的这件传舍铁炉,原为武阳所造或从属于武阳的传舍。前已述及,与此铁炉同时出土的,还有十余件"昼炊饭食,夜击持行"的军用铜鐎斗④。说明汉代的赫章(汉阳)是西南夷交通、邮传的重要枢纽,是内地军伍、官吏往返犍为、牂牁、益州的重要集结地。

三、甑、甗

甑是一种炊具,常置于鼎、釜之上,用于蒸制食物。甑的发明是食物加工的一次革命,标志着人们的饮食已经从煮制,发展到蒸制的阶段。

汉代益州郡故地,滇池之滨的晋宁县大湾山东汉墓出土有陶甑⑤。洱海地区的东汉墓中也出土陶甑⑥。西南夷汉式墓葬中出土

---

① 《史记》卷二二《汉兴以来将相名臣年表》,第1135页。
② 《华阳国志校注图补》,第278页。
③ 赵小帆:《试论贵州汉墓的几个问题》,《贵州民族研究》,1998年第4期。
④ 贵州省博物馆考古组、贵州省赫章县文化馆:《赫章可乐发掘报告》,《考古学报》,1986年第2期。
⑤ 昆明市博物馆等:《晋宁县大湾山东汉墓清理简报》,《大理丛书·考古文物卷》。
⑥ 大理州文物管理所:《大理市一号汉墓清理简报》,《云南文物》,总第15期(1984)。

的陶甑,有的是实用器,有的属于模型器,与陶灶、仓、井、楼等明器组合出现。

汉代牂牁郡故地,贵州赫章可乐西汉末、东汉初的汉式墓葬之中,出土五件铜甑,其中一件(编号 M8:58)内底有"富贵昌乐未央"铭文①。

图5—18 昭通桂家院子汉墓出土铜甗(采自《云南昭通桂家院子东汉墓发掘》)

西南夷早期汉式墓葬中,往往出现铜制的生活实用器釜、鼎与甑的套件。此类固定组合的器物,考古学上称之为甗。铜甗的大量出现,说明蒸制食物的加工方法已经普及,成为当地的生活习惯。

昭通桂家院子东汉墓出土铜制的甗一套(图 5—18),由甑釜上下相承而成。釜高 20.6 厘米,内口径 13.6 厘米,为竖领侈口、鼓腹、圜底,肩上有环状双耳。甑高 21.3 厘米,口径 29.4 厘米,圈足径 15.6 厘米。甑形如洗,侈口,圈足,底上穿箅孔,腹部有凸起宽带纹一道②。

昆明羊甫头二六八号汉墓亦出土一套铜甗(图 5—19)。此墓为羊甫头墓葬中规模最大、规格最高、出土器物最多的"汉式墓",年代为西汉末东汉初。墓葬出土铜器有铜鍪、铜甑、铜鼎、铜镜、铜

---

① 贵州省博物馆考古组、贵州省赫章县文化馆:《赫章可乐发掘报告》,《考古学报》,1986 年第 2 期。
② 云南省文物工作队:《云南昭通桂家院子东汉墓发掘》,《考古》,1962 年第 8 期。

案、铜盘、铜耳杯、铜带钩、铜戒指、铜镯、铜马等,还有摇钱树枝,以及铁器环首刀。陶器有罐、瓮、甑、杯,还有陶仓与陂塘水田模型等。铜器多为生活中的实用器,其中,铜甗是鼎甑组合,出土时甑置于三足铜鼎之上,呈鼎甑相连状,说明他们是成套使用的[①]。三足铜鼎与铜甑组合,即使在内地的汉代墓葬中亦不多见。

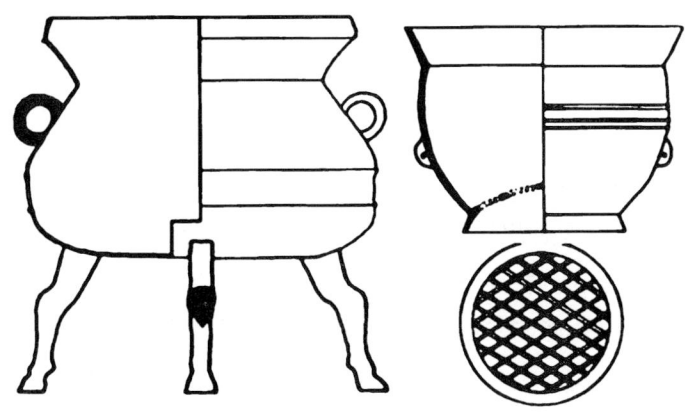

图5—19　羊甫头汉墓出土铜甗（采自《昆明羊甫头墓地》）

会泽水城西汉末至东汉初期的"汉式墓葬"中,出土数量不少的甑,其中有陶甑、铜甑,还有铁釜与陶甑套件等。发掘报告认为,此墓地是受到汉文化影响的西南夷土著族群的文化遗迹[②]。

汉代越嶲郡故地,四川礼州西汉晚期三号汉墓出土铜甗一套,釜甑相连,上层为甑,下层为釜。这里出土的铜甗,形制与四川战国墓中常见的铜甗相同,而风格又和洛阳西郊汉墓出土的铜甗相

[①] 云南省文物考古研究所等:《昆明羊甫头墓地》,第761页,图613:5、6。
[②] 云南省文物考古研究所编著:《会泽水城古墓群发掘报告》,第43、71、100页。

似①。说明西南夷汉式墓葬中的铜甗,很可能来自巴蜀或关中。

文献记载与出土文物均证明,铜釜甑组合最初属于礼器"甗",后来逐渐演变为实用器②。秦汉时期,军旅出征,多携带铜甗,以为炊爨之用。《史记·项羽本纪》说:"项羽乃悉引兵渡河,皆沉船,破釜甑,烧庐舍,持三日粮,以示士卒必死,无一还心。"③《后汉书·宗室四王三侯列传》记载:"伯升乃陈兵誓众,焚积聚,破釜甑,鼓行而前。"李贤注曰:"破釜甑,示必死也。鼓行而前,言无所畏也。"④"破釜沉舟"故事中的"破釜",实指砸碎釜甑(甗),不留后路。

西南夷汉式墓葬中发现的陶釜甑,无疑是随葬的明器,是模型器之一。而凡是出土成套陶制模型器的墓葬,均是高等级墓葬。铜甗则多为实用器,入葬之前应该为墓主所使用。凡出土铜甗的墓葬,其墓主生前应该是阶级较高的军官,抑或是郡县官吏。

第六节　饮食器具

西南夷汉式墓葬中,常出现案、盘、箸、碗、耳杯、勺、方盒等器物组合。此类随葬器物组合,既再现墓主生前的饮食生活,同时隐喻墓主升仙之后的神仙宴饮场景。

---

① 礼州遗址联合考古发掘队:《四川西昌礼州发现的汉墓》,《考古》,1980年第5期。四川西昌杨家山一号东汉墓出土铜甗一套,釜甑分别铸造,然后组合成器。参见四川省凉山彝族自治州博物馆:《四川西昌市杨家山一号东汉墓》,《考古》,2007年第5期。
② 汤余惠:《淳于大夫釜甑铭文管见》,《文物》,1995年第8期。
③《史记》卷七《项羽本纪》,第307页。
④《后汉记》卷一四《宗室四王三侯列传》,第550页。

一、食案

案是汉代墓葬中较为常见的随葬品,其形制以长方形为主,也有圆形及不规则形状等,制造食案的材质也多种多样。由于汉代人们席地而坐,食案普遍较为低矮[1]。如辽阳三道壕二十七号汉墓出土陶案,案面上刻画一尾鱼,还有富、吉、寿三字,同时刻"永元十七年(105)三月廿六日造作瓦案,大吉,常宜酒肉"二十字铭文,说明随葬食案的主题与意义[2]。

西南夷汉墓出土的案,以铜案居多。朱提郡故地,昭通桂家院子汉墓出土长方形铜案一件(图5—20)。案面四沿突起,形成一道宽边,下方由蹄形四足支撑。铜案长64.1厘米,宽42.7厘米,高14厘米。出土时,案面上放置耳杯七只,箸一双,小碗一只,栗子一堆,鸡骨一堆,铜盉置于案边[3]。

图5—20 昭通桂家院子汉墓出土铜案(采自《云南昭通桂家院子东汉墓发掘》)

---

[1] 中国社会科学院考古研究所:《中国考古学:秦汉卷》,中国社会科学出版社,2010年,第3页。
[2] 东北文物工作队:《东北文物工作队1954年工作简报》,《文物参考资料》,1955年第3期。
[3] 云南省文物工作队:《云南昭通桂家院子东汉墓发掘》,《考古》,1962年第8期。

洱海之滨,下关东汉熹平年墓发现铜案足与铜条,很明显是铜案的残件,证明此墓原来亦随葬铜案①。

汉代益州郡滇池地区,昆明羊甫头墓地大型东汉墓(二六八号),出土大批铜器、铁器、陶器,其中一件保存完好的长方形铜案,案长64厘米,宽41.6厘米,高12.2厘米。此案沿边微突起,四蹄形足。案面是多边形纹饰围成的方框,框内有飞鸟图案。出土时,铜案桌面上放置九个耳杯,两只盘子,铜筷子一双②。

西南夷汉式墓葬中亦出土陶案,有的甚至陶案、铜案并出,譬如汉代越嶲郡,今四川西昌,杨家山一号东汉墓出土陶案、铜案各一件。陶案为泥质灰陶,案板和足分别手制而成,然后再粘合成一体。案板呈长方形,四圆柱形案足。铜案案面呈圆形,三矮蹄足③。一座墓内同时出土铜案、陶案,实属罕见。

我们认为,汉墓的墓葬空间、随葬器物及其组合,具有世俗与神圣双重性质。理解西南夷汉墓中饮食器具及其组合的意义,必须先了解汉代的神仙信仰,理解汉代丧葬制度与礼俗的宗教、文化意义。西南夷汉式墓葬发现的"案、杯、盘"器物组合具有多重意象,它既是祭祀墓主的祭器,供墓主生活的饮食器用,更重要的是隐喻墓主生前日常饮食,以及升天以后的仙境生活。

二、提梁壶

西南夷汉式墓葬中,出土提梁壶的数量较多。这类铜壶基本

---

① 大理州文物管理所:《云南大理市下关城北东汉纪年墓》,《考古》,1997年第4期。
② 云南省文物考古研究所等:《昆明羊甫头墓地》,第760页。
③ 四川省凉山彝族自治州博物馆:《四川西昌市杨家山一号东汉墓》,《考古》,2007年第5期。

为实用器,体型较大,制作精细,有使用痕迹。提梁壶最早出现于西汉中期的西南夷墓葬中,东汉墓葬内比较常见。

1970年代,呈贡小松山一号汉墓出土提梁壶两件,其中一件保存较好(M1:1)(图5—21)。此壶通高36厘米,直口、长颈、鼓腹、平底、圈足。腹部饰弦纹二周,有对称的衔环铺首一双,套活链提梁与盖环相连。圈足外侧镌刻隶书铭文"二千石大徐氏"六字[1]。

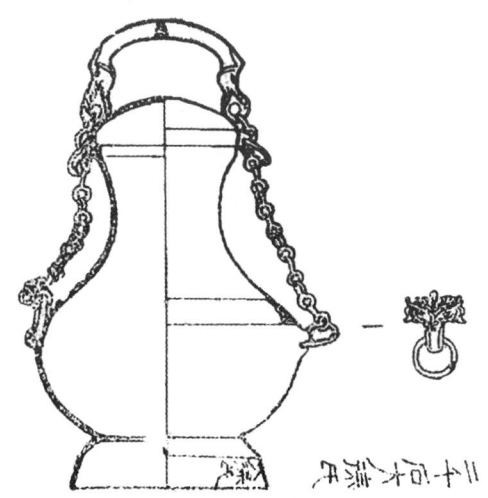

图5—21 小松山汉墓出土二千石大徐氏铭文提梁壶(采自《呈贡小松山竖穴土坑墓的清理》)

"二千石"是汉代官秩,又为郡太守的通称。《汉书·百官公卿表》说:"郡守,秦官,掌治其郡,秩二千石。有丞,边郡又有长史,掌兵马,秩皆六百石。景帝中二年更名太守……凡吏秩比二千石以

---

[1] 云南省博物馆文物工作队:《呈贡小松山竖穴土坑墓的清理》,《云南文物》,总第15期(1984)。

上,皆银印青绶……"①《后汉书·百官志》:"每郡置太守一人,二千石,丞一人。郡当边戍者,丞为长史。王国之相亦如之。每属国置都尉一人,比二千石,丞一人。"《古今注》说:"建武六年三月,令郡太守、诸侯相病,丞、长史行事。十四年,罢边郡太守丞,长史领丞职。"②

呈贡小松山在滇池东岸,与出土滇王之印的石寨山相去未远,属于滇国、益州郡核心区域。一号墓是益州郡设立之后,西汉中晚期的遗存。按照汉代二千石官秩之规定,持有"二千石大徐氏"提梁壶的墓主,或为西汉益州郡某代郡守,或为益州郡设立之后"复长其民"的某代滇王。

贵州兴义"二千石夫人"汉墓,出土提梁壶(兴M8:7)底部刻有"公"铭文,通高28.3厘米。从墓中出土的车马规制,可判定墓主为"公"字铭文提梁壶的主人,亦或为牂柯郡某代太守③。

汉代墓葬中出土的提梁壶较多,但从前述两例可见,西南夷汉式墓葬中,达官显贵的墓葬,往往出土器物较多,提梁壶多有铭文,而且制作精美。

2010年,云南省文物考古研究所等单位,对云南省个旧市卡房镇的黑蚂井古墓地进行考古发掘,共清理墓葬三十九座,出土器物七百余件④。八座大型墓葬出土一批精美青铜器,包括孔雀灯、承璇、博山炉、提梁壶、簋、釜。其中编号为M16:5的铜釜口沿内侧,刻有"大未方人"四字铭文。出土提梁壶共三件,编号为M6:1的一件,通高33厘米,壶身、盖、提梁、铺首衔环均较完好。子母口带

---

① 《汉书》卷一九上《百官公卿表上》,第742—743页。
② 《后汉书》志第二十八《百官五》,第3621页。
③ 贵州省博物馆考古组:《贵州兴义、兴仁汉墓》,《文物》,1979年第5期。
④ 云南省文物考古研究所等:《个旧市黑蚂井墓地第四次发掘报告》,科学出版社,2013年,第6页。

盖,盖顶中部有一圆形乳钉,方唇束颈,溜肩,鼓腹,高圈足。壶身肩部缀有双铺首衔环耳,套活链提梁与盖环相连。提梁链中部为提梁柄,呈弧形,两端为双龙衔环状。器身肩部有三周凸状弦纹,圈足中部有折棱(图5—22)①。

个旧市地处云南东南部,汉代属益州郡辖地。西汉益州郡属县二十四县,其中贲古县,其地当今蒙自、个旧、元阳一带②。《汉书·地理志》"益州郡"条说:"贲古,北采山出锡,西羊山出银、铅,南乌山出锡。"③《华阳国志·南中志》说:"贲古县,山出银、铜、铅、锡。"④《后汉书·郡国志》亦记载"贲古采山出铜、锡,羊山出银、铅"⑤。说明西汉益州郡设置以来,大量汉族移民进入贲古县,开矿冶炼,聚落成邑,并将大量汉式器物带入此地。

图5—22　个旧黑蚂井汉墓出土铜提梁壶（采自《个旧市黑蚂井墓地第四次发掘报告》）

三、铜盘

西南夷汉式餐饮器物中,铜盘是常见之物。譬如贵州兴仁、兴

---

① 云南省文物考古研究所等:《个旧市黑蚂井墓地第四次发掘报告》,第12页。
② 方国瑜:《中国西南历史地理考释》,第77页。
③ 《汉书》卷二八上《地理志上》,第1601页。
④ 《华阳国志校补图注》,第302页。
⑤ 《后汉书》志第二十三《郡国五》,第3513页。

义汉墓,就出土铜盘五件。五件铜盘分为三种形式。其中体量较大一件(兴仁 M2:4)窄边、平底铜盘,口径达 37.2 厘米,从盘心至边,刻九圈纹饰,花纹都是三角纹、棱形纹、绳纹、直线纹等几何图案[1]。贵州赫章可乐汉墓(甲类墓),出土五件铜盘[2]。滇池区域的羊甫头墓地,出土铜盘四件。其中一件(M433:5),广口,平折沿,弧壁,平底。口径 13.8 厘米,通高 2.1 厘米[3]。

四、耳杯

贵州清镇西汉末期的两座土坑墓(M13、M15)中出土的两件漆耳杯上,有元始三年纪年铭文。清镇十五号墓出土的漆杯,其铭文为:

> 元始三年,广汉郡工官造乘舆髹羽画木黄耳桮。容一升十六仑。素工昌、休工立、上工阶、铜耳黄涂工尝、画工方、羽工平、清工匠、造工忠造。护工卒史恽、守长音、丞冯、掾林、守令史谭主。

清镇十三号墓出土的一件,其铭文为:

> 元始三年,蜀郡西工造舆髹羽画木黄耳桮。……工丰、髹工建、上工尝、铜耳黄涂工武、画工典、羽工万、清工政、造工口造,护工卒史章、长良、承凤、掾隆、令史竟主。

---

[1] 贵州省博物馆考古组:《贵州兴义、兴仁汉墓》,《文物》,1979 年第 5 期。
[2] 贵州省博物馆考古组、贵州省赫章县文化馆:《赫章可乐发掘报告》,《考古学报》,1986 年第 2 期。
[3] 云南省文物考古研究所等:《昆明羊甫头墓地》,第 729—730 页。

"元始"为西汉平帝刘衎的年号,元始三年为公元3年。发掘报告认为,耳杯铭文说明其制造地为广汉郡与蜀郡,两地制造的耳杯尺寸大小、绘画图案、铭文体例都表现出一致性,说明当时器物制造有统一规制[①]。土坑墓仍然是西南夷土著文化的墓葬型制,但墓中发现广汉郡、蜀郡制造的耳杯,说明西汉末期,大量汉式器物已经被输入到西南夷,影响西南夷的社会生活。

汉式器物中的耳杯,有铜耳杯,亦有漆耳杯。滇池区域的羊甫头墓地,出土铜耳杯十七件[②];贵州兴义汉墓出土铜耳杯六件[③];清镇一号汉墓出土漆耳杯四件[④]。西南夷出土的铜耳杯与四川汉墓出土者类似。

耳杯是中国古代常见的酒器,汉代酒器最基本的组合是樽、勺与耳杯。樽为盛酒、温酒器,勺为挹酒器,耳杯则为饮酒器。大量汉式耳杯的出现,说明内地的饮酒习俗,已经流行于西南夷社会。

第七节 灯具

西南夷汉式墓葬中,出土各式各类灯具,以汉式青铜灯具最有特点。

汉代牂柯郡故地,今贵州西部地区的汉墓中,出土青铜灯近二十件,主要出土于黔西北赫章可乐、黔中平坝至安顺西秀、兴仁交乐与兴义万屯等地。

---

① 贵州省博物馆:《贵州清镇平坝汉墓发掘报告》,《考古学报》,1959年第1期;《贵州平坝县夏云镇汉墓的发掘》,《考古》,2017年第1期。
② 云南省文物考古研究所等:《昆明羊甫头墓地》,第729—730页。
③ 贵州省博物馆考古组:《贵州兴义、兴仁汉墓》,《文物》,1979年第5期。
④ 贵州省博物馆:《贵州清镇平坝汉墓发掘报告》,《考古学报》,1959年第1期。

1987年，贵州兴仁交乐汉墓群六号墓出土一件盘龙乌龟跽人座灯（图5—23），通高117.2厘米，由灯座、灯柱、灯枝和灯盘几部分组成，采用分铸套接法组装而成，是仿"青铜神树"而造的灯具。整件灯具，以龟为灯座，龟背上跽坐一人，头顶树状灯柱，龟座与跽坐人像旁，有二龙围绕。灯柱铸两层树枝，分别向左右伸展，树枝上铸吹箫人、击掌人，凤凰、小鸟等，枝端插带柄行灯。上段灯柱有一昂首向上的绕柱盘龙，柱顶有行灯。树灯底座的乌龟，灯杆盘绕的龙，跽坐的铜人，以及树枝上的凤凰和小鸟等元素，都是汉代流行的文化。此"盘龙乌龟跽人座多枝灯"是西南夷地区目前所发现规格最高、结构最复杂的青铜灯①。

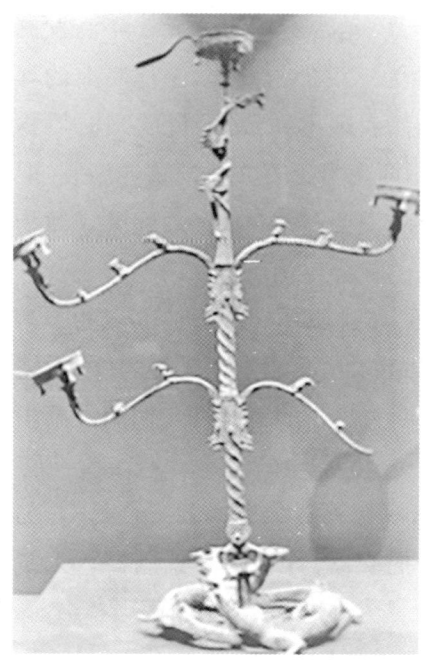

图5—23 兴仁交乐汉墓出土青铜连枝灯
（采自《贵州兴仁交乐汉墓发掘报告》）

兴仁交乐六号墓出土灯座上的人物，是高鼻、深目的胡人形象。而清镇十五号墓出土乌龟跽人灯座，龟背上坐的男子，"鹰鼻深目，大耳双垂，平顶头戴圆形蹼巾。其左腿曲盘，右腿曲蹲，双手

---

① 贵州省文物考古研究所:《贵州兴仁交乐汉墓发掘报告》,《贵州田野考古工作四十年(1953—1993)》;《贵州兴仁县交乐十九号汉墓》,《考古》,2004年第3期。张合荣:《贵州出土汉代灯具与郡县地理考察》,《中国博物馆馆刊》,2011年第5期。

扶于膝盖上,整个身子略向前倾"①。有的观点认为,这是当地土著的形象。倘若从另一方面考察,此类灯座上的"跽坐人"形象,与当地发现的早期佛教造像非常接近。

根据张合荣的统计,截至2011年,贵州近二十个县市发现汉墓,经正式清理的汉墓有四十余座。包括贵阳以西,今贵州黔中、黔西北、黔西南一线,即汉代牂柯郡故地,是早期汉式墓葬主要的分布区。从树灯出土地及所传递的信息可以推测,贵州兴仁交乐和兴义万屯一带,有可能是汉代开发云贵高原时所设立的行政中心②。

益州郡故地,今云南滇池区域、洱海区域的汉式墓葬中,亦发现不少汉代的灯具。譬如,大理大展屯一号汉墓出土圆盘形铜灯一件。灯为三足,圆盘形灯盘,灯盘中部有突起的灯芯,龙首柄。灯盘口径8.8厘米,深0.8厘米,柄长6.5厘米,通高3.5厘米③。

云南个旧黑蚂井汉式墓葬中,出土了孔雀造型的铜灯一件(图5—24),通长43厘米,通高30.8厘米。灯具造型为一站立之孔雀,灯盏设置于孔雀的背部,孔雀躬身回首,口含灯罩。烟从灯罩通过颈部,进入孔雀腹腔。灯盏有使用痕迹。孔雀颈部与腹部榫卯相接,通体饰錾刻羽纹。造型奇特,制作精美。此灯被认为是与南越风格相近的器物④。

---

① 贵州省博物馆:《贵州清镇平坝汉墓发掘报告》,《考古学报》,1959年第1期。
② 张合荣:《贵州出土汉代灯具与郡县地理考察》,《中国博物馆馆刊》,2011年第5期。
③ 大理州文物管理所等:《大理市一号汉墓清理简报》,《云南文物》,总第15期(1984)。
④ 云南省文物考古研究所:《个旧市黑蚂井墓第四次发掘报告》,第131、162页。

图5—24　个旧黑蚂井汉墓出土铜孔雀灯
（采自《个旧市黑蚂井墓第四次发掘报告》）

第八节　铜镜

汉代是铜镜发展的鼎盛时期，两汉铜镜种类繁多，装饰纹样与铭文丰富、多样。以纹饰而言，大致可分为蟠螭纹、连弧纹、规矩纹等类别。而铭文可归为相思文、祝福文、吉语三大类。有研究者指出，汉镜的纹饰与铭文组合，具有一定规律性。

汉代铜镜铭文，相思文类以"见日之光，长勿相忘""长相思，毋相忘""常富贵，乐未央"为典型，此类铭文铜镜被称为"日光镜"或"长勿相忘"镜。而铭文中有"昭明"字句者，譬如"内清质以昭明，光辉象乎日月"等铭文的汉镜，被称为"昭明镜"。祝福铭文主要是祝福买者，譬如"家常富贵""日日有熹，月有富"等。吉语铭文则有"宜佳人""长宜子孙""长宜高官"等祈祷富贵、子孙繁昌、长生不老的吉祥语句，此类铭文镜常被称为"长宜子孙镜"。

西南夷西汉时期的墓葬中，往往出土"昭明镜""日光镜"等西

第五章　汉代内地生活方式的传入　　　177

图5—25　石寨山出土西汉铜镜铭文拓本
（采自《云南晋宁石山古墓群发掘报告》）

汉时期流行的铜镜。

1955年，晋宁石寨山第二次发掘，出土铜镜六件，其中三件有篆书铭文。第一件铭文铜镜是六号滇王墓中发现的"宜佳人"铜镜（M6:10）。此铜镜直径18厘米，镜座上篆书"清治铜华以为镜，昭察衣服观容貌；丝组杂遝以为信，清光兮宜佳人"铭文。此为"铜华镜"的标准铭文。第二件铭文铜镜是出土于石寨山七号墓的"长毋相忘"铜镜（M7:19），此镜直径7厘米，其镜座上有篆书"久不相见，长毋相忘"八字。这是"日光镜"标准铭文。

第二十号墓出土的"昭明镜"有内、外两圈篆书铭文（图5—25），即所谓的"重圈铭文镜"，内圈文字共四句，颇似"日光镜"，而外圈文字则是标准的昭明镜铭文。铭文如下：

（内圈铭文）内请质以昭明，光辉象夫日月；心忽扬而愿忠,然雍塞而不泄。

（外圈铭文）絜精白而事君,怨阴欢之弇明;彼玄锡之流泽,恐疏远而日忘。

慎靡美之穷皑,外丞欢之可说;慕窔佻之灵泉,愿永思而不绝。

发掘报告认为,此三镜是西汉时期流行的款式,在国内多地,如湖南长沙、河南等地西汉晚期墓中均有发现。西南夷出土铜镜上的铭文字句同于内地铜境,只是各有繁简而已①。滇池附近另一处重要的滇文化墓地,昆明羊甫头墓地出土的一件四神铜镜上有"长宜子孙"篆书铭文②。"四神"是汉代信仰的基本内容,"长宜子孙"铭文,乃祈求子孙繁昌之意,是汉代追求子孙满堂、多子多福思想的具体体现。

"日光"铜镜主要流行于西汉早期。滇东北黔西地区的汉式墓中发现的铜镜,多属此类。譬如:云南昭通出土日光镜铭文作"见日之光,长毋相忘"③;曲靖八塔台墓地出土"见日之光,长不相忘"④。贵州赫章可乐汉墓出土四件铭文日光镜,其铭文均作"见日之光,长不相忘"⑤。汉代铜镜铭文"见日之光,长毋相忘"或"见日

---

① 云南省博物馆:《云南晋宁石寨山古墓群发掘报告》,第70—73页,插图二二。
② 云南省文物考古研究所等:《云南昆明羊甫头墓地发掘简报》,《文物》,2001年第4期。
③ 陈本明:《云南昭通茨泥巴出土两面汉镜》,《考古》,1982年第3期。
④ 云南省文物考古研究所:《曲靖八塔台与横大路》,科学出版社,2003年,图二:013。
⑤ 贵州省博物馆考古组、贵州省赫章县文化馆:《赫章可乐发掘报告》,《考古学报》,1986年第2期。

之光,长乐未央",即"长相思,毋相忘"之义,这是当时流行的吉祥语,常见于铜镜、带钩、瓦当铭文。

汉镜之中,有"尚方"铭文的铜镜,亦广为流传。"尚方"是秦代开始设置的官署名,汉代由九卿之一的少府管辖,执掌宫廷所用器物的制作,主造并储藏皇室所用刀剑等兵器,以及包括铜镜在内的各种赏玩物。汉镜中有"尚方"铭文的铜镜,又称作"尚方镜"。其常见铭文有"尚方作镜真大好,上有仙人不知老,渴饮玉泉饥食枣,浮游天下敖四海,寿如金石为国保"。《汉书·百官公卿表》记载,"少府尚方主作禁器物"①。《后汉书·百官志》又说,"尚方令一人,六百石。本注曰,掌上手工作御刀剑诸好器物,丞一人。"②"尚方作镜"铭文,是尚方镜为尚方工官制作铜镜的证据。

贵州兴仁汉代砖室墓、石室墓出土的"尚方镜",其铭文为:

尚方作竟真大巧,上有仙人不知老;
渴饮玉泉饥食枣,浮游天下敖四海。
此竟主古市惠保兮。③

此铜镜铭文与其他同期同类尚方镜铭文相较,前四句相同,最后一句"此竟主古市惠保兮"则与其他铜镜"寿如金石长相保"或"寿如金石为国保"句相异。汉镜铭文中,常见"辟去不羊宜古市""宜古市""买者大吉祥,宜古市"之语。"古"者"沽"也,有买卖之义。因此"此竟主宜古市、惠保兮",是祈语,含有祈求铜镜的

---

① 《汉书》卷一九上《百官公卿表上》,第731—732页。
② 《后汉书》志第二十六《百官三》,第3596页。
③ 熊水富:《贵州兴仁兴义汉墓砖》,《文物》,1979年第5期。

主人买卖顺利、生意兴隆之义。此镜铭文与国家博物馆藏"尚方博局四神纹镜"相近而更完整,其时代应为王莽时期①。

兴仁交乐七号汉墓出土的"尚方"铭规矩镜,与洛阳西郊汉墓出土的Ⅷ式镜②、安徽定远谷堆王六号汉墓出土的铜镜相同③;而交乐十五号汉墓出土的"尚方"铭七乳镜,与陕西省勉县老道寺二号、三号汉墓出土的铜镜为同一型④。

铜镜上铸造铭文,是战国晚期出现的一种新式样。经过西汉初的发展,至武帝以后,铭文逐渐成为铜镜装饰纹样的重要组成部分,成为汉代铜镜的显著特征⑤。铭文铜镜中,以日光连弧镜和昭明连弧镜为多。西南夷地区发现的铜镜,基本符合这一特点。

除上述所列八个方面的物质遗存之外,还有铜洗等器物,也是对西南夷日常生活具有重要影响的汉式器物。有关铜洗的情况,我们将在本书第九章《汉式器物在西南夷的本土化生产》中专题讨论,不在此细述。

总之,本章以考古发现中的遗物、遗迹等物质文化为依据,讨论汉式生活方式在西南夷的流传情况。

我们看到,以陶器为主的大量模型器物,包括楼屋、仓、水井、灶、陂塘水田模型,以及人俑,牛、马、羊、猪、狗、鸡、鸭等"六畜"

---

① 朱剑心:《金石学》,文物出版社,1981年,第215页。
② 中国科学院考古研究所洛阳发掘队:《洛阳西郊汉墓发掘报告》,《考古学报》,1963年第2期。
③ 安徽省文物考古研究所:《安徽定远谷堆王九座汉墓的发掘》,《考古》,1985年第5期。
④ 郭清华:《陕西勉县老道寺汉墓》,《考古》,1985年第5期。
⑤ 蔡运章:《洛阳发现战国时期有铭铜镜略论》,《文物》,1997年第9期。

等,还有车马模型器,多数情况下成套出现。此类器物及其组合,与西南夷土著文化器物及其组合完全不同,而与内地没有太大差异①。同样,高楼大院与仓房、水井、陂塘水田形成的庄园,普通人家瓦屋顶的汉式院落,普遍流行的汉式衣着装束等,亦有别于西南夷土著文化,彰显的是汉代内地生活时尚。

汉代西南夷物质文化遗存中大量的生活实用器,譬如案、壶、耳杯、盘等食器,甑、甗、烹炉等炊具,洗、镜、灯等洗漱、梳妆、照明用具,涵盖了居住、出行、饮食、衣着等汉代内地日常生活器用与习尚,说明汉代西南夷上层社会的日常生活,非常接近内地。

---

① 云南省文物考古研究所等:《云南昆明羊甫头墓地发掘简报》,《文物》,2001年第4期;《昆明羊甫头墓地》,第835页。

第六章　西南夷族群结构的变迁

本书第一章《战国至秦汉时期西南夷族群及其文化》中,我们曾就《史记·西南夷列传》有关族群的记载指出,当时数以百计的西南夷族群,都是当地土著,其时极少有外来移民进入西南夷部族社会。

秦汉经营西南夷以来,治道置邮、设郡置吏、徙民实边、军伍戍边、移民屯田等等,都与人员往还、人群流动有关。其中,"徙民实边"使得大量汉族移民进入西南夷,西南夷族群结构因此发生了根本性的改变。

第一节　夷汉大杂居小聚居格局的形成

本书第四章《西南夷早期汉族移民》指出,秦汉时期,在国家力量的支持下,巴蜀、关陇等地的"秦民"与"汉人",通过多种途径,大批移居西南夷,成为当地民族群体中的新成员。早期汉族移民与西南夷各土著族群杂居同处,形成土著族群与汉族移民大杂居、小聚居的分布格局。

汉代移民实行"坟墓相从"政策,所有迁入西南夷的汉族移民,均就地入葬,不再返葬祖籍之地。因此,西南夷汉式墓葬的分布地,往往就是移民聚居之所。刘弘以今四川凉山州,即汉代越嶲郡故地上发现的汉墓为例,指出凉山地区汉墓的分布情况基本上可以反映出汉代移民点的大致位置。凉山地区汉代移民点与邮亭间距一致,且又分布在交通干线上,说明汉王朝在该地区设置邮亭和移民点是同时进行的。也就是说,汉王朝是根据设置邮亭的需要来选择移民点的位置①。

汉代对四裔边远地区的移民活动,由政府有组织地进行。"营邑立城,制里割邑"都是沿着交通线布置。两汉时期,迁入西南夷的汉族移民,基本上是沿西南大通道沿线分布,具体地说,主要聚居点是各郡、县治所。而郡治所在,往往是汉族人口较多的地方。本书第十章《汉代葬俗在西南夷的流行》,第一节的主题就是"汉式葬俗传入西南夷",罗列西南夷地区考古发现的汉式墓葬,主要集中分布于交通沿线、郡县治所,譬如牂牁郡(安顺、兴仁、兴义)、越嶲郡治邛都县(西昌)、益州郡治滇池县(晋宁)、犍为郡汉阳县(赫章、威宁)、朱提郡治(昭阳)、益州郡同劳县(陆良)、益州郡叶榆县(大理)、永昌郡(保山)等地。

汉武帝元鼎六年(前111),以筰都夷设置沈犁郡,十四年之后,即天汉四年(前97)又将沈犁郡撤销,并为蜀郡西部,设置两都尉:"一居旄牛,主徼外夷;一居青衣,主汉人。"②说明汉人移民数量已经很多,有必要分夷、汉进行管理。

汉武帝将吕不韦的家族门人后裔,从蜀郡迁往益州郡西部,设置不韦县。《后汉书·西南夷列传》"不韦"条注引孙盛《蜀谱》说:"初,秦徙吕不韦子弟宗族于蜀,汉武帝开西南夷,置郡县,徙吕氏以充之,因置不韦县。"行人歌之曰"汉德广,开不宾。度博南,越

---

① 刘弘:《从川滇古道上的汉墓看汉代邮亭》,《四川文物》,1990年第3期。
② 《后汉书》卷八六《西南夷列传》,第2854页。

兰津。度兰仓,为它人"①,这是汉族移民迁徙至"极边之地"的记载。所谓"关守永昌,肇自远离,启土立人,至今成都焉"②,这是两汉时期,移居西南夷的汉人移民聚落成群的明确记载,彰显的是夷汉大杂居、小聚居的族群分布新格局。

由考古发现的汉式墓葬,以及城址、邮亭等遗迹推测,至迟在西汉晚期,西南夷形成了汉族移民与土著族群交错杂居格局,成为夷汉共有的家园。

第二节　西南夷族群称谓的变化

任乃强先生说,《史记》之《大宛列传》与《匈奴传》,称秦时边远地区的汉民为"秦人",汉时则称为"汉人"。南北朝时期,多称移居边远地区的汉民为"晋人"。文献上所称的"夷晋"与"夷汉"含义相同③。因此,汉族移民进入西南夷,历代皆以朝代名号称之。如秦时称"秦民",两汉时期称"汉民",两晋时期称"晋民"等等。西汉武帝开拓、经营西南夷以来,有关西南夷族群的记载中,往往"夷汉""民夷"对举,"夷"是当地土著的泛称,"汉"与"民"为迁入、落籍西南夷的新移民。

我们在《绪论》中指出,巴蜀一度被视为西南夷的一部分,秦汉经营西南夷,实始于秦并巴灭蜀之时。《华阳国志·蜀志》记载:"秦惠王封子通国为蜀侯,以陈壮为相……戎伯尚强,乃移秦民万家实之。"④此处"秦民",即战国时期"秦国之民"。秦朝统一中国

---

① 《后汉书》卷八六《西南夷列传》,第2847、2849页。
② 《后汉书》卷八六《西南夷列传》,第2860—2861页。
③ 《华阳国志校补图注》,第249页。
④ 《华阳国志校补图注》,第128页。

之后,"秦民"或称为"秦人"。

从汉武帝时期到西汉末东汉初年,西南夷的居民情况发生了较大的变化,《华阳国志·南中志》说:

> 益州西部,金银宝货之地。居其官者,皆富及十世。孝明帝时,广汉郑纯独尚清廉,毫毛不犯。夷汉歌咏,表荐无数。上自三司,下及卿士,莫不叹赏。明帝嘉之,因以为永昌郡,拜郑纯为太守。①

郑纯在永昌为官十年,"夷汉歌咏",说明自汉武帝设嶲唐、不韦二县以来,大量汉族移民进入西南夷西部地区,洱海、澜沧江流域的汉族移民,聚落成邑,具备单独设郡的条件,于是东汉明帝时期"置哀牢、博南二县,割益州郡西部都尉所领六县,合为永昌郡"②。

《后汉书·西南夷列传》记载:"建初元年(76),哀牢王类牢与守令忿争,遂杀守令而反叛,攻嶲唐城。太守王寻奔楪榆……肃宗募发越嶲、益州、永昌夷汉九千人讨之。"③说明东汉初期越嶲、益州、永昌三郡,"夷汉"可同时成军。

《三国志·蜀书·张嶷传》说,张嶷曾任越嶲郡太守十五年,后来随姜维出陇西伐魏阵亡,"南土越嶲民夷闻嶷死,无不悲泣,为嶷立庙,四时水旱辄祀之"④。越嶲郡"民夷"为"老领导"张嶷立庙,四时祭祀,"民"当为数不少。

---

① 《华阳国志校补图注》,第237页。
② 《后汉书》卷八六《西南夷列传》,第2849页。
③ 《后汉书》卷八六《西南夷列传》,第2851页。
④ 《三国志》卷四三《蜀书·张嶷传》,第1054页。

《三国志·蜀书·诸葛亮传》注引《汉晋春秋》说:"孟获者,为夷、汉所服。"① 此处以"夷、汉"指南中居民。《华阳国志·南中志》"晋宁郡"条记载:"蜀建兴三年,丞相亮之南征,以郡民李恢为太守,改曰建宁,治味县。"② "郡民"即汉族移民,"郡民"李恢出任建宁郡太守,说明李恢是晋宁郡汉族移民大姓(后裔)。

晋代,"夷汉"演变为"夷晋",《华阳国志·南中志》记载:"南郡霍戈为参军,戈甚善参毗之礼,遂代宇为监军、安南将军。抚和异俗,为之立法施教,轻重允当,夷晋安之。"③ "夷晋安之",即夷人和晋民,都各安其土。《华阳国志·南中志》"建宁郡"条则说:"味县,郡治。有明月社,夷晋不奉官,则官与共盟于此社也。"④ 其中亦有"夷晋"之语。更为称"夷夏"者,如《晋书·杜轸传》:"(杜轸)除建宁令……风化大行,夷夏悦服。"⑤ 则晋时亦以"夏"指称西南夷之汉人。

南北朝时期,更有"宋夷""齐民"等称谓,这与当时南朝刘宋、萧齐统治西南夷有关。《爨龙颜碑》称爨龙颜去世,"黎庶痛悼,宋夷伤怀"⑥。以"宋"指代当地汉民,"夷"指土著族群。《南齐书·州郡志》"宁州"条说:"宁州,镇建宁郡,本益州南中,诸葛亮所谓不毛之地也。道远土塉,蛮夷众多,齐民甚少,诸爨、氐强族,恃远擅命。"⑦ "齐民"是指南朝萧齐时期西南夷当地汉人。

---

① 《三国志》卷三五《蜀书·诸葛亮传》,第921页。
② 《华阳国志校补图注》,第267页。
③ 《华阳国志校补图注》,第247页。
④ 《华阳国志校补图注》,第272页。
⑤ 《晋书》卷九〇《良吏·杜轸传》,第2331页。
⑥ 汪宁生:《云南考古》,第117页。
⑦ 《南齐书》卷一五《州郡志下》,第303页。

总之,族群称谓的变化,体现的是族群结构变化的基本事实。在西南夷族群叙事中,通常以僰、夜郎、滇、嶲、昆明、邛、筰、冉駹、白马等描述西汉武帝开西南夷之前的族群。自汉武帝经营西南夷以来,文献中开始出现"夷汉"并称的情况,如前所述,"夷"是对西南夷土著族群的统称,"汉"则指进入西南夷的汉族移民。到东汉时期,描述西南夷族群时"夷汉""民夷"并举已经是常态,晋代则有"夷晋"之谓。由此可见,从汉代开始,汉族移民就成为西南夷诸多民族群体中的一员,西南夷从此成为"夷汉"各民族共有的家园。

第三节 新社会阶层"夷帅""大姓"的产生

一、"夷帅"源于西南夷部族首领

秦汉时期,"西南夷君长以百数",西南夷族群的首领常称"王""侯",统称为"邑王"。见于《史记》、两《汉书》之《西南夷列传》及《华阳国志》《三国志》的记录者较多,譬如西汉武帝时期的滇王尝羌、夜郎侯多同。王莽时夜郎王兴、鉤町王禹、漏卧侯俞等。东汉永平年间哀牢王柳貌,遣子率种人内属,其种邑王者七十七人,东汉因之设永昌郡[①]。边郡制度之下,西南夷原有的酋长,多数被封为王、侯"复长其民",郡县官吏多依重土著部族首领推行政令。

《后汉书·西南夷列传》在叙述哀牢夷时提到"渠帅",叙述"邛都夷"时有"豪帅放纵,难得制御"之语[②]。则东汉时期,西南夷

[①]《后汉书》卷八六《西南夷列传》,第 2844—2850 页。
[②]《后汉书》卷八六《西南夷列传》,第 2849、2852 页。

君长的称谓之中,已经有"渠帅"与"豪帅"之谓。东汉末三国时期,越嶲郡夷人首领高定元被称为"夷王""夷率"与"叟帅","夷帅"之称始此①。

"夷帅"有的被任命为郡县官吏,有的则在郡县管辖之下,以"土长管土民"的方式,继续统治自己的部族。蜀汉时期,有的夷帅得到重用,如《华阳国志·南中志》说:诸葛亮将孟琰、孟获带至蜀地,委以高官,孟琰官至辅汉将军,孟获官至御史中丞②。可见夷帅与大姓一样,是东汉以来西南夷社会中成长起来的新势力。

二、"大姓"出自郡县豪强大族

任乃强说,汉晋以来,郡属各县,每县分为东、南、西、北四里,任用里中的族姓人等为乡亭里长,统称"四姓"。"四姓"逐渐成为"世掌一方实权"的大姓之代称。以巴蜀地区为例,西汉后期开始,出现"巴邑七姓""梓潼四姓"等大姓,他们大多来自汉民豪强,是郡、县制度下新的社会力量③。

从汉武帝在西南夷设郡置吏,到东汉末年的三百多年中,西南夷大姓力量日益壮大。《华阳国志·南中志》有"南中八姓"的记载,其文曰:"分其羸弱配大姓焦、雍、娄、爨、孟、量、毛、李为部曲,置五部都尉,号五子。故南人言'四姓五子'也。"④西南夷各郡,以朱提郡大姓为多,《华阳国志·南中志》"朱提郡"条说:

朱提郡,本犍为南部,孝武帝元封二年置,属县四。建武

---

① 方国瑜:《汉晋时期在云南的汉族移民》,《人文科学》,1957年第2期。
② 《华阳国志校补图注》,第241页。
③ 《华阳国志校补图注》,第91、241页。
④ 《华阳国志校补图注》,第241页。

后,省为犍为属国。至建安二十年,邓方为都尉,先主因易名太守。属县五,户八千。去洛五千三百里。先为梓潼文齐,初为属国。穿龙池溉田,与民兴利,民为立祠。大姓朱、鲁、雷、兴、仇、递、高、李,亦有部曲。其民好学,地滨犍为,号多士人,为宁州冠冕。①

朱提大姓如此之众,原因之一是当地富产银、铜矿,内地移民早于秦汉时期已多来此立业兴家,有的成为方土大姓。更重要的原因是,流民据蜀之时,蜀中大姓,率其族党与客户南奔,进入朱提郡地,成为地方大族。因此朱提郡的"八大姓"多为汉民著姓②。

《三国志·蜀书》记载:"李恢字德昂,建宁俞元人也。仕郡督邮,姑夫爨习为建伶令,有违犯之事,恢坐习免官。太守董和以习方土大姓,寝而不许。"③此时"方土大姓"的势力已然成气候了。

《后汉书·西南夷列传》记载:牂牁郡"公孙述时,大姓龙、傅、尹、董氏,与(牂牁)郡功曹谢暹保境为汉,乃遣使从番禺江奉贡。光武嘉之,并加褒赏。桓帝时,郡人尹珍自以生于荒裔,不知礼义,乃从汝南许慎、应奉受经书图纬,学成,还乡里教授,于是南域始有学焉。珍官至荆州刺史"④。

三国蜀汉时期,大姓势力从小而大,称雄南中。《三国志·蜀书》记载:"建兴元年(223)夏,牂牁太守朱褒拥郡反。先是,益州郡有大姓雍闿反,流太守张裔于吴,据郡不宾,越嶲夷王高定亦

---

① 《华阳国志校补图注》,第278页。
② 《华阳国志校补图注》,第280页注5。
③ 《三国志》卷四三《蜀书·黄李吕马王张传》,第1045页。
④ 《后汉书》卷八六《西南夷列传》,第2845页。

背叛。"① 所谓"高定恣睢于越嶲,雍闿跋扈于建宁,朱褒反叛于牂牁",只有永昌郡的吕凯拥护蜀汉,南中情势危急②。

诸葛亮对于南中方土大姓实行分而治之的政策。对于忠于蜀汉的大姓、夷帅大加封赏,譬如追随他平定南中的建宁俞元人李恢,就被封为汉兴亭侯,加安汉将军,历任交州刺史、建宁太守。永昌郡吕凯、王伉,因拒雍闿有功,吕凯被封为云南太守,封阳迁亭侯,王伉为永昌太守,亦封亭侯③。而对于先叛后降的大姓,诸葛亮虽任命官职,但却将其迁入蜀地,以便监督④。

南中各郡中的"大姓",有的由西南夷土著大族,受封为郡县官吏"世守其土",不断汉化演变而来;有的是从内地迁入的豪强、大族的后裔,如吕不韦的后裔吕凯;一部分是内地王朝镇守郡县的官吏,因改朝换代,无法返回内地而世守西南夷者,如蜀汉南中守将霍戈及其子孙⑤。早期迁入西南夷地区的汉族移民,由于改朝换代、战乱连年,他们与内地的联系日益困难。不少汉族移民"寄籍变土著",成为云南众多民族中的新成员⑥。由此而论,"南中大姓"具有明显的汉文化特征,但其来源,应该既有汉族移民及其后裔,亦不乏夹杂其间的土著豪族。

任乃强说,"大姓"是各地区氏族集团之强大者,全为汉民,或少数民族之已从汉俗,有汉姓者。南中大姓"虽学者亦半引《夷

---

① 《三国志》卷三三《蜀书·后主传》,第894页。
② 《三国志》卷四三《蜀书·黄李吕马王张传》,第1046页。
③ 《三国志》卷四三《蜀书·黄李吕马王张传》,第1046、1048页。
④ 《华阳国志校补图注》,第241页。任乃强认为"与夷为姓"说的是"联宗"而非"联婚"。
⑤ 方铁、方慧:《中国西南边疆开发史》,云南人民出版社,1997年,第89页。
⑥ 林超民:《汉族移民与云南的统一》,《云南民族大学学报(哲社版)》,2005年第3期。

经》"①。类似于春秋战国之际楚、越等国的诸侯王,面对"诸夏"时常以"蛮夷"自居,而在当地却标榜汉人祖源,并经常炫耀内地祖籍郡望。方国瑜先生详细考释了雍、爨、李、雷、孟、毛、罗、董、王、朱、周、魏、庞、赵、杨、骆、陈、霍、吕、姚等"南中大姓"的情况②。

第四节 西南夷早期汉族移民与土著族群的融合

两汉以来移入"西南夷"地区的汉族移民通过与当地夷人通婚,相互融合。《华阳国志·南中志》说:"与夷为婚曰'遑耶',诸姓为'自有耶'……与夷至厚者,曰'百世遑耶',恩若骨肉。"③尤中先生认为,"遑耶"是夷语,意为亲家,"与夷为婚曰遑耶",指汉族移民与西南夷土著通婚④。"大姓"与"夷帅"因为"百世遑耶,恩若骨肉"而结为政治共同体,以至于南朝至初唐时期"大姓"与"夷帅"擅权南中、掌控西南夷⑤。江应樑先生说,《华阳国志》有关"遑耶"的记载,说明两汉时期移入西南夷的汉族移民,聚族而居,各有宗姓,互为婚姻,和土著人民互助互赖,进而互通婚姻,形成生死与共、情同骨肉的世代交好。当时的南中大姓,谁是汉,谁是夷,至今无法分辨⑥。方国瑜先生指出,从东汉末年继续了一百多年的时间,

---

① 《华阳国志校补图注》,第241、247页。
② 方国瑜:《汉晋时期在云南的汉族移民》,《人文科学》,1957年第2期。
③ 《华阳国志校补图注》,第247、252页。
④ 尤中:《从滇国到南诏》,《大理民族文化研究论丛》第四辑,民族出版社,2010年。
⑤ 《华阳国志校补图注》,第247页。
⑥ 江应樑:《明代外地移民进入云南考》,《云南大学学术论文集》第二辑,1963年4月。

夷汉的地方势力与封建统治者对抗,到封建统治势力被打垮以后,也就没有夷、汉的区别,而逐渐融合为一了①。

南北朝至唐朝前期三百多年间,原来迁入西南夷地区的汉族人口,大部分融合到土著族群之中。到初唐时期,汉晋间西南夷原有的民族群体称谓,如夜郎、滇、僰、昆明、叟、叶榆等相继消失,出现了"爨氏""白蛮""乌蛮"等新的族群称谓。这一时期,已经没有"大姓"与"夷帅"之称了,而出现了与内地相近的"豪族""名家"这样的新称谓。

以爨氏为例,其先祖来自内地,但落籍之后,成为称霸南中四百年的土著大姓。《新唐书·两爨蛮传》说:"西爨自言本安邑人,七世祖晋南宁太守,中国乱,遂王蛮中。"②杜佑《通典》的记载大致相类:西爨自言"本河东安邑人,七叶祖事晋,为南宁太守。属中原乱,遂王蛮夷"③。爨氏迁入西南夷的时间,当在两汉时期④。

"白蛮"中亦有汉族移民。贞观二十二年(648),唐将梁建方将兵至西洱河地区,记录了当地族群的社会生活状况,其文见于《资治通鉴》:

> 其地(西洱河)有杨、李、赵、董等数十姓,各据一州,大者六百,小者二、三百户,无大君长,不相统壹,语虽小讹,其生业、风俗,大略与中国同,自云本皆华人,其所异者以十二月为

---

① 方国瑜:《汉晋时期在云南的汉族移民》,《人文科学》,1957年第2期。
② 《新唐书》卷二二二下《南蛮·两爨蛮传》,第6315页。
③ 《通典》卷一八七《西爨》,第5064页。
④ 方国瑜:《滇东地区爨氏始末》,林超民主编:《方国瑜文集》第一辑,云南教育出版社,2001年。

岁首。①

梁建方有关"西洱河蛮"的文字记载,散见于《通典》《旧唐书》《新唐书》《册府元龟》《资治通鉴》《唐会要》诸书,林超民老师辑佚诸书,纂成《西洱河风土记》,此文是初唐时期洱海地区部落社会的真实记载②,说明此处的部落人民有汉人祖源认同,并且保持了汉族移民固有的语言与文化习惯。江应樑因此认为这是"七世纪洱海区域汉族流寓者的情况"③。

汉族移民对云南土著族群的影响极其深远,与土著族群水乳交融,到了元初,郭松年到云南考察时,他在《大理行记》中说:

> 故大理之民……其宫室、楼观、言语、书数,以至冠昏丧祭之礼,干戈战陈之法,虽不能尽善尽美,其规模、服色、动作、云为,略本于汉。自今观之,犹有故国之遗风焉。④

综合而论,在汉晋时期移入西南夷的汉族移民,即"西南夷早

---

① 《资治通鉴》卷一九九《唐纪十五》太宗贞观二十二年四月,第6256页。
② "其西洱河从嶲州西千五百里,其地有数十百部落,大者五六百户,小者二三百户。无大君长,有数十姓,以杨、李、赵、董为名家。各据山川,不相役属。自云其先本汉人。有城郭村邑,弓矢矛鋋。言语虽小讹舛,大略与中夏同。有文字,颇解阴阳历数。"(〔唐〕梁建方撰,林超民辑:《西洱河风土记》,方国瑜主编:《云南史料丛刊》第二卷,云南大学出版社,1998年,第218页)
③ 江应樑:《明代外地移民进入云南考》,《云南大学学术论文集》第二辑,1963年。
④ 〔元〕郭松年、〔元〕李京撰,王叔武校注:《大理行记校注 云南志略辑校》,云南民族出版社,1986年,第20页。

期汉族移民"与当地土著族群长期交往交流交融,汉族移民多数被"夷化","变寄籍为土著",最终完全融入到土著族群之中①。与此同时,由于汉族移民的加入,西南夷各族群中普遍出现汉族祖源记忆,汉文化逐渐成为各民族共有的主流文化②。

第五节　西南夷土著人群向巴蜀及内地的迁移

西南夷地区的移民,并非只是单向度地从内地移入。在特定情况下,西南夷人群也迁徙至他处,譬如移往蜀地,甚至是关中京畿之地。史籍记载,早在汉初,来自西南夷的僰僮、僰婢,就进入关中京畿之地。

《史记·货殖列传》:

> (巴蜀)南御滇僰,僰僮。西近邛笮,笮马、旄牛……(蜀卓氏)即铁山鼓铸,运筹策,倾滇蜀之民,富至僮千人。③

《汉书·地理志》记载,巴蜀"南贾滇、僰僮",颜师古注曰:"言滇、僰之地多出僮隶也。"④说明在汉族移民大量进入西南夷之前,西南夷的土著,譬如滇、夜郎(僚)、寳、僰人,就以"僮隶"的身份,被贩卖到巴蜀之地。

《史记·西南夷列传》:"巴蜀民或窃出商贾,取其笮马、僰僮、

---

① 苍铭:《云南汉族的来源》,《民族工作》,1997年第10期。
② 江应樑:《明代外地移民进入云南考》,《云南大学学术论文集》第二辑,1963年4月。
③ 《史记》卷一二九《货殖列传》,第3261、3277页。
④ 《汉书》卷二八下《地理志下》,第1645—1646页。

髦牛,以此巴蜀殷富。""索隐"引服虔语称"旧京师有僰婢"①,则僰婢还到了关中京师。

《华阳国志·蜀志》有"滇、僚、賨、僰僮仆六百之富"。说明汉魏蜀地仍有相当数量的西南夷僮仆。任乃强先生认为,"滇僚賨僰"四字,说明了僮仆的族籍,"滇"与"僚",可能包括劳浸、靡莫、嶲、昆明、哀牢、姑缯、夜郎等西南夷族群,"賨"为巴族,"僰"为僰国土著②。按照以往学术界所称的"西汉畜奴制",或者就用文献所称的"僮仆"之说来理解,汉代,西南夷土著被贩卖,或者迁徙到巴蜀、关中京畿之地为僮仆的不在少数。这是一种特殊的人口流动形态。

西南夷土著被成建制地移居巴蜀之地,是在蜀汉时期。《华阳国志·南中志》记载:诸葛亮于蜀汉建兴三年(225)平定南中大姓之乱,调整郡县建置,设立永昌、越嶲、建宁、云南、兴古、牂牁、朱提七郡,同时:

> 移南中劲卒、青羌数万家于蜀,为五部,所当无前,号为飞军。分其羸弱配大姓焦、雍、娄、爨、孟、量、毛、李为部曲,置五部都尉,号五子。故南人言四姓五子也。以夷多刚很,不宾大姓富豪,乃劝令出金帛,聘策恶夷为家部曲,得多者亦世袭官。于是夷人贪货物,以渐服于汉,成夷汉部曲。亮收其俊杰建宁爨习,朱提孟琰及获为官属,习官至领军;琰,辅汉将军;获,御史中丞。出其金、银、丹、漆、耕牛、战马,给军国之用,都督常

---

① 《史记》卷一一六《西南夷列传》,第2903页。
② 《华阳国志校补图注》,第113、116页。

用重人。①

诸葛亮采用了几大举措：其一，将西南夷土著成建制地迁往巴蜀之地，把"南中劲卒、青羌"数万家迁徙到蜀地，编队入伍，成为蜀汉军队中的劲旅"飞军"。其二，为南中大姓编制"夷汉部曲"，形成牢固的政权基础。其三，重用南中土著大姓，吸纳他们到蜀汉政权的中枢机构为官，融入到蜀汉政治体系之中。

此外，在南中七郡，诸葛亮重用土著首领，以"不留兵、不留外人"实现了长治久安。《三国志·蜀书·诸葛亮传》注引《汉晋春秋》说"南中平，皆即其渠率而用之"，实现了"纲纪粗定，夷、汉粗安"②。南中成为蜀汉"军资所出"的大后方。

西南夷与蜀地，并通过蜀地向关中、京畿地区的人口迁徙与流动，充分说明秦汉以来西南夷地区的人群流动是双向过程。此种互动与迁徙，正是西南夷能够较快融入大一统多民族国家的社会基础。

---

① 《华阳国志校补图注》，第 241 页。
② 《三国志》卷三五《蜀书·诸葛亮传》，第 919、921 页。

第七章　西南夷土著文化向汉文化的转型

先秦以来的大一统天下观,虽以"五服"分别中心与边缘、内地与边疆,以与中心的远近遐迩来判定文明野蛮,但始终将"或在中原,或在蛮夷,或在戎狄"的"华夏"与"四裔"视为"九州攸同"的整体,这是"自在的中华民族"的起点与源头。《史记·吴太伯世家》太史公曰:"余读《春秋》古文,乃知中国之虞与荆蛮句吴兄弟也。"① "天下一统,华夷一家",成为统一多民族国家形成与发展的思想基础。相关文字记载,屡见于汉代文献。

《史记·夏本纪》载:

> 开九州、通九道、陂九泽、度九山……于是九州攸同,四奥既居,九山刊旅,九川涤原,九泽既陂,四海会同。六府甚修,众土交正,致慎财赋,咸则三壤成赋。中国赐土姓:"祗台德先,不距朕行。"②

《史记·秦本纪》载:

---

① 《史记》卷三一《吴太伯世家》,第 1475 页。
② 《史记》卷二《夏本纪》,第 51、75 页。

> 秦之先,帝颛顼之苗裔……(大费)佐舜调训鸟兽,鸟兽多驯服……舜赐姓嬴氏。大费生子二人:一曰大廉,实鸟俗氏;二曰若木,实费氏。其玄孙曰费昌,子孙或在中国,或在夷狄。①

《史记·楚世家》说:

> (楚之先)季连生附沮,附沮生穴熊。其后中微,或在中国,或在蛮夷,弗能纪其世。②

以上史料说明,先秦以来,"华夷一家""夷夏共居天下"的大一统观念,已然成为中国政治的基本思想,为"五服四裔"所接受。秦汉时期,随着中国统一多民族国家政治体制的确立,大一统思想更加深入人心。从此,"以夏变夷",即用汉文化、内地礼俗教化"四裔边民",以"中华教化"实现包括"四裔边民"在内的中华文化、中华民族的大一统,就成为中国政治的最高目标③。

经过西汉武帝时期到东汉中期两百多年的发展,汉文化与内地礼俗逐渐成为西南夷各民族的主体文化。以汉字、汉文化、郡县制度为核心的文化体系,主导西南夷社会的发展方向。

---

① 《史记》卷五《秦本纪》,第 173—174 页。
② 《史记》卷四〇《楚世家》,第 1690 页。
③ 范丽珠、陈纳、蒋潞杨:《人伦日用间的中华教化:滇西南不同族群生活世界的知识社会学解释》,《中央民族大学学报(哲社版)》,2022 年第 2 期。

第一节　设教讲学与汉文化传播

《华阳国志·蜀志》说,孝文帝时以卢江文翁为蜀郡太守,在蜀郡立学教授七经。此后,"巴、汉亦立文学",以至于"蜀学比于齐鲁"①,开启"以文化人""以文选吏"的新时代。汉武帝"罢黜百家,表章六经"以来,经学成为大一统体制下的核心文化力量。

汉代以巴蜀四郡为基地,开拓经营西南夷,在治道、设郡置吏的同时,将在蜀地实行的"以文化人"举措,延伸、推广到西南夷。《后汉书·儒林列传》说:"杜抚字叔和,犍为武阳人也。少有高才。受业于薛汉,定《韩诗章句》。后归乡里教授。沈静乐道,举动必以礼。弟子千余人。"②

一、尹珍设教　讲学南夷

东汉初年,牂柯郡汉族移民后裔"郡人"尹珍,先赴内地学习,学成后还乡讲学,兴办教育,《华阳国志·南中志》记载:

>牂柯郡,汉武帝元鼎六年开……俗好鬼巫,多禁忌。畲山为田,无蚕桑,颇尚学书……明章之世,毋敛人尹珍,字道真,以生遐裔,未渐庠序,乃远从汝南许叔重授五经。又师事应世叔学图纬,通三才。还以教授,于是南域始有学焉。珍以经术选用,历尚书丞、郎,荆州刺史……平夷傅宝,夜郎尹贡,亦有明德。历尚书郎、长安令、巴郡太守、彭城相,号南州人士。③

---

① 《华阳国志校补图注》,第141页。
② 《后汉书》卷七九下《儒林列传》,第2573页。
③ 《华阳国志校补图注》,第259—260页。

尹珍的事迹,亦见于《后汉书·西南夷列传》,其文曰:

> 公孙述时,大姓龙、傅、尹、董氏,与郡功曹谢暹保境为汉,乃遣使从番禺江奉贡。光武嘉之,并加褒赏。桓帝时,郡人尹珍自以生于荒裔,不知礼义,乃从汝南许慎、应奉受经书图纬,学成,还乡里教授,于是南域始有学焉。珍官至荆州刺史。①

任乃强说,尹珍所拜的两位老师,都是当世鸿儒,许叔重即撰《说文》之许慎;而应世叔者,即应劭之父应奉。两人在《后汉书》中都有传。任乃强认为,尹珍于东汉初年将经学传入牂柯,较西汉初叶蜀守文翁兴学,相距二百年,同具推进社会文化之功。文翁兴学,立即产生严君平、司马相如等著名学人;尹珍讲学,同样培养了了傅宝、尹贡等牂柯人士②。

二、益州郡太守王阜办学兴教

《华阳国志·南中志》说:东汉章帝时,蜀郡王阜为益州太守,"治化尤异,神马四匹出滇池河中,甘露降,白乌见,始兴文学,渐迁其俗"③。《东观汉记·王阜传》亦载:

> 王阜为益州太守,边郡吏民多放纵,阜以法绳正,吏民不敢犯禁,政教清静,百姓安业。神马四出滇河中,甘露降,白乌

---

① 《后汉书》卷八六《西南夷列传》,第2845页。
② 《华阳国志校补图注》,第262页。
③ 《华阳国志校补图注》,第237页。

见,连有瑞应。世谓其有用法平正,宽慈惠化所致。①

"白乌"作为神鸟,在史书中被广泛提及。《尔雅翼·释鸟》说"乌本黑之称,故《瑞应图》以白乌为太阳之精,至孝之应"②。"神马四出滇河中"与"甘露降,白乌见"相连,其结果是"始兴文学,渐迁其俗"。说明东汉时期,益州郡政治清明,人文蔚起,汉文化与内地风俗逐渐影响当地社会风尚。

三、朱提郡孟孝琚学《韩诗》通《孝经》

孟孝琚是朱提郡大姓孟氏子孙,不幸早逝于蜀地,东汉桓帝时从蜀郡返葬故里。其墓碑至今尚存,碑文称其"十二随官受《韩诗》,兼通《孝经》二卷"③。汉代"以孝治天下",《孝经》在经学中居于核心地位。《韩诗》在汉代官方《诗》学中影响深远,《史记·儒林列传》就说,西汉文景之时"韩生推《诗》之意而为《内外传》数万言,其语颇与齐鲁间殊,然其归一也。淮南贲生受之。自是之后,而燕赵间言《诗》者由韩生"④。孟孝琚自幼学《孝经》与《韩诗》,说明汉式教育与内地文化,已然深入西南夷社会。

"孟孝琚碑"发现之地昭通,是西汉犍为属国、东汉朱提郡故地。此碑在汉碑中属少有的"长篇大论"墓志铭,它所反映的墓主身世、汉文化修养,以及独特的社会历史情境,为我们揭示了东汉时期汉文化深入西南夷社会,成为当地主流文化的基本史实。

---

① 〔汉〕刘珍等撰,吴树平校注:《东观汉记校注》卷一三,中华书局,2008年,第513页。
② 〔宋〕罗愿撰:《尔雅翼》,石云孙点校,黄山书社,1991年,第141页。
③ 《新纂云南通志》(五),第2—21页。
④ 《史记》卷一二一《儒林列传》,第3124页。

会泽水城西汉末至东汉初期的"汉式墓葬"中出土的石砚台上,还残留朱砂墨丸粉末①。个旧黑蚂井汉墓中出土的石砚、石黛砚更多②。碑刻铭文,以及大量砚台、墨丸等遗物的发现,说明东汉时期,汉式文化教育,以及由此产生的汉字书写,在西南夷广为流传。

四、"白狼"献歌

东汉永平中,西夷汶山郡外夷白狼、槃木、唐菆等百余国,户百三十万,口六百万以上,举种奉贡。白狼王唐菆等慕化归义,作诗三章。此白狼歌诗三章,原作为"白狼夷语",因"远夷之语,辞意难正",后由犍为郡人田恭"译其辞语"而成汉赋体歌诗三章,分别取名为《远夷乐德歌》《远夷慕德歌》与《远夷怀德歌》,由益州刺史部从事史李陵与犍为郡人田恭,共同护送至京畿,敬献于阙下③。说明东汉永平年间,汉文化影响,已经深入到汶山徼外的"远夷"社会。

第二节 汉晋王朝纪年与年号的流行

正史中记载西南夷事迹,譬如《史记》、两《汉书》之《西南夷列传》,以及《华阳国志》等文献,使用中原王朝纪年,此自不待言。近百年来,在西南夷故地上考古发现的遗迹与遗物,亦多见汉晋王朝的年号、纪年铭文,以实物证明西南夷属于汉晋王朝治下的郡县之地(图7—1)。我们依据考古发现,按年代顺序将有关材料罗列如下:

---

① 云南省文物考古研究所编著:《会泽水城古墓群发掘报告》,第107页。
② 云南省文物考古研究所等:《个旧市黑蚂井墓地第四次发掘报告》,第12页。
③ 《后汉书》卷八六《西南夷列传》,第2856—2857页。

第七章　西南夷土著文化向汉文化的转型

图7—1　西南夷故地发现的汉晋纪年铭文
（由左至右：晋宁河泊所始元四年木简、赫章可乐建始年号瓦当、
清镇元始三年耳杯、大理熹平年纪年砖、昭通建初元年堂狼洗、
保山延熙十六年纪年砖、大理喜洲太〔泰〕康泰始纪年砖）

云南晋宁河泊所始元四年（前83）木简①；

贵州赫章可乐建始（前32—前29）铭文瓦当②；

贵州清镇元始三年（3）铭文漆耳杯③；

云南昭通建初九年（84）摇钱树座④；

云南富民建光元年（121）墓砖⑤；

云南昆明延光四年（125）"封地刻石"⑥；

---

① 云南文物考古研究所、昆明市晋宁区文物管理所：《云南昆明市河泊所青铜时代遗址》，《考古》，2023年第7期。
② 张元：《贵州赫章可乐出土的西汉纪年铭文瓦当》，《文物》，2008年第8期。
③ 贵州省博物馆：《贵州清镇平坝汉墓发掘报告》，《考古学报》，1959年第1期。
④ 汪宁生：《云南考古》，第90页，并见130页注9。
⑤ 张增祺：《古代云南"梁堆"墓及其族属》，云南省博物馆编：《云南铁器时代文化论》，云南人民出版社，1992年。
⑥ 孙太初：《云南古代石刻丛考》，第1—2页。

云南昭通"孟孝琚碑"永寿二年（156）纪年①；

云南大理熹平年（172—178）墓砖②；

四川昭觉光和四年（181）《五曹诏书》石表、初平三年（192）"越嶲太守碑"③；

云南保山龙王塘中平四年（187）纪年砖④；

云南大理喜洲延熙十年（247）墓砖⑤；

云南保山汪官营延熙十六年墓砖⑥；

云南大理喜洲泰始三年（267）、泰始五年、泰康六年（285）墓砖⑦；

云南祥云高官堡太康八年墓砖⑧；

云南下关荷花寺村太康十年墓砖⑨；

云南姚安羊派水库"泰始二年""咸宁元年（275）"与"咸宁四

---

① 汪宁生：《云南考古》，第 112 页。
② 大理州文物管理所：《云南大理市下关城北东汉纪年墓》，《考古》，1997 年第 4 期。
③ 吉木布初、关荣华：《四川昭觉县发现东汉石表和石阙残石》，《考古》，1987 年第 5 期；凉山彝族自治州博物馆、昭觉县文管所：《四川凉山州昭觉县好谷乡发现的东汉石表》，《四川文物》，2007 年第 5 期。
④ 保山地区文管所、保山市博物馆：《保山龙王塘东汉建筑基址调查简报》，《云南文物》，总第 22 期（1987）。
⑤ 田怀清：《大理喜洲弘圭山发现蜀汉纪年砖室墓》，《云南文物》，2003 年第 1 期；杨伟林：《大理庆洞东汉墓的清理》，《云南文物》，2006 年第 1 期。
⑥ 保山地区文管所：《保山汪官营蜀汉墓清理简报》，《云南文物》，总第 12 期（1982）。
⑦ 出土纪年砖有泰始三年、泰始五年、泰康六年纪年。详见大理州文物管理所、大理市博物馆：《云南大理市喜洲镇发现两座西晋纪年墓》，《考古》，1995 年第 3 期。
⑧ 《新纂云南通志》（五），第 43 页。
⑨ 大理市文管所：《大理市荷花村西晋墓清理简报》，《考古》，1989 年第 8 期。

年"墓砖[1]；

云南陆良"爨龙骧刻石"太和五年(370)纪年[2]；
云南晋宁汉营新村大(太)元十六年(391)墓壁题记[3]；
云南昭通霍氏壁画墓太元十□年(386—394)题记[4]；
云南曲靖"爨宝子碑"大亨四年(405)纪年[5]；
云南陆良"爨龙颜碑"太明二年(458)纪年[6]；
……

上述年号中，较早的是西汉昭帝、成帝、平帝时期，最晚的到南朝刘宋时期，而以东汉至两晋间居多。在七百多年的时间内，尽管中原内地王朝更迭不断，但西南夷一直使用中原王朝的年号与纪年。在中国政治伦理中，"奉正朔"表达的是政治上的隶属关系，同时也体现了文化上的认同。

第三节　使用汉朝的官防印信

战国至秦汉时期，西南夷土著文化并不使用印章。西汉武帝经略西南夷，设郡、置吏、赐印。印章作为汉代重要的官方文化符号，被带入西南夷，开始影响土著文化。西汉晚期的西南夷墓葬、遗址中，发现的官、私印章数量较多。历代印谱还著录了一批传世

---

[1] 孙太初：《云南姚安羊派水库晋墓清理简报》，《考古通讯》，1956年第3期。
[2] 孙太初：《云南古代石刻丛考》，第4—6页。
[3] 晋宁县文物管理所：《晋宁县古城汉营新村"梁堆"墓清理简报》，《云南文物》，2007年第1期。
[4] 云南省文物工作队：《云南昭通后海子东晋壁画墓清理简报》，《文物》，1963年第12期。
[5] 孙太初：《云南古代石刻丛考》，第7—12页。
[6] 孙太初：《云南古代石刻丛考》，第7—12页。

的西南夷印章。

官私印章流行,表明汉代官方文化的主要标志"官防印信"在公私交往中已经为当地社会认同。

一、西南夷传世、出土汉代官印

(一)滇国三印:益州太守章、滇王之印与滇国相印

滇国及益州郡地区,有传世的封泥印"益州太守章",是有关滇国、益州郡历史的重要官印①。1950年代以来,在滇池区域历次考古发掘中,出土了较多的汉代印章,最重要的当数1956年晋宁石寨山六号墓出土的"滇王之印"②与2020年河泊所遗址发现的"滇国相印"封泥③。以上三枚官印,我们称为"滇国三印",其中有出土者,亦有传世者,包括印章、封泥等不同形式,但它们都是官印,代表的是政治权力,昭示的是官防信守。此三印是西汉武帝"以滇国之地为益州郡"与"赐滇王王印"历史的信物(图7—2)。

晋宁河泊所遗址2021年、2022年两次发掘,出土与传世"益州太守章"相同的封泥,同时发现益州郡属县官、私印章封泥五百余枚,以及与此相关的邮传封泥汉字简牍数百枚。官印封泥已经辨认出来的有"益州太守章"以及"建伶长""同劳丞印""不韦丞令"等西汉益州郡二十四个属县中十八个县的官印,还有"滇池以亭行"等邮传封缄记录木简(档册),木简上有"始元四年"(前83)纪年,说明河泊所遗址与遗物,是益州郡设置初期的遗存。

---

① 参见〔清〕吴式芬、〔清〕陈介祺撰:《封泥考略》,浙江人民美术出版社,2013年。
② 云南省博物馆:《云南晋宁石寨山古墓群发掘报告》,第113页,图版107:3。
③ 《云南南晋宁河泊所遗址发掘概况》,中国考古网(kaogu.cssn.cn),2020年2月19日。

图7—2　滇国三印
（从左至右：益州太守章封泥、滇王之印印面、滇国相印封泥）

河泊所考古发掘领队蒋志龙认为，河泊所的考古发现，是包括云南在内的西南夷跨入统一多民族国家的实证①。

（二）辅汉王印、汉叟邑长、巴郡守丞、平夷都印

南夷地区，汉代犍为郡、牂柯郡、犍为属国与朱提郡故地，即今天的川南滇东黔西地区，发现若干两汉时期重要的官印。

1980年代，曲靖八塔台墓地第三次发掘时，二号堆六十九号墓中出土"辅汉王印"一枚。发掘报告认为，此印的年代为汉武帝至王莽时期②。八塔台墓地在夜郎与滇国之间，是西南夷土著青铜文化遗存，可能与《史记·西南夷列传》所称"劳浸、靡莫"族群有关。有研究者指出，"辅汉王印"可视作一枚官印，而且不排除墓主生前确曾被授予"辅汉王"封号的可能③。

---

① 云南文物考古研究所、昆明市晋宁区文物管理所：《云南昆明市河泊所青铜时代遗址》，《考古》，2023年第7期；宗和：《"滇国相印"等汉代官印封泥与大量汉简出土》，澎湃新闻，2022年10月5日。2023年5、6月，中央电视台《寻古中国》栏目对河泊所遗址的重要发现进行了专题播报。
② 云南省文物考古研究所：《曲靖八塔台与横大路》。
③ 杨勇：《云贵高原出土汉代印章述论》，《考古》，2016年第10期。

1930年代,昭通洒渔河边的一座古墓中,出土东汉时期的"汉叟邑长"印一枚①。"叟"为西南夷族群之一,分布地域较广,犍为郡、牂舸郡,特别是犍为属国,即后来的朱提郡,是叟人的主要聚居区。"汉叟邑长"印即为汉朝颁赐给叟族首领的官印。

1987年,贵州兴仁交乐十四号汉代砖室墓出土鎏金"巴郡守丞"铜印一枚。印文为阴文篆书"巴郡守丞"四字。发掘报告认为其年代为东汉晚期②。在"南夷之地"的汉墓中发现"巴郡守丞"印,论者以为墓中男性墓主应当就是东汉中晚期巴郡的某一任丞佐,可能死后归葬故里。此种习俗,普遍流行于汉晋时期的"南中大姓"之中③。

2000年,在金沙江岸边、水富县楼坝东汉崖墓群的发掘中,发现汉印一方,阴刻汉字"平掌都印"四字④。印文"平掌都印",其意难解。汉武帝"平南夷为牂舸郡",属县有"平夷县",其地在今滇东北、黔西北一带,水富或即属平夷县。因此"平掌都印"或为"平夷都印"之误。在汉代,"都"或为都督,或为都尉,是主政一方的官员。

---

① 肖明华:《云南古代官印集释》,文物出版社,2015年,第16页。
② 贵州省考古研究所:《贵州兴仁交乐汉墓发掘报告》,《贵州田野考古四十年(1953—1993)》;宋先世:《贵州兴仁汉墓出土"巨王千万"与"巴郡守丞"印》,《四川文物》,1991年第6期。
③ 《华阳国志·南中志》"牂舸郡"条说,东汉明、章之世,郡人尹珍曾历尚书丞、郎,荆州刺史;傅宝、尹贡历尚书郎、长安令,巴郡太守、彭城相。参见《华阳国志校补图注》,第260页。
④ 云南省文物考古研究所等:《昭通水富县楼坝崖墓发掘报告》,《云南考古报告集(之二)》。

二、考古发现的汉代私印

石寨山二十号墓出土"胜西印",发掘报告认为此当子母印中的子印①。1960年晋宁石寨山墓地第四次发掘,三十六号墓出土铜质"王私印"一枚②。1966年,江川李家山滇文化墓地采集到"寿之人""李德""黄义印"三枚印章③。2008至2009年,澄江金莲山滇文化墓地一六六号墓出土"□鱼"汉印④。河泊所遗址与"滇国相印"伴出的私印有"王敞之印"和"田丰私印"等大量私印封泥⑤,明确"私印"之制。证明益州郡设立之后,私印与官印一样,已然在滇国故地流行。

1954年昭通二坪寨二号墓出土"孟腾之印"⑥。1972年昭通二坪寨"梁堆"墓葬出土"孟琴之印""孟琴"和"伯称"三枚一套子母印⑦。2004至2005年,会泽水城墓地出土"李立私印"⑧。而滇南

---

① 云南省博物馆:《云南晋宁石寨山古墓群发掘报告》,第104页。
② 云南省博物馆:《云南晋宁石寨山古墓第四次发掘简报》,《考古》,1963年第9期。
③ 云南省博物馆:《云南江川李家山古墓群发掘报告》,《考古学报》,1975年第2期,图八一。
④ 云南省文物考古研究所等:《云南澄江县金莲山墓地2008~2009年发掘简报》,《考古》,2011年第1期。
⑤ 《云南晋宁河泊所遗址发掘概况》,中国考古网(kaogu.cssn.cn),2020年2月19日;宗和:《"滇国相印"等汉代官印封泥与大量汉简出土》,澎湃新闻,2022年10月5日。
⑥ 孙太初:《两年来云南古遗址及墓葬的清理》,《文物参考资料》,1955年第6期。
⑦ 云南省昭通县文化馆:《云南昭通发现东汉"孟琴"铜印》,《文物》1975年第5期。
⑧ 云南省文物考古研究所编著:《会泽水城古墓群发掘报告》,第106页,图版六三。

个旧一带,黑蚂井墓地先后出土"董辅王"与"赵喜"印①。

今贵州清镇、兴仁、赫章等地,均有私印与敬事印出土。譬如西汉末东汉初期,清镇汉墓出土"谢买"印,此印铜质,瓦钮,方形印台,印文为阴文篆书"谢买"二字②。威宁中水出土"张光私印"③。1976 至 1978 年,贵州赫章可乐汉墓出土铜印章三枚,印文为阴刻篆书"郭顺之印""毕赣印"和"毕宗私印"④。

1960 年代以来,清镇出土"樊千万""赵千万"印各一枚⑤。兴仁交乐十号土坑墓(M10)出土铜质"巨王千万"印一方⑥。2000 年,赫章可乐土坑墓二七四号,出土铜质"敬事"文印一枚⑦。与之相邻的四川盆地南部、东部巴县、宜宾、荥经等地,均发现"敬事"铜印章⑧。

---

① 云南省文物考古研究所等:《个旧黑蚂井古墓群发掘报告》,《云南考古报告集(之二)》;《个旧市黑蚂井墓地第四次发掘报告》。
② 贵州省博物馆:《贵州清镇平坝汉至宋墓发掘简报》,《考古》,1961 年第 4 期。
③ 贵州省博物馆考古组、威宁县文化局:《威宁中水汉墓》,《考古学报》,1981 年第 2 期。
④ 贵州省博物馆考古组、贵州省赫章县文化馆:《赫章可乐发掘报告》,《考古学报》,1986 年第 2 期。
⑤ 贵州省博物馆:《贵州清镇平坝汉至宋墓发掘简报》,《考古》,1961 年第 4 期。
⑥ 贵州省考古研究所:《贵州兴仁交乐汉墓发掘报告》,《贵州田野考古四十年(1953—1993)》;宋先世:《贵州兴仁汉墓出土"巨王千万"与"巴郡守丞"印》,《四川文物》,1991 年第 6 期。
⑦ 贵州省文物考古研究所:《赫章可乐二○○○年发掘报告》,文物出版社,2008 年。
⑧ 四川省博物馆:《四川船棺葬发掘报告》,文物出版社,1960 年;四川省文物考古研究院等:《四川宜宾沙坝墓地 2009 年发掘简报》,《文物》,2013 年第 9 期;四川省文物考古研究所、荥经严道古城遗址博物馆:《荥经县同心村巴蜀船棺葬发掘报告》,四川省文物考古研究所:《四川考古报告集》,文物出版社,1998 年。

三、历代著录的西南夷汉代官印

出土印章之外,还有被著录、收藏的一批汉代印章与西南夷直接相关。譬如西汉益州郡所属二十四县,今存"云南令""建伶道宰印"与"俞元丞印"①,故宫博物院藏"楪榆长印"②和上海博物馆藏"楪榆右尉印"等汉代印章③。还有牂牁郡"同竝尉印"封泥④,越嶲郡"遂久右尉"封泥、"三绛尉印"封泥⑤,犍为郡"南广尉印"封泥⑥与永昌郡"哀牢王章"等⑦。

历史总是有惊人的相似之处。近两年在滇池之滨河泊所遗址发现的封泥、木简,包含了西汉益州郡二十四县中十八个县的官印封泥⑧。这是继滇王之印以来,西南夷考古最重大的发现。河泊所

---

① 著录于罗福颐《汉印文字征》。见孙太初《云南古代官印集释》,《中国考古学会第二次年会论文集(1980)》。
② 罗福颐主编:《故宫博物院藏古玺印选》,文物出版社,1982年,第51页。
③ 上海书画出版社编:《上海博物馆藏印选》,上海书画出版社,1979年,68页。
④ 孙太初:《云南古代官印集释》(图一,12)有"同竝尉印"封泥。清代《封泥考略》著录。《汉书·地理志》称:"牂牁郡,武帝元鼎六年开,莽曰同亭。有柱蒲关,属益州……县十七:故且兰、镡封、鳖、漏卧、平夷、同并、谈指……""同竝"即"同并",为牂牁郡所辖十七县之一。参见《汉书》卷二八上《地理志上》,第1602页。
⑤ 见清代吴式芬、陈介祺合辑《封泥考略》(图一:8)。据《汉书·地理志》,越嶲郡有遂久县,其地当今丽江永胜一带。按汉代制度,万户以上大县,县官称令,尉分左右。"遂久右尉"封泥,说明遂久为万户以上的大县。
⑥ 周明泰:《再续封泥考略》,参见孙太初《云南古代官印集释》,《中国考古学会第二次年会论文集(1980)》。《汉书·地理志》载犍为郡有南广县,当今昭通盐津一带。
⑦ "哀牢王章"著录于桂未谷《缪篆分韵》,见孙太初《云南古代官印集释》,《中国考古学会第二次年会论文集(1980)》。
⑧ 宗和:《"滇国相印"等汉代官印封泥与大量汉简出土》,澎湃新闻,2022年10月5日。

图7—3　晋宁河泊所遗址新出益州郡官印封泥：益州太守章、建伶令印、同劳丞印、不韦丞印

（采自新华社《云南河泊所遗址入选2022年中国考古新发现》与中央电视台《寻古中国：金印、封泥、简牍揭开古滇融合之路》）

的考古发现与前述传世封泥相印证，说明西汉武帝设置西南夷七郡之后，官防印信、公私邮传封缄制度即在此实施。

西南夷发现的印章，特别是官印，与文献记载相结合，就能考见郡县的开拓设置与沿革。前述汉代印章中，有益州郡"建伶道宰印"一枚，而此次考古发现中，则有"建伶长印"封泥。《汉书·百官公卿表》说"有蛮夷曰道"，"道"为汉代"四裔边民"聚居之地的县，"宰"为王莽时期道令、长之名。足证建伶令原称"建伶长"，到王莽时期改称"建伶道宰"。孙太初说，两《汉志》于边郡之县称"道"者甚多，如广汉郡之甸氏道、刚氏道、阴平道，犍为郡之僰道，越嶲郡之灵关道等等，云南地区郡县少数民族众多而无"道"之名称,不知何故①。据此印,云南当时应该有称道之县,疑《志》有遗漏。因此,"建伶道宰印"不仅补史之阙,还正史之误。

与汉代官印相关,云南省博物馆收藏的晋代"南夷长史印",亦属官印。马德娴认为,由《华阳国志·南中志》"太康三年(282)罢宁州,置南夷,以天水李毅为校尉,持节统兵镇南中,统五十八部夷族,都临界行事",可知"南夷府"就是当时南中地区的最高行政机构,"南夷长史"可能是该地区的最高行政长官②。孙太初先生认为,《晋书·职官志》有"元康中……改南夷校尉曰镇蛮校尉"的记载,因此"南夷长史"当是元康以前南夷校尉长史之印③。

《宋书·州郡志》记载:

> 宁州刺史,晋武帝泰始七年分益州南中之建宁、兴古、云南、永昌四郡立。太康三年省,立南夷校尉。惠帝太安二年复立,增牂牁、越巂、朱提三郡。④

《宋书·百官志》载:

> 南夷校尉,晋武帝置,治宁州。江左改曰镇蛮校尉。四夷中郎校尉,皆有长史、司马、参军。⑤

经考证,晋代南中地区南夷校尉的设置,在晋武帝太康三年

---

① 孙太初:《云南古代官印集释》,《中国考古学会第二次年会论文集(1980)》。
② 马德娴:《云南省博物馆藏"南夷长史印"》,《文物》,1979年第3期。
③ 孙太初:《云南古代官印集释》,《中国考古学会第二次年会论文集(1980)》。
④〔梁〕沈约撰:《宋书》卷三八《州郡志四》,中华书局,1974年,第1182页。
⑤《宋书》卷四〇《百官志下》,第1255页。

(282)至晋惠帝太安二年(303)之间。南夷校尉属下有"长史"一职,则"南夷长史"应即为南夷校尉长史的省称。《宋书·百官志》又有"郡当边戍者,丞为长史"之语①,可知丞与长史在郡属中职位相当。因此,"南夷长史"印,当为晋武帝太康至晋惠帝太安间,"南夷校尉属下之长史"所用的官防印信②。

四、西南夷汉文印章的意义

(一)体现国家政治

汉文印章是当然的"汉式器物",汉印出土于西南土著文化遗存之中,官印都是汉武帝设置郡县之后的印章,是汉朝颁发给西南夷君长,以及各郡县官长的官防印信。与之伴出的私印,其时代当然也是益州郡设立之后的印章。无论是官印还是私印,彰显的是西汉武帝以来对西南夷的政治设治与文化影响。

(二)表达社会风尚

研究者认为,从文献记载看,两汉时期西南夷土著夷人,很少使用中原汉人姓氏。而目前西南夷地区发现私人印章,明显属于汉人姓名。因此这些印章,原本应该是汉人私印,后来因为人员往还、文化交流而流入土著社会。

1950年代以来,在滇东黔西地区,发现了一批两汉时期的印章,虽然印章种类较多,但基本都出自西汉中晚期至东汉的墓葬中。这些印章,属于汉武帝"开西南夷"之后的遗物③。

滇池之滨河泊所遗址发现的大量官、私印章封泥与邮书简牍,其中有始元四年(前83)纪年木简,是西汉昭帝时期的遗物,说明

---

① 《宋书》卷四〇《百官志下》,第1257页。
② 胡顺利:《晋"南夷长史"印考辨》,《四川文物》,1987年第3期。
③ 杨勇:《云贵高原出土汉代印章述论》,《考古》,2016年第10期。

汉武帝在西南夷设置郡县之时,官防印信、公文封缄就开始传入与实施①。

云南陆良,即汉代同劳县,薛官堡二十号墓(M20)出土铜印一枚,形制上同于汉式印,但印文却为图形符号,既不同于汉文,亦明显区别于内地发现的图像印或"巴蜀图语"印文,这是当地夷人仿汉印制作的印章②。个旧黑蚂井汉墓出土"赵喜"印的同时,还出土一枚无印文的铜印③,不知其意义为何。说明西南夷在使用汉印的同时,显示出一些与中原不同的地方性。

研究表明,玺印最先是由"徽识"发展而来,先有私印,后有官玺。玺印的使用虽然起源较早,用途多样,但秦汉时期的官、私交往中,玺印作为封检之用,使用更为普遍④。西南夷地区发现的汉代官私印章,与全国呈同步发展的状态,说明汉代西南夷社会,其政治体制与文化风尚与内地同步。

第四节　政令通行汉文

西汉武帝开拓、经营、治理西南夷以来,随着郡县制度的确立,汉字、汉文成为西南夷通行文字。西汉末东汉初,西南夷郡县开始设立学校,教授七经。东汉初年,牂牁郡汉族移民后裔"郡人"尹珍,先赴内地学习,学成后还乡里教授经学,推动西南夷社会汉文化教

---

① 云南文物考古研究所、昆明市晋宁区文物管理所:《云南昆明市河泊所青铜时代遗址》,《考古》,2023年第7期。
② 中国社会科学院考古研究所、云南省文物考古研究所等:《陆良薛官堡墓地》,文物出版社,2017年,第285页。
③ 云南省文物考古研究所等:《个旧市黑蚂井墓地第四次发掘报告》,第12页。
④ 张锡英:《中国古代玺印》,地质出版社,2002年,第9页。

育①。东汉章帝时,蜀郡王阜为益州太守,"始兴文学,渐迁其俗"②。

西汉中期以来,行政文书在西南夷郡县中流传、通行。《华阳国志·南中志》说:"元初四年(117),益州、永昌、越巂诸夷封离等反,众十余万,多所残破,益州刺史遣从事蜀郡杨竦将兵讨之。竦先以诏书告谕,告谕不从,方略涤讨。凡杀虏三万余,获生口千五百人……降、赦夷三十六种。"③这里特别提到"竦先以诏书告谕,告谕不从,方略涤讨",也就是汉朝将军在出兵之前,先以朝廷的名义下"诏书"进行"文攻",诏书当然是行政公文了。

1980年代,考古工作者于汉代越巂郡故地,今四川凉山州昭觉县好谷乡,发现东汉时期的石刻文书数十件,其中光和四年(181)《五曹诏书》石表、初平三年(192)"越巂太守碑"④,属于东汉时期的"行政文书石刻"。

一、奏牍公示

"光和四年五曹诏书石表"(下文称"《五曹诏书》石表")题铭共四百余字,主要内容是越巂郡太守张勃,任命"苏示县有秩"冯佑为邛都县"安斯乡有秩",还有"复除"上诸、安斯二乡赋役等事,书体为"五曹诏书"形式,由劝农督邮书椽李仁下达。立石落款为

---

① 《华阳国志校补图注》,第260页。
② 《华阳国志校补图注》,第237页。
③ 《华阳国志校补图注》,第237页。
④ 吉木布初、关荣华:《四川昭觉县发现东汉石表和石阙残石》,《考古》,1987年第5期;刘弘:《从川滇古道上的汉墓看汉代邮亭》,《四川文物》,1990年第3期;凉山彝族自治州博物馆、昭觉县文管所:《四川凉山州昭觉县好谷乡发现的东汉石表》,《四川文物》,2007年第5期;毛远明:《汉魏六朝碑刻校注》第2册,线装书局,2008年;凉山彝族自治州博物馆、文管所编著:《凉山历史碑刻注评》,文物出版社,2011年。

"邛都县安斯乡十四里丁众"。

汉代郡县制度下,基层均设置乡与亭。《汉书·百官公卿表》说:"大率十里一亭,亭有长。十亭一乡,乡有三老、有秩、啬夫、游徼。三老掌教化,啬夫职听诉,收赋税。游徼徼循禁贼盗。"[1]此石表所称"安斯乡有秩",为汉代乡中的三老之一,属于乡官。

石表文中,提及较多官吏称名,如"越嶲太守""领方右户曹史""安斯有秩""五官橡""功曹""时簿""督邮""行丞事""使者""太守丞橡""大官守长常""劝农督邮书橡""书佐"等等,还有郡县名称如"益州""邛都""苏示",军伍与人民组织如"部曲""十四里丁众",以及"庚子诏书"等。

石表是用来公示朝廷诏书或官府布告的设施,汉代曾有将官府布告书写在驿站木板、壁上以示行人的制度。光和四年石表,是越嶲郡太守给皇帝上的奏牍,具体内容涉及到基层官吏的调动、复除当地民众的赋税等事。这些事务对于当地民众来说,是切身利益,故以刻石公示,令民众知晓。《风俗通义》说:"光武中兴以来,五曹诏书题乡亭壁,岁补正,多有阙谬。永建中,兖州刺史过翔笺撰卷别,改著板上,一劳而九逸。"[2]很显然,题壁刻石,是东汉时期"五曹诏书"通行的公文刻石公示制度。

二、徙边复除、缮治邮亭

"越嶲太守碑"碑文多漫漶不清,可辨识文字中,起首两行为"辛酉朔十六日丁酉越嶲太守臣,顿首顿(首)死罪死罪谨案文书"。这是汉代地方官吏向皇帝上奏牍文的行文格式。内文有"初平三年"

---

[1]《汉书》卷一九上《百官公卿表上》,第742页。
[2]〔汉〕应劭撰,吴树平校译:《风俗通义校释》,天津人民出版社,1980年,第405页。

(192)纪年,还有"百人以为常屯""汉民治水""丁男给宅""有斯叟备路障""缮治邮亭""书赐复除"等文字,内涵丰富,透露出越巂郡族群、移民、屯田、驿传,还有汉代"复除"制度等重要内容。

"越巂太守碑"说明,东汉初平年间西南夷的汉族移民,是聚族而居的,其规模是"百人以为常屯",朝廷还给予"徙边复除""丁男给宅"等政策保障。"缮治邮亭"之语说明,汉族移民聚居之地,同时也是邮传通达的枢纽。

邮亭是汉代由国家设置在官道上的交通设施,《华阳国志·蜀志》"严道县"条说:"秦开邛来道,置邮传,属临邛。"① 则西南夷置邮传之制,始于秦时。"缮治邮亭",一是说明越巂郡设置邮、亭与传舍,二是说明此郡之邮亭,管理、运作得很好,邮传通达各地。邮亭一词,多见于《汉书》,如《赵充国传》有"邮亭多败坏"之述②,《黄霸传》有"使邮亭乡官皆畜鸡豚,以赡鳏寡贫穷者"之语,颜师古注云"邮行书舍,谓传递文书所止处,亦如今之驿馆也"③。《后汉书·舆服志》称"驿马三十里一置",刘昭注说:"东晋犹有邮驿共置,承受傍郡县文书。有邮有驿,行传以相付。县置屋二区。有承驿吏,皆条所受书,每月言上州郡。《风俗通》曰:'今吏邮书掾、府督邮,职掌此。'"④《后汉书·百官志》说:"亭有亭长,以禁盗贼。本注曰:亭长,主求捕盗贼,承望都尉。"刘昭注引《汉官仪》说,"设十里一亭,亭长、亭侯;五里一邮,邮间相去二里半"⑤。《后汉书·西域传》说:

---

① 《华阳国志校补图注》,第198—199页。
② 《汉书》卷六九《赵充国传》,第2986页。
③ 《汉书》卷八九《黄霸传》,第3629—3630页。
④ 《后汉书》志第二十九《舆服上》,第3651页。
⑤ 《后汉书》志第二十八《百官五》,第3624页。

"十里一亭,三十里一置,终无盗贼寇警。"① 邮、亭、置又称邮传、亭传、置传或传置,是汉代邮传系统中的三个基本单位②。有关邮亭的文献记载较多,出土文物丰富,研究成果丰硕,这里不再赘述③。

复除是汉代对特殊人群免除国家赋税与徭役的优待政策。汉代享受复除待遇的人士与情况种种不一④。此处"书赐复除"即是皇帝免除赋役的诏书,《五曹诏书》石表所述复除上诸、安斯二乡赋役等事,符合《汉书·晁错传》"徙边者免徒复作"即复除的规定⑤。说明上诸、安斯两乡之居民,多为徙边的汉族移民。

碑中所述之部曲,《后汉书·百官志》记载说:"其领军皆有部曲。大将军营五部,部校尉一人,比二千石;军司马一人,比千石。部下有曲,曲有军候一人,比六百石。曲下有屯,屯长一人,比二百石。"⑥ 故部、曲为军队编制之称。方国瑜先生说:"汉制,戍守边郡,以部、曲、屯相统率。部有校尉,曲有军候,屯有屯长,长居任职,久而成为豪门。"⑦ 所说甚是。《五曹诏书》石表有"部曲""十四里丁众"等语,而"越巂太守碑"有"百人以为常屯"之说,则越巂郡的汉族移民,或为军伍,或为徙边民众。其军伍之编制,即有部、曲、屯之设,说明彼时越巂郡汉族戍军与移民聚落成群。

本书第三章《西南夷交通与邮传系统的建立》中,我们描述了从蜀郡向西南经临邛、再南向到达邛都越巂郡的"旄牛道"。以今

---

① 《后汉书》卷八八《西域传》,第 2920 页。
② 赵克尧:《汉代的"传"、乘传与传舍》,《江汉论坛》,1984 年第 2 期。
③ 王淮:《秦汉亭制研究之争》,中国社会科学网,2022 年 07 月 20 日。
④ 张仁玺:《秦汉复除概述论》,《山东师大学报(哲社版)》,1993 年第 4 期。
⑤ 《汉书》卷四九《晁错传》,第 2386 页。
⑥ 《后汉书》志第二十四《百官一》,第 3564 页。
⑦ 方国瑜:《云南史料目录概说》,第 810 页。

天的地理而言,从成都,经雅安、汉源、西昌、会理,渡金沙江而南,或向南至滇池,或向西至洱海,正是汉代"邛来、越嶲置邮传"的"西夷道"。早期汉族移民进入西南夷,主要聚居在交通沿线,因此,越嶲郡是汉代经营西南夷治道、设治、移民的重要区域①。

昭觉县发现的东汉石表、"越嶲太守碑"碑文,都是汉代较常见的行政石刻文书,前者是以石壁公示的"越嶲太守奏牍",这是汉代将官府公文在驿站公示,以示行人的制度。后者的内容,涉及越嶲郡族群、移民、屯田、驿传,还有汉代"徙边复除"制度等重要内容。一表一碑,说明作为边郡、初郡的越嶲郡,其行政管理,具有汉代郡县治理的基本特征。

第五节 以汉文书写西南夷族群历史与文化

西南夷土著文化中,虽然也出现过晋宁石寨山铜片"图画文字"一类的图像,但总体上,西南夷土著社会并没有文字的发明②。从这个意义上讲,西汉武帝之前的西南夷社会历史,属于无文字的历史。

秦并巴蜀之后,开始了解"巴蜀徼外"的西南夷社会,甚至在部分地区治道、设置郡县。自西汉武帝以来,内地官员、史家开始关注西南夷的族群与社会发展,记录并向朝廷报告西南夷土著族群及其社会文化风貌。《史记·西南夷列传》,正是司马迁亲历西南夷之后写成的专题篇章。两《汉书》之《西南夷列传》对汉代西南夷族群与社会有更加深入的了解与记录。而《汉书·地理志》

---

① 刘弘:《从川滇古道上的汉墓看汉代邮亭》,《四川文物》,1990年第3期。
② 汪宁生:《试释云南晋宁石寨山出土铜片上的图画文字》,《文物》,1964年第5期。

与《后汉书·郡国志》,详细记载了两汉时期西南夷的郡县设治及其沿革。《华阳国志》"南中志"等篇章,对两汉以来直到魏晋时期西南夷的族群演变、郡县沿革、社会发展有了更为详尽的记载。

汉晋时期,还出现了一批专题记载西南夷部族的专书,譬如杨终《哀牢传》等等。汉代文献中所记载的西南夷社会历史,就是西南夷"有文字历史"的开端。

有关西南夷的著述,见于正史者,西汉时期有《史记·西南夷列传》与《汉书·西南夷传》,东汉时期有《后汉书·西南夷列传》,三国时期有《三国志》相关传记。晋代《华阳国志》虽属地方志,但对西南夷的记载历史更长,文字更详尽。《晋书·地理志》对西南夷设治情况,也有系统记录。上述六种文献,是研究西南夷的基本史料。

方国瑜《云南史料目录概说》一书,开篇所讨论的汉晋时期著述,一为传记类,就是《史记·西南夷列传》《汉书·西南夷传》与《后汉书·西南夷列传》。同时还介绍了汉代荀悦《东观汉记》,袁宏《后汉记》,徐天麟《西汉会要》《东汉会要》,以及《三国志》;二为地理志类,包括《汉书·地理志》《后汉书·郡国志》《晋书·地理志》《宋书·州郡志》《南齐书·州郡志》等;三为地方史志类,包括杨终《哀牢传》,以及《华阳国志》等[①]。

有关汉晋时期西南夷的记载,完整地保留在"前四史"等史籍文献之中。《史记》与两《汉书》之《西南夷列传》,与《汉书·地理志》与《后汉书·郡国志》有关西南夷郡县的记载,无疑是汉代大一统体制下,对于中国西南边疆族群分布、政治设治、社会发展的官方记录与历史书写。从中国历史书写的传统来解释,其意义就

---

① 方国瑜:《云南史料目录概说》,第1—48页。

是：汉代西南夷族群、历史与地理，是中华民族历史与中国历史、政治、地理发展的一部分。

第六节　金石碑铭通行汉文

西汉中晚期以来，各种汉文题记、纪年铭文，就出现于西南夷器物、遗迹之中，譬如"始元四年"木简、"元始三年"耳杯与澡盘等。东汉以来，西南夷的金石铭文，完全使用汉文。在中国书法史上有一席之地的东汉"孟孝琚碑"（通称"孟碑"）、六朝"爨宝子碑"与"爨龙颜碑"（通称"二爨碑"）均出自西南夷。

一、西南夷发现的汉魏六朝碑刻题铭

西汉时期，西南夷碑刻文物多见于文献著录，譬如《新纂云南通志》转载的道光《云南通志》所记"益州太守碑"，碑文上的功曹、故吏题名，所列属县，如建伶、牧靡、梇栋、滇池、谷昌、俞元等，均属西汉益州郡领县，可知此碑当为西汉时遗碑[①]。东汉"孟碑"和六朝时期的"二爨碑"，至今文物尚在。而晋代"云南太守碑"，亦有较为详细的著录，重要内容可得而说。

（一）孟孝琚碑

东汉时期的"孟孝琚碑"（图7—4）原立于云南昭通城南白泥井"梁堆"墓前，属于"梁堆"墓的墓志铭。清光绪二十一年（1901）被发现后，随即移置到昭通城内，今存昭通第三中学校园内。碑上端残缺，残高1.33米，宽0.96米。碑文共十五行，行残存二十一字，隶书。左右两侧刻龙、凤，下方刻玄武，碑上截已失，立

---

① 《新纂云南通志》（五），第80—81页。

碑时间为东汉桓帝永寿二年(156)。

在近代中国金石碑铭中,"孟碑"享有盛名。多家考释、辑录碑文,有的甚至"拟补阙佚",将"缺字""依文义补全",形成完本。《新纂云南通志·金石考》有详说①。

汪宁生《云南考古》辑录的碑文如下("□"代表缺字):

□□□□□□□丙申,月建临卯,严道君曾孙、武阳令之少息孟广宗卒。□□□□□□□□遂。广四岁失母,十二随官受《韩诗》,兼通《孝经》二卷,博览□□□□□□改名为琁,字孝琚,闵其敦仁,为问蜀郡何彦珍女,未娶□□□□□十月癸卯于茔西起攒,十一月乙卯平下。怀抱之思,心□□□□□□□其辞曰:□□□□□□□结。四时不和,害气蕃溢。嗟命何辜,独遭斯疾。中夜奄丧□□□□□□□荧,忽然远游。将即幽都,归于电丘。凉风渗淋,寒水北流。□□□□□□期。痛哉仁人,积德若滋。孔子大圣,抱道不施,尚困于世,□□□□□□□渊,亦遇此灾。守善不报,自古有之。非独孝琚,遭逢百罹。□□□□□□□□覆。恨不伸志,翻扬隆洽。身灭名存,美称修饬。勉崇素意,□□□□□□皓,流惠后昆。四时祭祀,烟火连延。万岁不绝,勋于后人。□□□□□□□失雏,颜路哭回孔尼鱼。澹台忿怒投流河,世所不闵如□□

……武阳主簿李桥字文平　书佐黄羊字仲兴

……记李昺字辅谋　铃下任骉②

---

① 《新纂云南通志》(五),第4—6页。
② 汪宁生:《云南考古》,第111页。

图7—4 孟孝琚碑拓本
（采自《新纂云南通志·金石考一》）

此碑的发现过程及彼时学界相关讨论，均见于《新纂云南通志》卷八五《金石考五》。比较公认的观点是，立碑时间为桓帝永寿二年(156)[①]。袁嘉谷《孟孝琚碑跋》说：孝琚去世在今蜀地，其父属僚立碑志之，文中用孔哭鱼、路哭回，以慰其父，而葬地卒返于

[①]《新纂云南通志》（五），第2—21页。

乡,狐死首邱,盖古义也①。汪宁生认为,"孟孝琚碑"是东汉时期内地文化在西南夷深入传播与影响的证据。孟氏为著名"南中大姓"之一,孟孝琚自幼受纯汉式教育,"随官受《韩诗》,兼通《孝经》二卷",汉文学有一定造诣。他未娶先聘,死于武阳,还要归葬朱提祖茔。说明"大姓"们实行的婚丧礼俗亦与内地无别。又碑的四周刻四神图案,说明他们的宗教信仰乃至艺术爱好,均与内地统治者相同。

(二)云南太守碑

《新纂云南通志·金石考》记载有晋武帝太熙元年(290)"云南太守碑",并说"晋云南太守碑,文字残缺,其姓氏、名字、乡里皆不可考,略可见者尝为尚书令史,察孝廉,除郎中,迁武阳令,从龙骧将军王濬征讨,迁云南太守,年五十卒",并推断晋云南太守治云平,即云南县普棚等处②。

此云南郡太守,曾任"武阳令",从"龙骧将军"征讨。武阳为西南夷旧县,两汉犍为郡均设武阳县,《汉书·地理志》记载,武阳是西汉犍为郡治,其地在今四川汉嘉县③。《后汉书·郡国志》犍为郡属县,首列武阳县④。蜀汉、晋因之。武阳地近成都,是蜀郡南出西南夷的第一重镇。武阳又是犍为郡中开置最早而近蜀的县,文化程度较高,汉光武帝称其为"士大夫之郡也"⑤。

(三)霍氏墓墨书墓志铭

1963年,云南省博物馆文物工作队清理了昭通后海子东晋霍

---

① 《新纂云南通志》(五),第 8 页。
② 《新纂云南通志》(五),第 94 页。
③ 《汉书》卷二八上《地理志上》,第 1599 页。
④ 《后汉书》志第二十三《郡国五》,第 3510 页。
⑤ 《华阳国志校补图注》,第 172—174 页。

氏墓。此墓为带墓道的单室覆斗形券顶石室墓,墓室外有高大封土堆。券顶正中方石雕刻莲花藻井,墓室四壁抹石灰,壁上绘画,墓底铺扇形花砖。

北壁为正壁,分上、下两层,上层云气之下,绘莲花、龟蛇及人像;下层正中为墓主人像,墓主左、右两侧,描绘仪仗与侍从,墓主人像右上方有墨书题记八行,行字六至十四字不等,共九十一字:

晋故使持节都督江南交、宁二州诸军事,建宁、越巂、兴古三□□守,南夷校尉、交宁二州刺史、成都县侯霍使君之像。君讳□,字承嗣,卒是荆州南郡枝江牧,六十六岁薨。先葬蜀郡,以太元十□年二月五日,改葬朱提。越渡□□,魂来归墓。①

题记"太元十□年二月五日改葬朱提",当在太元十一年至十九年(386—394)之间,墓主人霍承嗣身份特殊,是"建宁、越巂、兴古三郡太守,南夷校尉、交宁二州刺史、成都县侯、使持节都督江南交、宁二州诸军事"。论者以为此霍承嗣,极有可能是官居东晋越巂太守、建宁太守的霍彪②。

---

① 云南省文物工作队:《云南昭通后海子东晋壁画墓清理简报》,《文物》,1963年第12期。
② 霍彪历任建宁太守、越巂太守、宁州刺史等官职,而祖籍亦为南郡枝江人,其事迹史籍多有记载,如《三国志·霍峻传》:"霍峻字仲邈,南郡枝江人也……子弋,字绍先,先主末年为太子舍人……乃以弋领永昌太守,率偏军讨之,遂斩其豪帅,破坏邑落,郡边宁静。迁监军翊军将军,领建宁太守,还统南郡事。景耀六年,进号安南将军。"其注出《汉晋春秋》说"弋孙彪,晋越巂太守"(《三国志》卷四一,第1007—1008页)。《华阳国志》卷九《李特雄期寿势志》:"咸康五年,建宁太守孟彦,率州人缚宁州刺史霍彪于晋。"(《华阳国志校补图志》,第483—484页)《晋书·成帝纪》:(转下页)

而墓壁上的绘画,墓主人穿宽大的汉式袍服,手执麈尾,侍从着汉装;以伞盖、团扇为仪仗;居住汉式楼房,信仰朱雀、玄武、青龙、白虎"四神"。说明墓主人所奉行的是典型的汉式葬俗。壁画中的"夷汉部曲",则反映了地域文化与土著人群的特色。

(四)爨宝子碑

清乾隆四十三年(1778),"爨宝子碑"出土于云南曲靖扬旗田,后移置于曲靖城中,今存曲靖一中校园内。碑半圆形额,长方形碑身,碑通高1.83米,宽0.68米。碑额正中题"晋故振威将军建宁太守爨府君之墓"五行,十五字;墓志铭十三行,行三十字;题铭十三行,行四字(图7—5)。

碑文中的纪年为"大亨四年",其实东晋大亨只有一年,次年即改称"元兴",后又改元义熙。此碑所称"大亨四年"实为义熙元年(405)①。正如不少研究者指出的那样,中原改元而边陲仍使用旧的年号,在古代是比较常见的事。

现参照《新纂云南通志·金石考》、孙太初《云南古代石刻丛考》、汪宁生《云南考古》等文本,将"爨宝子碑"碑文辑录如下②:

晋故振威将军建宁太守爨府君之碑

君讳宝子,字宝子,建宁同乐人也。君少禀瓌伟之质,长挺高邈之摻,通旷清恪,发自天然,冰洁简静,道兼行苇。淳粹之德,戎晋归仁,九皋唱于名响,束帛集于闺庭。抽簪俟驾,朝野咏

(接上页)"(咸和八年正月)丙寅,李雄将李寿陷宁州,刺史尹奉及建宁太守霍彪并降之。"(《晋书》卷七,第177页)

① 孙太初:《云南古代石刻丛考》,第7—12页。
② 此碑及下述"爨龙颜"碑文多异体字,保留晋宋时期"专辄造字"的社会风尚。今照录。

歌。州主簿治中别驾举秀才本郡太守,宁抚氓庶,物物得所。春秋廿三,寝疾丧官,莫不嗟痛,人百其躬,情恸发中,相与铭诔,休扬令终,永显勿翦。其辞曰:

山岳吐精,海诞陼光。穆穆君侯,震响锵锵。弱冠称仁,咏歌朝乡。在阴嘉和,處渊流芳。官宇数刃,循得其墙。馨随风烈,耀与云扬。鸿渐羽仪,龙腾凤翔。矫翩凌霄,将宾乎王。鸣鸾紫闼,濯缨沧浪。庶民子来,挚维同响。周遵绊马,曷能赦放。位才之绪,遂居本邦。志邺方熙,道隆黄裳。当保南岳,不骞不崩。享年不永,一匮始倡。如何不吊,歼我贞良。回柩圣姿,影命不长。自非金石,荣枯有常。幽潜玄穹,携手颜张。至人无想,江湖相忘。于穆不已,肃雍显相。永维平素,感恸

图7—5　爨宝子碑柘本

忾慷。林宗没矣,令名遐彰。爰铭斯诔,庶存甘棠。呜呼哀哉!

太亨四年歲在乙巳四月上恂立

主簿杨磐　录事孟慎　西曹陈勃　都督文礼　都督董彻　省事陈奴　省事杨贤　书佐李仂　书佐刘兒　幹吏任升　幹吏毛禮　小吏杨利　威仪王囗①

---

① 《新纂云南通志》(五),第46—51页;汪宁生:《云南考古》,第113—115页。

曲靖为汉代牂牁郡故地,蜀汉至晋代为建宁郡属地。"爨宝子碑"碑文,首先引起关注的是它的书法。《新纂云南通志·金石考》搜罗时人所论,其中如李慈铭跋"爨宝子碑",称其"碑文甚清雅,字尤遒美,波磔颓发,已开唐隶之风"。喻怀信称其"书法朴茂可喜,虽已近楷,然批法钩撆尚有钟梁遗意……文辞古雅,大有六朝风味。阅世千四百余年而字画完好,非神物阴相而然邪"①。

(五)爨龙颜碑

"爨龙颜碑"(图7—6),刘宋大明二年(458)立,现存云南省陆良县东南二十里贞元堡小学内,为第一批全国重点文物保护单位。碑通高4.21米,半圆形额。额上端雕青龙、白虎、朱雀,中央题"宋故龙骧将军护镇蛮校尉宁州刺史邛都县侯爨使君之碑"二十四字楷书题铭。碑额下端中间有穿,穿两侧雕日月、三足乌与蟾蜍。碑阳刻墓志铭二十四行,行四十五字,共一千余字。碑阴题铭四十八行,分上、中、下三列,罗列墓主"一身三职"各职所属的人名与头衔,即龙骧将军属官、镇蛮校尉属官,以及宁州刺史属官四十八人名讳与官衔②。

现依据《新纂云南通志》、孙太初《云南古代石刻丛考》、汪宁生《云南考古》等文本,将"爨龙颜碑"碑文,按照碑额铭文、碑文、碑阴题铭,分别辑录如下:

碑额题铭与碑文

宋故龙骧将军护镇蛮校尉宁州刺史邛都县侯爨使君之碑
　　君讳龙颜,字仕德,建宁同乐县人。其先世则少昊颛顼之

---

① 《新纂云南通志》(五),第46—51页。
② 孙太初:《云南古代石刻丛考》,第13—21页。

图7—6 爨龙颜碑

玄胄,才子祝融之渺胤也。清源流而不滞,深根固而不倾。夏后之盛,敷陈五教,勋隆九土,纯化洽于千古,仁功播于万祀,故乃燿辉西岳,霸王郢楚,子文铭德于春秋,班朗绍纵于季叶。阳九运否,蝉蜕河东,逍遥中原。斑彪删定《汉记》,班固述修《道训》,爰暨汉末,菜邑于爨,因氏族焉。姻娅媾于公族,振缨蕃乎王室。迺祖肃,魏尚书仆射河南尹,位均九列,舒翩中朝,迁运庸蜀,流薄南入,树安九世,千柯繁茂,万叶云兴;乡望标于四姓,邈冠显于上京。瑛豪继体,于兹而美。祖,晋宁建宁二郡太守、龙骧将军、宁州刺史。考,龙骧辅国将军、八郡监军、晋宁建宁二郡太守,追谥宁州刺史、邛都县侯。金紫累迹,朱黻充庭。君承尚书之玄孙,监军之令子也。容貌玮于时伦,贞操超于门友。温良冲挹,在家必闻。本州礼命主簿不就,三辟别驾从事史,正式当朝,靖拱端右,仁笃显于朝野,清名扇于遐迩。举义熙十年秀才,除郎中。相征西镇,迁南蛮府行参军,除试守建宁太守。剖符本邦,衣锦昼游,民歌其德,士咏其风,于是贯伍乡朝本州司马长史。而君素怀慷慨,志存远御,万里归阙,除散骑侍郎。进无忻容,退无愠色,忠诚简于帝心,芳风宣于天邑。除龙骧将军、试守晋宁太守,轺车钺斧,金章紫绶,荣戟幢盖,袭封邛都县侯。岁在壬申,百六遘衅,州土扰乱,东西二境,凶竖狼暴,缅戎寇场。君收合精锐五千之众,身冗矢石,扑碎千计,肃清边嵎。君南中磐石,人情归望,迁本号龙骧将军、护镇蛮校尉、宁州刺史、邛都县侯。君姿瑛雄之高略,敦纯懿之弘度,独步南境,卓尔不群。虽子产之在郑,篾以加焉。是以兰声即畅,福隆后嗣者矣,自非恺悌君子,孰能若斯也哉! 旻天不吊,寝疾弥笃,亨年六十一,岁在丙戌十二月上旬薨。黎庶痛悼,宋夷伤怀,天朝远感,追赠中牢之馈也。故吏建宁赵次之、巴郡杜长子等,仰怀仁德,永慕玄泽,刊石树碑,褒尚欻烈。其颂曰:

巍巍灵山,峻高迢遰;或跃在渊,龙飞紫闼。邈邈君侯,天姿瑛哲。缙绅踵门,扬名四外。束帛戋戋,礼聘交会;优游南境,恩沾云裔。抚伺方岳,胜残去煞;悠哉明后,德重道融。绸缪七经,骞骞匪躬,凤翔京邑,曾闵比踪。如何不吊,遇此繁霜,良木摧枯,光辉潜藏。在三感慕,孝友哀伤,铭迹玄石,千载垂功。

祖已薨背,考志存铭记,良愿不遂,奄然早终。嗣孙硕子等及乎哀感，仰寻彝训，永慕高蹤。控勒在三，仲秋七月，登山采石，树立玄碑，表殊勋于当世，流芳风于千代，故记之。

宁州长子驎弘早终，次弟驎绍、次弟驎暄、次弟驎崇等建樹此碑。

太明二年歲在戊戌，九月上旬壬子朔，嗣孫硕端、硕□、硕繗、硕万、硕思、硕间、硕罗、硕闼、硕俗等立

匠碑府主簿益州杜苌子

文建宁爨道庆作

碑阴题铭

府长史建宁爨道文

司马建宁爨德泯

录事参军武昌郡刘观

功曹参军建宁孟庆伦

仓曹参军建宁爨硕登

户曹参军建宁周贤

中兵参军雁门郡王令文

府功曹建宁爨毅

主簿建宁赵道才

别驾建宁爨敬祖

治中晋宁赵世伐

主簿建宁爨德融

主簿建宁孟叔明

西曹盖宁杨琼子

西曹晋宁路雄

镇蛮长史建宁爨世明

司马建宁爨顺靖
录事参军建宁毛玮子
功曹参军朱提李融之
仓曹参军牂柯谢国子
户曹参军南广杨道育
屯兵参军建宁爨孙记
蛮府功曹建宁李延祖
主簿建宁孟令孙
主簿建宁孟顺德
门下建宁爨连宁爨连迫
录事弋阳郡舒征
西曹建宁周令活
户曹建宁陈世敬
省事安上舆稚圭
书佐建宁孟罗
幹张孙明

录事孟林
西曹刘道善
户曹尹仲常
记室张叔熬
朝直张世保
麾下部都督王道盈
□□彥頭
□□□文
□□康

门下张寻

录事万敬

西曹尹开

户曹耒叔子

省事李道学

书佐单仲

幹盛庆子①

元明以降,"爨龙颜碑"载于地方志乘。元代李京《云南志略》、明景泰《云南志》等地方文献,并载此碑,正德、万历《云南通志》并载其目。有称"爨府君碑"者,也有称其为"邛都县侯爨龙颜碑""爨大夫墓碑"等等。碑文著录首见于袁文揆《滇南文略》,后收入师范《滇系》,以及道光、光绪《云南通志》。

清道光年间,云贵总督阮元于曲靖府陆凉州东南二十里荒阜之上、爨君墓前"访得此碑",道光七年(1827),阮元为之立亭、题识,称其"文体书法皆汉晋正传,求之北地亦不可多得"。阮福《滇南古金石录》收录。近世题跋"爨龙颜碑"者较多,袁嘉谷、梁启超、康有为、赵式铭、李根源、方国瑜、孙太初等数十名家为其作跋、考释,康有为称其书法为"神品"。20世纪初叶,爨碑书帖,书坊影印墨拓,流传甚广。各家题跋及相关评述,详见《新纂云南通志》卷八四《金石考四》之文②。

---

① 《新纂云南通志》(五),第54—56页;孙太初:《云南古代石刻丛考》,第13—21页;汪宁生:《云南考古》,第115—120页。
② 《新纂云南通志》(五),第57—68页。

(六)爨龙骧墓石

1965年,云南陆良县南十里许坝岩"梁堆"墓,出土一墓石,墓石上题写"泰和五年岁在辛未正月八日戊寅立爨龙骧之墓"二十字。孙太初认为,陈垣《二十史朔闰表》泰和五年岁在庚午,六年始值辛未,此泰和五年当是泰和六年(371)年之误。

墓碑出土于石块砌筑的石室墓中,墓平面呈正方形,覆斗状券顶。墓葬型制,与昭通发现的霍氏墓类似,是六朝时期典型的"梁堆"墓。此墓石直称"爨龙骧之墓",不书墓主名讳。此龙骧将军,很可能是爨龙颜的祖、父辈①。

(七)毛辨墓碑

道光《云南通志·金石门》著录有"毛辨碑",为太元十六年(391)之遗物。其墓志铭文有"振威将军平蛮大保关内侯毛辨之墓,泰光十六年十月十六日建",又横书"主簿杨林、张甘,都督张德、王贤、张兴、张靖,书佐文寿,右相味县吏石梁,书佐黄"等字。职官题铭,与"爨宝子碑"类似。方国瑜考释,历代无"泰光"年号,此处之"泰光"当为泰元之误,泰元为东晋武帝年号,泰元十六年当公元391年。造成讹舛的原因,当是释者误读碑文所致。毛辨其人,应该是晋武帝泰始年间的郁林太守毛灵。南中大姓毛姓显于世,实始于此人②。

二、西南夷汉魏六朝石刻碑铭的意义

(一)凸显内地文化与风俗

西南夷两汉、魏晋至六朝时期的石刻碑铭,既有记载西南夷郡守事迹的"太守碑",也有东汉时期的行政石刻文书石表与"越嶲太

---

① 孙太初:《云南古代石刻丛考》,第4—6页。
② 方国瑜:《云南史料目录概说》,第830—831页。

守碑",也有墓志与题记。碑刻铭文之上,往往有内地风格的画像题材,譬如西王母、女娲、伏羲、四神和六博仙人等,其造型与巴蜀地区类同。出土碑铭文较多的西汉犍为属国,东汉朱提郡地,即今云南昭通及其周边地区,是蜀地、汉族移民西南夷的重要通道,东汉时期汉文化程度已经接近蜀地,《华阳国志·南中志》称其"滨犍为,其民好学,号多奉公行法人,为宁州冠冕"①。

汉代徙边移民,实行"坟墓相从"制度,其丧葬礼俗,反映的是内地的思想与信仰。画像石刻、壁画中,多有祥云、瑞兽、神仙、长生不死等故事题材。到两晋南北朝时期,爨氏崛起于滇东地区,称霸南中数百年。六朝时期,汉晋以来早期汉族移民带来的汉文化与内地礼俗,因大姓、夷帅的提倡而得以继承与发展。从画像石刻上看,东汉"孟孝琚碑",晋代"爨龙颜碑",以及云南省博物馆藏古墓石上四神、日月、三足乌等一脉相承②。由两汉至魏晋、南朝,西南夷所流行的汉族文化与内地礼俗,与内地趋于一致。

(二)反映西南夷社会生活样态

"益州太守碑""云南太守碑""越嶲太守碑"等一系列有关西南夷两汉郡守的碑铭,记录了文献失载的内容,对于理解汉代西南夷社会发展,具有独特价值。

东汉"越嶲太守奏牍"与"越嶲太守碑"行政石刻文书,不仅是汉代全国通行的行政文书公示制度的产物,公文内容涉及越嶲郡族群、移民、屯田、驿传,以及"复除"制度等重要内容。"孟孝琚碑""受《韩诗》,通《孝经》",文中用"孔哭鱼、路哭回"以慰其父,说明以学校为主体的汉文化教育模式,已经普遍存在于西南夷郡县。

---

① 《华阳国志校补图注》,第 278 页。
② 方国瑜:《云南史料目录概说》,第 845 页。

第七章　西南夷土著文化向汉文化的转型　　239

图7—7　二爨碑拓本书法帖

爨氏在"南中大姓"中具有典型的个案意义。"二爨碑"与相关文献进行比对,有助于理解爨氏的源流,以及其称霸西南夷四百年的历史。"爨龙颜碑"碑铭称其"建宁同乐县人"。方国瑜先生说,蜀汉建兴三年(225)置建宁郡,晋、宋因之。前后《汉书》之《地理志》益州郡领"同劳"县,南朝刘宋、萧齐建宁郡有"同乐"县,"劳""乐"为对音字,因此景泰《云南志》说:"陆凉州,乃汉之同劳县,即同乐也。"①孙太初认为,陆良城南十至二十里的夏古村、许坝岩、贞元堡(薛官堡)所在区域,出土"祥光刻石"、"爨龙骧墓石"、"爨龙颜碑",更分布着较多古墓,这里应该是同劳(乐)县爨氏的家族墓地②。

晋代,龙骧将军品秩较高,是仅次于三公的"位从公"。《晋书·职官志》称龙骧将军"品秩第一,食奉日五斛"③。孙太初认为,自李毅以宁州刺史领南夷校尉,加号"龙骧将军"之后,居宁州刺

①方国瑜:《中国西南历史地理考释》,第65—66页。
②孙太初:《云南古代石刻丛考》,第6页。
③《晋书》卷二四《职官志》,第726页。

史者加龙骧将军成为定制。"爨龙颜碑"称其祖为晋宁、建宁二郡太守,龙骧将军、宁州刺史。父为龙骧辅国将军、八部监军、晋宁、建宁二郡太守,追谥宁州刺史。爨龙颜亦官龙骧将军、护镇蛮校尉、宁州刺史。按碑文,爨龙颜生于晋武帝太元十一年(386),卒于宋文帝元嘉二十三年(446),享年六十一岁。另一爨氏墓石,即立于泰和六年(371)的"爨龙骧墓石"所称"龙骧"者,很可能是爨龙颜的祖、父辈①。

《新纂云南通志》对"爨"有详尽考释,其文称:

> 爨本邑名,因为氏族。西南夷爨氏之盛,始于汉晋间中原扰乱,爨氏雄长群蛮,分统其地。爨氏见于记载者,《华阳国志》建宁大姓有爨习,诸葛亮收其为官,爨习官至领军。魏咸熙初,建宁爨谷为交趾太守。李雄称帝,以爨深为交州刺史。梁武帝以爨瓒为宁州刺史,瓒有二子,曰震,曰翫,隋开皇十七年翫反,史万岁讨降。其子爨宏达唐武德间为昆州刺史。《南诏德化碑》有南宁州都督爨归王、昆州刺史爨日进、黎州刺史爨祺、螺山大鬼主爨彦昌、南宁州大鬼主爨崇道。至后晋,有爨判,借与段思平兵以平杨干贞。是爨氏自魏历数十代未衰也。②

李京《云南志略》说:

> 今陆凉州有《爨府君碑》,载爨氏出楚令尹子文之后,受姓班氏。(西)汉末,食邑河南,因以为氏。为镇蛮校尉、宁州刺

---

① 孙太初:《云南古代石刻丛考》,第4—6页。
② 《新纂云南通志》(五),第57页。

史。晋成帝以爨深为兴古太守,自爨瓒、爨震相继不绝。唐开元初,以爨归王为南宁州都督,理石城郡,即今曲靖也。爨人之名原此。然今目白人为白爨,罗罗为黑爨,字复讹为寸矣。[①]

李京将汉晋以来西南夷爨氏,与隋唐时期的爨氏,还有元代的白爨、黑爨,以及后世的寸姓相联系。

以上墓碑石刻、题记,多出自汉代牂牁郡、朱提郡、建宁郡的朱提、同劳(同乐)等地,即以陆良为中心的滇东黔西地区。陆良盆地,是西南夷最大的"坝子",这里土地平敞,自然条件优越,西汉时为益州郡同劳县,晋代为建宁郡同乐县,汉代以来,这里就是大姓爨氏的世居之地。南北朝时期,是南中地区的政治中心。由此可知,经过两汉时期的开拓与治理,到魏晋南朝时期,西南夷东部地区,汉族移民形成较大规模的聚居之地,汉文化与内地礼俗,成为当地的主流文化。以"二爨碑"为代表的西南夷六朝文化,无论是碑铭题记、行文书法、职官制度、四神信仰,还是丧葬礼俗,都表现出较高的汉文化修养。

总之,本章所论述的内容,可归结为:西汉晚期以来,西南夷社会中,无论官方行政文书,学校授课,还是器物铭文、碑刻、墓志,都使用汉字汉文,使用中原王朝年号纪年。有关西南夷族群、社会历史的记载,都是以汉文书写,形成报告文书、列传,并载入正史。汉字、汉字文书、汉文献、汉文碑刻的流行,改变了西南夷土著社会无文字的历史与文化面貌。西汉晚期开始,在汉帝国大一统政治体系之内,以汉字为代表的汉文化,已经成为西南夷的主体文化。

[①]《大理行记校注 云南志略辑校》,第90—91页。

第八章　汉代西南夷农业发展

人口增长,先进的生产工具与水利工程技术,是促进农业生产发展的三大关键要素。有研究者指出,汉代"蜀郡铁锸"的传入与"陂塘水田灌溉技术"的发明,是西南夷农业发展与进步的根本①。

第一节　农业生产工具的进步

中原地区的青铜文化,很少将青铜用于农具制造,与此不同的是,西南夷青铜文化,特别是滇、夜郎"耕田,有邑聚"的农业文明中,人们普遍使用青铜农具从事农业生产。云贵高原,以至于川西南、滇北地区青铜时代墓葬均出土大量的青铜农业生产工具②。包括起土用的各式钁、锸,中耕除草用锄,收割用的镰、铚、削、凿、锯、锥、刀,还有砍、削用的斧等。农具数量多,种类丰富,说明本地区实行的是精耕细作的锄耕农业方式③。

---

① 罗二虎:《汉代模型明器中的水田类型》,《考古》,2003年第4期。
② 童恩正:《近年来中国西南地区战国秦汉的考古发现及其研究》,《考古学报》,1980年第4期;王大道:《云南滇池区域青铜时代的金属农业生产工具》,《考古》,1977年第2期。
③ 彭长林:《云贵高原的青铜时代》,第286页。

一、西南夷青铜农具中的锄、锸、犁

滇西洱海区域,剑川海门口是云贵高原青铜文明的发源地。海门口遗址第一、二次发掘,出土青铜器二十六件,包括锥、镯各六件,饰片、钺各三件,斧、锛、镰、刀、鱼钩、凿、夹、铲形器各一件[①]。其中镰、铲形器、刀、斧、锛、凿、钺、夹、锥等多数与农业生产相关。第三次发掘出土青铜器十七件,多数为农业生产工具[②]。滇池地区青铜器人物与图像场景中,往往有祈年、播种、孕育、上仓、祭祀等农耕仪式[③]。

大理洱海沿岸,如海东鹿鹅山、大墓坪、金梭岛、五指山、河东村等地发现的青铜器,以各式青铜锄最具地域特色[④]。祥云大波那木椁铜棺墓、木椁墓出土铜锄、锛、斧等生产工具二十余件[⑤]。祥云检村战国至西汉早期的石椁墓中,出土了二十余件青铜锄[⑥]。与祥

---

① 云南省博物馆:《云南剑川海门口青铜时代早期遗址》,《考古》,1995 年第 9 期。

② 云南省文物考古研究所等:《云南剑川海门口遗址第三次发掘》,《考古》,2009 年第 8 期。

③ 冯汉骥:《云南晋宁石寨山出土铜器研究——若干主要人物活动图像试释》,《考古》,1963 年第 6 期。

④ 大理县文化馆:《云南大理收集到一批汉代铜器》,《考古》,1966 年第 4 期;云南省文物考古研究所等:《云南大理市海东银梭岛遗址发掘简报》,《考古》,2009 年第 8 期。

⑤ 云南省文物工作队:《云南祥大波那木椁铜棺墓清理简报》,《考古》,1964 年第 12 期;大理州文物管理所、祥云县文化馆:《云南祥云大波那木椁墓》,《文物》,1986 年第 7 期。

⑥ 大理州文物管理所、祥云县文化馆:《云南祥云检村石椁墓》,《文物》,1983 年第 5 期。

云邻近的弥渡苴力、合家山①、宾川古底、夕照寺的墓葬均发现斧、钺、锄等农具②。此外还有青铜牛、马、羊、猪、狗俑,以及数量可观的鸟、鸡、鱼鹰、鸳鸯杖首等。

战国晚期至西汉早期,楚雄万家坝出土数量较多的青铜农具,包括一百余件各式青铜锄③,楚雄张家屯、牟定琅井、禄丰新村等地出土形式相近的各式锄与斧④。

滇西澜沧江流域,如永平仁德村出土青铜锄十八件,与洱海周边、滇池青铜文化出土的各式青铜锄相同⑤。

滇池地区的滇国青铜文化遗存,晋宁石寨山、安宁太极山、江川李家山战国西汉时代的墓葬中,出土大量青铜农业生产工具,其中有"心叶形锄"与"长条形锄"等不同的形制。

黔西地区,包括普安铜鼓山遗址,出土铜镬、铜斧⑥。兴义、清

---

① 云南省博物馆文物工作队:《云南弥渡苴力战国石墓》,《文物》,1986年第7期;张昭:《云南弥渡合家山出土古代石、陶范和青铜器》,《文物》,2000年第11期。
② 宾川县文管所:《宾川县石棺墓土坑墓调查简报》,《云南文物》,总第31期(1992)。
③ 云南省博物馆文物工作队、四川大学历史考古专业七四级学员:《云南省楚雄县万家坝古墓群发掘简报》,《文物》,1978年第10期;云南省文物工作队:《楚雄万家坝古墓群发掘报告》,《考古学报》,1983年第3期。
④ 张家华:《楚雄张家屯出土青铜器初探》,《云南文物》,总第38期(1994);(云南)省文物工作队:《牟定琅井发现的青铜器》,《云南文物》,总第14期(1983);段志刚:《广通发现青铜器与铅器》,《云南文物》,总第37期(1994)。
⑤ 大理白族自治州博物馆:《云南永平县出土青铜器》,《考古》,2006年第1期。
⑥ 刘恩元、熊水富:《普安铜鼓山遗址发掘报告》,《贵州田野考古四十年(1953—1993)》。

镇等地亦发现数量不少的尖叶形青铜锄[1]。清镇十号墓出土铜犁、铁锸[2]。

滇西北、川西南直到川西高原地区的石棺葬，是一种农业兼营畜牧的部族社会文化遗迹，这里同样出土西南夷文化色彩的青铜锄[3]。

晋宁石寨山、安宁太极山、江川李家山相当于战国西汉时代的墓葬中，出土大量青铜制的农业生产工具"犁铧"与"锄"。此类器物的定名与分类，存在较多争议：有的研究者指出，晋宁石寨山出土的"铜犁铧"[4]，应称为"铜钁"，是一种起土的工具[5]；有的认为，所谓"铜犁铧"是挖土用的"大锄"，并分出若干种形式[6]。后来，羊甫头墓地出土了二十一件类似器物，因为一一三号墓出土的两件器物，銎中保存着直式木柄，是标准的铜锸式样，发掘报告因此将其判为"铜锸"（图8—1）[7]。这是云南考古学家第一次郑重其事地宣布"滇国文化"的器物中有"锸"的存在。综合判断，西南夷青铜时代农业生产工具"锄""钁""犁"中，有一部分很显然属于"锸"。

---

[1] 童恩正：《近年来中国西南地区战国秦汉的考古发现及其研究》，《考古学报》，1980年第4期。

[2] 贵州省博物馆：《贵州清镇平坝汉墓发掘报告》图版伍：7、9，《考古学报》，1959年第1期。

[3] 童恩正：《近年来中国西南地区战国秦汉的考古发现及其研究》，《考古学报》，1980年第4期。

[4] 云南省博物馆：《云南晋宁石寨山古墓群发掘报告》，第20页；云南省文物考古研究所等：《云南安宁太极山古墓葬清理报告》，《文物》，1972年第8期，图七、八、九。

[5] 王大道：《云南滇池区域青铜时代的金属农业生产工具》，《考古》，1977年第2期；李昆声：《云南牛耕的起源》，《考古》，1983年第1期。

[6] 汪宁生：《云南考古》，第35页；张增祺：《晋宁石寨山》，云南美术出版社，1998年，第150页。

[7] 云南省文物考古研究所等：《昆明羊甫头墓地》，第65页。

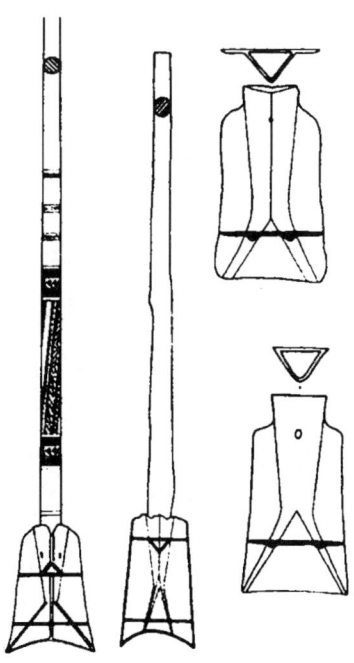

图8—1 羊甫头汉墓出土铜锸（采自《昆明羊甫头墓地》）

"蜀郡铁锸"是由蜀郡输入西南夷的"汉式器物"，但此类器物的原型，在西南夷土著青铜文化中，可以找到相似的器物。肖明华认为，云南青铜文化中的"锸"，以"条形锸"为最，呈长条形，窄而厚，刃缘平直，正面梁凸并起脊，銎至刃端分为二叉或三叉，锸的后面平坦光滑，銎口方向与锸刃方向相反。少数在其正面饰孔雀、三角齿纹，旋纹等图案。这种锸与今天一些地区使用的条形锸相似。按此标准，则晋宁石寨山出土的"锄"类器物中，有十六件可判为锸。同样，呈贡天子庙有六件锸，而江川李家山、昆明羊甫头也出土"条形锸"①。

---

① 肖明华：《青铜时代滇人的生产工具》，《农业考古》，2002年第1期。

牛耕发明以前,锸是一种重要的起土工具。在"火耕水耨"的稻作文化中,锸同样是起土、整地的重要工具。锸除了翻地起土外,还可用于兴修水利,即《考工记》所说的"为沟洫"。内地考古发现所见最早的青铜锸,出土于湖北黄陂盘龙城商代遗址①。江西奉新亦出土了商周时期的青铜锸②。

有研究者指出,春秋晚期和战国早期,南方楚国地区和中原周、韩地区使用的铁农具,主要有锼、镬、凹字形铁口锄、空首锄等品种,同时还不能排除青铜和木石农具的使用。到战国中期,铁农具成为主流,品种增多。在北起今辽宁,南到今广东,东到今山东,西到今四川、陕西,都有铁农具出土。"V"字形铁口犁、五齿耙、一字形铁口锸、凹字形铁口锸,以及各种铁锄、镬、镬、镰等,是主要的农具。此时的铁口犁、铁口锸和铁口锄,属于一种"铜铁合制器",即把铁刃镶嵌在农具的锋刃边缘上,成为一种嵌刃式的铁农具③。

两汉时期的铁锸,虽然在形制上与战国时期变化不大,但已经不是"铜铁合制器",而是完整的铁质农具了。

二、"蜀郡铁锸"传入西南夷

西南夷的铁锸,主要来自蜀郡,即俗称之"蜀郡铁锸"。《汉书·沟洫志》有"举臿为云,决渠为雨"之语,颜师古注曰:"臿,锹也,所以开渠者也。"④ 东汉刘熙《释名》说:"臿,插也,插地起土也。或曰销,销,削也,能有所穿削也。或曰铧,铧,刳也,刳地为坎也。

---

① 湖北省博物馆:《盘龙城商代二里冈期的青铜器》,《文物》,1976年第2期。
② 李家和、唐昌朴、彭适凡:《近年江西出土的商代青铜器》,《文物》,1977年第9期。
③ 杨宽:《我国历史上铁农具的改革及其作用》,《历史研究》,1980年第5期。
④ 《汉书》卷二九《沟洫志》,第1685—1686页。

图8—2 昭通发现的蜀郡铁锸
（来自《云南日报》2017年1月13日《丝路之魂》图片）

其板曰叶，象木叶也。"①可见汉代关中地区，锸是常用的起土农具。

西南夷发现的铁锸，多铸有"蜀郡""千万""成都"等铭文②。譬如：1936年，昭通石门坎出土的铁锸，有"蜀郡""千万"铭文③；1954年，鲁甸梭山"梁堆"墓出土三件铁锸，均铸有"蜀郡成都"铭文④；1982年，丽江县奉科乡发现一件铁锸，上面有"蜀郡""千万"铭文⑤；1984年，永善码头乡出土"蜀郡"与"蜀郡成都"铭文铁锸八件⑥；1980年代，西昌汉代冶炼遗址内，出土"蜀郡"铭文铁锸一件⑦。

此外，1950至1970年代，贵州赫章汉墓出土铁锸十三件，基

---

① 〔汉〕刘熙撰：《释名》卷四《释用器》，中华书局，1985年，第104页。
② 汪宁生：《云南考古》，第92页。
③ 《新纂云南通志》（五），第38页。
④ 李家瑞：《两汉时代云南的铁器》，《文物》，1962年第3期。
⑤ 木基元：《云南纳西族地区考古发现与研究综述》，《南方文物》，1995年第2期。
⑥ 夏廷安：《永善码口龙泉东汉文物出土情况调查》，《云南文物》，总第37期（1994）。
⑦ 刘世旭、张正宁：《西昌市东坪村汉代炼铜遗址调查》，《考古》，1990年12期。

本呈凹字形,刃部微弧①。1960年代,昆明双龙坝出土一件西汉晚期的铁锸,与它同时出土的有铜斧、凿、剑和矛等青铜生产工具和兵器②。1960年代,大理搜集到一批汉代青铜器,其中两件铜器,原报告称为"犁",器身呈三角形(Ⅴ形),两侧微向外弧曲,有明显的使用痕迹,扁圆銎,由后缘内缩,銎上有方形钉孔,銎口向下凹③,这两件"非犁非锄"的物件是标准的青铜锸。1965年,澄江县黑泥湾出土战国末至西汉初铜锸一件,并伴出两件铜斧④。1980年代,越嶲郡故地,四川西昌东汉墓出土二件陶质"执锸农夫俑"(图8—3)。其中一号墓出土者,高70厘米,头戴斗笠,身着交领窄袖袍服,腰围裙,一手执锸,一手提箕,腰间挂一镰刀,胸部挂一物件。另一件是一号墓出土的泥质灰陶男俑像,高43厘米,头戴平顶高冠,身着交领袍服,一手执锸着地,一手提箕⑤。2007年,广南白崖脚战国至西汉墓地,出土铁锸

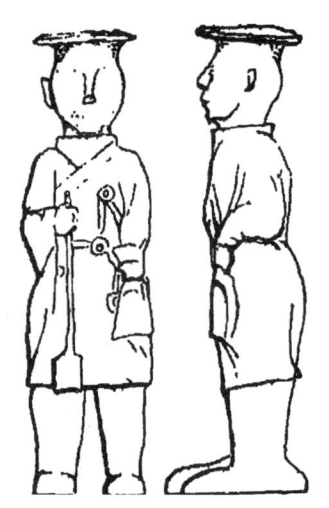

图8—3 西昌汉墓出土执锸农夫俑(采自《四川凉山西昌发现东汉蜀汉墓》)

---

① 贵州省博物馆考古组、贵州省赫章县文化馆:《赫章可乐发掘报告》,《考古学报》,1986年第2期。
② 王大道:《云南滇池区域青铜时代的金属农业生产工具》,《考古》,1977年第2期。
③ 大理县文化馆:《云南大理收集到一批汉代铜器》,《考古》,1966年第4期。
④ 王大道:《云南滇池区域青铜时代的金属农业生产工具》,《考古》,1977年第2期。
⑤ 凉山州博物馆:《四川凉山西昌发现东汉、蜀汉墓》,《考古》,1990年第5期。

一件,同时出土青铜锄、锛、斧等器物①。

诸多蜀郡铁锸的发现,说明西汉武帝开拓、经营西南夷以来,巴蜀、内地的铁制农业生产工具大量输入西南夷,推动当地农业生产发展。

第二节　陂塘水田系统的发明与推广

一、汉代的渠塘水利工程

汉代特别重视水利建设,穿渠修塘、引水溉田成为国策。《汉书·沟洫志》记载,汉武帝时,修白渠,引泾水注渭河,关中为沃野,时岁丰稔。时人歌之曰:

> 田于何所?池阳、谷口。郑国在前,白渠起后。举臿为云,决渠为雨。泾水一石,其泥数斗。且溉且粪,长我禾黍。衣食京师,亿万之口。②

《史记·货殖列传》关于"陂池"有如下记载:

> 宛孔氏之先,梁人也,用铁冶为业。秦伐魏,迁孔氏南阳。大鼓铸,规陂池,连车骑,游诸侯,因通商贾之利,有游闲公子之赐与名。③

---

① 云南省文物考古研究所等:《云南边境地区(文山州和红河州)考古调查报告》,云南科技出版社,2008年,第123—125页。
② 《汉书》卷二九《沟洫志》,第1685页。
③ 《史记》卷一二九《货殖列传》,第3278页。

《汉书·沟洫志》记载：

> 自是之后，用事者争言水利。朔方、西河、河西、酒泉皆引河及川谷以溉田。而关中灵轵、成国、㵏渠引诸川，汝南、九江引淮，东海引钜定，泰山下引汶水，皆穿渠为溉田，各万余顷。它小渠及陂山通道者，不可胜言也。
>
> 自郑国渠起，至元鼎六年，百三十六岁，而兒宽为左内史，奏请穿凿六辅渠，以益溉郑国傍高印之田。上曰："农，天下之本也。泉流灌浸，所以育五谷也。左、右内史地，名山川原甚众，细民未知其利，故为通沟渎，畜陂泽，所以备旱也。今内史稻田租挈重，不与郡同，其议减。令吏民勉农，尽地利，平繇行水，勿使失时。"①

秦汉以来，郑国渠、灵渠、都江堰、六辅渠等大量水利工程在关陇大地、巴蜀之乡兴起。汉初，"用事者争言水利"，规陂塘，通水道，引水灌溉成为国策大计。

二、陂塘水田系统的发明

西南夷地区的自然地理面貌，山地坝子、丘陵与沟谷众多，适于兴修小型陂塘水田，蓄水灌溉。《后汉书·西南夷列传》说："王莽乱政……以广汉文齐为（益州郡）太守，造起陂池，开通灌溉，垦田二千余顷。"② 而《华阳国志·南中志》又载："朱提郡……先有梓潼文齐，初为属国，穿龙池溉稻田，为民兴利，民为立祠。"③ 肖明华以为"陂

---

① 《汉书》卷二九《沟洫志》，第 1684—1685 页。
② 《后汉书》卷八六《西南夷列传》，第 2846 页。
③ 《华阳国志校补图注》，第 278 页。

池"即建于山坡上的水池,即现在的水库。由此可知,西南夷地区陂池的兴建,始于西汉末年的王莽时期,它是内地先进水利技术与西南夷自然条件结合的产物。起造陂池,形成了西南夷地区特有的"陂塘水田"系统,促进了彼时西南夷经济社会的发展[①]。

"龙池"是西南地区常见的自然水源,在山间盆地、河谷所形成的"坝子"四周山麓,通常会涌出泉水,形成水潭,当地人称之为"龙潭"。譬如大理鹤庆坝子,就有数十个龙潭,名称有"大龙潭""小龙潭""黄龙潭""白龙潭"等等,而昆明的"黑龙潭",汉代已见载于文献,当时称为"黑水祠"。"穿龙池"就是以陂塘水池技术,利用天然的龙潭水源与地势,积水成渊,形成"高河"与"地龙",作渠引水,灌溉农田。郭清华认为,"陂池"在汉中民间被称为"天落堰",是指古代人们在靠近山坡倾斜的地方,筑堤蓄水,浇灌农田。这种蓄水池,依其地势,多近圆形。范围不大,蓄水量小,但在古代还较普遍。如汉中市的汉代六大名池,至今仍被利用[②]。此类"天落堰"的水源,与西南地区的龙潭有别。

考古发现的汉代陂塘水田模型,集中分布于云南、四川及其周边的贵州西部、北部,陕南汉中,两广部分地区,这一地域与秦汉时期西南夷的空间范围相当。陂塘水田模型,来自汉代西南夷农业生产实践,是西南夷农业发展的标志。

三、耕地的开垦

《汉书·晁错传》载,对于徙边的移民,"营邑立城,制里割宅,

[①] 肖明华:《陂池水田模型与汉魏时期云南的农业》,《农业考古》,1994年第1期。
[②] 郭清华:《浅谈陕西勉县出土的汉代塘库、陂池、水田模型》,《农业考古》,1983年第1期。

通田作之道,正阡陌之界"①。"通田作之道",就是修筑好田间通道,以利耕种。而移入西南夷的早期汉族移民,其中很大一部分属于"屯田移民",《史记·平准书》记载:

> 当是时,汉通西南夷道,作者数万人……悉巴、蜀租赋不足以更之,乃募豪民田南夷,入粟县官,而内受钱于都内。②

这是西汉武帝时期,由于大规模地经营、开拓西南夷,费用日增,以至于"悉巴、蜀租赋不足以更之",募民到西南夷屯田的真实写照。

汉平帝元始年间(1—5),时任益州郡太守的文齐在滇池周边兴修水利,开垦粮田,保障了社会的稳定与发展。前引《后汉书·西南夷列传》"广汉文齐为太守,造起陂池,开通溉灌,垦田二千余顷"③,其事在西汉末东汉初年,说明当时益州郡滇池周边农业生产发展,社会安定,夷汉相安。从西汉武帝时期开始的"募豪民田南夷,入粟县官,而内受钱于都内"之制度,到西汉末东汉初益州郡垦田二千顷,说明汉代屯田、垦田,开发水利,发展农业生产,是郡守的首要职责。

第三节　考古发现的"陂塘水田"模型

所谓"陂塘水田"模型,是集中呈现水利、农耕、灌溉相结合的稻作生产模型器物。它通常由"池塘"与"水田"两部分连接而成,

---

① 《汉书》卷四九《晁错传》,第 2288 页。
② 《史记》卷三〇《平准书》,第 1421 页。
③ 《后汉书》卷八六《西南夷列传》,第 2846 页。

器面一半是陂塘水池，一半为水田，池与田之间由堤坝隔开，有水道相连。模型器一般由陶制成，少数为石质雕凿。"陂塘水田"又被称为"陂池水田""水塘稻田"等，在出土器物中，亦有"池塘"与"水田"各自独立，不相连结的案例。罗二虎认为，陂塘水田模型是代表"发达灌溉系统与精耕细作技术"的"稻作农耕体系"，体现了较为先进的、集约化的农业生产方式[1]。"陂塘水田"多数为东汉时期的遗存，少数器物时代延至魏晋时期。

西南夷考古出土了大量陂塘水田模型，出土地点包括今云南、贵州、四川、重庆、陕西南部以及两广地区。它通常与陶楼、仓、井等大型陶制模型器共出，形成固定的器物组合。

一、西南夷发现的陂塘水田模型

今四川南部、滇东北、黔西地区，即汉代犍为郡、牂牁郡、犍为属国（朱提郡）故地的汉式墓葬中，多数出土陂塘水田模型。譬如四川彭山、合江、乐山、宜宾、云南昭通、贵州兴义，均有数量可观的陂塘水田模型出土。以兴义八号汉墓出土的"水塘稻田模型"为例，此器作椭圆盆形，宽边，浅腹，平底。直径44.5—46.2厘米，高8.4厘米，厚1厘米左右。以堤坝将器分为两部分，一半为水塘，一半为稻田。水塘内塑有鱼两尾，荷叶一片，莲蓬一枝，菱角一个，荷花一朵。稻田共四块，底部刻画密密麻麻的稻禾。堤坝中间有水洞与稻田相连。

四川西昌礼州、周屯等地的东汉墓中，一般都出土陶质模型器，其中多有"水田模型"与"陶池塘模型"。譬如，1987年，西昌周屯六号墓出土东汉早期陶水田模型。水田模型为灰陶，外施黑色陶衣，长

---

[1] 罗二虎：《汉代模型明器中的水田类型》，《考古》，2003年第4期。

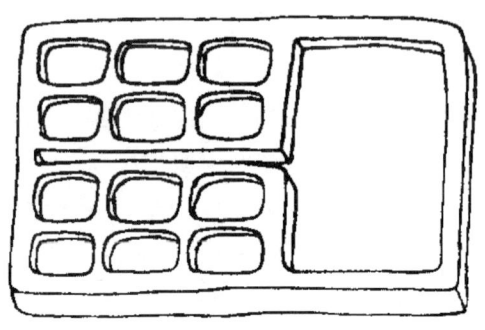

图8—4 呈贡东汉墓出土陂塘水田模型
（采自罗二虎《汉代模型明器中的水田类型》）

方形,长44厘米、宽28厘米、高3厘米。泥条为埂,右端中部有一小池,并有一排水孔通往池外水田。数条小田埂将水田分成六至七块,小田埂的一端有放水的缺口。田内有许多捏塑的藕、荷叶、菱角、鸭、龟、鱼等,在水田面上则用阴线刻画出较为整齐的禾苗。发掘报告认为,六号墓出土的陶水田,造型与西昌礼州二号汉墓所出同类器类似。

周屯出土的东汉陶池塘分左右二池,左池内荷花、荷叶、莲蓬挺立,还有菱角、螺狮和鲢鱼,一只水甲虫正沿堤上爬,右池内有鲤、螺狮和水甲虫。池内动植物造型生动逼真。器面长42厘米,宽30厘米,深6.8—7.6厘米[①]。

1970年代以来,在益州郡故地,滇池之滨的昆明、呈贡、晋宁、嵩明,以及通海等地的汉式墓葬中,均发现陂塘水田模型。1975年呈贡县小松山东汉初期的三号墓出土的陂塘水田模型(图8—4),器面为长方形,长47厘米,宽37.5厘米,高5.2厘米,器面三分之一处,被堤坝分为两部分,稍大的一半,有十二块水田,另一半为池塘。堤

[①] 礼州遗址联合考古发掘队:《四川西昌礼州发现的汉墓》,《考古》,1980年第5期;凉山州博物馆:《四川凉山西昌发现东汉、蜀汉墓》,《考古》,1990年第5期。

坝中间池塘一侧,筑有半圆形出水口,出水口围埂留有三个出水孔洞。堤坝上还有若干横槽,池水可以由池塘直接灌入水田中。水池底部,有一条线刻的龙,龙呈牛首蛇身,四足三趾,头上长一对弯角,下颌有须,瞠目伸舌,龇牙咧嘴,整条龙作翻腾飞跃之状。龙的周围有若干星星点点,表示巨龙腾飞溅起的浪花。龙首尾的侧面,各刻画一条鱼。陂塘水田模型中刻画巨龙形象,目前仅此一见[①]。"水中龙"较形象地表达了陂塘水池来自"龙潭"的意义,这是汉代西南夷水(龙)神信仰的表现。

洱海区域已经发掘、清理的汉墓中,大展屯二号东汉墓,还有东汉熹平年砖室墓均出土陂塘水田模型。以东汉熹平年砖室墓出土者(图8—5)为例,器面为圆盆形,口径52厘米,底径54厘米,高8厘米,中间堤坝将模型一分为二,一边代表水池,另一边表示水田。堤坝中部有一方形出水口,并设"V"字形水闸。水池中堆塑荷花、荷叶、鱼、螺、泥鳅等水生植物及鱼螺群像,彰显生机盎然的池中景象[②]。

[①] 呈文:《东汉水田模型》,《云南文物》,总第7期(1977);昆明市博物馆、呈贡县文管所:《呈贡小松山古墓群发掘简报》,《云南文物》,2015年第1期;胡绍锦:《呈贡小松山水田模型的年代》,《云南文物》,总第8期(1979);肖明华:《陂池水田模型与东汉时期云南的农业》,《云南社会科学》,1993年第4期;肖明华:《陂池水田模型与汉魏时期云南的农业》,《农业考古》,1994年第1期;云南省博物馆工作队:《云南呈贡七步场东汉墓》,《考古》,1982年第1期;昆明市博物馆、晋宁县文物管理所:《晋宁县大湾山东汉墓清理简报》,杨世钰、赵寅松主编:《大理丛书·考古文物篇》卷五;云南省文物考古研究所:《云南嵩明梨花村东汉墓》,《云南文物》,总第26期(1989);王国辉等:《通海镇海东发现东汉水田池塘模型》,《云南文物》,总第31期(1992)。

[②] 大理州文物管理所:《云南大理市大展屯二号汉墓》,《考古》,1988年第5期;大理州文物管理所:《云南大理市下关城北东汉纪年墓》,《考古》,1997年第4期。

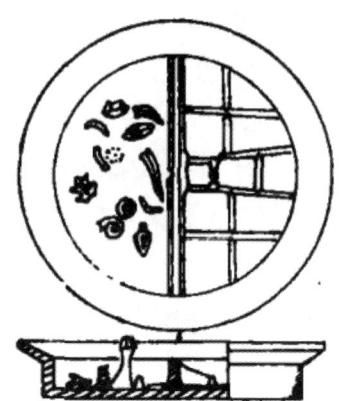

图8—5 大展屯二号汉墓出土陂塘水田模型
（采自《云南大理市大展屯二号汉墓》）

二、西南夷周边地区发现的陂塘水田模型

1960年代以来，陕南汉中、勉县东汉墓中，出土陂塘水田模型九件。其中汉中汉墓出土二件，勉县老道寺东汉墓出土七件[1]。

汉中县陂塘水田模型，灰色中微带黄色。长方形，长60厘米、宽37厘米、深6.5—10厘米，边沿厚1厘米。中间横隔一坝，一边为陂池，一边为稻田。坝中部安装闸门，闸墩和闸槽合为一体。是一提升式平板闸门，升降启闭闸门可以控制水量。出水口为拱形洞，高4.5厘米、宽2.5厘米。闸槽中距2.6厘米。池底塑有鱼、鳖、螺、菱角等。水田一侧，十字形田埂将田分为四块。一条田埂正对闸门，距闸门4厘米处断去，表示水出闸门后可以向两旁田间分流。出土时田中可见画有纵横成行的秧苗[2]。汉中一带自古即有

---

[1] 郭靖华：《陕西勉县老道寺四号汉墓发掘简报》，《考古与文物》，1982年第9期；郭靖华：《陕西勉县老道寺汉墓》，《考古》，1985年第5期。
[2] 秦中行：《记汉中出土的汉代陂池模型》，《文物》，1976年第3期。

在靠近山坡倾斜的地方,筑堤蓄水,浇灌农田的传统,其情况与西南夷相近。勉县出土的陂塘水田模型,与西南夷地区出土者同属一类,应该是受到西南夷的影响。

前引史料之中,《史记·货殖列传》即有"陂池"之说,《汉书·沟洫志》则有"通沟渎,畜陂泽,所以备旱也"的记载。《后汉书·西南夷列传》说,王莽时期,益州郡太守文齐,开起陂池,灌溉垦田①。西南夷地区,主要地理单元是云贵高原、川西高原,金沙江河谷地带,以高原、河谷、山地为主体。许多陂塘水田是顺山坳而建,或者依台地而建筑的"梯田"与"山田",陂塘高于田块,灌溉时可利用落差,使水自流进入稻田之中。因此,"陂塘""陂池"之说,往往与西南夷有关。考古发现中的陂塘水田模型,主要分布在西南夷地区,这一特点与文献记载相吻合②。

陂塘水田灌溉系统的发明,促进了西南夷农业的发展。研究者指出,陂塘水田模型由蓄水池、挡水坝、放水闸门、放水孔、沟渠和稻田等部分组成。说明人们已熟练地掌握了构筑陂塘的技术。陂塘的设施完整,能蓄能排,操作方便③。

"陂塘水田"所代表的,是较为先进的稻作生产方式。不仅有着发达灌溉系统,还有精耕细作的特点,并且是一种集约化的农业生产。实际上就是西汉末期以来的庄园经济发展模式。

---

① 《后汉书》卷八六《西南夷列传》,第 2846 页。
② 肖明华:《陂池水田模型与汉魏时期云南的农业》,《农业考古》,1994 年第 1 期。
③ 郭靖华:《浅谈陕西勉县出土的汉代塘库、陂池、水田模型》,《农业考古》,1983 年第 1 期。

表2 西南夷出土陂塘水田模型统计表

序号	出土/收藏情况	数量、规格、年代	器物基本情况	资料来源	备注
1	1964—1965年，陕西汉中汉墓出土。	一件，陂池稻田模型。灰色中微带黄色。长方形，长60厘米，宽37厘米，深6.5—10厘米，边沿厚1厘米。东汉。	中间横隔一坝，一边为陂池，一边为稻田。坝中部安装闸门，闸墩和闸槽合为一体。池底塑有鱼、鳖、螺、菱角等。水田一侧十字形田埂将田分为四块。出土时田中可见画有纵横成行的秧苗。	秦中行：《记汉中出土的汉代陂池模型》，《文物》，1976年第3期。	
2	1964—1965年，陕西汉中汉墓出土。	三件，其中之一为陂池模型，红色泥陶质。方形圆角，每边长28，深9厘米，边沿厚0.6—1.5厘米。东汉。	人工修建的水库模型。底部塑有蛙、螺、菱叶。蛙三只，两只昂首张口作鸣叫状，一只作游泳状。螺六个，菱叶两组，叶片近三角形，四叶为一组。	郭靖华：《陕西勉县老道寺汉墓》，《考古》，1985年第5期。	
3	1975年，云南呈贡小松山三号墓出土。	一件，长方形，长47厘米，宽37.5厘米，高5.2厘米。东汉。	器面被堤坝一分为二，一半为水田，共十二块；另一半为池塘。池塘底部刻画一条飞龙。	昆明市博物馆呈贡县文管所：《呈贡小松山古墓群发掘简报》，《云南文物》，2015年第1期。	昆明市博物馆收藏。

第八章 汉代西南夷农业发展

续表

序号	出土时间地点	数量、规格、年代	器物基本情况	资料来源	备注
4	1977年，云南呈贡七步场东汉砖室墓出土。	二件，其一为椭圆盘型水田模型陂塘模型。其二，盆状陂塘模型。其二，口径51厘米，底径35厘米，深11.5厘米。东汉。	第一件圆盘一分为二，一侧为水池，池中有小岛；另一侧为两块水田。第二件一侧为水池，池中有鸭子、螺蛳、青蛙、龟、荷叶、蓬蓬等，另一侧为三块水田。大坝中有一桥、涵洞，沟通水池与水田。	云南省博物馆工作队：《云南呈贡七步场东汉墓》，《考古》，1982年第1期。	
5	1978年，云南呈贡小松山东汉墓出土。	一件，圆盘形，直径43.5厘米，通高7厘米，深5.5厘米。东汉。	盘面一分为二，一半为池，池中有鸭、龟、荷叶、莲藕。另一半为水田。埂把田分为四块。坝中有一涵洞，使陂池与田相通。	胡绍锦：《呈贡小松山水田模型的年代》，《云南文物》，总第8期（1979）。	
6	1978年，陕西勉县老道寺公社一号汉墓出土。	一件，田模型。通长39厘米，平底。宽22厘米，高3.5厘米。东汉。	中间以一条田埂将田面分为两块，右边，中部埂下，有直径1厘米的放水孔，田面上刻划不规则的横线，出土时，两块水田面中放置有十八件泥制红陶水生植物和水生动物。有荷花、荷叶、莲籽、菱角、浮萍、鳖、草鱼、鲫鱼。	郭靖华：《浅谈陕西勉县出土的汉代陂塘、水田模型》，《农业考古》，1983年第1期。	郭靖华统计，勉县共出土陶水田、塘库、陂池、水池模型七件。

续表

序号	出土时间地点	数量、规格、年代	器物基本情况	资料来源	备注
7	1978年,陕西勉县老道寺公社二号墓出土。	一件,池塘水田模型。红陶。长三面直壁,一面田口,平底。池塘与水田连为一体,通长52厘米,田口宽35厘米,塘深5厘米。东汉。	塘内塑有螺蛳两个、蛙三只、鳖三条、草鱼三条、鲫鱼三条。塘田之间有放水孔,立式闸门控制水流。田面正中有沟渠,直对闸门水口。		
8	1978年,陕西勉县老道寺公社三号墓出土。	两件,其一为灰陶,方形,直壁,平底,边长31厘米,高7厘米。另一件红陶白衣,长方形,直壁,平底,长33厘米,宽29厘米,深5.5厘米。东汉。	灰陶陂塘水田模型,塘内塑有螺蛳六只、鳖介一只、莲花一枝、茅介一枝。塘中塑一大荷叶,叶上蹲着一只青蛙,一条水蛇沿莲秆盘旋而上,咬住青蛙的右后腿。		
9	1979年,贵州兴义万屯八号墓出土。	一件,椭圆盆形水塘稻田模型。径44.5—46.2厘米,高8厘米,厚1厘米。东汉。	以堤坝将盆分两部分,一半为水塘,一半为稻田。水塘内有鱼两尾,荷叶一片,莲蓬一枝,菱角一个、荷花一朵。稻田共四块,底部刻画稻禾。堤坝水洞与稻田相连。	贵州省博物馆考古组、兴义、兴仁汉《贵州兴义、兴仁汉墓》,《文物》,1979年第5期。	

第八章　汉代西南夷农业发展

续表

序号	出土时间地点	数量、规格、年代	器物基本情况	资料来源	备注
10	1970年代，四川礼州二号土坑墓出土。	一件，陂塘水田器面呈方形，边长40厘米，宽37厘米。东汉初期。	四周有田埂，中间也有四条田埂将水田分为四块，在田埂的一端设有放水的缺口。	礼州遗址联合考古发掘队：《四川西昌礼州发现的汉墓》，《考古》，1980年第5期。	
11	1981年，云南大理大展屯二号汉墓出土。	一件，陂塘水田模型，器面呈圆盆形，高8.5厘米，口径44.5厘米，底径38厘米。东汉。	堤坝将器面分为二，一半为水池，池中有莲花、螺、蚌、贝、泥鳅、蛙、鸭子等十二件水生动植物。另一半为水田，共计十块。坝中出水口与灌溉池、水田相连。	大理州文物管理所《云南大理市大展屯二号汉墓》，《考古》，1988年第5期。	
12	1987年，四川西昌同屯一号汉墓出土。	一件，陶塘，长42，宽30厘米，深6.8—7.6厘米。东汉。	长方形，堤埂平直，下成斜坡形，塘中有闸道，分左右二池，左池内荷花、荷叶，还有菱角、螺蛳和鱼，一只水甲虫正沿堤上爬，右池内有鲤、螺蛳和水甲虫。	凉山州博物馆：《四川西昌西昌发现东汉、蜀汉墓》，《考古》，1990年第5期。	M7出土一件，已残。
13	1987年，四川西昌同屯六号墓出土。	一件，陶水田模型，水田模型为灰陶，外施黑色陶衣，长方形，长44，宽28，高3厘米。东汉早期。	泥条为埂，右端中部有一小池，并有一排水孔通往池外水田。数条小田埂将水田分成六至七块，小田埂的一端有放水的缺口。田内有许多捏塑的藕、荷叶、菱角、龟、鱼等，水田面上则用阴线刻画出较为整齐的禾苗。	凉山州博物馆：《四川西昌西昌发现东汉、蜀汉墓》，《考古》，1990年第5期。	M12出土一件，方形水田模型，中有四条埂，底部刻画鱼，残破。

续表

序号	出土时间地点	数量、规格、年代	器物基本情况	资料来源	备注
14	1987年,四川合江县东汉砖室墓出土。	一件,长方形陶水田及池塘模型,长42.5、宽28、高2.5—3.5厘米。东汉。	模型分为左右两半,右边是一大田,左边是水田和水渠。	谢荔、徐利红:《四川合江县东汉砖室墓清理简报》,《文物》,1992年第4期。	
15	1988年,云南嵩明县梨花村东汉土坑墓出土。	一件,长方形陂池水田模型。东汉。	一道坝将其分为二截,一截为水池,池中又有堤坝将池水分为大、小两块,大池中有一岛。另一截为水田,田畦划分整齐,沟洫纵横。	云南省文物考古研究所:《云南嵩明梨花村东汉墓》,《云南文物》,总第26期(1989)。	原误为两件,实为一件断裂所致。
16	1980年代,四川宜宾草田三号崖墓出土。	一件,长方形陶水田池塘模型。长49.8厘米,宽31厘米,高3.5厘米。西汉末东汉初。	模型呈长方形,一边为池塘,一边为水田。池塘面积较小,底部刻画鱼、龙等水生动植物。水田共七块,水田底部有稻窝。水田与池塘之间,有水孔相连。	秦保生:《汉代农田水利的布局及人工养鱼业》,《农业考古》,1984年第1期。	
17	1980年代,四川乐山崖墓出土。	红陶,长方形陂塘水田模型,长54厘米,宽41厘米,高2.5厘米。东汉。	一堤坝模型分为两半,堤坝中间有回槽,象征过水。两边的水田,由不规则埂将田面划分出各十三小块,应当是象征斜坡上的梯田。在水田中存在大量排列有一定规律的小孔,象征着稻窝。	罗二虎:《汉代模型明器中的水田类型》,《考古》,2003年第4期。	

第八章　汉代西南夷农业发展

续表

序号	出土时间地点	数量、规格、年代	器物基本情况	资料来源	备注
18	1990年，云南大理下关熹平年砖室墓出土。	一件，圆盆形陂池水田模型，口径52厘米，底径54厘米，高8厘米。东汉熹平年间。	中间堤坝将模型一分为二，一为池塘，一为水田。堤坝中部有一方形出水口，并设"V"字形水闸。水池中有荷花、荷叶、螺、鱼、泥鳅等。	大理州文物管理所：《云南大理市下关城北东汉纪年墓》，《考古》，1997年第4期。	
19	1991年，四川彭山县365号崖墓出土。	一件，陶水田及旱地模型。模型为灰陶，长方形，长5.7厘米，宽4.2厘米，高3厘米。东汉。	罗二虎认为，模型右上方的一块表示旱地。旱地中突起的条象征田埂。模型的其余部分，是被田埂分割而成的小块水田，表示坡地上形状不规则的梯田。	南京博物院：《四川彭山汉代崖墓》，第40—42页。	
20	1991年，云南通海县搜集。	一件。方形，水田池塘模型，边长28.5厘米，高4厘米。东汉。	堤坝将模型分为水田与池塘两半。池塘有内埂，圆形小岛、池塘底部刻画四条小鱼。另一半为四块水田，田面有成行的孔，推测随葬时插有成示稻苗的物件。	王国辉等：《通海镇海东发现东汉水田池塘模型》，《云南文物》，总第31期(1992)。	发现时断为两截，被误作两件。

续表

序号	出土时间、地点	数量、规格、年代	器物基本情况	资料来源	备注
21	1991年,四川彭山崖墓出土。	长方形状陂塘水田模型,长67.5厘米,宽40厘米。东汉。	有"T"形堤坝,将画面分成三个部分,其中右侧为池塘,池内有用线刻画的四条鱼;左边为水田,先由堤坝一分为二,各由弯曲的田埂再分为两块。水田内有阴线刻的鳝鱼和堆塑的螺。田面上还有一些小孔,象征栽种的水稻。"T"形坝结合处有涵洞,可通水。	罗二虎:《汉代模型明器中的水田类型》,《考古》,2003年第4期。	
22	1999年,云南晋宁大湾山东汉砖室墓出土。	一件,呈方形水田模型,边长34厘米。东汉。	堤坝将模型分为两个单元,一端为池塘,池塘底部有线刻的鱼虾、莲藕图案。另一半是水田,被沟渠隔离成左、右两块。	昆明市博物馆、晋宁县文物管理所:《晋宁县大湾山东汉墓清理简报》。	
23	2000年,云南水富县楼坝崖墓出土。	一件,长方形陂塘水田模型,器长44厘米,高4厘米。东汉。	模型器面三分之一处,一堤坝将平面分为两部分,堤坝中间有圆孔,留三角形出水口。左侧为水池,右边为稻田。模型四边均起楼,四角加固成三角形状。	云南省文物考古研究所等:《昭通水富县楼坝崖墓发掘报告》。	

续表

序号	出土时间、地点	数量、规格、年代	器物基本情况	资料来源	备注
24	1997—2001 年，云南昆明羊甫头东汉墓出土。	四件，圆盆形、方斗形两种。东汉。	其中 M431:24，直径 55 厘米，高 9.6 厘米，堤坝将器面一分为二，堤坝有渠门，池塘面积较大，塘中有鱼、荷花、荷叶。另一边是不规则型的水田与田埂。	云南省文物考古研究所等：《昆明羊甫头墓地》，第 750—752 页。	
25	四川省都江堰市文管所收藏。	一件，石质，长方形陂池稻田模型，残长约 23，宽约 15 厘米。东汉。	其右端已残，右边地势较高的部分，可能是水田，田内雕有鱼和螺。左侧逐渐低下去的部分为一层层的梯田。水田与梯田相连的田埂上有通水口。	罗二虎：《汉代模型明器中的水田类型》，《考古》，2003 年第 4 期。	

第四节　牛耕在西南夷的兴起

学术界关于牛耕的起源有较多的讨论,涉及到犁耕、牛耕的起源与犁具的进化演变三大主题,人们依据的资料,主要来自文献记载与考古发现①。

牛耕的起源与"牛穿鼻"技术发明有关,目前所知年代最早的穿牛鼻事例,是1976年河南安阳殷墟妇好墓出土的一件墨绿玉雕卧牛②。上海博物馆收藏山西省浑源县李峪村战国墓出土铜牛,牛鼻有牛环。有研究者指出,此器表明至迟在春秋时期,牛已被用来从事耕作了。徐中舒认为,商周青铜器上的铺首"兽鼻突起,贯之以环,像牛穿鼻形"。铺首之制有可能是受到牛穿鼻做法的影响或启示,因此,战国初期已有牛耕是可以肯定的③。

《国语·晋语》记载:"范、中行不恤庶难,欲擅晋国,今其子孙将耕于齐,宗庙之牺为畎亩之勤。"此段文字所指为晋国大夫范氏、中行氏的子孙沦落为驭牛耕田的情况④。河南辉县固围村战国魏墓,出土犁铧、钁、锸、锄、镰,其中V字型犁铧,能破土划沟,较钁、锸等起土农具有较大进步,属于耕具。说明战国时期,中原地区已经实行牛耕⑤。

汉代,有"赵过始为牛耕"故事。《汉书·食货志》记载:

---

① 尹绍亭:《我国犁耕、牛耕的起源和演变》,《中国农史》,2018年第4期。
② 中国社会科学院考古研究所:《殷墟妇好墓》,文物出版社,1980年,第162页。
③ 徐中舒:《徐中舒论先秦史》,上海科学技术文献出版社,2008年,第61页。
④ 陈桐生译注:《国语》卷一五《晋语九》,中华书局,2016年,第81页。
⑤ 中国科学院考古研究所:《辉县发掘报告》,科学出版社,1956年。

以赵过为搜粟都尉。过能为代田,一亩三甽,岁代处,故曰代田,古法也。……其耕耘下种田器,皆有便巧。率十二夫为田一井一屋,故亩五顷,用耦犁,二牛三人,一岁之收常过缦田亩一斛以上,善者倍之。过使教田太常、三辅,大农置工巧奴与从事,为作田器。二千石遣令长、三老、力田及里父老善田者受田器,学耕种养苗状。民或苦少牛,亡以趋泽,故平都令光教过以人挽犁。过奏光以为丞,教民相庸挽犁。①

赵过在西北边地实行代田之法,但因为"少牛"而不得不"以人挽犁",《汉书·食货志》所言,当为真实记录。西汉时期,"二牛三夫"耕作技术已从关中普及至西北边地。

西南夷牛耕的记载,最早见于《华阳国志》与《三国志》等文献。《三国志·蜀书·诸葛亮传》说:"三年春,亮率众南征,其秋悉平。军资所出,国以富饶。"② 这里的"军资所出"就包括耕牛。《华阳国志·南中志》记载此事,更为具体:

建兴三年(225)春,亮南征,秋,遂平四郡……亮收其俊杰建宁爨习、朱提孟琰及获为官属,习官至领军,琰,辅汉将军,获,御史中丞。出其金、银、丹、漆、耕牛、战马,给军国之用。③

《三国志·蜀书·李恢传》有大致相同的记载:

---

① 《汉书》卷二四上《食货志上》,第1138—1139页。
② 《三国志》卷三五《蜀书·诸葛亮传》,第919页。
③ 《华阳国志校补图注》,第241页。

图8—6 昭通出土汉代耕牛画像砖(采自《云南昭通的一块画像砖》)

赋出叟、濮耕牛战马金银犀革,充继军资,于时费用不乏。①

"耕牛、战马,给军国之用",明确罗列南中七郡给军国之用者,耕牛赫然在目。上述两条史料,都发生在蜀汉建兴三年(225)。西南夷掌握牛耕技术,肯定在蜀汉以前,因此才会以耕牛供给蜀汉。

一般认为,巴蜀地区西汉中晚期已普及铁器和牛耕,巴蜀的生产工具与技术,通过移民传入西南夷。犍为属国(朱提郡)故地,即川南滇东北黔西地区,是关中、巴蜀汉式器物,以及牛耕技术首传之地。1970年代,昭通县城关东汉墓中发现一块画像砖(图8—6),此砖长2厘米、宽7厘米。画面分为二幅,右图为一椎髻披毡人挥鞭赶马的图像;左幅为"牵牛图",图中画一人一牛,牛和人之间由细绳相连,绳一端系于牛鼻,另一端握于牵牛人之手②。多数学者以为此"穿鼻系绳之牛"当是耕牛无疑。

昆明东汉延光四年(125)"封地刻石",以牛作为交换土地的代价,并镌有"直青牛五头"等字样,被认为是"牛和土地已经联系一起"的物证,论者以为这是"实际生活中牛耕已经产生"的

---

① 《三国志》卷四三《蜀书·李恢传》,第1046页。
② 陈本明:《云南昭通的一块汉画砖》,《文物》,1979年第7期。

证据①。

西南夷牛耕始于何时？

李昆声认为，云南牛耕当始于东汉初、中期，约当公元二世纪左右。西南夷的牛耕技术由中原经四川传入，犍为属国、益州郡故地昭通、滇池地区，是西南夷最早使用牛耕的地区②。

西南夷青铜器中数量多、种类繁杂的青铜"锄"，其中一类形制酷似犁铧的器物，原定为铜犁铧，曾一度引发争议。事实证明，此类青铜犁铧，无论是铧的形状还是銎的构造，都与锄头不同，与锸的结构也存在明显的差异。江川李家山、呈贡石碑村出土的铜犁，就是例证③。如果西南夷青铜器物中的"青铜犁铧"成立，则牛耕的时间可能会早到西汉中期，因为《史记·西南夷列传》称夜郎、滇、邛都等族群"耕田，有邑聚"④。此"耕田"二字，很可能是理解西南夷牛耕的关键所在⑤。

第五节 两汉西南夷的人口增长

人口增长是汉代西南社会发展的主要动因之一。有研究者指出，大量北方移民的到来，使西南地区人口迅速增长。据《汉书·地理志》记载，成都一县元始二年户口已有七万六千余人，人

---

① 孙太初：《新发现的汉延光四年刻石》，《文物参考资料》，1957年第9期；李昆声：《云南牛耕的起源》，《考古》，1980年第3期。
② 李昆声：《云南牛耕的起源》，《考古》，1980年第3期。
③ 云南省博物馆：《云南江川李家山古墓群发掘报告》，《考古学报》，1975年第2期；昆明市文物管理委员会：《昆明呈贡石碑村古墓群第二次清理简报》，《考古》，1984年第3期。
④ 《史记》卷一一六《西南夷列传》，第2991页。
⑤ 尹绍亭：《我国犁耕、牛耕的起源和演变》，《中国农史》，2018年第4期。

口仅次于长安①。移民导致人口增长,表明农业劳动人口增加,同时带来先进的生产技术。

关于两汉时期西南夷的人口数据,最早见于《史记·西南夷列传》记载,其文云:"窃闻夜郎所有精兵,可得十余万,浮船牂柯江……滇王者,其众数万人,其旁东北有劳浸、靡莫……"②所谓"十余万""数万",只是概数。汉代人口统计数据,当以《汉书·地理志》与《后汉书·郡国志》为准。

汉初,蜀郡设置北、西、南三部都尉,后分别改设为汶山、沈犁、越嶲三郡。汶山、沈犁二郡屡立屡废,其辖县、道并入广汉郡与蜀郡,因此两《汉志》不载此二郡,但《汉书·地理志》广汉、蜀郡,《后汉书·郡国志》广汉属国、蜀郡属国记载了原属于汶山、沈黎二郡的县、道。《华阳国志·蜀志》则载有汶山郡,称其属县有八,户数达二十五万③。

本书第二章《汉代在西南夷设置的边郡与属国》,对于汉武帝时期设立的"西南夷七郡"及其在东汉时期的发展演变作了考证。为了对两汉人口发展有直观的比对,我们以两汉《地理志》为基础,并参考《华阳国志》《晋书·地理志》,将西南夷七郡在西汉、东汉、晋代的人口变化列表于后(表3)。

由于建置变迁、属地调整等原因,两汉至晋代的西南夷郡县并不完全相同,特别是汶山郡、沈犁郡、朱提郡,它们与蜀郡、广汉郡、犍为郡都有交叉。因此表中所列数据,并非全指西南夷地区④。

---

① 《汉书》卷二八上《地理志上》,第1598页。
② 《史记》卷一一六《西南夷列传》,第2994、2997页。
③ 《华阳国志校补图注》,第186页。
④ 《汉书》卷二八上《地理志上》,第1597、1599—1602、1609页;《后汉书》志第二十三《郡国五》,第3508—3515、3518页;《华阳国志校补图注》,第196页;《晋书》卷一四《地理志上》,第439—441页。

表3 汉晋时期西南夷七郡与属国户口统计表

郡/属国名称		时代/人口数			备注
		西汉	东汉	晋	
犍为郡	犍为郡	户:109419 口:489486	户:107713 口:411378	户:10000	
	犍为属国		户:7938 口:37187		
	朱提郡			户:2600	《三国志》载:蜀汉朱提郡户8000。
越嶲郡		户:61028 口:408450	户:130120 口:623418	户:53400	
益州郡	益州郡	户:81946 口:580463	户:29036 口:110820		东汉益州郡、永昌郡人口合计较西汉益州郡增长三倍多,增长人口主要来自哀牢族群(《后汉书·哀牢传》两次内属共计户54660,口571370)。永昌郡人口,从东汉时期的23万户,西晋时期锐减至3.8万户,仅存六分之一。这是令历代史家不解之处。泰始七年,设置建宁、兴古、云南、永昌四郡,与西汉益州郡大致相当。四郡总户数为82400户。
	永昌郡		户:231897 口:1897344	户:38000	
	云南郡			户:9200	
	兴古郡			户:6200	
	建宁郡			户:29000	
牂牁郡		户:24219 口:153360	户:31523 口:267253	户:1200	

续表

郡/属国名称		时代/人口数			备注
		西汉	东汉	晋	
武都郡		户:51376 口:235560	户:20120 口:81728	户:3000	西汉辖九县,东汉辖七县。
沈犁郡	蜀郡属国		户:111568 口:475629		元鼎六年,改蜀郡西部都尉置沈犁郡,天汉四年置蜀郡西部属国,东汉时改为汉嘉郡。
	汉嘉郡			户:13000	
汶山郡	汶山郡		户:250000	户:16000	以蜀郡北部都尉置汶山郡,后省入蜀郡、汶山郡与广汉属国。《华阳国志》载东汉人口25万户,但未列人数。《后汉书·西南夷列传》称东汉永平中,西夷汶山郡外夷白狼、槃木、唐菆等百余国,130万户,600余万人举种奉贡。
	广汉属国		户:37110 口:205652		
合计		户:327988 口:1867319	户:957025 口:4110409	户:181600	

西汉晚期到东汉后期的二百年间,西南夷人口数量增长超过三倍。增加的人口,大部分来自内地、巴蜀的移民,还有边地内属的族群,如《后汉书·西南夷列传》记载,永昌郡内属哀牢人,达到54660户、571370人之多,以至于永昌郡户口达23万余户、180余万人,成为东汉人口大郡。汶山郡外夷一次内属的人口竟达130

万户、600余万人,数据令人生疑①。西晋时期,《晋书·地理志》所载西南夷地区的人口,仅有16.9万户,较东汉时大为减少,甚至比西汉时期还少。

《汉书·地理志》统计的年份是汉平帝元始二年(2),《后汉书·郡国志》所记载的人口,所取为顺帝永和五年(140)的数据,而《晋书·地理志》所载,为西晋武帝太康元年(280)人口数据。

方国瑜先生说,汉代,总称西南夷人口为"夷汉",因为夷户和汉户是有分别的②。譬如,《后汉书·西南夷列传》说,天汉四年(前97)撤销沈犁郡,在蜀郡西部设置两都尉,一居旄牛,主徼外夷;一居青衣,主汉人③。说明西汉西南夷的编户,是汉户与夷户分立,设置不同的机构进行管理。因为夷汉有别,于是总称人口时用"夷汉"字样。《华阳国志》卷十《张翕传》有"迁越嶲太守,汉夷甚安其惠爱,在官十九年卒,百姓号慕,送葬者千数"之记载④,据《后汉书·西南夷列传》,张翕任越嶲太守在和帝时期⑤。方国瑜先生说,《华阳国志》所载"百姓",指的是汉族移民,送葬者千数,说明越嶲郡治邛都县为汉族移民聚居地⑥。

两汉时期,文献对西南夷汉族人口的记载是清晰的,文献中出现"民""吏民""吏人"时,当专指汉人,譬如《华阳国志》所称朱提太守文齐"穿龙池,溉稻田,为民兴利,民为立祠",又说刘宠"迁

---

① 《后汉书》卷八六《西南夷列传》,第2849、2855页。
② 方国瑜:《汉晋时期云南的汉族移民》,《人文科学》,1957年第2期。
③ 《后汉书》卷八六《西南夷列传》,第2854页。
④ 《华阳国志校补图注》,第557页。
⑤ 《后汉书》卷八六《西南夷列传》,第2853页。
⑥ 方国瑜:《汉晋时期云南的汉族移民》,《人文科学》,1957年第2期。

牂柯太守,居郡九年,吏人为之立铭"。《东观汉记·王阜传》说:王阜"为益州太守,边郡吏民多放纵,阜以法绳正,吏民不敢犯禁,正教清静,百姓安业"①。"民"指汉族移民及其后裔;"吏人""吏民""百姓"则专指称当地汉官与汉人②。

任乃强先生考证牂柯郡户籍人口时说:"汉时,汉夷皆编户入籍,晋时唯籍汉民及向化夷民,多有自由夷民逃避编籍。"③由于建置变迁,人口统计口径不一,加之汉末长期战乱影响等,《晋书·地理志》所载西南夷两晋人口,远不及两汉时期。

总之,从西汉中期到东汉中期,西南夷人口增长较快,主要原因是巴蜀、内地迁入的汉族移民,以及内属的土著族群增加了大量的人口。当然,当时西南夷稳定的社会生活,也是促成人口增长的重要原因。从内地迁来的汉族移民,带着先进的生产工具、生产技术与经验,对西南夷的农业发展起到重要作用。在农业社会,人口增长就意味着更多的劳动力,这是东汉时期西南夷农业发展的关键因素之一。

第六节　西南夷农业的发展

汉族移民带着内地先进的生产技术进入西南夷,因地制宜,发明了陂塘水田灌溉系统。牛耕随之兴起,铁锸等铁质生产工具逐渐取代了铜制工具。由于移民与招徕徼外夷人内属,西汉末东汉初期,西南夷人口大幅度增长,农业生产规模、效率得到显著提升。

《后汉书·西南夷列传》记载:

---

① 《东观汉记校注》卷一三,第513页。
② 《华阳国志校补图注》,第278、564页。
③ 《华阳国志校补图注》,第261页。

> (益州郡)河土平敞,多出鹦鹉、孔雀,有盐池田渔之饶,金银畜产之富。人俗豪忲。居官者皆富及累世……元和中……以广汉景毅为太守……毅初到郡,米斛万钱,渐以仁恩,少年间,米至数十云。①

《华阳国志·南中志》亦载:

> 梓潼景毅为益州太守,讨定之,承丧乱后,民夷困饿,米一斗千钱,民皆离散,毅至,安集后,米一斗八钱。②

《华阳国志·南中志》记载的益州郡社会经济发展状况为:

> 晋宁郡,本益州也,司马相如、韩说初开,得牛、马、羊属三十万……郡土大平敞,有盐池田鱼之饶,金银畜产之富。③

上述文献记载说明,西汉末东汉初期,西南夷郡县的农业生产获得空前发展,生产力水平提升,粮食产量提高,粮食储备增多,社会财富增长。

与此相关的考古发现是,西南夷汉式墓葬中,陶仓(图8—7)、水井往往与陶楼共出。在汉代社会生活中,庄园内有仓房、水井,是富裕生活的标配。大量粮仓的兴建说明这一时期农业生产发展迅速,社会开始有了余粮,因为有了储备余粮的需要才会大

---

① 《后汉书》卷八六《西南夷列传》,第2846、2847页。
② 《华阳国志校补图注》,第237页。
③ 《华阳国志校补图注》,第267页。

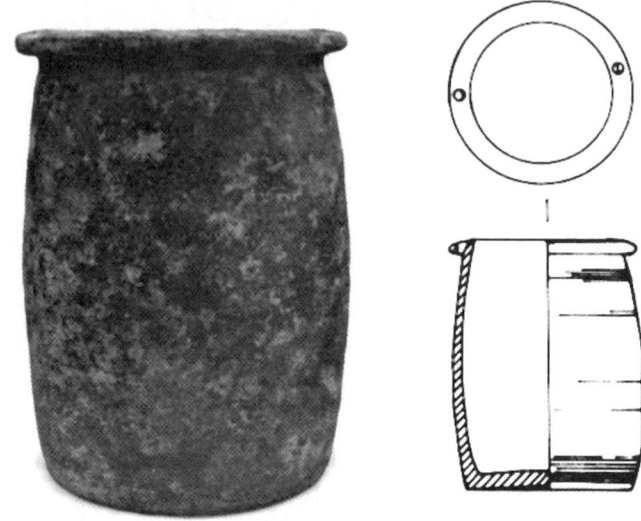

图8—7 晋宁大湾山东汉墓出土陶仓
(采自《晋宁县大湾山东汉墓清理简报》)

量建造粮仓。西南夷汉式墓葬中出土的各式陶仓,反映的是国有余财、家有余粮的富裕景象,以及崇高尚富的社会风俗。

有研究者指出,西南夷土著文化的炊具,基本上都是煮具,少见蒸制工具;我们在第五章《汉代内地生活方式的传入》中曾特别介绍过东汉时期出现的一种复合炊具——甗,它是釜与甑的复合体,是蒸制米饭的炊具。以甗蒸制米饭,是在稻谷产量稳定和米饭为主食的条件下才形成的饮食习惯[1]。说明东汉时期,西南夷以稻作生产为主的农业生产得到较大的发展,人们的生活也有了质的飞跃。

---

[1] 肖明华:《陂池水田模型与东汉时期云南的农业》,《云南社会科学》,1993年第4期。

第九章　汉式器物在西南夷的本土化生产

西汉王朝以巴蜀为中心,开拓、经营西南夷,治道、戍军、设治、通邮传、移民、屯田等系列活动,促成了大量的人员流动与物质交流。汉式生产、生活器物涌入西南夷的同时,为当地传统冶铸业带来了新的技术与工艺。

从西汉中后期开始,西南夷传统青铜器中,出现为数不少仿造汉式器物的"仿制器"。东汉时期,朱提、堂狼生产的精美铜器堪比内地,并行销全国。汉式器物输入及其本土化过程,是汉代西南夷生产技术进步、社会经济发展的重要标志。

第一节　铜洗的输入与本土化生产

洗是古人生活中常见的盥洗器具,主要由青铜铸造而成,故而称为铜洗。铜洗最早出现于战国晚期,流行于汉代。《仪礼》有"设洗直于东荣""设洗于阼阶东南"的记载。郑玄注曰:"承盥洗者,弃水器也。"①《说文解字》说:"沐,濯发也;浴,洒身也;洗,洒足也;

---

① 〔汉〕郑玄注,〔唐〕贾公彦疏:《仪礼注疏》卷三,上海古籍出版社,1997年,第956页。

澡,洒手也。"[①] 说明汉代人们对于沐浴洗澡所用的器物,各有指代。传世的铜洗多为汉代铸造,从历代金石著录及铜洗铭文记载考察,现存汉代铜洗多产于西南夷朱提(昭通)、堂狼(巧家、东川、会泽)两县,俗称"朱提堂狼洗"。

一、西南夷发现的内地铜洗

西南夷战国至西汉时期的土著文化中,汉洗是常见之物,也是高等级墓葬中随葬青铜实用器之一。譬如晋宁石寨山六号滇王墓,就出土一件肩部有双耳铺首的铜洗(编号 M6:131)。此件铜洗口径达 25.7 厘米,折口,矮颈,鼓腹,平底,器型美观,工艺精致[②]。

贵州赫章可乐汉式墓中,一次出土铜洗十六件,都是汉弦纹式铜洗,其器型多敞口,沿外折,腹微鼓,平底,腹部有双耳铺首衔环[③]。1950 年代,贵州清镇平坝汉墓共出土铜洗六件。其中两座墓(M13、M15)同时出土元始三年(3)蜀郡、广汉郡造铭文漆耳杯[④]。说明西汉武帝开拓、经营西南夷以来,铜洗作为汉式生活中不可或缺的器皿,开始输入西南夷,影响当地上层社会的日常生活。

二、西南夷本土生产的"同劳澡槃"

汉代铜器中,带有生产地铭文的并不多见,因此不易分辨器物制造的地点。1977 年,赫章可乐汉墓出土铜"澡盘"一件(图

[①] 〔汉〕许慎:《说文解字》,中华书局,1963 年,第 236—237 页。
[②] 云南省博物馆:《云南晋宁石寨山古墓群发掘报告》,第 67 页。
[③] 贵州省博物馆考古组等:《贵州赫章可乐考古发掘报告》,《考古学报》,1986 年第 2 期。
[④] 贵州省博物馆:《贵州清镇平坝汉墓发掘报告》,《考古学报》,1959 年第 1 期。

9—1)。"澡盘"口径27厘米,高7厘米,盘腹饰对称的两只铺首衔环,口沿上镌刻"同劳澡槃,比五尺周一,元始四年十月造"十六字篆书铭文①。

"澡盘"为盛水之器,"澡"有洗漱、沐浴之意,"盘"为盛水器物。"比五

图9—1　元始四年造"同劳澡槃"
(采自《贵州赫章可乐考古发掘报告》)

尺周一",说的是"澡盘"规格尺寸,"比五尺",即相当于五尺,"周一"就是一周的长度,指口沿的周长。经实测周长为95.6厘米,正合古代的四尺多近五尺的说法②。用大白话来讲,"同劳澡槃"就是同劳县生产的洗漱用盆(盘)子。

《汉书·地理志》记载,西汉益州郡属县二十四,"同劳"为其中之一③。同劳地在今云南陆良一带。"元始"为西汉平帝刘衎的年号,元始四年当公元4年,此时上距西南夷设郡县已百有余年。这是已知西南夷生产的、有纪年和产地铭文铜器中年代最早的器物。

"同劳澡槃"铭文,说明是西南夷当地生产而非由内地直接输入,属于典型的"仿汉式器物"。西汉武帝经略、治理西南夷,大批汉族移民进入西南夷,他们携带各类汉式铜器定居下来之后,利用

---

① 贵州省博物馆考古组等:《贵州赫章可乐考古发掘报告》,《考古学报》,1986年第2期。
② 熊勇富:《"同劳澡槃"刻铭考释》,《贵州省博物馆馆刊》创刊号,1985年,贵阳日报社印刷厂。
③ 《汉书》卷二八上《地理志上》,第1601页。

当地矿产资源制造新的铜器。因此,西南夷出现诸多仿制汉式日常生活用青铜器的"仿汉器物"。说明益州郡设立百年之后,经济社会快速发展,当地生产的青铜器商品开始在各地流通。

第二节 西南夷生产的朱提堂狼铜洗

东汉时期,西南夷仿汉式器物生产已经达到较高的水平,而且形成了若干生产中心,以朱提、堂狼生产的铜洗为代表的西南夷青铜器,行销全国。

一、朱提堂狼释名

所谓朱提堂狼洗,是指铸有"朱提""堂狼"铭文的汉代铜洗。《新纂云南通志》说,汉洗见于金石著录者已数百器,其铭文之有地名可考者,以"朱提""堂狼"为最[1]。这就是"朱提堂狼洗"称名的由来。

朱提、堂狼是汉代地名。汉初设犍为郡,领朱提、堂狼二县。后来分置犍为属国,领朱提县。蜀汉时以犍为属国改设朱提郡,郡治在朱提县,即今云南昭通市昭阳区;堂狼县在今曲靖市会泽县一带。相关情况,本书第二章《两汉在西南夷设置的边郡与属国》中已作考释。方国瑜先生考证,东汉朱提郡地包含滇东北鲁甸、巧家、绥江、永善、彝良、镇雄、威信、盐津、大关等,还有贵州西部的威宁、水城、赫章、毕节、珙县、高县、筠连等地[2],地理范围十分广阔。

由于传世和考古发现的朱提堂狼洗较多,方国瑜先生认为,东

---

[1]《新纂云南通志》(五),第28页。
[2] 方国瑜:《中国西南历史地理考释》,第102—105、142—143页。

汉时堂狼县可能继续存在,而文献失载①。《华阳国志·南中志》说"堂螂县因山名也"②。孙太初先生认为,《后汉书·郡国志》无堂狼县之载,因此"朱提堂狼"铭文,"朱提"为县名,"堂狼"为山名③。两位先生各有所据,各持一说。

东汉时期,朱提郡的朱提、堂琅、同劳等地,成为青铜冶铸、青铜器生产的几大中心,产品畅销全国各地④。方国瑜先生说:东汉在朱提郡屯戍垦殖,兴办农田水利,开发矿产,冶炼制造铜器。而朱提铜洗制作,说明朱提郡有资源优势的同时,开发较早,社会经济发展已达到较高水平,才能大量地制造如此精美铜器,行销全国各地⑤。

二、传世与出土的朱提堂狼洗

朱提堂狼洗分为传世、出土两大类。据统计,截至2020年,全国共发现铸有"朱提""堂狼"铭文的铜器一百一十六件⑥。没有铭文,但可断为朱提堂狼生产的铜器,应有数百件之多。方国瑜先生说:近世昭通出土铜洗,虽然有的并未著地名,也没有纹样与铭文,但可断言为朱提堂狼制造者较多。由此而论,历代金石史志所著录无地名、无铭文之汉代铜洗,其中不少应为朱提堂狼故物⑦。

传世的朱提堂狼洗,宋代即见于著录。《新纂云南通志》卷

---

① 方国瑜:《云南史料目录概说》,第793—800页。
② 《华阳国志校补图注》,第278页。
③ 孙太初:《朱提堂狼铜洗考》,《云南青铜器论丛》。
④ 蔡葵:《云南汉代制造的商品性铜器》,《思想战线》,1995年第1期。
⑤ 方国瑜:《云南史料目录概说》,第800页。
⑥ 丁长芬:《关于朱提堂狼铜器的几个问题》,《西南地区青铜器研究与保护学术研讨会论文集》,2019年,昆明。
⑦ 方国瑜:《云南史料目录概说》,第793页。

八二《金石考二》,从历代著录中截取、转载"建初八年朱提造作""章和元年堂狼造""章和二年堂狼造""永元五年堂狼""永元八年""永建元年朱棍造""阳嘉二年邛都造""汉安二年朱提堂狼造"等拓片,并将《汉金文录》《金文续编》未收录、新发现的汉洗四十八种"朱提堂狼洗"详细列目。其器物目录铭文中,可见的年号包括建初、元和、章和、永元、永初、永建、永和、汉安、永兴、建宁等等①。孙太初认为,近代学者王国维辑著《三代秦汉金文著录表》《汉代金石著录表》与《国朝金文著录表》,再加上鲍鼎《补遗》所录,共二百一十二件铜洗,其中的一部分与朱提堂狼有关②。

图9—2　昭通白泥井出土建初元年堂狼造铜洗
（采自昭通市博物馆网站）

20世纪20年代以来,考古发现屡有新收获,不断有"朱提堂狼洗"出土面世,并见诸著录,具体情况如表4:

---

① 《新纂云南通志》(五),第28—37页。
② 孙太初:《朱提堂狼铜洗考》,《云南青铜器论丛》。

第九章 汉式器物在西南夷的本土化生产　　285

表4　朱提堂狼洗出土情况一览表

序号	出土时间	出土地点	铜洗铭文	资料来源	备注
1	1920年代	昭通鸦姑海"梁堆"墓	永元五年(93)堂狼	《新纂云南通志》(五),第30页。	
2	1925年	四川通江汉墓	永元元年朱提堂狼铜官造作	李白练:《通江东汉铜洗考》,《四川文物》,2009年第1期。	
3	1937年	昭通洒鱼河李家湾"梁堆"墓	永元八年造	《新纂云南通志》(五),第30页。	
4	1965年	昭通白泥井"梁堆"墓	建初元年(76)堂狼造	汪宁生:《云南考古》,第132页	注40。
5	1965年	昭通诸葛营"梁堆"墓	永元十年朱提堂狼	汪宁生:《云南考古》,第132页	注40。
6	1965年	昭通诸葛营"梁堆"墓	永建五年(130)朱提堂狼造	汪宁生:《云南考古》,第132页	注40。
7	1972年	陕西勉县红庙汉墓	元兴元年(105)堂狼作	唐金裕、鄂清华:《陕西勉县东汉墓清理简报》,《考古与文物》,1983年第4期。	
8	1976年	贵州兴义兴仁汉墓	永元二年堂狼造	贵州省博物馆:《贵州兴义、兴仁汉墓》,《文物》,1979年第5期。	兴义发现的兴M7与M8各出一件,器形与铭文相同。

续表

序号	出土时间	出土地点	铜洗铭文	资料来源	备注
9	1980年	山东苍山柞城汉墓	永元二年(90)堂狼造	刘心健、刘自强:《山东苍山柞城遗址出土东汉铜器》,《文物》,1983年第10期。	
10	1981年	湖南江陵汉墓	和平二年(151)堂狼造	王毓彤:《东汉和平二年的一件铜斗》,《文物》,1992年第9期。	
11	1987年	四川宜宾汉墓	建初四年(79)朱提造作	丁天锡、周植桑:《宜宾市郊区出土东汉铜洗》,《四川文物》,1993年第6期。	
12	1987年	四川宜宾汉墓	延平元年(106)堂狼造	丁天锡、周植桑:《宜宾市郊区出土东汉铜洗》,《四川文物》,1993年第6期。	
13	1997年	山东平陵故城	延平元年堂狼造作	宁荫棠、牛祺安:《山东章丘市东平陵故城出土汉代铜器》,《文物》,1997年第4期。	
14	2008年	贵州安龙东汉墓	延光元年(122)朱提造作	李飞:《贵州安龙新出铜器》,《四川文物》,2009年第3期。	
15	2008年	贵州安龙东汉墓	延熹四年(161)朱提堂狼造作	李飞:《贵州安龙新出铜器》,《四川文物》,2009年第3期。	

第九章　汉式器物在西南夷的本土化生产

还有收藏于文博单位，具体出土时间不详的朱提堂狼器数十件，譬如，云南省博物馆的"阳嘉四年（135）朱提造作"①、"元和四年（87）堂狼造"与"建宁年（168—172）堂狼造"三件铜洗②；昭通市文博单位收藏的昭通柜子洞汉墓出土"建初八年（83）朱提造作"、昭通诸葛营"梁堆"出土"永元元年（89）朱提堂狼"、大关岔河崖墓出土"永元四年堂狼造"、大关征集"延光二年（123）朱提"与"汉安三年（144）朱提造"；楚雄禄丰县文管所的"永初二年（108）堂狼造作"③；济南市博物馆藏"永元九年堂狼造作"④；湖北咸丰县文管所藏"永元十二年堂狼造"⑤；辽宁省博物馆收藏"永兴元年（153）堂狼造"⑥；故宫博物院收藏"建宁三年（170）堂狼"⑦；重庆移民博物馆藏"元初三年（116）朱提造作工"铭文铜洗，等等⑧。

图9—3　重庆移民博物馆藏元初三年朱提造铜洗铭文
（图片来自移民博物馆网站）

---

① 云南省文化厅等：《云南省志·文物志》，云南人民出版社，2004年，第657页。
② 孙太初：《朱提堂狼铜洗考》，《云南青铜器论丛》。
③ 丁长芬：《东汉时期昭通朱提堂狼造铜器相关问题研究》，《昭通学院学报》，2018年第2期。
④ 刘学良：《湖北省咸丰县收藏的部分青铜器》，《文物》，1995年第7期。
⑤ 李晶：《介绍济南市博物馆收藏的几件青铜器》，《文物》，1996年第1期。
⑥ 李正清：《昭通史编年》，晨光出版社，2009年，第30页。
⑦ 孙太初：《朱提堂狼铜洗考》，《云南青铜器论丛》。
⑧ 重庆移民博物馆官网。

从统计数据看,1965年在昭通白泥井发现"建初元年(76)堂狼造"洗为年代最早者①,而年代最晚的当属汉灵帝熹平四年(175)洗②。如此,朱提堂狼洗,盛行时间前后逾百年。发现地点,集中在朱提堂狼故地,即汉代犍为郡、犍为属国(朱提郡)、牂牁郡所在川南滇东北黔西交汇之地,而在四川、陕西、湖北、湖南等相邻地区,以及远至山东,都有发现。

第三节 青蛉、邛都铜洗的发现

西南夷地区出土的汉代铜洗,并非全产自朱提、堂狼,譬如宋代即见于著录的"阳嘉四年(135)青蛉"铭文铜洗③,还有后来发现的"阳嘉二年(133)邛都造"铜洗④,标明生产地为越嶲郡青蛉、邛都二县,时代为东汉顺帝时期。1992年西昌市东郊邛海出土"永和元年(136)李造作工"铭文双鱼洗,同样是顺帝时期的遗物,铜洗的制作工艺、鱼纹造型均同于"阳嘉二年邛都造",说明此铜洗极有可能为邛都当地生产⑤。

《汉书·地理志》说:"越嶲郡,武帝元鼎六年开。属益州。户

---

① 汪宁生:《云南考古》,第90—101页。丁长芬所引"永平七年(64)为最早",不知何据(丁长芬:《关于朱提堂狼铜器的几个问题》,《西南地区青铜器研究与保护学术研讨会论文集》,2019年,昆明)。
② 陈直:《两汉经济史料论丛》,陕西人民出版社,1980年,第243—245页。
③ 陈直认为,王黼《宣和博古图录》卷廿一、薛尚功《历代钟鼎彝器款识》卷十九、阮元《积古斋钟电压彝器款识》二著录时,误"青蛉"二字为"朔令"。见氏著《两汉经济史料论丛》,第243—245页。
④ 《新纂云南通志》(五),第31页。
⑤ 张正宁:《西昌出土东汉永和元年铭文双鱼洗》,《四川文物》,1993年第4期。

六万一千二百八,口四十万八千四百五。县十五。"①西汉越嶲郡十五县地理分布情况为:邛都(西昌)、灵关道(喜德)、台登(泸沽)、定莋(盐源)、会无(会理)、莋秦(冕宁)、大莋(米易)、姑复(华坪)、三绛(会理)、苏示(礼州)、兰县(越西)、卑水(昭觉、美姑)、灊街(峨边)、遂久(永胜、丽江)、青蛉(永仁、大姚)②。

青蛉、邛都是汉代越嶲郡属县。汉武帝以"邛都国"地置越嶲郡,治邛都县(西昌),因此,《华阳国志·蜀志》称越嶲郡为"故邛都夷国也"③。西汉越嶲郡的空间范围,相当于今四川省凉山州的大部分,乐山市和雅安市的西南部,攀枝花市,云南省金沙江沿线永仁、姚安、大姚、华坪、永胜、丽江等地④。

如前所述,《汉书·地理志》有"邛都,南山出铜"之叙。1980至1990年代的文物普查中,文物工作者在西昌南部黄联关、黄水等地发现大型汉代冶铜遗址多处,其中黄联关镇东坪村遗址面积达十六万平方米。暴露于地表的冶铜、铸铜、烧炭、铸币等炉基达数十个之多,与文献记载相吻合⑤。因此,刘世旭、张正宁判定《汉书》《后汉书》《华阳国志》等记载的"邛都南山出铜"的"南山",指的就是今西昌市黄联镇东坪一带⑥。研究者认为,邛都北连巴蜀、中原,南通滇池、洱海等地,是连结蜀地与西南夷的要道,两汉为越嶲郡、邛都县治所之地。汉晋以来就是西南夷的政治、经济交往中

---

① 《汉书》卷二八上《地理志上》,第 1600 页。
② 《汉书》卷二八上《地理志上》,第 1600 页。
③ 《华阳国志校补图注》,第 204 页。
④ 方国瑜:《中国西南历史地理考释》,第 122 页。
⑤ 刘世旭:《汉"邛都,南山出铜"地考》,《四川文物》,1989 年第 6 期。
⑥ 刘世旭、张正宁:《四川西昌黄联关镇东坪村汉代冶铜铸币遗址调查》,《考古》,1990 年第 12 期。

心之一。西昌发现汉代冶铜遗址,铸造钱币和生活用具等,不仅供给本地所需,很可能还要沿西南大通道输送至西南夷各地①。

汪宁生认为,"阳嘉四年青蛉"与"阳嘉二年邛都造"两件铜洗的发现,证明当时的越嶲郡同样有冶铜工业②。西南夷地区出产铜锡的地方较多,证诸史籍,《后汉书·郡国志》不仅有"邛都,南山出铜"的记载,还说益州郡俞元县装山出铜,律高石室山出锡,贲古采山出铜锡③。《华阳国志·南中志》则记载"永昌郡出铜"④。官方记录表明,汉代,西南夷是全国有重要影响的矿产地。

第四节 西南夷生产汉式青铜器的意义

一、朱提堂狼洗是官造铜器

朱提是汉代全国白银的重要产地,《汉书·食货志》:"朱提银重八两为一流,直一千五百八十。它银一流直千。是为银货二品。"颜师古注曰:"朱提,县名,属犍为,出善银。"⑤说明朱提不仅产银,而且生产出全国最好的"朱提银"。后世往往以"朱提"为"银钱"的代称,即源于此。

《南齐书·刘悛传》说:

> 永明八年(490),悛启世祖曰:"南广郡界蒙山下,有城名

---

① 刘世旭、张正宁:《西昌市东坪村汉代炼铜遗址调查》,《考古》,1990年第12期。
② 汪宁生:《云南考古》,第104页。
③ 《后汉书》志第二十三《郡国五》,第3511、3513页。
④ 《华阳国志校补图注》,第278页。
⑤ 《汉书》卷二四下《食货志下》,第1178页。

蒙城,可二顷地,有烧炉四所,高一丈,广一丈五尺。从蒙城渡水南百许步,平地掘土深二尺,得铜。又有古掘铜坑,深二丈,并居宅处犹存。邓通,南安人,汉文帝赐严道县铜山铸钱,今蒙山近青衣水南,青衣左侧并是秦之严道地。青衣县又改名汉嘉。且蒙山去南安二百里,案此必是通所铸。近唤蒙山僚出,云'甚可经略'。此议若立,润利无极。"并献蒙山铜一片,又铜石一片,平州铁刀一口。上从之。遣使入蜀铸钱,得千余万,功费多,乃止。①

东汉朱提郡,南朝时期改称南广郡。蔡葵指出,东汉朱提郡冶铜作坊规模较大,譬如上文所指南广郡(镇雄)之蒙城(乌蒙城)、蒙山(乌蒙山)冶铜作坊,其烧炉"高一丈,广一丈五尺",按萧齐时的一尺约合今 25 厘米,可推算出炉高过 2.5 米,宽极 3.7 米有余,足见其体量之大②。

《华阳国志·南中志》说"堂螂县出银、铅、白铜、铜"③。汉晋堂螂县相当于今天云南的会泽、巧家和东川,有丰富的铜矿资源。而邻近的四川会理,历史上就以含镍的铁矿而出名。近代考古调查资料显示,堂狼山在今鲁甸龙头山、小寨等地,小寨丘陵地带铜矿品位高,清代乾隆年间在此开办乐马铜矿,年产铜二十吨④。

从四川巴中收藏"永元元年朱提堂狼铜官造作"铜洗铭文可知,东汉朝廷在朱提郡设置有"铜官"⑤。"铜官"之设始于西汉,元

---

① 《南齐书》卷三七《刘悛传》,第 653 页。
② 蔡葵:《云南汉代制造的商品性铜器》,《思想战线》,1995 年第 1 期。
③ 《华阳国志校补图注》,第 278 页。
④ 陈序德:《朱提银铜考》,《昭通文史资料选辑》第 5 辑,1990 年。
⑤ 李白练:《通江东汉铜洗考》,《四川文物》,2009 年第 1 期。

封二年(前109)在丹阳郡(今铜陵)设置"铜官",专司铜矿采冶和铜器生产。东汉时期,朱提产银,堂狼产铜,朱提堂狼的冶铜矿区和铜器作坊,历来就有相当的规模,所铸朱提、堂狼洗行销全国,所以朝廷在此设置铜官,专司冶铜、制器事务[①]。

二、朱提堂狼洗是汉洗中的精品

朱提堂狼洗研究中,数据统计有重要价值,这就是所谓的"数据为王"的道理。没有一定的数据支撑,研究结论就会失之空洞,言之无物。只有当数据积累到一定程度,才能透物见人见事,挖掘数据背后的历史情境与文化意义。结合学术界的研究成果,我们认为,"朱提堂狼洗"具有如下共性:

第一,西南夷生产的铜洗,有明确生产地者,以朱提堂狼为多,当然也还有邛都、青蛉、同劳等地,地点都在越巂郡、犍为郡、犍为属国(朱提郡)故地。汉代铜器中较少有产地铭文,一般不易分辨出生产地、制造商,而朱提堂狼铜洗明确为西南夷生产制造,为汉洗的研究提供了标准器。

第二,朱提堂狼洗,多出土自"梁堆"墓。朱提堂狼洗,不论是传世者,或是出土者,其来源大都出土于"梁堆"墓,即西南夷汉晋砖室墓遗迹中。此类墓葬并非平民墓葬,而是社会中、上层的高等级墓葬。说明铜洗并非普通平民所用之物。

第三,朱提堂狼洗多发现于朱提堂狼故地。发现朱提堂狼洗的地理空间,以朱提堂狼故地,即云南昭通、曲靖、贵州西部、四川南部与西南部为多。但在相邻的重庆、湖北、湖南、陕南,甚至是相距甚远的山东均有发现。说明此器物主要流传地是西南夷故地,

---

① 蔡葵:《云南汉代制造的商品性铜器》,《思想战线》,1995年第1期。

同时也作为商品,通过西南大通道流向全国各地。

第四,朱提堂狼洗是东汉铜洗中的精品。汉代西南夷生产的物品能够在全国流通,以此为最。说明西汉武帝经略西南夷以来,大量汉族移民进入西南夷,促进了当地社会经济发展,使西南夷青铜土著文化转型、融入全国大一统体系之中。

第五,朱提堂狼洗是标准的汉式器物。从款式、铭文、装饰纹样等要素考察,朱提堂狼洗都是标准的汉式生活实用铜器,其器型及风格和设立郡县以前西南夷流行的具有浓郁地方、民族特点的铜器,既有区别,亦有联系。

朱提堂狼洗汉字铭文,除说明年代和产地外,有的还下缀"工"字,如"堂狼造作工",有时"工"字为"牢"字代替,或"牢""工"并提,如"堂狼造作牢""朱提造作上牢工"等。"工"与"牢"具有相同的含义,是夸示所制器物工巧牢实,是祈语,也颇有广告语的意思。极少数器物有吉祥语铭文,如昭通所出"永建五年(130)造作大吉"洗,又如"阳嘉四年(135)堂狼造作牢"洗,左右有"吉羊"两字[①]。

纹饰图样中,以双鱼,双鹭、鱼鹭纹饰居多,体现出汉文化的基本特征,同时也有西南夷文化的元素[②]。蔡葵认为,在汉文化中,"鱼""余"同音,表示"吉庆有余"的美好愿望。西南夷原来就爱用鹭作装饰图案,而汉族用鹭象征清纯与洁白,铜洗中的双鹭、鱼鹭图样,表明西汉开发西南夷以来,汉族的思想、生活习俗也逐步融合到西南夷各土著族群之中。由于汉族喜爱成双作对的动物,故双

---

① 蔡葵:《云南汉代制造的商品性铜器》,《思想战线》,1995年第1期。
② 东汉蜀郡洗底部多饰凤、羊、鹿、鼎、鹤等图像,与朱提堂狼装饰双鱼、双鹭、鱼鹭不同。凤是传说中的吉鸟;"羊""祥"同音,象征吉祥;"鹿""禄"同音,象征福禄;鼎暗示封侯,即铭文"宜侯"的含义;鹤象征洁白。参见蔡葵:《云南汉代制造的商品性铜器》,《思想战线》,1995年第1期。

鱼、双鹭等图像流行。鱼、鹭分列两侧,象征白鹭啄鱼,称心满意①。

第五节　西南夷汉式器物本土化过程分析

汉式器物在西南夷的本土化,经历了巴蜀铁器的输入、仿汉式器物的生产、西南夷汉式铜器的制造三个阶段,这是一个相对漫长的历史进程,是战国至东汉中期汉文化与西南夷土著文化长时段接触、交流与融合的结果。

一、巴蜀铁器及其生产技术的输入

西南夷土著青铜文化遗存中,为数不少的遗存出土铜铁合制器与铁器,譬如云南晋宁石寨山、江川李家山、安宁太极山、昆明羊甫头、呈贡石碑村、大理金梭岛、宁蒗大兴镇、贵州清镇等地的古遗址、墓葬②。越嶲郡故地,发现铁刀、铁斧、蜀郡铁锸③。贵州赫章可乐汉墓中,出土铜柄铁剑七件,以及"武阳传舍铁炉"④。其中年代

---

① 蔡葵:《云南汉代制造的商品性铜器》,《思想战线》,1995年第1期。
② 云南省博物馆:《云南晋宁石寨山古墓群发掘报告》;云南省文物工作队:《云南安宁太极山古墓葬清理报告》,《考古》,1965年第9期;云南省博物馆:《云南江川李家山古墓群发掘报告》,《考古学报》,1975年第2期;云南省文物工作队:《云南宁蒗县大兴镇古墓》,《考古》,1983年第3期;大理州文物管理所:《祥云检村石棺墓》,《文物》,1983年第5期;昆明市文物管理委员会:《昆明呈贡石碑村古墓群第二次发掘清理简报》,《考古》,1984年第3期;贵州省博物馆:《贵州清镇平坝汉墓发掘报告》,《考古学报》,1959年第1期。
③ 刘世旭、张正宁:《四川西昌市东坪村汉代炼铜遗址的调查》,《考古》,1990年第12期。
④ 贵州省博物馆考古组等:《贵州赫章可乐考古发掘报告》,《考古学报》,1956年第2期。

较早的,是江川李家山二十一号与十三号墓出土的战国早、晚期铜铁合制器物①。

晋宁石寨山出土的长达1米以上的铁剑,在四川西汉中期至西汉晚期的土坑墓中,是一种常见的兵器。说明此类铁剑很可能从蜀郡输入。铁剑输入滇国之后,为滇族所珍视,为其配制滇族特有的金剑鞘。这就是滇文化中巴蜀铁剑配滇式金剑鞘的原因②。铁器被视为是最早传入西南夷地区的汉式器物。

有关西南夷铁器制造与贸易的记载,多出现在汉晋时期的各种文献之中,譬如,《史记·货殖列传》说:

> 蜀卓氏之先,赵人也,用铁冶富。秦破赵,迁卓氏。卓氏见虏略,独夫妻推辇,行诣迁处。诸迁虏少有余财,争与吏,求近处,处葭萌。唯卓氏曰:"此地狭薄。吾闻汶山之下,沃野,下有蹲鸱,致死不饥。民工于市,易贾。"乃求远迁。致之临邛,大喜,即铁山鼓铸,运筹策,倾滇蜀之民,富致僮千人。田池射猎之乐,拟于人君。③

同卷记载,"程郑,山东迁虏也,亦冶铸,贾椎髻之民,富埒卓氏,俱居临邛"④。《史记·西南夷列传》说得明白,"椎髻之民"专指夜郎与滇。程氏或经夜郎、牂柯江通南越,故"索隐"称程氏"通贾南越"⑤。《史记·司马相如列传》说:"临邛中多富人,而卓王孙家

---

① 张增祺:《云南的早期铁器》,云南省博物馆编:《云南铁器时代文化论》。
② 童恩正:《对云南冶铁业产生时代的几点意见》,《考古》,1964年第4期。
③ 《史记》卷一二九《货殖列传》,第3277页。
④ 《史记》卷一二九《货殖列传》,第3278页。
⑤ 《史记》卷一二九《货殖列传》,第3278页。

僮八百人,程郑亦数百人。"①

《华阳国志·蜀志》记载临邛城"城周回六里,高五丈。造作下仓,上皆有屋,而置观楼射栏"。"临邛"或为"临近邛民之地"之意,"邛"即"邛都夷",是西南夷中较大的族群。任乃强先生说,秦临邛城为蜀与西南夷邛、筰、夜郎各族群相互贸易的中枢,是当时蜀郡三大城(成都、郫城、临邛)之一②。

"临邛自古称繁庶,天府南来第一州。"按秦时规制,当时的临邛已属大城。秦汉时期,临邛是移民聚居之地,商贸中心,也是经营西南夷的军事重镇。司马相如通西夷,即从临邛出发,通道邛都。《史记·司马相如列传》说,司马相如"略定西夷,邛、筰、冉駹、斯榆之君皆请为内臣。除边关,关益斥,西至沫、若水,南至牂柯为徼,通零关道,桥孙水以通邛都"③。西汉在临邛(汶山郡)、武阳(犍为郡)、南安(犍为郡)等地设有铁官,而益州郡、牂柯郡并无铁官,所以益州郡、牂柯郡出土的铁器,很可能是从巴蜀,或者汶山、犍为等地区输入的④。

二、汉式器物的在地化

铜柄铁刃剑曾被作为巴蜀铁器输入西南夷的主要证据⑤,后来的考古发现表明,铜柄铁刃剑几乎分布于整个西南夷地区,譬如滇池区域、洱海地区、四川岷江上游、西昌地区、黔西地区等。铜柄铁

---

① 《史记》,卷一一七《司马相如列传》,第 3000 页。
② 《华阳国志校补图注》,第 128 页。
③ 《史记》卷一一七《司马相如列传》,第 3047 页。
④ 童恩正:《古代的巴蜀》,第 121 页。
⑤ 李家瑞:《两汉时期云南的铁器》,《文物》,1962 年第 2 期;《关于云南开始制造铁器的年代的说明》,《考古》,1964 年第 4 期。冯汉骥:《云南晋宁石寨山出土文物的族属问题拭探》,《考古》,1961 年第 9 期。

刃剑与云贵高原青铜剑之间,有明显的继承发展关系。童恩正指出,铜柄铁刃剑,很可能发源于洱海区域①。

西南夷地区共出土春秋末至西汉后期的铜铁合制器二百多件,其中大部分为铜柄铁刃剑②。张增祺认为,早期铜铁合制器,其铜柄和铁刃是分制然后焊接起来的,其铜柄和当地青铜器的器形、纹饰相同,说明是夷人自己制造的③。

越嶲郡故地,四川西昌东坪村汉代炼铜遗址,发现椭圆形炼炉,这种炉是为克服圆形炉风力吹不到炉的中心的缺陷,专门改进设计的,在当时属于新型炼炉。这种炉在西昌发现,说明西汉武帝开拓、经营西南夷以来,中原地区先进的冶铁技术,已经在西南夷推广与使用④。据《三国志·蜀书·张嶷传》记载:"定筰、台登、卑水三县去郡三百余里,旧出盐铁及漆,而夷徼久自固食。"⑤说明当地的盐、铁生产已经达到一定的规模与水平。

巴蜀铁器输入"西南夷",为当地带来了新的技术。当地工匠以传入的新技术,结合西南夷青铜剑的老式样,制造出铜柄铁剑。到了汉武帝时期,西南夷掌握了冶铁技术,开始了自制铁器的历史⑥,因此,铜柄铁剑骤然增多。东汉时期,随着西南夷土著文化与中原文化的融合,青铜剑最终为汉式铁剑所取代⑦。可见,西南夷地

---

① 童恩正:《我国西南地区青铜剑的研究》,《考古学报》,1977年第2期。
② 张增祺:《云南的早期铁器》,云南省博物馆编:《云南铁器时代文化论》。
③ 张增祺:《云南开始用铁器的时代及其来源问题》,《云南社会科学》,1982年第6期。
④ 刘世旭、张正宁:《四川西昌市东坪村汉代炼铜遗址的调查》,《考古》,1990年第12期。
⑤《三国志》卷四三《蜀书·张嶷传》,第1053页。
⑥ 林声:《谈云南开始制造铁器的年代问题》,《考古》,1963年第4期。
⑦ 童恩正:《我国西南地区青铜剑的研究》,《考古学报》,1977年第2期。

区最早的铁器,是由巴蜀地区输入的,之后的铜铁合制器,则属于西南夷本土制造的"仿制器"[①]。

西汉武帝在西南夷设置郡县以前,西南夷青铜器冶铸业,基本上是自行发展起来的,受中原文化的影响是间接的。设置郡县后,情况发生转变。西汉晚期,开始出现西南夷本土生产的汉式铜器,譬如前引元始四年(4)造"同劳澡槃"。到了东汉时期,朱提堂狼生产的铜器,还有青蛉、邛都造铜洗,可以与蜀郡生产的铜器相媲美。东汉朱提堂狼洗的式样、铭文、纹饰,均有明显的汉式风格,不排除汉族移民将生产技术带入西南夷的同时,有工匠直接参与生产,培养、提升当地工匠冶金、铸造技术的同时,为其产品行销全国提供商业模式[②]。

[①] 汪宁生:《云南考古》,第67页。
[②] 蔡葵:《云南汉代制造的商品性铜器》,《思想战线》,1995年第1期。

第十章　汉式葬俗在西南夷的流行

汉王朝建立之后,随着统一多民族国家的发展,汉文化与内地礼俗传播到全国各地。汉式墓葬形式与内地丧葬礼俗,逐渐为四裔、边远地区所接受①。

西汉早期,砖室墓在中原地区出现并逐步向其他地区扩展。西汉晚期,砖室墓葬制向全国发展,到东汉中期,几乎遍及汉帝国的所有统治区域,并完全取代了传统的土坑墓②。大约在东汉安帝以后,黄河流域的诸侯王与列侯都实行前、中、后三室之制,墓室都用砖券顶,前室象征庭院,中室即明堂,后室为寝宫,三室的两侧往往有耳室即"外藏椁"。此时,许多二千石官秩的地方豪右,也普遍使用此种三室之制③。厚葬之风弥漫整个社会。东汉时期中原的高等级砖室墓,往往形成相当规模的墓园,墓园砌筑墙垣,园内有封土、祠堂、石阙、石碑、石兽、石人、石柱等设施。

西汉中后期,巴蜀地区开始出现砖室墓,厚葬之风一直延续至

---

① 中国社会科学院考古研究所编著:《中国考古学·秦汉卷》,中国社会科学出版社,2010年,第900页。
② 李如森:《汉代丧葬制度》,吉林大学出版社,1995年,第356页。
③ 俞伟超:《汉代诸侯王与列侯墓葬的形制分析——兼论"周制""汉制"与"晋制"的三阶段性》,《中国考古学会第一次年会论文集(1979)》。

蜀汉①。巴蜀是汉代经营西南夷的基地,巴蜀的社会风尚,直接影响西南夷社会生活。

西汉以来,西南夷土著文化与汉文化两个系统并存了很长时间。巴蜀与内地官员与人民,通过治道、从军、为官、屯田、戍边、移民实边等途径,不断进入西南夷,落籍当地,成为西南夷新的民族成员。由于汉代实行徙边移民"聚落而居"与"坟墓相从"政策,移入西南夷的汉族移民始终保持内地生活习惯、丧葬制度与礼俗,于是汉式葬俗进入西南夷,并影响当地土著社会。

经历了西汉武帝时期到东汉中期二百年左右的发展,西南夷葬俗完成了从"土著"向"汉式"的变革,"以汉法为墓"成为西南夷主流的丧葬礼俗。西南夷汉式墓葬的特征,与周边巴蜀、汉中、荆楚、南粤接近,也与同时期关中京畿地区、中原地区具有相同的文化特质。另一方面,西南夷故地"汉式墓葬"也显示出本土化与地域性特征,此类墓葬中普遍出土国内其他地方不常见的器物组合,譬如摇钱树、陂塘水田模型、朱提堂狼铜洗、鸟负罐、早期佛教造像等。

第一节　汉式葬俗传入西南夷

汉代人们的观念中,丧葬是沟通天地的活动,墓葬本身就是神圣空间,墓葬中的图像与器物组合,具有特殊的意义②。

一、长命富贵思想

《史记·平准书》《汉书·食货志》均记载了汉武帝时期的社

---

① 罗二虎:《四川汉代砖石室墓的初步研究》,《考古学报》,2001年第4期。
② 罗二虎:《汉代画像石棺研究》,《考古学报》,2000年第1期。

会财富增长,以及由此形成的尚富、奢侈的社会风气。《史记·平准书》说:

> 至今上即位数岁,汉兴七十余年之间,国家无事,非遇水旱之灾,民则人给家足,都鄙廪庾尽满,而府库余货财。京师之钱累巨万,贯朽而不可校。太仓之粟陈陈相因,充溢露积于外,至腐败不可食。众庶街巷有马,阡陌之间成群,而乘字牝者傧而不得聚会。守闾阎者食粱肉,为吏者长子孙,居官者以为姓号。故人人自爱而重犯法,先行义而后绌耻辱焉。当此之时,网疏而民富,役财骄溢,或至兼并豪党之徒,以武断于乡曲。宗室有土公卿大夫以下,争于奢侈,室庐舆服僭于上,无限度。①

说明汉初社会财富迅速积累,汉武帝时期,前所未有的物质文明与社会财富增长,形成了崇尚富贵、奢侈生活,并追求长命富贵的社会风尚。正是在这样的社会情境中,汉朝的文化与礼俗,伴随着汉武帝对四裔之地的开拓经营,迅速传播到汉帝国的每一个角落,并对当地产生深远的影响。

东汉初、中期,仍然是国泰民安的富裕社会,《后汉书·明帝纪》说,东汉永平十二年,"是岁,天下安平,人无徭役,岁比登稔,百姓殷富,粟斛三斗,牛马被野"②。

林立于郡县的地主庄园,是汉代富贵生活的典范。庄园拥有大量土地、山泽之饶;有手工作坊,诸业兴盛;所谓"起土山,立两

---

① 《史记》卷三〇《平准书》,第 1420 页。
② 《后汉书》卷二《明帝纪》,第 115 页。

市",建亭台楼谢,商业集市。庄园内豪族地主居住的高楼大宅院落相连,周绕回廊,其中有望楼、水井、起居之所。他们乘车骑、食珍肴、赏乐舞,有"徒附"为其劳作,有"部曲"为其安保。规模大者如《后汉书·仲长统传》所言:"馆舍布于州郡,田亩连于方国。"①

东汉时期,以大姓豪强为代表的世家大族地主,形成庄园经济,影响及于社会生活各个层面。《华阳国志·蜀志》称这些世族大地主为"冠冕大姓""甲族""大姓""奢豪"等。他们在巴蜀四郡,以及南中割据一方,左右地方社会②。

《华阳国志·蜀志》:

> 然秦惠文、始皇,克定六国,辄徙其豪侠于蜀;资我丰土,家有盐铜之利,户专山川之材,居给人足,以富相尚。故工商致结驷连骑,豪族服王侯美衣,娶嫁设太牢之厨膳,妇女有百两之徒车,送葬必高坟瓦椁,祭奠而羊豕夕牲,赠襚兼加,赗赙过礼,此其所失。原其由来,染秦化故也。若卓王孙家僮千数,程、郑各八百人;而郤公徙禽,巷无行人;箫鼓歌吹,击钟肆悬;富侔公室,豪过田文;汉家食货,以为称首。盖亦地沃土丰,奢侈不期而至也。③

汉代关中、巴蜀崇尚富贵奢侈的社会风尚,随着两汉王朝对西南夷的开拓与经营、人员往还,传入西南夷。《后汉书·西南夷列传》称益州郡"人俗豪忲",称越嶲郡、牂牁郡风俗"豪帅放纵"即是

---

① 《后汉书》卷四九《仲长统传》,第 1651 页。
② 《华阳国志校补图注》,第 157、161 页。
③ 《华阳国志校补图注》,第 148 页。

例证①。

二、厚葬风俗

汉代厚葬的思想基础,是由神仙信仰发展出来的"事死如事生、事亡如事存"的丧葬祭礼俗②。王充《论衡》说,当时人们"以为死人有知,与生人无异,故作偶人以侍尸柩,多藏食物,以歆精魂"③。此类"谓生如死""器用如生人"的厚葬之风,正是东汉社会风尚的写照。《三国志·蜀书·董和传》记载,汉末"蜀土富实,时俗奢侈,货殖之家,侯服玉食,婚姻葬送,倾家竭产"④。蜀郡故地上的东汉墓,以新都县新繁清白乡画像砖墓为最,它有九个墓室和一个墓道,规制之高,十分罕见⑤。

墓葬所反映的"墓主生活",较真实地保留了东汉时期的物质文化与思想意识。譬如《后汉书·赵咨传》记载,赵咨曾发出"废事生而荣终亡,替所养而为厚葬,岂曰圣人制礼之意乎"的疑问⑥。而王符更不认同此种社会风尚。他在《潜夫论》卷一《务本》说:"养生顺志,所以为孝也。今多违志俭养约生以待终,终没之后,乃崇饰丧纪以言孝,盛飨宾旅以求名。"⑦

《后汉书·王符传》说:

---

① 《后汉书》卷八六《西南夷列传》,第2846、2852页。
② 〔清〕阮元校刻:《十三经注疏》,中华书局,1980年,第1629页。
③ 黄晖撰:《论衡校释》,中华书局,1990年,第961页。
④ 《三国志》卷三九《蜀书·董和传》,第979页。
⑤ 陈建中、袁明森、李复华:《四川新繁清白乡东汉画像砖墓清理简报》,《文物》,1956年第6期。
⑥ 《后汉书》卷三九《赵咨传》,第1315页。
⑦ 〔东汉〕王符撰,〔清〕汪继培笺,彭铎校正:《潜夫论笺校正》,中华书局,1985年,第63页。

> 今京师贵戚,郡县豪家,生不极养,死乃崇丧,或至金缕玉匣,檽梓楩柟,多埋珍宝偶人车马,造起大冢,广种松柏,庐舍祠堂,务崇华侈。①

汉代墓制和葬俗的主要特点,在于模仿现实生活中的住宅房屋和再现死者生前的生活方式和情景。墓葬中的随葬器物、图像、画面多与墓主生前的生活有关,宴饮、乐舞百戏、西方幻术、博奕、抚琴、田猎等生活图景,还有粮仓、楼阙、武库、厨房、仆侍、部曲等家庭财富,有夸耀墓主生前富贵生活和显赫地位的含义,更重要的是要将墓主生前的荣华富贵带入地下,因为墓主生前的荣耀,隐喻即将到来的仙境生活②。

墓葬中随葬的陶楼房,各种劳作俑、庖厨俑、侍俑、舞乐俑,真实而形象地反映了庄园建筑,墓主生前食珍肴、赏乐舞的生活情景。各种陂塘水田、畜圈和家禽家畜模型,反映墓主财富和经营的各种产业。那些手执锄、腰佩刀、剑的陶俑,就是墓主的私人武装"部曲"的真切形象③。"形具而神生",不论是墓室建筑本身,还是墓室中随葬的"建筑明器",都是模拟现实生活中各类建筑、近乎真实的"建筑模型"。而大量的生活随葬品,包括人俑、生活器具,亦为当时日常生活的真实反映。汉墓所呈现的"墓主生活",既宣扬了墓主生前的富贵,也营造了死后的哀荣。

以明器,特别是陶制的模型器随葬,是汉代丧葬礼俗的重要特

---

① 《后汉书》卷四九《王符传》,第 1637 页。
② 罗二虎:《汉代画像石棺研究》,《考古学报》,2000 年第 1 期;罗二虎:《川渝地区汉代画像砖墓研究》,《考古学报》,2017 年第 3 期;罗二虎、宋丹:《东汉画像崖墓研究》,《考古学报》,2020 年第 4 期。
③ 王有鹏:《四川汉代陶俑刍论》,《四川文物》,1987 年第 3 期。

征。所谓"明器者,藏器也。檀弓曰:其曰明器,神明之也,言神明者异于生器"①。明器在墓葬中经历了从无到有、由不成组到定型成套的过程,并随着时间的流逝而发展演化②。汉代,有专门制作陶俑等明器的作坊,并设置专职管理的官吏。《汉书·百官公卿表》少府属官有东园令、丞,颜师古注:"东园匠,主作陵内器物者也。"③东园匠负责制作皇室丧葬用器,如棺椁、明器等,其造作的器具称为"东园秘器"。

汉式墓葬的型制及其包含的"汉式器物"与"内地礼俗",能让我们充分理解汉文化如何地落地生根,成为西南夷的社会风尚。

三、坟墓相从制度

汉代国家移民政策的特点之一,是朝廷在边地建立新的聚居点,实行移民集中居住的"聚落而居"政策,即"营邑立城",为新到的移民提供房屋、器用、田地,同时将内地社会中的基本设置与礼俗,诸如乡亭、医巫、祭祀、婚姻、丧葬等制度与风俗,完全移置到"新邑"之内,形成类似屯守的移民制度。

《汉书·晁错传》对于徙边移民有一整套构想,"坟墓相从"是其核心内容之一:

> 营邑立城,制里割宅……为置医巫,以救疾病,以修祭祀,男女有昏,生死相恤,坟墓相从,种树畜长,居屋完安,此所以

---

① 〔清〕阮元校刻:《十三经注疏》,第1148页。
② 赵成浦:《南阳汉代画像石砖墓关系之比较》,《中原文物》,1996年第4期;王晓:《浅谈中原地区原始葬具》《中原文物》,1997年第3期。
③ 《汉书》卷一九上《百官公卿表上》,第731—732页。

使民乐其处而有长居之心也。①

汉代移民政策的核心目标,是使移民"乐其处而有长居之心"。朝廷通常为移民设营立城,修造居屋,使其"生死相恤,坟墓相从",形成内地汉族丧、葬、祭的制度保障。

"坟墓相从"政策使移居边郡的人民不再返葬故地,西南夷早期汉族移民去世之后就地"依汉法为墓",封土树碑,不绝祭祀。丧、葬、祭祀风俗完全保留内地特征。天长日久,西南夷各地的移民聚落,竟形成累累相望的大姓家族坟茔与墓地。这种文化遗迹,是我们今天考察、理解汉代西南夷丧葬制度与社会生活的物证。

第二节　西南夷社会记忆中的汉式墓葬"梁堆"

民国《昭通县志稿》卷二《墓冢》条说:

> 梁王堆,昭城四乡皆有,似冢而大……近世常有掘穴得铜罐、铜锅、石棺、银钱或古剑、五珠钱等物,遂卜其为古冢。或曰始于梁时,故名"梁王堆",又有名为僚人所居,故一切动用俱备,未知孰是。②

1920年代,学术界即开始探索"何为梁堆"。张希鲁是第一位对"梁堆"做出解释的现代学人。他指出:

---

① 《汉书》卷四九《晁错传》,第2288页。
② 龙云修,卢金锡等纂:《昭通县志稿》卷二,昭通新民书局,1938年,第30页。

> 所谓"梁堆"者,乃昭通、鲁甸两县间独有者。坡坨上往往一、二或五、六据之。其大几与丘陵等,或视坟垄倍蓰。土质极细。传自何代?"梁"字何解?俱无左券。问之乡里父老,皆曰:"未修城前,傜人土室也。"故又称"傜堆"云。闻农家言,发掘者,花砖最多,五珠钱次之,间有刀、剑、铜器、石器各物。问其内状,皆曰:"用砖砌成,坐北向南,如城门洞然。或空之为窗,高之为床。数堆相近,通以隧道。"①

经过考古工作者近百年的努力,目前已经确认所谓"梁堆""傜堆""傜人堡"者,是分布在西南夷地区东汉至六朝时期的古墓葬②。这类墓葬以砖室墓与石室墓为主,其型制、内涵与内地同期墓葬较为接近。因为墓葬地表有高大的封土堆,当地民间以"堆""包""台""墩"或"坟丘"称之。譬如四川大邑县,就有"马王坟""吴家墩子"等地名及汉墓分布地点;多数地方则依据堆的数量,称为"三堆子""七堆子""十八堆子""八塔台"等;有的地方称为"老包",譬如川南、滇东北地区的曹家老包、张家老包等。

"梁堆"之称广泛流行于云贵川三省交汇地区的区域社会记忆中,譬如贵州西部,贵阳以西的夜郎故地,包括今黔西南、安顺、毕节、六盘水等地民间称此类墓葬为"粮堆"(威宁)、"傜堡"或"傜人堡"(安顺、赫章),有的亦称之为"万人坟"(清镇、黔西)、"团堡"

---

① 张希鲁:《昭通后海子"梁堆"发掘记》,昭通地区文化局编:《西楼文选》,1985年。
② 孙太初:《云南"梁堆"墓之研究》,《云南省博物馆建馆三十周年纪念文集》;张增祺:《古代云南的"梁堆"墓及其族属新探》,《云南民族学院学报(哲社版)》,1989年第4期。

或"风水包"(兴义)①。与此相连的汉代越嶲郡故地,今四川西南的凉山州,安宁河流域的汉代墓葬,当地民间亦称之为"粮堆"或"梁堆"②。而四川盆地则通称有封土的汉代墓葬为"坟丘墓"或者"老包"③。历代地方文献中,多有关于"梁堆"的记载,如天启《滇志》卷三:

> 梁王堆,郡城外老崔桥,归化寺诸处俱有之,昔人发之,得古匣一。(《云南府·古迹》)
>
> 粮堆所,在府东南山中,墩阜甚多,武侯于此覆粮于上以示夷寇,盖后人唱筹量沙之意。(《永昌府·古迹》)
>
> 元梁王墓二,一在府西进耳山,王名孛罗;一在安宁州平顶山。(《云南府·墓冢》)
>
> 梁王坟,在城南罗汉山,有八,西南木容山中东北岗皆有之,累累不一,皆曰梁王坟,真伪莫辨,如疑冢。(《曲靖府·墓冢》)④

《道光云南通志稿》卷二一四《云南府·墓冢》载:

> 元梁王墓,一在府西三十里进耳山,王名孛罗。一在安宁

---

① 唐文元:《贵州汉墓及其分期特点》,《贵州文史丛刊》,1982年第4期。
② 赵殿增:《金沙江流域早期考古的几个问题》,《中华文化论坛》,2002年第4期。
③ 罗二虎:《四川汉代砖石室墓的初步研究》,《考古学报》,2001年第4期。
④ 天启《滇志》,第140、145、152、154页。该书又载,爨王墓碑,在府东一十五里,题曰"大周昆明隋西爨王之碑",成都阎丘均撰文,洛阳贾余绚书丹。爨王墓,亦属"梁堆"墓。

州平顶山,疑冢数十处。其按语有言,《南诏野史》记载明洪武间破滇,梁王把匝剌瓦尔密,一名孛罗,投海死,父老收葬进耳山。又寻甸、曲靖、元谋、马龙皆有梁王冢。①

同卷《曲靖府·墓冢》亦有大致的记载②。曲靖府东,即今曲靖朱街的"梁王坟"与"梁王冢",又称"八塔台"。考古发现证明,此"八塔台"即是八个大型的封土堆,为汉晋以来古墓葬遗迹③。

《新纂云南通志·金石考》引《曲靖地志》《马龙地志》《安宁地志》说:

> 《曲靖地志》曰:"城外多高垒,皆曰梁王墓,城南罗汉山亦有八冢,真伪莫辨。前有土人掘之,得金玉、戈兵、器皿之属。"《马龙地志》曰:"伯刻山梁王堆有掘之者,得金银杂物。"《安宁地志》曰:"梁王墓在城南平顶山,有疑冢数十处,皆无碑记。"④

上述文献中所言"进耳山""梁王墓",实为元代云南行省最后一代"梁王"孛罗之墓。而其他如安宁、寻甸、曲靖、元谋之"疑冢",多为附会"梁王"之名,实属汉晋六朝时期的砖室墓。

由于元代之前的文献中没有发现"梁王墓"之称,而有"西爨王墓"等记载,可知"梁堆墓""梁王坟"之称,来自元代云南行省的梁

---

① 〔清〕阮元、〔清〕王崧、〔清〕李诚等纂修:《道光云南通志稿》(八),云南美术出版社,2021年,第495页。
② 《道光云南通志稿》(八),第524页。
③ 王大道:《云南曲靖珠街八塔台古墓群发掘简报》,云南省文物考古研究所编:《云南考古文集》,云南民族出版社,1998年。
④ 《新纂云南通志》(五),第44页。

王故事,即很可能是民间将元代云南"梁王墓"泛化而生产出来的名词。而"粮堆""假粮堆""西爨王墓""僚人堡"等等,则更将其附丽于与诸葛亮有关的西南夷历史故事,反映的是一定的区域性社会记忆。"老包""坟丘"之称,则来自中原内地。总之,"梁堆"者,其中确有历代梁王的坟墓,但更多的是泛指西南夷地区汉晋六朝时期有高大封土堆的砖室墓与石室墓。"梁堆"墓体现的是明显的汉文化特征与内地礼俗。

第三节 考古发现的西南夷汉式墓葬遗迹

西南夷发现的西汉中、晚期汉式墓葬,多数是土坑墓,但随葬器物及其组合,体现的是汉代内地丧葬礼俗。东汉初年,西南夷的汉式墓葬与内地趋于一致:土坑墓基本消失,砖室墓兴起,汉式墓葬从封土、砌筑形制、空间结构、建筑材料、随葬器物组合,以及神圣空间的宗教隐喻等方面接近内地。近代西南夷考古中,多发现"汉式墓葬",本节按西南夷七郡的空间分布,由东向西逐一陈述。

一、犍为属国(朱提郡)故地上的汉式墓葬

汉代,今四川盆地南部、滇东北与黔西北地区,先属犍为郡,后改犍为属国,蜀汉时改置朱提郡。这是西汉王朝由蜀郡经僰道南下西南夷的重要通道,也是早期汉族移民的主要聚居区域。此区域分布着数量较多的汉式墓葬,有砖室墓葬(梁堆),也有数量不少的崖墓。

四川南部地区彭山、三台、梓潼、绵阳、乐山、宜宾、泸州、涪陵等地发现了大批汉代砖室墓,出土器物之中有摇钱树、佛教造像、陂塘水田模型等①。它们与蜀郡以及西南夷其他地区发现的汉式墓葬几乎完全相同，属于汉代砖室墓遗存。

昭通地区"梁堆"墓数量较多，据报道有三百余座②。清光绪二十一年（1901），昭通县城南郊白泥井"梁堆"墓发现"孟孝琚碑"③。昭通后海子"梁堆"墓出土画像砖石、五铢钱、刀、剑、铜器与石器等。1930年代，昭通曹家老包东汉"梁堆"墓出土建初九年（84）摇钱树座④。据张希鲁描述，"梁堆"墓"用砖砌成，坐北朝南，如城门洞然。或空之为窗，高之为床。数堆相近，通以隧道"。这是近代学人第一次对西南夷汉墓内部结构所作的描述⑤。

除"梁堆"墓之外，昭通地区还发现数量不少的崖墓群，其墓葬型制与文化内涵与四川南部长江沿岸的崖墓相同，譬如水富县

---

① 南湾博物院：《四川彭山汉代崖墓》，文物出版社，1991年，第35、36、37、91、92页；乐山市崖墓博物馆：《四川乐山市沱沟嘴东汉崖墓清理简报》，《文物》，1993年第1期；四川省博物馆：《宜宾市山谷祠汉代崖墓清理简报》，《文物资料丛刊(9)》，文物出版社，1985年；四川省文物管理委员会：《四川涪陵三堆子东汉墓》，《文物资料丛刊(10)》，文物出版社，1987年；邹西丹：《泸州市博物馆藏东汉陶佛灯台略考》，《四川文物》，2013年第2期。

② 西南博物院筹备处：《清理云南昭通的汉墓》，《文物参考资料》，1954年第7期；孙太初：《两年来云南古遗址及墓葬的清理》，《文物参考资料》，1955年第6期；曹韵：《云南昭通专区的东汉墓清理》，《考古通讯》，1957年第4期；云南省文物工作队：《云南昭通文物调查简报》，《文物》，1960年第6期；《云南昭通桂家院子东汉墓发掘》，《考古》，1962年第8期；云南省博物馆：《云南省昭通后海子东晋壁画墓清理简报》，《文物》，1963年第12期；谢崇昆：《云南昭通出土汉代文字砖》，《云南文物》，总第13期(1983)；云南省博物馆文物工作队：《云南昭通象鼻岭崖墓发掘简报》，《考古》，1981年第3期。

③《新纂云南通志》(五)，第2—21页。

④ 汪宁生：《云南考古》，第90页，并见130页注9。

⑤ 张希鲁：《昭通后海子梁堆发掘记》，张希鲁著、昭通地区行署文化局编印：《西楼文集》，1985年。

楼坝发现的二十五座崖墓,出土器物与"梁堆"墓相类似,同时出土佛陀造像与汉文印章。水富县与四川宜宾、泸州同属汉代犍为郡僰道、江阳县辖地,此类汉文化色彩深厚的墓葬,或为汉化的夷人——僰人的文化遗存①。

会泽水城发现的汉式墓葬,其中出土的陶院落,是西南夷地区仅见的汉式民居院落模型。这里出土了提梁壶等大批精美的汉式器物②。

曲靖、陆良并称"曲陆盆地"。《汉书·地理志》记载,西汉益州郡属县二十四,"同劳"为其中之一③。同劳即今之陆良。《新纂云南通志》卷八二《金石考二》说:"曲靖城外多高垒,皆曰梁王墓。城南罗汉山亦有八冢,真伪莫辨。前有人掘之,得金玉戈兵器皿之属。"④2000年,考古工作者对罗汉山"梁堆"墓进行发掘,确认其为东汉晚期的汉式墓葬⑤。

陆良一带至今有数量不少的汉魏、六朝时期的墓葬遗迹。爨氏为当地世居大姓之一,号称"二爨碑"的"爨宝子碑"与"爨龙颜碑",其实是"梁堆"墓出土的墓志铭碑⑥。1997年,陆良三堆子村发现南北朝时期的砖室墓,墓室券顶中央四方形封顶石上,雕刻精美的莲花藻井,中间为二十四瓣莲花浮雕图案,莲花周围,围绕三足乌

---

① 云南省文物考古研究所等:《昭通水富县楼坝崖墓发掘报告》,《云南考古报告集(之二)》。
② 云南省文物考古研究所编著:《会泽水城古墓群发掘报告》,第44—45页。
③ 《汉书》卷二八上《地理志上》,第1601页。
④ 《新纂云南通志》(五),第44页。
⑤ 云南省文物考古研究所等:《曲靖麒麟区罗汉山十一号"梁堆"墓发掘报告》,《云南文物》,2001年第1期。
⑥ 《新纂云南通志》(五),第54—56页;孙太初:《云南古代石刻丛考》,第13—21页;汪宁生:《云南考古》,第115—120页。

与蟾蜍,还有神仙、飞天、北斗七星以及四神图案。整个藻井布局严谨,线条流畅,技法娴熟,是一件非常成熟、刻意而为的作品。发掘报告认为此中的飞天莲花藻井,是佛教艺术特征的图案[①]。

二、夜郎—牂牁郡故地发现的汉式墓葬

贵州考古发现中未见秦墓及西汉前期的汉式墓葬,西汉晚期的遗存亦为少见,所见大多为东汉墓[②]。总体上讲,汉代夜郎地区,汉式墓葬遗迹主要集中分布在三个区域,一是黔西北的威宁、赫章、黔西、金沙和清镇、平坝、安顺一带[③],这是汉代牂牁郡的范围;二是黔西南的兴义、兴仁、贞丰一带,这是建宁郡东部地区;三是黔北的沿河、务川一带,这是巴地汉晋涪陵郡的南部诸县地[④]。

相关考古发掘主要集中在清镇[⑤]、平坝[⑥]、赫章[⑦]、黔西[⑧]、兴义

---

① 支云华:《陆良三堆子村发现一座南北朝时期墓葬》,《云南文物》,1997年第2期。
② 唐文元:《贵州汉墓及其分期特点》,《贵州文史丛刊》,1982年第4期。
③ 贵州省博物馆:《"夜郎"故地上的探索——贵州省文物考古工作三十年》,文物编辑委员会编:《文物考古工作三十年(1949~1979)》,文物出版社,1979年。
④ 王红光:《贵州考古的新发现和新认识》,《考古》,2006年第8期;张晓超、夏保国:《贵州汉代砖室墓的初步研究》,《文博学刊》,2019年第3期。
⑤ 贵州省博物馆:《贵州清镇平坝汉至宋墓发掘简报》,《考古》,1961年第4期;《贵州清镇平坝汉墓发掘报告》,《考古学报》,1959年第1期。
⑥ 熊水富:《贵州平坝金家大坪古墓清理简报》,《考古通讯》,1958年第1期;贵州省博物馆:《贵州平坝尹关六朝墓》,《考古》,1959年第1期。
⑦ 居单朗阔、金仁:《贵州赫章发现的汉砖》,《考古》,1964年第8期;贵州省博物馆:《贵州赫章县汉墓发掘简报》,《考古》,1966年第1期。
⑧ 贵州省博物馆:《贵州黔西县汉墓发掘简报》,《文物》,1972年第11期;贵州省文物考古研究所、黔西县文物管理所:《贵州黔西县汉墓的发掘》,《考古》,2006年第8期。

与兴仁①、安顺②、威宁③、怀仁④、习水⑤、务川⑥等地。

汉代夜郎、牂牁郡汉式墓葬遗迹，西汉时期均为竖穴土坑墓，新莽时期开始出现砖室墓，东汉盛行砖室墓与石室墓，并延续至魏晋南北朝⑦。砖（石）室墓多数墓葬有封土，较大的墓有墓道；内部结构以长方形单室为主，亦存在双室或多室的情况⑧。

有关夜郎地区汉式墓葬的研究，近年来有较大的进展⑨。此区域的汉墓中，随葬品具有明显的汉文化特征，有大件的实用铜器、车马器；陶器以明器为主，包括陶俑与陂塘水田、陶楼、陶井、陶仓

---

① 贵州省博物馆考古组：《贵州兴义、兴仁汉墓》，《文物》，1979 年第 5 期。
② 贵州省博物馆：《贵州安顺宁谷发现东汉墓》，《考古》，1972 年第 2 期；刘恩元：《安顺宁谷古墓》，《贵州文物》，1983 年第 3、4 期合刊；《安顺宁谷古墓》，《贵州省博物馆馆刊》，1985 年第 1 期；贵州省文物考古研究所：《贵州安顺市宁谷汉代遗址与墓葬的发掘》，《考古》，2004 年第 6 期。
③ 贵州省博物馆、威宁县文化局：《威宁中水汉墓》，《考古学报》，1981 年第 2 期；贵州省博物馆：《贵州威宁中水汉墓第二次发掘》，《文物资料丛刊》（10）》。
④ 顾新民、汤鲁彬、蔡永德：《怀仁合马东汉砖室墓清理简报》，《贵州田野考古四十年（1953—1993）》。
⑤ 贵州省文物考古研究所：《贵州习水县东汉崖墓》，《考古》，2002 年第 7 期。
⑥ 程学忠、朱祥明：《务川县汉砖室墓清理简报》，《贵州文物》，1986 年第 1 期。
⑦ 宋世坤：《贵州两汉魏晋南北朝墓葬形制的演变》，《贵州省博物馆馆刊》，1986 年第 3 期；《贵州平坝县夏云镇汉墓的发掘》，《考古》，2017 年第 1 期；张晓超、夏保国：《贵州汉代砖室墓的初步研究》，《文博学刊》，2019 年第 3 期。
⑧ 唐文元：《贵州汉墓及其分期特点》，《贵州文史丛刊》，1982 年第 4 期。
⑨ 万靖：《云贵高原汉墓研究》，四川省文物考古研究院：《四川省文物考古研究院青年考古文集》，科学出版社，2013 年；张合荣：《夜郎文明的考古学观察——滇东黔西先秦至两汉时期遗存研究》，科学出版社，2014 年；张勇：《云贵高原汉墓研究》，中山大学博士学位论文，2014 年；吴小平：《两汉时期云贵地区汉文化的考古学探索》，浙江大学出版社，2018 年。

等模型器。同时还出土了干栏式建筑、摇钱树,以及早期佛教造像等具有西南夷地域文化特色的器物、造像①。

三、滇国—益州郡故地发现的汉式墓葬

考古工作者在滇池周边广大区域内,如昆明羊甫头②、呈贡③、嵩明④、晋宁⑤、通海⑥、禄丰⑦等地,发掘了大批汉式墓葬。

1970年代,在呈贡小松山发现五座西汉晚期的土坑墓。一号墓出土一批"汉式器物",其中之一是有"二千石大徐氏"铭文的提梁壶。发掘报告认为,"二千石大徐氏"应该与西汉益州郡某任徐姓太守有关⑧。

---

① 张晓超、夏保国:《贵州汉代砖室墓的初步研究》,《文博学刊》,2019年第3期。
② 杨帆:《云南昆明羊甫头墓地发掘简报》,《文物》,2001年第4期;云南省文物考古研究所等:《昆明羊甫头墓地》。
③ 云南省文物工作队:《云南呈贡归化东汉墓清理》,《考古》,1966年第3期;云南省博物馆文物工作队:《清理呈贡王家营晋墓简报》(稿本)1974年;《云南呈贡七步场的东汉墓》,《考古》,1982年第1期。
④ 云南省文物考古研究所:《云南嵩明黎花村东汉墓》,《云南文物》,总第26期(1989)。
⑤ 晋宁县文物管理所:《晋宁县古城汉营新村"梁堆"墓清理简报》,《云南文物》,2007年第1期;《晋宁左卫山东汉砖室墓清理简报》,《云南文物》,总第41期(1995);昆明市博物馆、晋宁县文物管理所:《晋宁县大湾山东汉墓清理简报》,杨世钰、赵寅松主编:《大理丛书·考古文物篇》卷五,云南民族出版社,2009年。
⑥ 王国辉等:《通海镇海东发现东汉水田池塘模型》,《云南文物》,总第31期(1992)。
⑦ 云南省博物馆:《禄丰汉代砖室墓清理简报》,《文物资料丛刊(9)》。
⑧ 云南省博物馆文物工作队:《呈贡小松山竖穴土坑墓的清理》,《云南文物》,总第15期(1984)。

1998年至2001年,考古工作者在昆明羊甫头发掘了二十八座西汉末至东汉时期"以汉式器物为主"的墓葬,型制全部为土坑墓。随葬器物中,青铜器有提梁壶、盘、盆、案、勺、釜、耳杯、镜、带钩、环、马等,陶器有罐、甑、壶、碗、盆,人俑、牛、龟,还有房屋、陂塘水田、仓、灶、甑、井等模型器①。

滇池周边,东汉早期已经有砖室墓出现,在晋宁大湾山发现五座东汉早期的砖室墓,墓葬出土陶器如盘、钵、盒、甑、仓、鼎、熏炉、壶、灶、水田、井、仓模型等,还有铜洗与五铢钱②。此墓地与滇国墓地石寨山相距不远。晋宁左卫山东汉砖室墓,出土陶房屋模型、陂塘水田模型、灶、甑、罐、仓、狗、鸡等模型器与陶俑,还有铜洗、铜釜、五铢钱等汉式器物,也有西南夷地域性器物摇钱树等③。

滇国—益州郡之地,东汉时期的墓葬,已由土坑墓转型为砖室墓,随葬器物也从较多的地方特色,演变为与全国其他地区东汉墓流行的随葬器物相似,同时出现如陂塘水田模型、摇钱树等西南夷地域器物④。

---

① 杨帆:《云南昆明羊甫头墓地发掘简报》,《文物》,2001年4期;云南省文物考古研究所等:《昆明羊甫头墓地》。
② 昆明市博物馆、晋宁县文物管理所:《晋宁县大湾山东汉墓清理简报》,杨世钰、赵寅松主编:《大理丛书·考古文物篇》卷五,第2433页。
③ 晋宁县文物管理所:《晋宁左卫山东汉砖室墓清理简报》,《云南文物》,总第41期(1995);《嵩明上矣绎"梁堆"墓》,"云南考古"(yunnan kaogu)微信公众号,2021年2月4日。
④ 云南省博物馆文物工作队:《云南呈贡七步场东汉墓》,《考古》,1982年第1期。

四、益州西部属国—永昌郡故地上的汉式墓葬

(一)洱海地区的汉晋墓遗存

西汉益州郡西部都尉、东汉永昌郡之地,包括了洱海区域与澜沧江流域,甚至是金沙江流域南部地区,这里是秦汉时期嶲、昆明、哀牢、叶榆、邛都等族群分布地区。

此区域内发现的汉式墓葬,由东而西,已经发掘的有姚安东汉、西晋墓[1],祥云泰康八年晋墓[2],下关大展屯一、二号汉墓,熹平年墓与荷花村晋墓[3],大理喜洲东汉墓、蜀汉墓、西晋墓等[4]。显然,洱海区域的西普屯(姚安)、云南驿(祥云)、大展屯(下关)、喜洲(大理)是汉晋墓群的集中分布地点。考古调查表明,洱海周边洱源、宾川等县内亦分布着汉晋砖室墓遗迹,而大理喜洲一带,汉晋砖室墓"累累相望",足以说明汉晋时期汉文化已深入到汉代叶榆县全境,即今洱海周边的大理、洱源、宾川、祥云、姚安等地[5]。

上述墓葬中,大理大展屯二号汉墓出土器物以陶器居多,并伴有铜案、铁削与锡块。陶器包括陶楼、陂塘水田、仓、灶、井、甑等模

---

[1] 孙太初:《云南姚安羊派水库晋墓法理简报》,《考古通讯》,1956年第3期;云南省博物馆筹备处:《云南省姚安县清理晋墓一座》,《文物参考资料》,1956年第2期;郭开云:《姚安清理汉墓一座》《姚安清理石墓一座》,《云南文物》,总第19期(1986)。
[2] 《新纂云南通志》(五),第43页。
[3] 大理州文物管理所、大理市文化馆:《大理市一号汉墓清理简报》,《云南文物》,总第15期(1984);大理州文物管理所:《云南大理大展屯二号汉墓》,《考古》,1988年第5期;《云南大理市下关城北东汉纪年墓》,《考古》,1997年第4期;大理市文管所:《大理市荷花村西晋墓清理简报》,《考古》,1989年第8期。
[4] 田怀清:《大理喜洲弘圭山发现蜀汉纪年砖室墓》,《云南文物》,2003年第1期;杨伟林:《大理庆洞东汉墓的清理》,《云南文物》,2006年第1期。
[5] 孙健:《从大理地区的出土文物看汉晋时期的货币及其他》,《南诏大理历史文化国际学术讨论会论文集》,云南民族出版社,2006年。

型器,还有罐、碗、盆、钵、人俑、鸡等。发掘报告认为,大展屯二号墓主是落籍当地的汉族移民,该墓葬遗存表现了汉族移民落籍边疆,将内地汉族文化习惯带入当地,落地生根的历史事实[①]。

下关发现的东汉灵帝熹平年间(172—178)的砖室墓,由墓道、甬道、前室和东西并列的两个后室组成。出土器物有陶器三十件、瓷器二件、铜器二十件、铅(锡)器五件,其中有"熹平年十二月造"纪年砖,还有"吉羊"铭文砖若干。陶器中,有两层陶楼二件,摇钱树座、陂塘水田、井、灶等模型器,还有马、狗、鸡、犬、牛等动物俑,还有抚琴、听琴、吹箫陶俑。铜器中有摇钱树杆、残叶片、案足、鸭子等,墓室四角发现五块铅块。

此墓的发现引起诸多讨论,研究者指出,此次出土的七件吹箫俑,尖顶帽,窄长脸,高鼻大眼,跏趺坐,双手把箫作吹奏状,出土时周身涂有朱色,并伴出含苞欲放的陶莲花一朵,应该是"胡人吹箫俑"[②]。此类胡俑,并非仅仅见于大理东汉墓,此前在长江中下游、珠江流域的汉墓中亦多有发现。论者认为"此类胡俑当来自印度"[③]。

发现熹平年墓葬的地点,在大理市下关城区西洱河北岸的古道附近,被当地人称为"七堆地"。而此前发现的大展屯一、二号汉墓,还有荷花村晋墓,亦距此不远。此处是汉晋砖室墓的集中分布地,说明这里是早期汉族移民的重要聚居区,或是西汉叶榆县治所,或邮亭所在地[④]。

[①] 大理州文物管理所:《云南大理大展屯二号汉墓》,《考古》,1988年第5期。
[②] 李朝真:《关于云南大理出土胡俑及其相关问题的探讨》,《云南文物》,总第34期(1992)。
[③] 李刚:《汉晋胡俑发微》,《东南文化》,1991年第3、4期。
[④] 大理州文物管理所:《云南大理市下关城北东汉纪年墓》,《考古》,1997年第4期。

（二）澜沧江地区的汉文化遗迹

滇西澜沧江流域，特别是保山、腾冲一线，是西汉益州郡西部都尉、东汉永昌郡辖地，是中国西南联结南亚、东南亚的门户。《后汉书·西南夷列传》说："故关守永昌，肇自远离，启土立人，至今成都焉。"范晔称赞其"俾建永昌，同编亿兆"[①]。考古工作者在此地域内，发现了较多的两汉至三国时期的墓葬与遗址。

保山城北白塔村，发现东汉桓帝"元嘉二年"（152）砖室墓[②]。

保山龙王塘，发现汉代房屋建筑遗址，出土瓦、瓦当及几何花纹砖，还有"中平四年吉"纪年铭文[③]。中平为东汉灵帝年号，中平四年为公元 187 年。

保山汪官营，发现蜀汉延熙十六年（253）砖室墓[④]，还有汉晋间石室画像砖墓等文物、图像[⑤]。

今云南境内，除上述四大区域之外，与滇池区域相邻的滇南玉溪、个旧，与洱海区域、四川西南部相邻的滇西北丽江、永胜等地，均发现汉晋砖室墓，个旧还发现汉代的冶炼遗址[⑥]。

[①]《后汉书》卷八六《西南夷列传》，第 2860—2861 页。
[②] 耿德铭:《近年来怒江中游考古新收获》,《思想战线》,1993 年第 6 期。
[③] 保山地区文管所、保山市博物馆:《保山龙王塘东汉建筑基址调查简报》,《云南文物》,总第 22 期（1987）。
[④] 保山地区文管所:《保山汪官营蜀汉墓清理简报》,《云南文物》,总第 12 期（1982）。
[⑤] 保山地区文管所、保山市博物馆:《保山市发现汉晋石室画像砖墓》,《云南文物》,总第 23 期（1988）。
[⑥] 王河云:《玉溪市梅园古墓发掘概况》,《云南文物》,总第 32 期（1992）；张金华:《个旧标杆坡发现东汉墓》,《云南文物》,总第 37 期（1994）；云南省文物考古研究所等:《个旧冲子皮坡冶炼遗址发掘简报》,《云南文物》,1998 年第 1 期。

五、越嶲郡故地上发现的汉式墓葬

汉代越嶲郡故地,今四川凉山州境内,汉式墓葬分布广泛。

越嶲郡汉式墓葬多数分布在交通沿线,主要地点一是经由越西、喜德、冕宁、礼州、西宁(雷波)到西昌,另一条道经由雷波、美姑、昭觉至西昌,两道在西昌汇合后,再经德昌、会理渡金沙江到云南(大姚)。昭觉、美姑一线汉式墓葬最为集中,且多为东汉砖室墓,表明东汉时期这一带曾居住有大量汉族移民[①]。这是因为东汉中期至蜀汉时期,此线路为蜀郡经僰道至邛都的交通要冲[②]。

1976年,四川西昌礼州发现西汉晚期至东汉初年的五座汉墓。五座墓均为土坑墓,共出土器物二百多件。随葬器物部分为实用器,多数为明器,陶器组合为灶、甑、釜、井、陂塘水田等模型器,还有少量的铜器与铁器。同时出土五铢钱及王莽钱币。铁器既有兵器,也有较多的农业生产工具[③]。

西汉晚期特别是王莽时期,土坑墓转型为砖室墓。仅西昌一地,目前发现的汉代砖室墓数量达数百座[④]。西昌市杨家山发现汉墓二十多座,其中杨家山一号东汉砖室墓保存较完整,出土遗物较多,陶器有罐、瓮、壶、灶、井、案、鸡、牛等,铜器有生活用具洗、壶、簋、甑、釜、盉、案、耳杯、豆、带钩、顶针、箸,还有车马具、车軎、当卢、马衔,以及摇钱树、五铢钱叠铸铸件等。此墓内铜案、陶案共

---

① 刘弘:《从川滇古道上的汉墓看汉代邮亭》,《四川文物》,1990年第3期。
② 参见《三国志》卷四三《蜀书·张嶷传》,第1052页。
③ 礼州遗址联合考古发掘队:《四川西昌礼州发现的汉墓》,《考古》,1980年第5期。
④ 凉山州博物馆:《四川凉山西昌发现东汉蜀汉墓》,《考古》,1990年第5期。

存，在西南夷汉式墓中较少见①。

六、沈犂、汶山、武都郡故地发现的汉式墓葬

成都平原以西，康藏高原与横断山区交汇地带，是西南夷"西夷"族群徙、筰、冉駹、白马的分布地，也是汉代沈犂、汶山、白马三郡所辖之地。这里是蜀地通往西南夷的"西夷道"，即"零关道""旄牛道"所经过的地区，也是蜀郡北向通达甘南、陇南的"江南道"必经之地。自1930年代以来，川西高原岷江流域，阿坝州的理县②，还有雅安③及其所辖荥经④、宝兴⑤、芦山⑥等地均发现汉式墓葬。

第四节 西南夷汉式墓葬的典型案例：霍氏壁画墓

西南夷发现的汉式墓葬，很难完整地保存下来。1960年代，在汉代犍为郡南部属国（朱提郡）故地，今云南昭通后海发现的霍氏壁画墓，已然遭到盗掘，内部器物被盗几近一空，只是墓葬较为完整地保留了封土、墓室，还有墓室内的雕刻、壁画、题记等。1965年，有关部门将此墓整体搬移至昭通一中校园内进行保护。

---

① 四川省凉山彝族自治州博物馆：《四川西昌市杨家山一号东汉墓》，《考古》，2007年第5期。
② 四川省博物馆：《四川阿坝州发现汉墓》，《文物》，1976年第11期。
③ 西南博物院筹备委员会秘书处：《西康雅安沙溪村发现汉墓》，《文物参考资料》，1954年第5期。
④ 李柄中：《荥经县牛头山发现汉墓》，《四川文物》，1995年第2期。
⑤ 宝兴县文化馆：《夹金山北麓发现汉墓》，《文物》，1976年第11期。
⑥ 陶鸣宽、曹恒钧：《芦山县的东汉石刻》，《文物参考资料》，1957年第10期。

霍氏壁画墓封土高5.2米,南北直径29米,东西直径24米,墓室位于封土堆中心下方,平面呈正方形,有覆斗形券顶,是一座由砂石砌成的石室墓。墓室高2.2米,边长3米。墓室底部铺二层扇形花砖,墓门由两扇素面石门构成。石门高1米,宽0.9米。斜坡墓道长3.4米,宽0.9米,高1—1.6米,由石块叠砌的二堵矮墙,再于其上覆盖石板而成。墓道接近墓门处有左右两个石砌小龛。墓门外有"八"字形排水沟[①]。

一、莲花藻井图案

此墓券顶中部的藻井,是一块边长为32厘米的石板,石板上浮雕直径28厘米的垂莲。在覆斗形藻井上雕刻莲花,这是佛教建筑的标志。此外,在墓的北壁上,有多处莲花、莲枝图像。有关霍氏墓的佛教题材图案及其意义,发掘报告没有讨论,后来的研究亦较少涉及。这是早期佛教极为重要的史料,应当引起重视。由于原墓被整体保存下来,墓室内的图像至今依稀可见。这为学术界进一步讨论提供了珍贵的材料与证据。

二、墓室壁画

墓室四壁抹一层白色石灰,石灰之上满绘图像。四壁除接近地面部分,以及前壁有部分脱落之外,壁画保存较好(图10—1)。整个壁画由墨、朱、黄、赭、白等色块构成。具体内容如下:

(一)后壁(北壁),此为正墙,是壁画的中心。壁画分上、下两层,上层先绘云气,云气之下是莲花、龟、蛇及人像,龟、蛇有"玄武"

[①] 云南省文物工作队:《云南省昭通后海子东晋壁画墓清理简报》,《文物》,1963年第12期。

第十章 汉式葬俗在西南夷的流行

图10—1 昭通霍氏墓壁画

二字榜题。下层正中为墓主人像，人像头戴平顶帽，身着暗红色交领长袍，交脚而坐，左手扶脚，右手持麈尾。墓主左右两侧，描绘仪仗与侍从，仪仗中的"曲柄伞"特别醒目，墓主人像右上方有墨书题记（详后）。

（二）左壁（东壁），壁画分上、下两层，与北壁相连。上层先绘云气，云气之下，自南而北绘双层阙台、朱雀、麟、阙楼、人像、白虎、鸟、白鹤等，画像旁边有"番鹿""宜兵口""左帛虎"等榜题。下层，上方绘十三人的执幡仪仗行列，下方为披甲骑马者行列。

（三）右壁（西壁），壁画分上、下两层，与北壁相连，上层流动的云气之下，自南至北绘莲蕊、麟、玉女、青龙、麟、鹿、朱雀、人面虎身兽及楼房。有朱书榜题"右青龙""玉女以草授龙""金女允聪而柯""广雀""虎鹿""龙楼"等。下层绘"夷汉部曲"，分三排，上排十三人，为汉人形象，中排（十三人）与下排（十四人）为夷人形象。夷人均赤足、披毡、椎髻。人像高 14—19 厘米。

（四）前壁（南壁），即墓门所在，壁画分上、下层。上层云气之下，绘朱雀、赤兔、花瓣等，有墨书题记"朱雀"二字。下层：墓室石门上方，绘一四阿式瓦屋顶，有瓦垅、柱头二长牙斗拱。房屋西边，画中间侯，旁边有墨书榜题"中问年"三字，还有"米""灭"形状粗线条图案。

三、题记

北壁壁画下层，墓主人像右上侧，有墨书题记八行，行字六至十四字不等，共九十一字（图 10—2）：

> 晋故使持节都督江南交、宁二州诸军事，建宁、越嶲、兴古三口口口守，南夷校尉、交宁二州刺史、成都县侯霍使君之

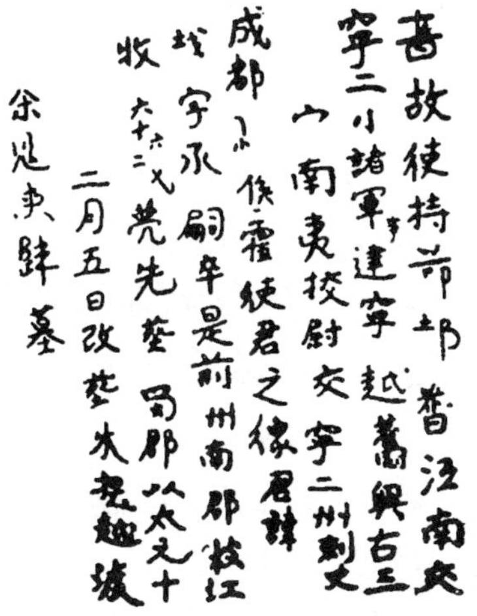

像。君讳□,字承嗣,卒是荆州南郡枝江牧,六十六岁薨。先葬蜀郡,以太元十□年二月五日,改葬朱提。越渡□□,魂来归墓。①

题记"太元十□年二月五日改葬朱提",当在太元十一年至十九年(386—394)之间,墓主人霍承嗣身份特殊,是"建宁、越嶲、兴古三郡太守,南夷校尉、交宁二州刺史、成都县侯、使持节都督江南交、宁二州诸军事"。论者以为此霍承嗣,极有可能是官居东晋越嶲太守、建宁太守的霍彪②。霍氏从蜀汉霍弋起,即为"南中大姓",是朱提郡的主要大姓之一。

图10—2 昭通霍氏墓墨书题记

四、霍氏墓的意义

墓葬内部空间是统一的整体。券顶有莲花藻井,周围是天象图。墓坐北朝南,墓门开于东壁,正对墓门的北壁为墓室中心,左

---

① 云南省文物工作队:《云南昭通后海子东晋壁画墓清理简报》,《文物》,1963年第12期。笔者按,《简报》录文"君讳□字承嗣",似应为"君讳□□字承嗣";"太元十□年二月五日",似应为"太元十□□□二月五日"。
② 霍彪历任建宁太守、越嶲太守、宁州刺史等官职,而祖籍亦为南郡枝江人,其事迹史籍多有记载。参见《三国志》卷四一《蜀书·霍峻传》,第1007—1008页;《晋书》卷七《成帝纪》,第177页。

右两侧是东、西壁。东西两壁上的壁画,是以北壁墓主人为中心,左右对称,形成两侧向心的结构:上层中心为云气,日月神,两旁青龙白虎、双阙,双阙上有凤鸟站立,还有玉女、瑞兽、神鸟,象征的是仙境。下层中心为墓主人,两边是仪仗、部曲,还有骑马狩猎、百戏图像,既是墓主生前的现实生活,更是升天成仙以后的生活憧憬。朱色长幡的一队人马,是接引墓主升仙的"导引"。墓门所在的南壁,上层云气、朱雀同样象征西方神仙世界,下层四阿式楼房应该是墓主生前居所。

墓室券顶藻井,浮雕直径28厘米的垂莲,这是佛陀世界的象征。而墓主人像上方的云气之下,有盛开的莲花若干;西壁上层云气之下,则有莲蕊。此墓中的莲花、莲蕊应与佛教有关。此处的佛教元素,应该是作为"西方神仙世界"的象征。四壁绘画图像所表达的主题,是汉代以来的长生信仰与神仙思想;墓葬壁画所表达的墓主生活、仙境与墓主升仙,是汉代神仙信仰墓葬话语体系的延续。

总之,霍氏壁画墓,虽然年代是东晋六朝时期,但墓葬保持内地东汉厚葬习俗,所体现的文化内涵,就是汉代神仙信仰。其中的佛教元素,则是西南夷早期佛教的重要证据。中原地区,厚葬之风在东汉末年渐趋衰落;巴蜀地区,厚葬之风至蜀汉时亦式微。惟有西南夷将汉代厚葬风俗,保留、延续至六朝时期甚至初唐。霍氏墓体现的是汉代葬俗对西南夷社会的深远影响。

第五节　西南夷汉式墓葬的文化特征与时空意义

西南夷发现的汉式墓葬大致有两类,一是土坑墓,墓圹为长方形竖穴土坑,部分墓葬有斜坡式墓道,年代约在西汉晚期至新莽时期。二为砖(石)室墓,多数墓葬地表有高大的封土堆,时代为东汉时期,部分墓葬晚到蜀汉以至六朝时期[①]。

一、西南夷汉式墓葬的文化特征

西汉晚期,"汉式墓葬"开始影响并逐渐取代西南夷土著墓葬;东汉时期,汉式葬制与内地丧葬礼俗,成为西南夷丧葬文化的主流。今天,我们可以在西南夷七郡故地上大批的汉式墓葬遗迹中,考察汉代丧葬制度与内地礼俗在西南夷的流传与影响。

(一)墓葬有封土、墓志

西南夷发现的汉式土坑墓,大多数没有封土,只有呈贡天子庙、曲靖八塔台与横大路、陆良薛官堡汉墓等少数地区土坑墓带有封土[②]。而砖室墓葬均有高大的封土堆,具有明显的可辨识度,因此当地人称之为"梁堆""粮堆""僚人堡""西爨王墓""七堆地""八塔台"等。唐代樊绰《蛮书》卷一《云南界内途程》有"第九程至鲁望川,即蛮汉两界,旧曲、靖之地也。曲州、靖州废城及邱墓碑阙皆在"之语[③]。"鲁望川"在今贵州威宁、云南曲靖一带,这是汉代牂牁郡故地,"邱墓"指汉墓封土堆,"碑阙"则为汉墓地表的

[①] 刘弘:《从川滇古道上的汉墓看汉代邮亭》,《四川文物》,1990年第3期;张增祺:《古代云南"梁堆"墓及其族属》,云南省博物馆编:《云南铁器时代文化论》。
[②] 昆明市文物管理委员会:《呈贡天子庙滇墓》,《考古学报》,1985年第4期;云南省文物考古研究所:《曲靖八塔台与横大路》;中国社会科学院考古研究所、云南省文物考古研究所等:《陆良薛官堡墓地》,科学出版社,2014年,第279页。
[③] 〔唐〕樊绰撰,向达原校,木芹补注:《云南志补注》,云南人民出版社,1995年,第12页。

墓阙碑表。

汉式墓葬往往有墓碑与铭文砖出土,为墓葬断代、墓主身份确认提供了重要的史料依据,譬如建初九年石刻,还有"孟孝琚碑"、"二爨碑",以及霍氏壁画墓的题记等。墓志铭文提供了不见于文献记载的、大量珍贵的历史文化信息。

(二)流行家族墓地与祔葬

汉式墓葬遗存大多邻近人群聚落,与村落处于同一地理单元之内。从功能区分来看,当时的村落与墓葬,很可能属于同一聚落的不同功能区。此类墓葬往往三五成群,或数十座相连,形成较大的分布范围,表现出较为明显的家族墓地特征[①]。大姓往往有家族墓地,这是汉代内地墓葬制度的核心内容之一。曲靖陆良爨氏家族墓地的发现,说明西南夷家族墓地制度,与内地高度相似。

昭通桂家院子"梁堆"墓,是一坟数室的祔葬,即若干墓室同埋在一座封土堆下,证明当时不仅有夫妇合葬,还流行几代人埋在同一冢之内的家族祔葬形式[②]。一封土堆中埋有数个墓葬的家族合葬,呈贡归化东汉墓地曾有发现[③]。贵州交乐十九号墓,规模宏大,结构复杂,墓顶铺设白膏泥和木炭,并与其他三座墓葬同在一个封土堆内,形成一坟四墓格局。而此时内地流行的祔葬,多数是同一茔地各自为墓,不见"一坟数室"的型制[④]。说明西南夷的汉式墓葬的祔葬习俗,既有内地礼俗的基本内涵,同时也形成了地域

---

① 刘弘:《从川滇古道上的汉墓看汉代邮亭》,《四川文物》,1990 年第 3 期。
② 云南省文物工作队:《云南昭通桂家院子东汉墓发掘》,《考古》,1962 年第 8 期。
③ 云南省文物工作队:《云南呈贡归化东汉墓清理》,《考古》,1966 年第 3 期。
④ 贵州省文物考古研究所:《贵州兴仁县交乐十九号汉墓》,《考古》,2004 年第 3 期。

性特征。

（三）墓室结构、砌筑方法与装饰纹样与内地相同

西南夷汉式墓葬的内部结构，有墓道，单室、双室或附耳室，建有穹隆形券顶。多室结构，象征寝室厅堂等，再现了汉代人们的住宅风貌和生活习性。其构筑方法，多数是"平地起建"的"地面建筑"，墓道、墓室建好之后，以大量泥土覆盖，形成高出地表的封土堆①。

墓葬以特别烧制的长条形几何形印纹砖为营建材料，砖分为若干种类，如券顶用的楔形砖、铺地砌墙用的长条形砖等。墓砖上往往模印菱形、方格形几何花纹及画像、铭文等。画像有六畜、车马、人物、五铢钱纹、摇钱树等，铭文有纪年、吉祥语等。有的墓葬有壁画。葬具有石棺，亦有木棺。墓砖的纹饰与图样，具有特殊含义，譬如联璧纹、重菱形纹、云纹、双凤纹和钱币纹等组合，象征天国仙境②。西南夷砖室墓葬的墓砖，无论式样、大小，还是装饰纹饰，都显示出惊人的一致性。论者以为，它们很可能是使用相同的模具进行生产，或者是同一地区生产，销售到各处去的商品③。说明西南夷汉式墓葬的营建，同样遵循内地的规制。

（四）实用器与明器相结合的随葬器物组合

汉式墓葬的随葬器物，分为实用器物、模型明器两大类。以云南昭通桂家院子东汉墓为例，该墓出土铜器、铁器、陶器、金银玉器等四十余件(套)，其中铜器二十余件(套)，包括铜甑、釜、洗、豆、

---

① 孙太初：《云南"梁堆"墓之研究》，《云南省博物馆建馆三十周年纪念文集》；罗二虎：《四川汉代砖石室墓的初步研究》，《考古学报》，2001年第4期。
② 罗二虎：《川渝地区汉代画像砖墓研究》，《考古学报》，2017年第3期。
③ 张庆久：《重庆三峡库区东汉六朝砖室墓探析——兼论三峡地区东汉时丧葬手工业发展水平》，《重庆工学院学报(社会科学版)》，2008年第2期。

盘、提梁壶、盉、案、耳杯、碗、箸、行镫、五铢钱等,几乎都是实用器,譬如盉的器底有火烟熏灼痕迹①。贵州兴仁八号墓出土物三十余件(套),其中有铜车马、提梁壶、铜顶针、镰斗、铜镜、洗、铜豆、摇钱树等②。除铜车马是"模型器"之外,其他器物多为实用器。

考古发现的西南夷汉式墓葬,没有一座是完整的。从残存的随葬器物情况判断,汉式墓葬中的随葬品有一定的共性:以陶质器物居多,其次为铜器与铁器。陶器组合,早期汉墓中以仿青铜礼器鼎、盒、壶为主。东汉砖室墓则以陶制模型器为主,陶楼、井、仓、灶、甑、磨、碓,还有人俑与动物俑共出。铜器有动物俑、人俑、案、耳杯、灯、镜、洗、铜弩机等。铁器有刀、削、锸等。随葬品中多汉式生活用具,表明墓主的生活习惯与内地相近。提梁壶与铜洗(釜)作一定组合放置,与中原葬俗相似③。

形制、组合相近的陶制明器与陶俑,很可能是由同一地区生产、销售到各处去的;或者是使用相同的模具进行生产。铁器、铜器"蜀郡""成都""朱提堂狼""同劳""邛都"等铭文,说明这些器物属于几大生产中心批量生产的流通商品④,是西南夷地主庄园经济发展繁荣,以及商品经营活动的表现⑤。

西南夷新石器时代文化,几乎不见鼎类器物。青铜时代,则出

---

① 云南省文物工作队:《云南昭通桂家院子东汉墓发掘》,《考古》,1962年第8期。
② 贵州省博物馆考古组:《贵州兴义、兴仁汉墓》,《文物》,1979年第5期。
③ 昭通地区文管所:《云南昭通鸡窝院子汉墓》,《考古》,1986年第11期。
④ 李家瑞:《两汉时代云南的铁器》,《文物》,1962年第3期。
⑤ 张庆久:《重庆三峡库区东汉六朝砖室墓探析——兼论三峡地区东汉时丧葬手工业发展水平》,《重庆工学院学报(社会科学版)》,2008年第2期。

土了部分"釜形鼎",这类鼎与中原地区的铜鼎,显然是有区别的①。

昆明羊甫头墓地,是西南夷土著文化与汉文化墓葬共存的大型墓地。属于墓地第三期的一一三号墓是"滇文化大墓",其年代为西汉初期至益州郡设立之时。这是一座夫妇合葬墓,有人殉现象②。墓葬出土器物以铜器为主,共三百九十一件,铜器种类有兵器、仪仗器、农耕生产工具、纺织工具、生活用具、车马器、饰品等。还出土陶器、漆器、玉石玛瑙、绿松石。随葬器物中有三件铜鼎、一件陶鼎,都属于三足的"釜形鼎",发掘报告称之为"滇文化铜鼎"③。曲靖八塔台、横大路青铜时代,往往出现陶鼎、罐、盘组合的随葬品④。

有研究者指出,汉墓中随葬的鼎,可能与神仙信仰中的神药有关。论者以为,汉墓中的随葬器物,除了神药瓶,鼎和壶同样是盛放"神药""丹水"的容器。《列仙传》"仙书"有"黄帝铸鼎而仙"之说,其文云:"黄帝采首山之铜,铸鼎于荆山之下,鼎成,有龙垂胡髯下迎帝,乃升天。"⑤ 这是秦汉时期追求不死梦想的思想根源⑥。济南无影山西汉墓出土系列彩陶明器,其中就有双鼎鸟、双壶鸟、

---

① 昆明市文物管理委员会:《呈贡天子庙滇墓》,《考古学报》,1985年第4期。晋宁石寨山六号墓(M6)出土一件三足器,发掘报告将其断为铜釜(M6:61)。
② 云南省文物考古研究所等:《昆明羊甫头墓地》卷四,第714—715页。
③ 云南省文物考古研究所等:《昆明羊甫头墓地》卷四,图199,彩版49;图版82:1。
④ 云南省文物考古研究所:《曲靖八塔台与横大路》,第163页。
⑤ 余嘉锡:《四库提要辨证》卷一九《子部十·列仙传》,云南人民出版社,2004年,第1018—1026页。
⑥ 姜生:《汉墓的神药与尸解成仙信仰》,《四川大学学报(哲社版)》,2015年第2期。

歌舞杂技的陶盘①。四川绵阳何家山二号墓出土的东汉摇钱树叶片上，有神鸟吐丹丸、蟾蜍收丹入鼎，以及大象驮负药鼎的场景。而该摇钱树最顶部为一展翅的朱雀，其下为西王母②。此中的寓意很明确：鼎为盛装西王母不死神药的药鼎。

鼎、瓶、罐等各种容器的功用是盛放来自西王母的不死之药，目标指向墓主，象征其获得西王母赐与的仙药，将飞升成为"宜侯王""寿万年""千秋万岁"的天上仙官。除了随葬器物之外，汉画像石、画像砖、壁画等文物资料中也多见有鼎、壶出现，亦有可能是墓主人得到仙界的神药、玉浆之象征。但同时鼎、壶又是祭祀的常用礼器，所以似亦难将所有墓葬中出现的鼎、壶全部当作是盛放神药、玉浆之器③。西南夷汉式墓葬中随葬的鼎，具有特殊的宗教含义，则是大概可以肯定的。

（五）流行冥府信仰

汉代冥府信仰，冥界与人间具有同构性，因此冥界同样存在完整的冥府官僚体系。譬如山西忻州《熹平二年张叔敬告地策》说：

> 熹平二年十二月乙巳朔十六日庚申，天帝使者告张氏之家、三丘五墓、墓左墓右、中央墓主、冢丞冢令、主冢司命、魂门亭长、冢中游击等，敢告移丘丞、墓柏、地下二千石、东冢侯、西冢伯、地下击犆卿、蒿里伍长等：今日吉良，非用他故，但以死人张叔敬薄命蚤死，当来下归丘墓。黄神生五岳，主死人禄；

---

① 济南市博物馆：《试谈济南无影山出土的西汉乐舞、杂技、宴饮陶俑》，《文物》，1972年第5期。
② 何志国：《四川绵阳何家山2号东汉崖墓清理简报》，《文物》，1991年第3期。
③ 姜生：《汉墓的神药与尸解成仙信仰》，《四川大学学报（哲社版）》，2015年第2期。

召魂召魄,主死入籍。生人筑高台,死人归,深自埋。眉须已落,下为土灰。今故上复除之药,欲令后世无有死者。上党、人参九枚,欲持代生人,铅人,持代死人。黄豆瓜子,死人持给地下赋。立制、牡历,辟除土咎,欲令祸殃不行。传到,约敕地吏,勿复烦扰张氏之众。急急如律令。①

此"告地策"所列冥界官僚,譬如"冢丞冢令、主冢司命、魂门亭长、冢中游击、移丘丞、墓柏、地下二千石、东冢侯、西冢伯、地下击犆卿、蒿里伍长"等冥官,林林总总,自成体系。告地策的主题,是使者奉天帝之命,向冥界诸神传达天帝旨意:张氏入冥籍,天帝赐予复除之药,助其升仙。为此,以上党、人参九枚持代生人,铅人持代死人,黄豆瓜子,作为死人持给的"地下赋"。以上党、人参代表张氏一门中的所有"生人",以铅人代表张氏一门所有"逝者",敕令不得在阴阳两界烦扰张氏,使生死两安。

西南夷汉式墓葬中,发现铅块、告地策、镇墓文、守墓吏等器物、图像与文字,说明彼时西南夷所流行的冥府信仰,与内地相同。

1. 铅块、镇墓文与买地券

西南夷汉式墓葬中屡屡发现铅块,发掘者认为其意义不明。依据《熹平二年张叔敬告地策》的解释,铅块即铅人,体现的是"神药厌填"的风俗。因此,大理大展屯二号汉墓、下关熹平年砖室墓,墓室内不同位置发现刻意放置的铅块②,隐喻墓主一门亡者之灵魂,是典型的冥府信仰。

---

① 郭沫若:《张叔敬瓦缶释文》,文物出版社编:《兰亭论辩》,文物出版社,1977年,第32页。
② 大理州文物管理所:《云南大理大展屯二号汉墓》,《考古》,1988年第5期;《云南大理市下关城北东汉纪年墓》,《考古》,1997年第4期。

贵州安顺宁谷汉代龙泉寺遗址，出土木楬、木契、木板五件。其中一件长方形木楬上写有"成，祥邑囗罪，信自冤辞，囗咎者所"十三个汉字铭文（图10—3）①。由于木楬上残存的文字有的浸漫难辨，语义难解，有关此木楬铭文的释读，历来存在争议。

有研究者指出，宁谷龙泉寺木楬"是法律文书"。我们认为它可能属于汉代镇墓文之类的文书。汉代镇墓文的功能，就是为死人解除罪过，为生人祈福，并隔断死人与生人的关系②。有研究者指出，东汉镇墓文不外两个基本功能，一是为世上生人除殃祈福，为地下死者解适祛过，免再受罚作之苦；二

图10—3 宁谷出土汉代木楬（采自《贵州安顺市宁谷汉代遗址与墓葬的发掘》）

是隔绝死者与其在世上亲人的关系，使之不得侵扰牵连生人，所谓"死人行阴，生人行阳，各自有分画，不得复交通"③。由此可知，宁谷木楬铭文，应该是逝者向冥界诸神申辩的镇墓文。可能是因为某种原因，此木楬从墓葬遗迹流入到寺院遗址之中。

1995年，贵州金沙汉代画像石墓，出土刻有"囗冢置二万五"六字的"买地文"刻石，这是西南夷地区发现的年代最早的买地

---

① 贵州省文物考古研究所：《贵州安顺市宁谷汉代遗址与墓葬的发掘》，《考古》，2004年第6期。
② 吕志峰：《东汉镇墓文考述》，《东南文化》，2006年第6期。
③ 刘昭瑞：《〈太平经〉与考古发现的东汉镇墓文》，《世界宗教研究》，1992年第4期。

券①。"买地券"当然是汉代冥府信仰的证据。

2. 守门吏

汉代墓葬中,有门吏、守卫、侍仆等人物的画像,形象多作躬身站立状,造型和表现手法已具有明显的程式化倾向。此类画像的出现,除显示墓主人非同一般的身份地位之外,其寓意是墓主生前的"守门吏"将在冥界中继续服侍其主人(图10—4)②。

1998年,原益州郡故地,今云南晋宁发现东晋太元十六年(386)石室墓,墓门及四壁石块上均有刻字题记,墓门石额枋刻"大元十六年岁在辛卯十月下囗造之"与"守门吏先缢其人猛勇也"等文字③。此处"守门吏先缢其人猛勇也"之语,可能是墓主生前的门吏,殉葬并追随主人至地府,继续服侍主人。此守门吏当然也可以理解为负责看守墓门之官吏,属于冥府官僚中的一员。

汉代有"守冢"的制度

图10—4 黔西汉墓出土镇墓俑
(采自《贵州黔西县汉墓的发掘》)

---

① 张合荣:《从考古资料论贵州汉代的交通与文化》,《贵州民族研究》,1996年第1期。
② 黄剑华:《汉代画像中的门吏与持械人物探讨》,《中原文物》,2012年第1期。
③ 晋宁县文物管理所:《晋宁县古城汉营新村"梁堆"墓清理简报》,《云南文物》,2007年第1期。

安排,有所谓"守陵""守冢""守墓"之说。见于史料记载的陵邑长官,有"茂陵令""长陵令""杜陵令""昌陵令""平陵令""霸陵令"等①。西南夷不一定有"守冢"之制度,但汉式墓葬往往设有门阙石碑牌楼。《新纂云南通志》卷八一《金石考一》载有"梁堆刻石"一条,罗列1940年代之前"梁堆"墓附葬门阙建筑刻石,有风神石、麟凤石、花鸟石、人马石等②。如此之多的瑞兽、神鸟、四神题铭,可能与墓葬中的守门吏有关。

二、汉式墓葬分布的时空意义

(一)体现西南夷交通路径与方向

汉代西南夷汉式墓葬,主要分布在由巴、蜀通向西南夷的交通沿线。"南夷道"东、西两路均有大量汉墓被发现:东线从今四川南部的泸州至合江一带,即汉代符关进入夜郎之地的"牂牁道",汉墓主要分布在黔中清镇至安顺,黔西南兴仁至兴义两线。西线即"五尺道",是由汉代的僰道(宜宾)进入滇东北、黔西北直达云南曲靖以至昆明一带。这一条路线的汉墓不仅在贵州西北部的威宁中水、赫章可乐等地形成集中分布地域,而且在云南的昭通、会泽、曲靖、陆良和昆明乃至滇东南都形成分布中心③。"西夷道"沿线也有大量的汉墓分布。汉代,从蜀郡向西南经临邛、向南到达邛都越嶲郡,此为西夷道,又称"旄牛道""零关道"。以今天的地理而言,从成都,经雅安、汉源、西昌、会理,渡金沙江而南,至大姚、姚安之后,或向南至滇池,或向西至洱海。沿线分布较多的汉式墓葬,其中以

---

① 王子今:《两汉"守冢"制度》,《南都学坛》,2020年第3期。
② 《新纂云南通志》(五),第25—26页。
③ 张合荣:《贵州出土汉代灯具与郡县地理考察》,《中国国家博物馆馆刊》,2011年第5期。

雅安、汉源、西昌、昭觉等地最多①。

张增祺说,"梁堆"墓的空间分布,一路从川南、滇东北、黔西、滇东到滇池区域;一路从雅安、邛崃、西昌,过金沙江入云南。两道在大理汇合后,向西到达保山②。反映了秦汉以来从蜀郡至西南夷"南夷道"与"西夷道"的走向,以及郡县、邮亭建置的基本情况。西南夷汉式墓葬遗存,从空间上完整地呈现出秦汉以来中国西南的交通路径、人群移动、政治联系、文化关系的真实图景。

西南夷交通,是汉代"西南大通道"网络中的一部分,或者说,西南夷交通不止于巴蜀,它延伸至荆楚之地、关中、河西走廊、南粤与交趾。

四川盆地南部、东部到三峡地区,是汉代犍为郡、巴郡、黔中郡之地,自秦汉时期开始,受到中原汉文化与荆楚文化的多重影响,到东汉时期,墓葬文化上的"汉制"基本确立。巴东三峡地区发现了与"梁堆"墓文化内涵十分接近的墓葬③,此类墓葬在长江沿岸地区如武隆④、合江⑤、宜宾⑥,四川盆地东部如江陵⑦、涪陵⑧、

---

① 刘弘:《从川滇古道上的汉墓看汉代邮亭》,《四川文物》,1990年第3期。
② 张增祺:《古代云南的"梁堆"墓及其族属新探》,《云南民族学院学报(哲社版)》,1989年第4期。
③ 马雨林:《三峡库区的东汉砖室墓和墓砖》,《文博》,2014年第2期。
④ 四川省文管会、武隆县文化馆:《四川武隆县江口镇汉墓清理简报》,《考古与文物》,1990年第6期。
⑤ 谢荔、徐利红:《四川合江县东汉砖室墓清理简报》,《文物》,1992年第4期。
⑥ 匡远滢:《四川宜宾市翠屏村汉墓清理简报》,《考古通讯》,1957年第3期;林声:《四川凉山发现汉墓》,《考古》,1965年第3期。
⑦ 凤凰山一六七号汉墓发掘整理小组:《江陵凤凰山一六七号汉墓发掘简报》,《文物》,1976年第10期。
⑧ 四川省文管会、涪陵地区文化局:《四川涪陵三堆子东汉墓》,《文物资料丛刊(10)》。

丰都①、达县②、忠县③、合川④均有分布。当地汉墓中出土的早期佛教造像,被认为是中国最早的佛教造像之一⑤。

陕南汉中是秦汉时期由陇南、关中进入蜀地的"秦蜀通道"。考古工作者在此区域内发现数量较多的汉代墓葬,其文化内涵,与关中、陇西有差异,而与西南夷汉式墓葬更加接近。1980年代,陕西省文物考古工作者在汉中、勉县、南郑等地发现、清理了一批汉墓⑥。勉县红庙砖室墓出土摇钱树,同墓伴出"元兴元年(105)堂狼作"铭文铜洗。陕南汉墓出土的摇钱树、堂狼洗、佛教造像,在秦岭以北及中原一带比较罕见,而常见于西南夷东汉墓葬中,明显受到西南地域文化的影响(图10—5)⑦。

(二)反映西南夷郡县设治与移民聚落的空间分布

汉墓"点线分布"的特点,反映了当时郡县设治的基本情况,

---

① 四川省文管会等:《丰都县汇南两汉六朝墓发掘简报》,《四川考古研究论文集》,1996年。
② 马幸辛:《达县市曹家梁东汉墓清理简报》,《四川文物》,1991年第6期;张明扬、任超俗:《达县三里坪4号汉墓清理简报》,《四川文物》,1997年第1期。
③ 重庆市文物局等:《忠县仙人洞与土地岩墓地》,科学出版社,2008年。
④ 重庆市博物馆等:《重庆合川市南屏东汉墓葬群发掘简报》,《华夏考古》,2000年第2期。
⑤ 何志国:《论早期佛像在长江流域的传播》,《中国古都研究(第十九辑)——中国古都学会2002年年会暨长江上游城市文明起源学术研讨会论文集》,2002年,成都。
⑥ 汉中市博物馆:《陕西汉中市铺镇砖厂汉墓清理简报》,《考古与文物》,1989年第6期;郭清华:《陕西勉县老道寺四号汉墓发掘简报》,《考古与文物》,1982年第2期;《陕西勉县老道寺汉墓》,《考古》,1985年第5期;陕西省考古研究所汉水考古队:《陕西南郑龙岗寺汉墓清理简报》,《考古与文物》,1987年第6期。
⑦ 庞乐:《宝鸡郭家崖墓地出土摇钱树已成功修复见证两千年前秦岭蜀道两端文化交流》,西安新闻网,2020年9月12日。

第十章　汉式葬俗在西南夷的流行

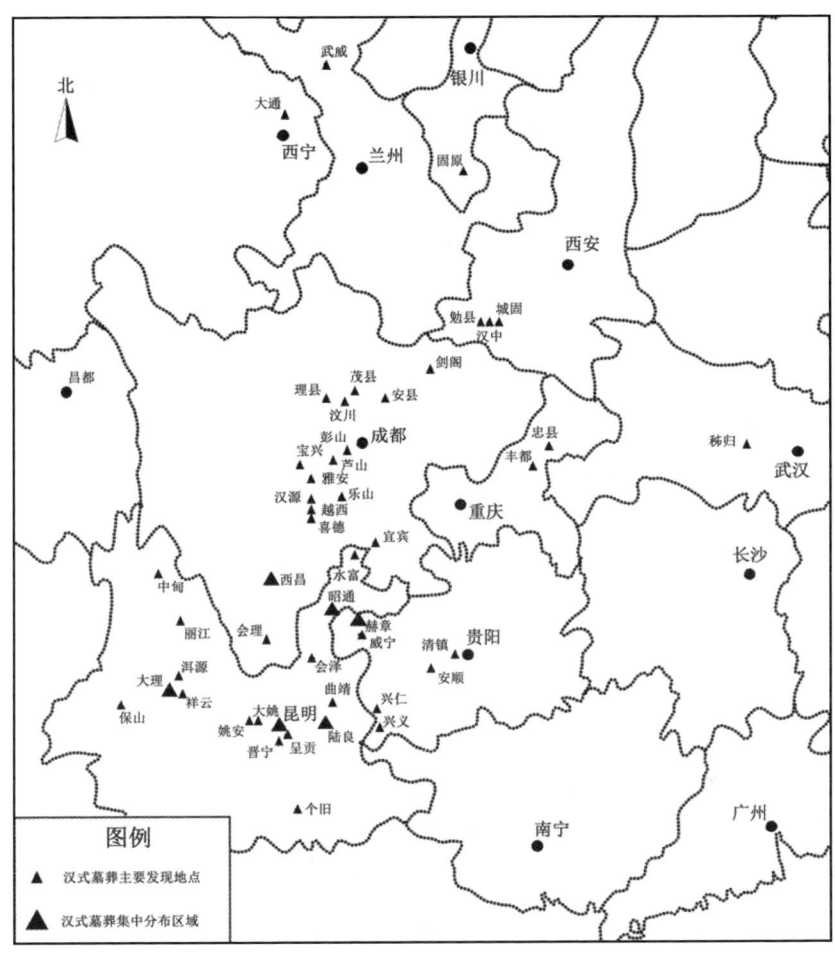

图10—5　西南夷汉式墓葬分布图（作者绘制）

即在郡县治所，会形成非常集中的移民分布区域，当然也就有集中的墓葬分布。譬如四川乐山、彭山、宜宾、泸州、西昌，贵州赫章、黔西、清镇、安顺、兴仁和兴义，以及云南的昭通、会泽、曲靖、陆良等地，以及滇池流域、洱海流域、澜沧江流域，都是汉代文化遗存重要分布区①。这些地区汉墓不仅数量多,分布范围广,而且墓葬规模大,结构复杂,出土器物造型厚重而精美,表明墓主生前为地位较高的官僚或富人。这些地区在汉代已形成较周边地区发达的经济中心,部分地区可能还形成手工业和文化中心,如朱提堂狼铜器的生产、邛都铁器与铜器生产等。

总之,西南夷汉式墓葬沿交通线分布,反映当时交通路线的走向;汉式墓葬集中分布地,是移民聚落的标志;墓群之间的距离,大概率与邮亭设置有关。有研究者认为,汉王朝是根据设置邮亭的需要,来选择移民聚落位置的。推而广之,可能汉王朝在整个西南大通道沿线都推行了这种政策②。

第六节　西南夷汉式墓葬的族属、宗教意象与隐喻

一、西南夷汉式墓葬的族属问题

西南夷发现的汉式墓葬,年代有早晚之分,地表特征与内部结构存在一定程度的差异,随葬器物亦多寡不均,但总的说来,文化上的连贯性和一致性是十分明显的。此种共性主要体现在所有墓葬都具有鲜明的汉文化色彩,反映的是汉代内地的丧葬礼俗,具备同期内地汉墓的基本特征。

另一方面,西南夷汉式墓葬中发现的陶盆、陶甑、陶壶、陶盘,

---

① 张增祺:《古代云南"梁堆"墓及其族属》,云南省博物馆编:《云南铁器时代文化论》。
② 刘弘:《从川滇古道上的汉墓看汉代邮亭》,《四川文物》,1990年第3期。

铜洗、铜釜、铜甑、铜壶,是地方文化与汉文化共同影响的产物①。而干栏式陶屋、陂塘水田模型、早期佛教造像、摇钱树等器物,以及西南夷"夷人"形象,不见于国内其他地方的汉墓之中,它们是区域文化个性突出的"西南夷器物"②。这是西南夷汉式墓葬不同于内地汉墓的地方。

因此,西南夷汉式墓葬族属的讨论,就成为学术界特别关注,而且争议颇大的议题之一。有不少研究者指出,汉式墓葬,特别是土坑墓为代表的"汉式墓葬",很可能就是受汉式礼俗影响的西南夷土著族群的文化遗存③。而对于西南夷发现的砖室墓葬,研究者认为应该是落籍边疆的汉族移民的文化遗产。因为"此类砖室墓的葬俗、葬制以及随葬器物的特点,和中原同期砖室墓相比,其共性是主要的"④。

事实上,从西汉中期开始,西南夷地区的本地和汉式两种葬俗,就开始相互影响,到东汉中期,无论墓葬型制、结构,还是随葬器物及其组合等都完全汉化。从这个意义上说,东汉至六朝时期西南夷的砖室墓,是"汉化"与"夷化"双向互动、融合的结果,其中既有汉族移民及其后裔的墓葬,当然也包括当地土著族群的墓葬。因为汉族移民、汉文化与土著族群、土著文化相互交融,你中

---

① 云南省文物考古研究所编著:《会泽水城古墓群发掘报告》,第125页。
② 罗二虎:《汉代模型明器中的水田类型》,《考古》,2003年第4期;《中国初期佛教与西南地域文化圈》,山田明尔编:《世界文化与佛教——山田明尔教授还历纪念论文集》,日本永田文昌堂(京都),2000年;罗世平:《早期佛教进入巴蜀的途径——以摇钱树佛像为中心》,《湖北美术学院学报》,2011年第2期。
③ 云南省文物考古研究所编著:《会泽水城古墓群发掘报告》,第125页。
④ 大理州文物管理所:《云南大理市下关城北东汉纪年墓》,《考古》,1997年第4期。

有我,我中有你,以至于无法分辨"夷""汉",这不正是汉代开拓、治理西南夷的结果吗?

必须说明的是,西南夷发现的汉式墓葬,很显然不是普通人,或者说是平民的墓葬遗迹。很多墓葬的规格和特点,直指汉代进入西南夷的军人与官吏。

譬如,贵州赫章可乐汉墓,甲类墓中,大墓占总数的70%,它们的随葬品均在二十件以上,出土铁剑、铜壶、铜镜、摇钱树、陶屋和陶水田模型。随葬器以兵器为多,少见生产工具,极少出土妇女装饰品,说明墓主人应该是男性军人。随葬品中有摇钱树、陶屋和陶水田模型等明器组合,说明墓主身份较高,应系军队中的官吏,尤以八、十、四十八号三座墓的等级最高,其中八号墓出土器物一百三十件。此类墓的型制、葬俗与两汉时期汉族的埋葬习俗基本相同,出土的随葬品风格也与中原汉墓所出同类器物无殊。发掘报告判定墓主人是汉代进入西南夷的军人,很可能是军官①。

赫章先后属于汉代犍为郡、牂牁郡汉阳县,是西南夷中较早设治的地区。《汉书·地理志》"犍为郡汉阳县"原注说:"都尉治,山闟谷,汉水所出,东至鳖入延。莽曰新通。"②汉阳县是"都尉治"。所谓都尉,即是犍为郡都尉,是汉代在边郡设置的最高军事长官。西汉在各郡均设郡尉,秩比二千石③。这里的汉式墓葬的年代,是西汉末年至东汉初期,这一时间,比起滇池区域要早,可能与其设治

---

① 贵州省博物馆考古组等:《贵州赫章可乐考古发掘报告》,《考古学报》,1986年第2期。
② 《汉书》卷二八上《地理志上》,第1599页。
③ "郡尉……掌佐守典武职甲卒,秩比二千石……农都尉、属国都尉,皆武帝初置。"(《汉书》卷一九上《百官公卿表上》,第742页)

较早有关。可乐应是汉代汉阳县的治所①。

呈贡小松山西汉中晚期一号汉墓出土提梁壶,刻有隶书铭文"二千石大徐氏"六字②。"二千石"通常指郡守,《汉书·百官公卿表》说:"郡守,秦官掌治其郡,秩二千石。"③贵州兴仁八号墓出土铜车马,是《后汉书·舆服志》所载"公、列侯、中二千石、二千石夫人"所乘的"辎軿车"④。此两座墓出土的遗物等级很高,说明墓主人属于二千石、二千石夫人之类的人物。

反观两汉时期西南夷汉族移民平民墓葬的情况,目前还没有确切的资料可以讨论。这也是西南夷汉式墓葬考古中亟待解答的问题。

二、汉式墓葬的宗教隐喻

墓葬是埋葬死者的地方,不同时代的墓葬,其神圣空间的营造,反映了那个时代现实社会的普遍信仰⑤。汉代人讲究养生和送死,他们相信通过墓葬神圣空间的转换,墓主的灵魂会获得再生,并进入神仙世界。

鸟兽之身的人物是墓主死后"易貌"而证仙的示现,《老子变化经》老子有言:"吾变易身形,托死更生,周流四海……愚者不

---

① 贵州省博物馆考古组等:《贵州赫章可乐考古发掘报告》,《考古学报》,1956年第2期。
② 云南省博物馆文物工作队:《呈贡小松山竖穴土坑墓的清理》,云南省文物考古研究所:《石寨山文化考古发掘报告集》,科学出版社,2016年,第259—263期。
③《后汉书》卷一九上《百官公卿表上》,第742页。
④ 贵州省博物馆考古组:《贵州兴义、兴仁汉墓》,《文物》,1979年第5期。
⑤ 参见张宏彦:《中国考古学十八讲》,陕西人民出版社,2008年,第261页。

知死复更生。"① 东汉王充《论衡》卷七《道虚篇》记载说:"好道之人……谓人能生毛羽,毛羽备具,能升天也。"② 东晋葛洪《抱朴子内篇·对俗》也以批评的方式保存了两汉的变形而仙信仰:"古之得仙者,或身生羽翼,变化飞行,失人之本,更受异形。"③

汉代人的观念中,丧葬本身就是一种沟通天地的活动,汉代墓葬中的画像与器物组合,一是体现墓主生前生活,另一主题是升天后的仙境生活。墓主的仙境生活,画面多与墓主生前的生活有关。宴饮、乐舞百戏、西方幻术、博弈、抚琴、田猎等生活图景,还有粮仓、楼阙、武库、厨房、仆侍、部曲等家庭财富,有夸耀墓主生前富裕生活和显赫地位的含义,墓主祈望能将其生前的财富和荣耀带入仙境。它们既是墓主过去生活的象征,也隐喻即将到来的神仙日子④。

从墓葬话语体系来看,以西王母为中心的神仙与瑞兽、端木、祥云是仙境的象征。图像具体题材有西王母仙境、日月西王母、西王母双阙、日月凤阙、亭前迎谒、连接双阙、宫阙灵芝、伏羲女娲、仙人博弈、西方幻术等。与西王母相随出现的有灵芝、三足乌、九尾狐、玉兔、蟾蜍、负罐鸟、仙人、方士以及墓主等。

墓主升天的表达,是墓主在瑞兽神鸟的导引下,升入天国。龙、虎、龙虎衔璧、联璧纹、菱形纹、鼎、鸟鱼、钱纹等象征升仙。龙虎是传说中西王母的坐骑,可以帮助人们升仙。"龙虎衔璧"图像,

---

① 《老子变化经》,《藏外道书》第 21 册,巴蜀书社,1994 年,第 2 页。
② 黄晖撰:《论衡校释》,第 318 页。
③ 王明撰:《抱朴子内篇校释》,中华书局,1985 年,第 52 页。
④ 罗二虎:《汉代画像石棺研究》,《考古学报》,2000 年第 1 期;《川渝地区汉代画像砖墓研究》,《考古学报》,2017 年第 3 期;罗二虎、宋丹:《东汉画像崖墓研究》,《考古学报》,2020 年第 4 期。

寓意墓主以璧礼天,璧象征天国,而龙虎载之升天。"鸟兽鼎"与龙虎衔璧的画像含义相同,就是祈求墓主能顺利升入天界仙境。"钱纹"一是祈求富贵,但更重要的是"龙虎衔钱"图像为"龙虎衔璧"的变型,因为钱纹外圆内方,与玉璧一样象征天圆地方,沟通天地并容天地为一体。"鸟鱼图"有时是鸟、鱼,有时是鸟、鱼与白虎或者青龙相伴,表达的是墓主人乘龙、虎并在鸟、鱼的簇拥导引下升天的场景[①]。

罗二虎认为,西汉中期以来,西南夷深受巴蜀汉代文化的影响,并在东汉至三国时期,四川盆地与汉中盆地、云贵高原形成了区域性文化圈[②]。

三、汉式墓葬与神仙信仰

墓葬具有天然的宗教性。汉代丧葬制度与礼俗,既反映物质文化发展水平,更集中呈现汉代的宗教信仰与思想意识。墓葬的空间结构、随葬器物组合、图像寓意等,是一套完整的汉代神仙思想的符号系统,具有特定的宗教意义。

西南夷早期汉族移民,是带着内地的文化与信仰而来的。他们的宗教信仰具有祖籍地关中、巴蜀地区汉代信仰的特点。汉代"坟墓相从"的移民制度,确保徙边移民实行与内地相同的丧葬礼俗,因此,"汉式墓葬"较好地保留了汉代内地的丧葬礼俗与宗教信仰。

葛洪《抱朴子内篇·论仙》引汉魏《仙经》"上士举形升虚,谓之天仙;中士游于名山,谓之地仙;下士先死后蜕,谓之尸解仙",

---

① 罗二虎:《汉代画像石棺研究》,《考古学报》,2000年第1期。
② 罗二虎:《略论贵州清镇汉墓出土的早期佛像》,《四川文物》,2001年第2期。

将神仙分为天仙、地仙、尸解仙三等①。所谓"尸解成仙"就是普通人死后,将从肉身中蜕解出来,升天成仙。因此,汉代厚葬风俗的思想根源就是升天成仙信仰。保护好尸体不受魑魅魍魉的侵扰伤害,其目的就是要让墓主尸解升仙②。

1969年,济南无影山西汉墓出土系列彩陶明器,主要器物有四件(套),即双鼎鸟、双壶鸟、歌舞杂技盘与车马③。姜生认为,这些器物和陶俑表达的是一套前后逻辑秩序紧密衔接的宗教话语,是汉代"尸解变仙信仰"在墓葬中的仪式表达。器物所包含的信仰结构是:第一,"三官"守护墓主"太阴炼形";第二,获神界致送神仙饮食——壶和鼎所象征的"神药",伴以仙人歌戏,神吏侍迎;第三,"太一帝君"遣车马来迎,欢庆之后,上登仙界。这套宗教话语的母题是"尸解变仙信仰",汉墓中的神使、丹鼎、神鸟、宴饮、歌戏等"生物行精"与"仙人吉庆"等符号、场景,隐喻墓主人获得神药而成仙,目的是达成墓葬对死者的生命转换。因此,汉墓不仅是死者在地下享受阴间生活的地方,更是走向未来新目标——成仙的神圣空间。墓穴是"死生转换""尸解成仙"的中间场域,"尸解仙"的必经环节,其中的空间布局、器物组合、神祇图像充满宗教意象。姜生进一步指出,在古代,无论是盛行厚葬还是薄葬,其丧葬仪式皆隆重庄严,其文化内涵更多地表现的是一种神化,而非世俗功用。所使用的随葬品很大程度上亦非由墓主或其亲属之身份地

---

① 王明撰:《抱朴子内篇校释》,第20页。
② 姜生:《汉墓的神药与尸解成仙信仰》,《四川大学学报(哲社版)》,2015年第2期。
③ 济南市博物馆:《试谈济南无影山出土的西汉乐舞、杂技、宴饮陶俑》,《文物》,1972年第5期。

位或好恶来决定,而是源于一套严格的宗教逻辑[1]。姜生的解读无疑为我们理解汉墓所体现的丧葬礼俗、民间宗教信仰提供了新的视角。

从技术考古的视域出发,信仰是比较难于把握的,但从宗教考古的视角,探讨墓葬中器物与图像所具有的符号、象征与隐喻,有可能发现其深刻的宗教含义。譬如,汉代的墓葬,是汉人信仰世界的集合,它不仅仅是"墓主生活"的神圣之地,更是墓主"升天成仙"的转换空间,体现了汉代信仰世界中追求长命富贵、升天成仙的思想。

西南夷汉式墓葬中的随葬器物、图像所营造的神圣空间,充满宗教色彩,体现了汉代信仰的基本内涵。具体地说,围绕昆仑、西王母信仰的墓葬空间、随葬品、器物组合,体现的是墓主升天的神仙信仰。

第七节　西南夷葬俗变革的社会历史情境分析

汉式葬俗传入以后,在相当长的一段时间内,西南夷"夷""汉"两种墓葬制度与礼俗并行。这一过程中,汉式葬俗有"本土化策略",而西南夷土著葬俗也有明显的汉化取向。两种墓葬制度从墓葬型制、随葬器物、丧葬礼俗等方面相向而行,最终完全融合到汉文化体系之中。东汉中期之后,西南夷的墓葬型制与丧葬礼俗,完全内地化,显示出西汉武帝经营开拓西南夷以来,西南夷葬俗发生根本性的变革。当然,西南夷的汉墓所显示的文物器用、文化礼

---

[1] 姜生:《汉墓的神药与尸解成仙信仰》,《四川大学学报(哲社版)》,2015年第2期。

俗,也与内地存在差异性。

一、汉式葬俗的本土化策略

西南夷葬俗演进过程中,土坑墓向砖室墓发展与转型,汉式器物取代西南夷器物,内地礼俗取代土著习俗,是西南夷葬俗变革中的一体三面,它是一个渐进但不可逆的历史事件。

(一)借助土著墓葬型制落地生根

早期汉族移民的墓葬,虽然一开始就以汉式器物随葬,但最初采用的葬式,是西南夷传统的土坑墓型制,然后逐渐过渡到砖室墓,体现出"先夷后汉"的策略,是"旧瓶装新酒"的典范之作。

贵州清镇发掘的二十八座汉式墓中,土坑墓十八座、砖室墓八座、石室墓二座。墓葬型制表现出由西南夷土著的竖穴土坑墓,向汉式的砖室、石室墓过渡与发展的趋势[1]。

昆明呈贡小松山发掘的一号汉墓,型制为典型竖穴土坑墓,但墓坑大而埋藏深,随葬品组合以"汉式器物"居多,包括陶鼎、五铢钱、提梁壶等,其中一件提梁壶圈足外侧刻隶书"二千石大徐氏"六字铭文,说明墓主应该与西汉益州郡某任徐姓太守有关[2]。

《汉书·百官公卿表》说:"郡守,秦官,掌治其郡,秩二千石。有丞,边郡又有长史,掌兵马,秩皆六百石。景帝中二年更名太守……凡吏秩比二千石以上,皆银印青绶……"[3]"二千石"是郡守,而此"二千石"为"大徐氏",徐为汉姓。有研究者指出,《史记》、两《汉

---

[1] 贵州省博物馆:《贵州清镇平坝汉墓发掘报告》,《考古学报》,1959年第1期;《贵州平坝县夏云镇汉墓的发掘》,《考古》,2017年第1期。
[2] 云南省博物馆文物工作队:《呈贡小松山竖穴土坑墓的清理》,《云南文物》,总第15期(1984)。
[3]《汉书》卷一九上《百官公卿表上》,第742—743页。

书》与《华阳国志》等文献记载中,西南夷土著夷人很少使用中原汉人姓氏[①]。因此,我们认为,"大徐氏"此公必定是汉朝廷委派至益州郡的某一任太守,他或来自内地,或是西南夷汉族移民的后裔。

发掘报告认为,此墓是西汉武帝建立益州郡之后到西汉末期的遗存,墓葬型制是"滇式",但随葬器物完全汉化。"滇文化的壳,汉文化的心",从官衔、姓氏铭文等材料判断,墓葬的主人应该是汉族移民。说明早期汉式墓葬,最初是"从夷俗",即采用西南夷土著土坑墓的葬式,但随葬的却是汉式器物。

2000年,考古工作者对曲靖罗汉山十二座"梁堆"墓进行清理,清理结果表明,这里的"梁堆"墓均有封土。其中西汉晚期第十一号墓属于竖穴土坑墓向券顶砖室墓的过渡形式。从清理情况判断,墓葬规模宏大,虽然多次被盗,但出土器物中多鎏金器,又有车马器、铁甲片等物,报告推测墓主人当为具有较高身份的男性。而墓的构筑方式尤其值得注意,此墓是先开挖一竖穴土坑墓穴,然后再从墓坑底部,用砖砌筑墓室。墓底部用砖铺平,四壁用菱形纹花砖砌筑,墓室仅有四壁,未修筑券顶。发掘报告认为,这是"竖穴土坑墓向砖室结构演变的一种过渡形式"[②],是西南夷考古中仅见的"夷式"向"汉式"转型的关键性考古学证据。

(二)使用本土化器用文物随葬

贵州西部,原夜郎故地,属于汉代牂柯郡,以及部分犍为郡、朱提郡属县,这里的汉式墓葬,早晚期墓葬随葬器物,表现出由"夷"

---

① 杨勇:《云贵高原出土汉代印章述论》,《考古》,2016年第10期。
② 云南省文物考古研究所等:《曲靖麒麟区罗汉山十一号"梁堆"墓发掘报告》,《云南文物》,2001年第1期。

向"汉"的过渡性特征。

贵州清镇西汉后期的墓葬,随葬品是"汉式器物"和"土著器物"的组合;西汉末年至东汉初年,随葬品基本上都是汉式器物,但保留部分土著器物。早期汉式墓葬中,有较多的"土著器物"随葬,是"夷""汉"组合。即便到了后期,随葬品中汉式器物占主流,但仍然有一部分地方色彩明显的器物,如靴形铜钺、青铜短剑、陂塘水田模型及摇钱树等①。贵州清镇、赫章汉墓葬中出土的数座"干栏式"陶屋、铁三脚架、"锅庄石",被认为是汉族移民进入南夷地区之后,仿效当地民族居住、炊爨方式的证据②。赫章四十八号墓出土的一件铜盉,形制与中原汉墓所出铜盉如出一辙,但纹饰是西南夷传统的纹饰,成为汉文化与当地民族文化融合的典型器物之一③。

说明早期汉式墓葬,不仅借助西南夷土著墓葬的型制,并且吸收了部分西南夷特色的土著器物随葬。

二、西南夷土著葬俗的汉化取向

西南夷葬俗受到汉文化的影响,始于随葬"汉式器物",然后是墓葬型制的改变,再到实行内地丧葬礼俗。

(一)以"汉式器物"随葬

晋宁石寨山早、中、晚三期文化,呈现出西汉武帝开滇前后,滇文化与汉文化接触、变迁与发展的时代性特征:战国至西汉初的早

---

① 贵州省博物馆:《贵州清镇平坝汉墓发掘报告》,《考古学报》,1959年第1期;《贵州平坝县夏云镇汉墓的发掘》,《考古》,2017年第1期。
② 宋世坤:《贵州赫章可乐"西南夷"墓族属试探》,《中国考古学会第一次年会论文集(1979)》。
③ 宋世坤:《试论夜郎与汉文化的关系》,《中国考古学会第七次年会论文集(1989)》,文物出版社,1992年。

期墓葬为典型的"西南夷"土著文化,随葬器物完全属于"滇式器物",没有出现"汉式器物"。西汉中期,随葬品中开始出现"汉式器物",以及铜铁合制器等"仿汉式器物"。西汉晚期墓葬,虽保持竖穴土坑形式,但随葬品以"汉式器物"为主,器物组合体现的是汉代内地礼俗,说明滇人完全汉化了①。

同样的过程发生在江川李家山滇文化墓地。早期墓葬为战国到西汉初期,其随葬品大多具有滇文化的地方特点,如兵器中的狼牙棒、铜啄,刻有羽人、木船的铜鼓,曲柄葫芦笙,铜伞、铜枕、铜贮贝器,浮雕有人物、动物图像的铜扣饰,以及用大量海贝随葬等。晚期墓葬从西汉中、晚期至东汉初年。这类墓葬中,原来早期墓葬中习见的铜鼓、贮贝器、伞、枕、针线筒、针线盒以及浮雕人物与动物图像的铜扣饰已很少发现或不再出现;用海贝随葬的现象也消失了。中原地区传入的铜镜、五铢钱、铜弩机、铜罐、釜、甑、洗、镰斗等取代了"滇式"生产、生活用具②。李家山发现的弩机上,有"河内工官"铭文。此"河内"为西汉河内郡,《汉书·地理志》"河内郡"记载,河内郡,高帝元年为殷国,二年更名。属县十八,其郡治所在地怀县"有工官"③。这件弩机是河内工官监造而远传至西南夷的确切证据。江川李家山第二次发掘收获更为丰富,但墓葬与器物的发展、演变规律并没有太多的变化,"滇式"向"汉式"的转型,经历了西汉

---

① 云南省博物馆:《云南晋宁石寨山古墓群发掘报告》;张增祺:《晋宁石寨山》,第17页。
② 云南省博物馆:《云南江川李家山古墓群发掘报告》,《考古学报》,1975年第2期,图八一。
③ 《汉书》卷二八上《地理志上》,第1554页。

中晚期至东汉初期漫长的社会进程①。滇文化随葬品逐渐减少甚至消失的现象,体现了西汉武帝设置益州郡以来的社会文化变迁。

石寨山、李家山的案例说明,汉式器物的输入,是西南夷土著葬俗开始变迁的第一步。而"滇式器物"与"汉式器物"组合关系的消长,生动地显示了西南夷葬俗汉化的过程。

(二)崇尚汉式丧葬礼俗

2002年、2004年,云南省文物考古研究所等单位,对会泽县水城遗址、古墓葬进行发掘。这是一处被认为是西南夷土著族群的城址与墓葬遗迹。

遗址内发现汉代的灰坑、沟槽、房屋遗迹。古墓葬为二十四座汉墓,均为无封土的竖穴土坑墓②。二十四座汉墓的年代,从西汉中期一直延续至东汉初期。早期保持着土著文化特征;中期大量接受汉式器物,随葬模型器、提梁壶、铜镜、印章等常见于周边地区及中原汉墓之中的器物;晚期则土著文化与汉文化相互融合。发掘报告认为,水城汉代墓葬是当地土著夜郎族群的墓葬③。若此,水城汉式墓葬,就是"以汉法为墓"的夷人墓葬了。它深刻反映了夷、汉两种文化接触、交流、融合的过程。

会泽是汉代犍为郡堂琅县地,是西南夷地区较早设置的县之一。《汉书·地理志》记载,西汉犍为郡武帝建元六年开,辖县十二,其中就有朱提、堂琅二县④。《华阳国志·南中志》说:

---

① 云南省文物考古研究所等:《云南江川县李家山古墓群第二次发掘》,《考古》,2001年第12期。
② 云南省文物考古研究所编著:《会泽水城古墓群发掘报告》,第14—19页。
③ 云南省文物考古研究所编著:《会泽水城古墓群发掘报告》,第14—19、125页。
④《汉书》卷二八上《地理志上》,第1599页。

朱提郡,本犍为南部,孝武帝元封二年置,属县四。建武后,省为犍为属国。至建安二十年,邓方为都尉,先主因易名太守。属县五,户八千。其中有朱提、堂螂两县。朱提县山出好银。堂螂县则"因山名也。出银、铅、白铜、杂药。有堂螂附子"①。

文献中堂琅县的"琅"字,《汉志》作"琅",《晋志》《宋志》并作"狼",《华阳国志》作"螂"。而"朱提堂狼洗"铭文中,有作"琅"者,亦有作"狼"者。任乃强先生说,"琅"为地名,译自夷语者,但存其语音,无定字。近闻友人高论,夜郎、堂琅、白狼之"郎""琅""狼",当来自同一语源。此说与任先生所言有相合之处,很有道理。

(三)土著葬俗的汉化转向

西南夷文化遗存中,土著的青铜文化墓葬与汉文化墓葬,往往处于同一个墓地,并且体现出由土著墓葬向汉文化墓葬逐渐转变的特点。譬如贵州赫章可乐墓地,西汉末至东汉初期,"汉式墓葬"完全取代了"南夷墓葬"②。因为赫章是汉代犍为郡、牂柯郡汉阳县所在地,是西南夷中较早设治的地区。《汉书·地理志》"犍为郡汉阳县"原注说:"都尉治。山闒谷,汉水所出,东至鳖入延。"③汉阳县是"都尉治"。这里"汉式墓葬"完全取代西南夷土著葬俗的年代,比起滇池区域要早,可能与其设治较早有关。

昆明羊甫头墓地,不论是土著墓葬还是汉式墓葬,早、晚期墓

---

① 《华阳国志校补图注》,第278页。
② 贵州省博物馆考古组等:《贵州赫章可乐考古发掘报告》,《考古学报》,1956年第2期。
③ 《汉书》卷二八上《地理志上》,第1599页。

葬型制没有特别的变化,但随葬器物表现出明显的变迁与发展。早期汉式墓葬的器物及其组合与滇文化墓葬随葬器物完全不同,但到了东汉中晚期,所有墓葬完全汉化,随葬品中罕见"滇式器物"。羊甫头墓地从夷、汉两种墓葬形式并存,到完全整合为汉式葬俗,难分彼此,为我们认识汉式丧葬制度与内地礼俗传入西南夷及其影响,提供了可靠的考古学证据[1]。

总之,东汉早期,西南夷土著葬俗明显衰退,汉文化逐渐占据优势地位;东汉中晚期,土著葬俗基本消失,汉式礼俗成为西南夷葬俗的主体。两种文化的消长变迁,反映了汉代西南地区动态的族群与文化关系[2]。

---

[1] 云南省文物考古研究所等:《昆明羊甫头墓地》,第17、835、862页。
[2] 张勇:《汉代西南属国考古学文化变迁及相关问题研究》,《郑州大学学报(哲社版)》,2017年第4期。

第十一章　西南夷发现的摇钱树

"摇钱树"是指汉代西南夷及其周边地区汉式墓葬中随葬的青铜钱树。从考古发现及相关研究成果判断,摇钱树一般由树座、树干、树枝与树冠四部分组成(图11—1)。作为西南地区特有的器物,它不见于中原的文献记载,也不见于当时的社会记忆。摇钱树具备神仙思想、佛教文化以及西南夷土著信仰"三合一"的特点。摇钱树遗迹主要发现于汉代西南大通道沿线,即蜀郡通往西南夷、身毒的"蜀身毒道",以及蜀郡通向关中、河西走廊与荆楚交通沿线的汉式墓葬中。

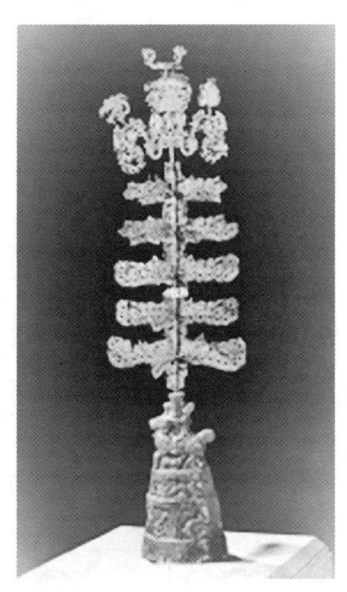

图11—1　旧金山亚洲艺术博物馆藏摇钱树

第一节　摇钱树的发现与定名

1940年代,吴金鼎、冯汉骥等考古学家在四川彭山县,首次于崖墓中发现青铜钱树,并将其称为"摇钱树",为学界所接受。1960年代,云南昭通桂家院子东汉墓出土青铜摇钱树叶片上有"金华"二字铭文。"金华"

者,"金花"也。因此有研究者推断,此种树在汉代或许被称作"金花树",并声称它与"旧时传说一种会结金钱,摇落之,可再生"的民间神树信仰有关①。

罗世平对"摇钱树定名"有一长段文字说明,现引述如下:

> 摇钱树的定名,最早是考古学家冯汉骥、于豪亮先生提出来的,后被相续延用。随着考古发现的摇钱树数量增多,并在树的图像旁发现与树相关的题刻文字,如1988年四川简阳出土的东汉石棺画像上刻有日月和大树,树旁题刻"柱株"二字;云南昭通桂家院子东汉墓出土的树叶铜片上铸有"金华"二字的铭文,于是引起了对摇钱树名及其原型的重新考释,出现了"神树""社树""金华树""柱株"等多种说法。②

1990年代,邱登成以当时的考古发现讨论摇钱树之内涵,他认为摇钱树本身就是联系凡间与仙界的桥梁。摇钱树图像内容一为驱鬼避邪,二为仙居长生,反映出汉代的仙化升天思想。摇钱树上的佛像及道教内容的图像,主要是取其魂灵不死、化邪修仙成佛的思想,为墓主人升天成仙服务③。

还有研究者指出,摇钱树的基本图像是钱纹和仙人灵兽,树的主题和功能是"求富"和"求仙",反映的是汉魏之际人们的生死福

---

① 江玉祥:《关于考古出土的"摇钱树"研究中的几个问题》,《四川文物》,2000年第4期。
② 罗世平:《早期佛教进入巴蜀的途径——以摇钱树佛像为中心》,《湖北美术学院学报》,2011年第2期。
③ 邱登成:《汉代摇钱树与汉墓仙化主题》,《四川文物》,1994年第5期。

寿观①。何志国认为,摇钱树表层含义是生产财富与吉祥之树,但物象背后的底层逻辑,主要是追求长生不老与祈求丰收②。汉代摇钱树图像所反映的"长命"与"富贵"两大主题,一直保留在后世中国民间信仰习俗之中③。

第二节 摇钱树出土情况及其时空意义

一、摇钱树的考古发现

"摇钱树"被认为是具有鲜明的"西南地域性"器物,因为在中原内地的汉晋墓中,很少发现此类随葬品。迄今的考古发现表明,摇钱树主要出土于我国西南地区,以云南、贵州、四川交汇地带,即汉代犍为郡、犍为属国(朱提郡)之地为核心,向周边地区延伸与传播。根据何志国的统计,截止2007年,全国共发现一百八十九例④。具体出土情况如下:

云南地区摇钱树的分布与汉式墓的空间范围相同,主要分布在滇东北、滇池区域、洱海区域与滇西澜沧江流域四大区块,即汉代从蜀地通向西南夷的交通沿线地区。滇东北地区,有民国二十六年(1937)昭通曹家老包发现的建初九年(84)铭文摇钱树

---

① 罗世平:《早期佛教进入巴蜀的途径——以摇钱树佛像为中心》,《湖北美术学院学报》,2011年第2期。
② 何志国:《汉魏摇钱树初步研究》,科学出版社,2007年,第155—166页。
③ 江玉祥:《关于考古出土的"摇钱树"研究中的几个问题》,《四川文物》,2000年第4期。
④ 何志国:《汉魏摇钱树初步研究》,第271—295页。在世界各地的博物馆中,收藏了一批精美的摇钱树,大多出土地点不明,但可以确认它们都来自中国西南地区东汉墓中。

座①。中华人民共和国成立以来,在昭通的桂家院子②、白泥井③、温家营④、守望公社⑤、盐津⑥等地发现摇钱树,昭通文管所还收藏有出土地点不明的摇钱树若干⑦。滇池地区重要的发现地点有呈贡归化⑧、呈贡七步场⑨、昆明羊甫头⑩等处。洱海地区有大理大展屯一号汉墓摇钱树⑪,下关熹平年墓出土摇钱树座、残枝,还有"二钱生于树两侧"的墓砖图案⑫。澜沧江流域在保山城北白塔村东汉桓帝"元嘉二年"(152)砖室墓⑬、汪官营蜀汉"延熙十六年"(253)墓⑭均出土了摇钱树的树座、树干与枝叶,还有模印摇钱树图案的墓砖。以上发现中,以昭通曹家老包发现的建初九年铭文摇钱树

---

① 《新纂云南通志》(五),第 22—25 页;孙太初:《在云南考古工作中得到的几点认识》,《文物参考资料》,1957 年第 11 期。
② 云南省文物工作队:《昭通桂家院子东汉墓发掘》,《考古》,1960 年第 8 期。
③ 云南省文物工作队:《云南昭通文物调查简报》,《文物》,1960 年第 6 期;曹吟葵:《云南昭通白泥井发现东汉墓》,《考古》,1965 年第 2 期;汪宁生:《云南考古》,第 92 页,图版伍玖。
④ 云南省文物工作队:《云南昭通文物调查简报》,《文物》,1960 年第 6 期。
⑤ 谢崇昆:《云南昭通出土汉代"人鹿铜座"》,《考古》,1986 年第 3 期。
⑥ 何志国:《汉魏摇钱树初步研究》,第 293 页。
⑦ 何志国:《汉魏摇钱树初步研究》,第 292 页。
⑧ 云南省文物工作队:《云南归化东汉墓清理》,《考古》,1966 年第 3 期。
⑨ 云南省文物工作队:《云南呈贡七步场东汉墓》,《考古》,1982 年第 1 期。
⑩ 云南省文物考古研究所等:《昆明羊甫头墓地》,第 761 页,图 613:1。
⑪ 大理州文物管理所:《大理市一号汉墓清理简报》,《云南文物》,总第 15 期 (1984)。
⑫ 大理州文物管理所:《云南大理市下关城北东汉纪年墓》,《考古》,1997 年第 4 期。
⑬ 耿德铭:《近年来怒江中游考古新收获》,《思想战线》,1993 年第 6 期。
⑭ 保山地区文管所:《保山汪官营蜀汉墓清理简报》,《云南文物》,总第 12 期 (1982)。

座年代最早,保山汪官营"延熙十六年"蜀汉墓出土摇钱树年代最晚。

以昭通桂家院子东汉墓出土摇钱树为例,来看看摇钱树形制:陶质树座由一大三小四只瑞兽叠压在一起构成。瑞兽头分别朝向四个方向。最上面一只张口瞠目,骑在其他三只瑞兽之上。树干为空心铜质,实以木干,分五段连成,每段上有四个扣子,用以穿插树枝,枝干相连,以五铢钱串通,彼此连接穿插,形成一株枝繁叶茂的摇钱树。残存的摇钱树叶,包含铸有龙与树枝叶、蟠龙枝叶、三莲花、"金华"铭文枝叶,构成鱼龙曼延的百戏图像。此树至今未经修复,各种残件收藏于云南省博物馆(图11—2)①。

图11—2 昭通桂家院子东汉墓出土摇钱树(采自《云南昭通桂家院子东汉墓发掘》)

大理大展屯一号汉墓,出土摇钱树残枝,同时还出土"双蟠龙衔柱",双蟠龙组成椭圆形底盘,两龙头昂起、张口,共衔一铜柱。柱上又有一龙缠绕,柱顶两端,各对称向左右延伸,有孔。孔内原来插入的物件已失。这件器物原报告认为"是否为摇钱树座,有待研究"②。从造型判断,此为摇钱树座与树干无疑。

---

① 云南省文物工作队:《云南昭通桂家院子东汉墓发掘》,《考古》,1962年第8期。
② 大理州文物管理所等:《大理市一号汉墓清理简报》,《云南文物》,总第15期(1984)。

图11—3 大理东汉熹平年墓出土摇钱树座（采自《云南大理市下关城北东汉纪年墓》）

这里要特别说明的是，下关东汉熹平年墓出土了铜摇钱树杆、枝叶残片与树座，其中的陶摇钱树座，原发掘报告判为"羊首壶"是不妥的。此器为泥质灰陶，通高31.6厘米，底径22.4厘米。器座平底，上部为一卧姿绵羊形象：羊头高高昂起，羊角卷曲，眼部圆突，前肢后曲，后肢前伏。羊背上是高起的孔洞，用以插入摇钱树杆。此"壶"实为卧羊形陶摇钱树座(图11—3)①。

四川各地均出土摇钱树②，而主要集中在成都平原③。四川南部地区彭山④、乐山⑤、宜宾⑥；四川西南部西昌高草⑦、西昌㟃坡⑧、

---

① 大理州文物管理所：《云南大理市下关城北东汉纪年墓》，《考古》，1997年第4期。
② 邱登成：《汉代摇钱树与汉墓仙化主题》，《四川文物》，1994年第5期。
③ 何志国：《汉魏摇钱树初步研究》，第21—23、31、32页；新津县文管所：《新津县出土东汉摇钱树》，《成都文物》，1993年第2期；张善熙、姜易德、屠世荣：《成都凤凰山出土〈太玄经〉摇钱树探讨》，《四川文物》，1998年第4期；沈仲常、李显文：《记彭山出土的东汉铜摇钱树》，《成都文物》，1986年第1期；王煜：《四川汉墓出土"西王母与杂技"摇钱树枝叶试探》，《考古》，2013年第11期。
④ 南京博物院：《四川彭山汉代崖墓》，第35、36、37、91、92页。
⑤ 乐山市崖墓博物馆：《四川乐山市沱沟嘴东汉崖墓清理简报》，《文物》，1993年第1期。
⑥ 四川省博物馆：《宜宾市山谷祠汉代崖墓清理简报》，《文物资料丛刊(9)》。
⑦ 刘世旭：《四川西昌高草出土汉代"摇钱树"残片》，《考古》，1987年第3期。
⑧ 凉山州博物馆：《四川西昌发现东汉、罗汉墓》，《考古》，1990年第3期。

西昌马道、红旗与六合①；川西高原宝兴、芦山、汉源、会东、茂汶②都出土过摇钱树。上述出土摇钱树的地点，除成都平原为蜀郡故地，其他各处，大多属于西南夷犍为郡、越巂郡、汶山郡、沈犁郡、武都郡的空间范围。

贵州西部摇钱树遗迹主要发现于清镇③、赫章④、兴义、兴仁⑤、安顺⑥等地汉式墓葬中。1950年代，贵州省文物部门在贵州西部清镇、平坝等地发掘了二十八座汉墓。清镇十一号汉墓内发现带"铜人像"的摇钱树残件若干⑦。在赫章可乐三号墓⑧、五号墓⑨，兴义八号墓，兴仁交乐二、十四、十九号墓⑩，安顺宁谷石室墓⑪，务川大坪一号墓⑫都有摇钱树出土。从上述出土地点可知，贵州地区出土的摇钱树多集中在夜郎故地，大多属于汉代牂牁郡、犍为属国（朱提郡）之地。

---

① 黄承宗:《西昌东汉、魏晋时期砖室墓葬调查》,《考古与文物》,1983年第1期。
② 罗世平:《早期佛教进入巴蜀的途径——以摇钱树佛像为中心》,《湖北美术学院学报》,2011年第2期。
③ 贵州省博物馆:《贵州清镇平坝汉墓发掘报告》,《考古学报》,1959年第1期。
④ 贵州省博物馆:《贵州赫章县汉墓发掘简报》,《考古》,1966年第1期。
⑤ 贵州省博物馆考古组:《贵州兴义、兴仁汉墓》,《文物》,1979年第5期。
⑥ 贵州省博物馆:《贵州安顺宁谷汉墓》,《文物资料丛刊(4)》,文物出版社,1981年。
⑦ 贵州省博物馆:《贵州清镇平坝汉墓发掘报告》,《考古学报》,1959年第1期。
⑧ 贵州省博物馆:《贵州赫章县汉墓发掘简报》,《考古》,1966年第1期。
⑨ 贵州省博物馆考古组、贵州省赫章县文化馆:《赫章可乐发掘报告》,《考古学报》,1986年第2期。
⑩ 贵州省博物馆考古组:《兴义、兴仁汉墓》,《文物》,1979年第5期。
⑪ 严平:《贵州安顺宁谷汉墓》,《文物资料丛刊(4)》。
⑫ 张晓超、夏保国:《贵州汉代砖室墓的初步研究》,《文博学刊》,2019年第3期。

此外,与汉代西南夷相邻地区及交通沿线,如陕西勉县[①]、汉中[②]、城固[③]、南郑[④]、宝鸡[⑤],甘南武威[⑥],宁夏固原[⑦],青海西宁[⑧],重庆忠县、丰都、涪陵[⑨],湖北秭归[⑩]等地都发现了摇钱树。何志国认为,陕西城固佛像摇钱树枝,与四川安县佛像树枝为同一模具所生产,陕南、甘南等地摇钱树,明显受到西南地区同期摇钱树影响,是同类文化的延伸[⑪]。近年来修复的宝鸡十五号东汉墓出土摇钱树,同样显示出"受西南地区影响"的文化特征[⑫]。

---

① 唐金裕、郭清华:《陕西勉县红庙汉墓清理简报》,《考古与文物》,1983年第4期。郭清华:《陕西勉县老道寺四号汉墓发掘简报》,《考古与文物》,1982年第2期;《陕西勉县老道寺汉墓》,《考古》,1985年第5期。
② 何新成:《陕西汉中市铺镇砖厂汉墓清理简报》,《考古与文物》,1989年第6期。王寿芝:《城固出土的汉代陶都》,《文博》,1987年第6期;《桃都·天鸡·摇钱树》,《中国文物报》,1990年9月13日。
③ 王寿芝:《桃都·天鸡·摇钱树》,《中国文物报》,1990年9月13日。
④ 陕西省考古研究所汉水考古队:《陕西南郑龙岗寺汉墓清理简报》,《考古与文物》,1987年第6期。
⑤ 郭青:《快看!东汉"摇钱树"长这样》,《陕西日报》,2020年9月13日。
⑥ 江玉祥:《古代西南丝绸之路沿线出土的"摇钱树"探析》,伍加伦、江玉祥主编:《古代西南丝绸之路研究》,四川大学出版社,1990年,第137页。
⑦ 《中国考古学年鉴(2001)》,文物出版社,2002年,第314—315页。
⑧ 青海省文物考古研究所:《上孙家寨汉晋墓》,文物出版社,1993年,第154页。
⑨ 四川省文物管理委员会:《四川涪陵三堆子东汉墓》,《文物资料丛刊(10)》。
⑩ 四川省文管会:《四川忠县涂井蜀汉崖墓》,《文物》,1985年第7期;四川省文物考古研究所:《丰都汇南墓群发掘报告》,《重庆库区考古报告集(1998)》,科学出版社,2003年;南京大学历史系考古教研室:《秭归台子湾遗址发掘报告》,《湖北库区考古报告集》,科学出版社,2003年。
⑪ 何志国:《汉魏摇钱树初步研究》,第85页。
⑫ 庞乐:《宝鸡郭家崖墓地出土摇钱树已成功修复见证两千年前秦岭蜀道两端文化交流》,西安新闻网,2020年9月12日。

二、摇钱树流行的时间

从目前发表的材料来看,云南昭通建初九年(84)纪年铭文摇钱树座,是已知最早的摇钱树实例①,其他出土摇钱树的纪年墓有:四川彭山永元十四年(102)崖墓②,陕西勉县元兴元年(105)墓③,重庆丰都延光四年(125)砖室墓④,四川宝兴永建五年(130)砖室墓⑤,云南保山元嘉二年(152)砖室墓⑥、大理下关熹平年(172—178)砖室墓⑦、保山延熙十六年(253)蜀汉砖室墓⑧与重庆忠县蜀汉墓等⑨。据此,摇钱树的年代,大多数为东汉中、晚期,少数延至三国时期。按考古发现来论,摇钱树中年代最早、最晚者均发现于西南夷地区,说明摇钱树在该区域流行的时间最长。

值得注意的是,贵州西部出土摇钱树的墓地,譬如赫章可乐

---

① 《新纂云南通志》(五),第22—25页。此摇钱树最初被断为"建初刻石",但从"石刻"形制、装饰以及伴出摇钱树残枝来判断,石刻应为摇钱树座,"建初"为东汉章帝刘炟年号,建初九年当公元84年。这是目前所见年代最早的摇钱树遗物。
② 南京博物院:《四川彭山汉代崖墓》,文物出版社,1997年,第36—37页。
③ 郭清华:《陕西勉县老道寺四号汉墓发掘简报》,《考古与文物》,1982年第2期;郭清华:《陕西勉县老道寺汉墓》,《考古》,1985年第5期。
④ 何志国:《丰都东汉纪年墓出土佛像的重要意义》,《中国文物报》,2002年5月3日。
⑤ 宝兴县文化馆:《夹金山北麓发现汉墓》,《文物》,1976年第11期。
⑥ 耿德铭:《近年来怒江中游考古新收获》,《思想战线》,1993年第6期。
⑦ 大理州文物管理所:《云南大理市下关城北东汉纪年墓》,《考古》,1997年第4期。
⑧ 保山地区文管所:《保山汪官营蜀汉墓清理简报》,《云南文物》,总第12期(1982)。
⑨ 四川省文管会等:《四川忠县涂井蜀汉崖墓》,《文物》,1985年第7期。

八号汉墓出土元始四年(4)"同劳澡槃",清镇汉墓出土元始三年纪年漆杯,此两处墓葬的年代为西汉末期至东汉初期,说明此区域出土的摇钱树,其年代有可能早到西汉末期①。与之相邻近的云南昭通,出土了东汉早期建初九年(84)铭文的摇钱树座。汉代牂柯郡、犍为属国(朱提郡)地域内发现的摇钱树,时间均在西汉末至东汉初年,是考古发现中年代最早的摇钱树遗迹。有研究者指出,"摇钱树"很有可能最早兴起于滇东北、黔西北与川南地区,即汉代犍为属国(朱提郡)、牂柯郡一带②,它与西南夷早期佛教造像发现的地理空间有高度的重叠性。如果单纯从考古年代学来推断,将此区域视为摇钱树、早期佛教造像的核心区,是很有道理的。

三、摇钱树分布的空间

摇钱树的出土情况,以四川为多,其次为云南与贵州,而相邻的巴东三峡、陕南汉中、陇南天水,还有甘青等地亦有发现。中原一带比较罕见。因此,摇钱树很可能是西南地区特有的一种器物③。

美国学者艾素珊(Susan N. Erickson)说,摇钱树的生产中心似乎一直是四川,其固定的运输和贸易线向北延伸至陕西,向南延伸

---

① 贵州省博物馆:《贵州清镇平坝汉墓发掘报告》,《考古学报》,1959年第1期;贵州省博物馆考古组、贵州省赫章县文化馆:《赫章县可乐发掘报告》,《考古学报》,1986年第2期。
② 江玉祥:《关于考古出土的"摇钱树"研究中的几个问题》,《四川文物》,2000年第4期。
③ 云南省文物工作队:《云南昭通桂家院子东汉墓发掘》,《考古》,1962年第8期。

至云南、贵州①。很显然她并没有注意到历史上西南夷的整体性特征,而是以当下的行政区划作了一些"分省研究"。她同样没有注意到汉代牂牁郡、犍为属国(朱提郡)所辖之地,即今云南昭通、贵州赫章、清镇这一地理单元内出土的摇钱树,不仅数量可观,而且年代最早。

江玉祥以《关于考古出土的"摇钱树"研究中的几个问题》为题,围绕"古代西南丝绸之路"交通网络,讨论考古发现中的汉代摇钱树空间分布及其意义。江先生所指的"古代西南丝绸之路",与我们所称的以"蜀身毒道"为核心的"西南大通道"近似。江先生罗列了摇钱树的出土地点:

四川盆地及周边地区:成都、双流、新都、新繁、茂汶、彭山、郫县、乐山、宜宾、新津、芦山、宝兴、汉源、西昌、广汉、绵阳、三台、遂宁、简阳、广元、忠县、达县、渠县。

云南:昭通、昆明、呈贡、大理、保山。

贵州西部:清镇、赫章、兴义、兴仁。

陕西南部:汉中、城固、勉县、宝鸡。

甘肃:武威。

青海:大通。

宁夏:固原。

江先生认为,如果将上述出土地点连接起来,大略可知迄今出土的摇钱树遗迹,以成都及其周边县市为中心,再沿"出入成都的交通干线"向外扩散。具体地讲:

东北方向,经广汉、德阳、绵阳、三台、江油、安县、广元一线,出

---

①Susan N. Erickson, *Money Tree of the Eastern Han Dynasty,* Published in Bulletin of Museum of Far Eastern Antiquities, 66, 1994.

四川而达陕西汉中、城固、斜县、南郑等地。

西北方向,经茂汶、绵竹,入青海大通,达甘肃武威、敦煌等。

西南方向,由宝兴、芦山、西昌等地,进入云南大理。

正南方向,沿岷江和长江水道,分布在彭山、乐山、江安、宜宾、涪陵、丰都、忠县、奉节等地,然后三分而行:出三峡抵江陵到江南,转道北上入襄阳而达中原;入云南则有昭通、昆明、大理、保山;入贵州,则沿赫章、安顺、清镇、兴仁、兴义一线发展,可达南越①。

本书第三章《西南夷交通与邮传系统的建立》核心议题就是讨论以汉代蜀郡为中心的"西南大通道"的路径与走向,与江玉祥、罗世平两位所论,多有相合之处。蜀郡是汉代十三刺史部之一、益州刺史部治所,汉朝开拓、管理西南夷、南越边郡的各种政治、军事、民事行动,多以此为出发点。蜀郡"四达"的交通网络,实质上是汉帝国管理益州刺史部各郡的官道与邮传路线。

当前摇钱树研究中,有两个比较流行的观点,一是摇钱树属于西南区域文化的器物;二是成都平原为中心的区域出土摇钱树最多。因此,摇钱树往往被称为是"以四川地区为中心"的西南器物。同期墓葬中的佛教造像研究,亦出现同样的现象:四川地区发现最多,研究最深入。问题是,二者的源头在哪里?以巴蜀为中心的考古发现与学术考察路径,始终难以较好地回应这两个问题。

秦并巴蜀以来,蜀地就成为秦汉王朝经营西南地区的政治中心。汉代以巴、蜀、汉中、广汉四郡为基础,在西南夷设置犍为、牂牁、越巂、益州、汶山、沈犁、武都"西南夷七郡",归益州刺史部管

---

① 罗世平:《早期佛教进入巴蜀的途径——以摇钱树佛像为中心》,《湖北美术学院学报》,2011年第2期。

辖①。无论是从行政管辖权、文化影响力，还是人员迁徙与流动来看，巴蜀对于西南夷的影响都是深远的。但有一点很重要，巴蜀只有通过北越秦岭，南入西南夷，才能贯通连接"关中—巴蜀—西南夷—身毒"的"西南大通道"。因此，当我们讨论"四川地区"汉代考古文化遗迹时，似乎应该关注汉代巴蜀文化的"中间地带"或者说是"走廊文化"的色彩，不应把"西南地域文化"都看成是这里的发明，否则很多文化现象没法解释清楚。更进一步说，秦汉时期，巴蜀地区开发较早，人口较多，汉代的文化存留较多，加之近代以来的考古发掘与学术研究较为深入，因此四川地区的考古发现比起云南、贵州要丰富得多。而巴蜀之外的西南夷，原本人口较少，汉代以来的文化遗存本就不多，加之近代以来考古发现与学术研究均有待深入。因此，考古发现器物的多与少，本身并不能说明太多的问题。

第三节 摇钱树装饰纹样与图像

摇钱树的基本图像是钱纹和仙人灵兽，树的主题和功能是求富和求仙，反映的是汉代人们的生死福寿观②。何志国认为，摇钱树表层含义是生产财富与吉祥之树，但物象背后的意义，主要是追求长生不老与祈求丰收③。汉代摇钱树图像所反映的"长命"与"富

---

① 《华阳国志校补图注》，第 142 页。
② 罗世平:《早期佛教进入巴蜀的途径——以摇钱树佛像为中心》，《湖北美术学院学报》，2011 年第 2 期。
③ 何志国:《汉魏摇钱树初步研究》，第 155—166 页。

贵"两大主题,一直保留在后世中国民间信仰习俗之中①。

一、富贵长命思想

钱纹是摇钱树基本图案,缀满树枝的方孔圆形铜钱,以及撼树摇钱、持竿打钱、肩挑手提钱的人物造型;"五铢""富贵""吉祥""金华""延年""长命"铭文,凸显了摇钱树祈求荣华富贵、长生久视的母题。

昭通桂家院子汉墓出土摇钱树枝叶图案上,有"金华"二字铭文;四川三台县摇钱树枝叶上,有"延年"二字。"金华"即金花,是汉代对摇钱树的称谓"金花树"之意,代表财源滚滚。"延年"者,即是长命之意。二者加起来,就是长命与富贵。"金华"铭文树枝(图11—4左),其实是天门、双阙造型。地上生长出来粗壮的树干上,刻有"金华"二字铭文。然后向上分为左、右两枝,枝头各生一莲花,左侧莲蓬之上立一朱雀,右侧立凤鸟。树干左侧站立一持节方士,头戴高冠,穿右衽衣,赤足站立,持节,右手指树。树右站立一蟾蜍,头生二角,蹼手,左手指树②。

2001年,重庆国友博物馆收藏一件从三台县出土的摇钱树(图11—4右),造型与昭通桂家院子出土者几乎相同。树枝高17厘米,宽16厘米,地上生出的树干居中,上刻"延年"二字,向上分左、右两枝。枝头各生一内侧立的莲花,左侧莲蓬上站立一朱雀,右侧莲花上所立之物已失。树干右侧站立一人,头戴高冠,穿右衽衣,赤足站立,身后有一节,左肩上方露出节旄,右手指树。树左侧

---

① 江玉祥:《关于考古出土的"摇钱树"研究中的几个问题》,《四川文物》,2000年第4期。
② 云南省文物工作队:《云南昭通桂家院子东汉墓发掘》,《考古》,1962年第8期。

第十一章　西南夷发现的摇钱树

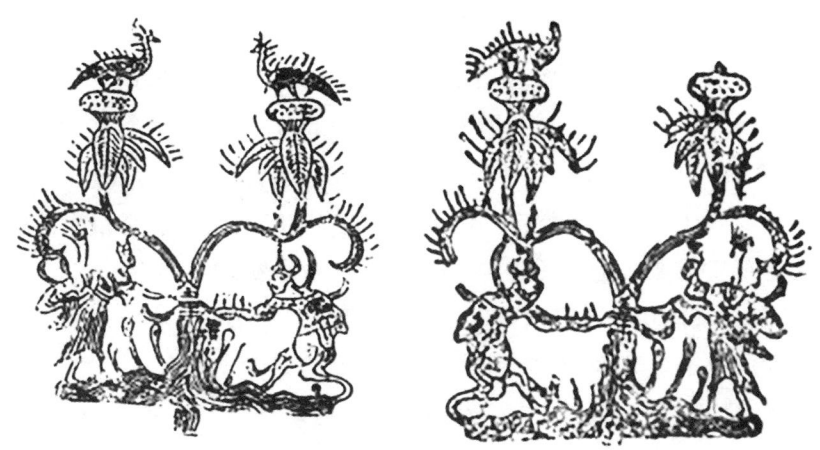

图11—4　"金华"、"延年"铭文摇钱树枝（采自《云南昭通桂家院子东汉墓发掘》《重庆国友博物馆收藏的东汉佛像摇钱树》）

站立一蟾蜍，头生二角，蹼似手，左手指树①。

此外，摇钱树上的铭文，还包括"五铢""五利后"等，譬如彭山崖墓出土西王母摇钱树枝方孔钱纹上，有"五铢"二字，广汉万福摇钱树枝，方孔钱上有"五利后"三字②，显然具有富贵长命、子孙绵长之意。祈求长命、富贵的主题，不止于摇钱树，与此相关的考古发现较多，包括墓志铭文、器物、印章铭文等，譬如：

昭通城西下洒村汉墓，出土"吉祥富贵"铭文砖③；

昭通东郊段家梁子"梁堆"墓出土"八千万侯"文字砖④；

昭通桂家院子东汉砖室墓出土铁刀鞘头有"大富羊""万倍

---

① 何志国、陈丽群：《重庆国友博物馆收藏的东汉佛像摇钱树》，《华夏考古》，2008年第4期。
② 何志国：《汉魏摇钱树初步研究》，第125—127页，图6—8、6—9。
③ 郭季芳、陈本明：《云南昭通东汉墓出土牛头人物出行铜扣饰》，《文物》，1981年第6期。
④ 谢崇崑：《云南昭通出土汉代文字砖》，《云南文物》，总第23期（1988）。

昌"铭文①；

贵州威宁中水西汉墓出土"日利八千万"铭文铜带钩②；

此外，西南夷出土汉代印章中，有一部分是吉语印章③。

"八千万侯""大吉利"等铭文，是汉代普遍流行的吉利、吉祥语④。陈光田认为，此类吉利语的流行，与汉代人们追求富裕生活的社会现实有关。吉祥语包含三层意思，一是祈求牲畜粮食千匹万石，因此汉印中有"巨高万匹""日入千石"之语；二是祈求每天都能收获成千上万的财富，因此就有"日内千金""八千万"之语；三是祈求最大"财利"，因而有"巨利"与"长功日利"铭文⑤。汉代富贵相连，生死相安的信仰，正是摇钱树求长命富贵，求天国仙境生活的思想基础。

两晋时期，西南夷"梁堆"墓中仍然流行吉祥语。譬如汉代越嶲郡故地，今云南姚安羊派水库晋墓出土的铭文砖，有纪年，亦有吉祥语。墓道口的券顶砖中有"宜侯王大吉祥"残砖一块。后室底部第二层有反文"咸宁元年吕氏家作吉祥"砖十余块⑥。说明两晋时期，当内地，甚至是巴蜀地区砖室墓葬厚葬之风消退之时，西南夷仍然保持着汉代内地厚葬的礼俗。

---

① 云南省文物工作队：《云南昭通桂家院子东汉墓发掘》，《考古》，1962年第8期。
② 唐文元：《贵州威宁县发现一件西汉铜带钩》，《考古》，2000年第3期。
③ 杨勇：《云贵高原出土汉代印章述论》，《考古》，2016年第10期。
④〔清〕陈介祺辑：《十钟山房印举》，北京书店，1985年，第29卷第3、4、5、17、31页。
⑤ 陈光田：《从吉语印论汉代人们追求财富的形态》，《中国社会经济史研究》，2014年第1期。
⑥ 孙太初：《云南姚安羊派水库晋墓清理简报》，《考古通讯》，1956年第3期。

二、往生仙境信仰

天帝是汉代神仙信仰体系中的最高主宰,但天帝遥不可及,人们所熟悉的西王母,被认为是西方仙境的主神。以西王母为中心的天国神仙世界,是汉代神仙信仰题材图像中的主题。以追求长命富贵、神仙生活为目标的摇钱树,常常模印西王母图像。依据考古发现,摇钱树座、树冠与枝叶上,都曾出现过西王母图像。

摇钱树上但凡出现西王母像,则必有方士、翼人、神鸟、瑞兽、嘉禾、蔓枝、钱纹等围绕,突显西王母的主体地位[①]。西王母的形象是程式化的,即顶上有华盖,头戴胜,双手入袖,端坐于宝座之上,宝座两旁有龙虎二胁士,座前有玉几,有时带双阙或天门。有研究者以汉代文献记载的西域幻术,来释读摇钱树"西王母与杂技"树枝的图像,因为西王母居于遥远的西方,西方的幻术杂技,被认为是魔幻般仙境生活的象征。

在神仙世界中,不仅有西王母,还有神仙与诸佛,还有飞龙。当然,龙与佛,可能是西王母为主神的天国神仙体系中的神祇。

龙是摇钱树的主题之一,龙在摇钱树上的位置,有树干上的盘龙,枝叶上的"伏地龙",还有飞龙等造型。主干上的盘龙造型,多数缘柱而上,形成所谓蟠龙形象。蟠龙有一龙、二龙、三龙不等。摇钱树的树枝,多数做成曲身的龙形,枝头饰龙首,龙身上有钱纹、西王母、仙人、神兽、嘉禾、瑞鸟等图像(图11—5)。

昭通桂家院子出土摇钱树枝中,有三龙枝叶[②],而在重庆国友

[①] 周克林:《摇钱树与早期道教教义的关系问题略说》,《华夏考古》,2012年第3期;何志国:《汉魏摇钱树初步研究》,第174页。
[②] 云南省文物工作队:《云南昭通桂家院子东汉墓发掘》,《考古》,1962年第8期。

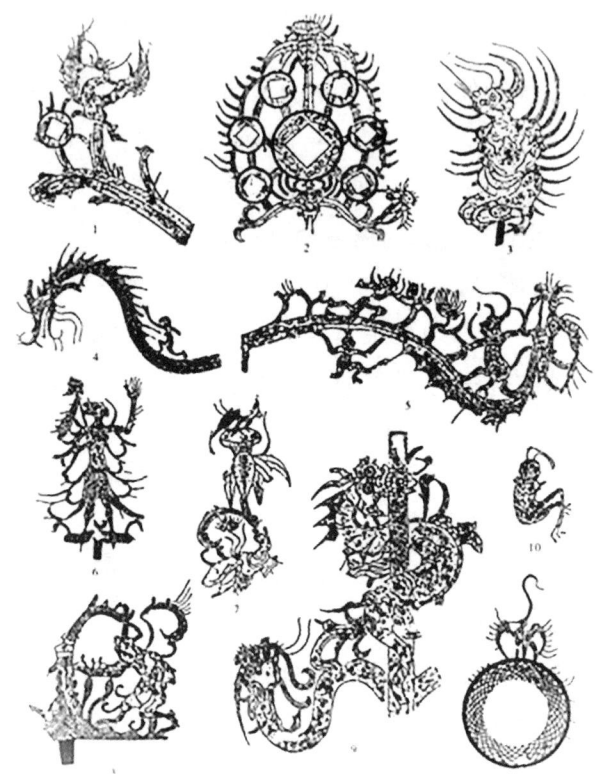

图11—5 昭通桂家院子汉墓出土摇钱树残枝
（采自《云南昭通桂家院子东汉墓发掘》）

博物馆收藏的摇钱树枝中,有一件几乎与此件一模一样。何志国称此二件为"三龙枝叶",其基本特征是以三龙绕柱为主题,其中二龙由中柱向左、右曲身,龙头向上昂起,头生两角,圆眼,鄂下生长须。中间一龙盘缠中柱而上,柱上有波浪纹,龙头生一角,龙口衔柱扬爪,粗身细尾①。国友博物馆收藏的摇钱树,树干上有佛像,但

---

① 何志国、陈丽群:《重庆国友博物馆收藏的东汉佛像摇钱树》,《华夏考古》,2008年第4期。

第十一章　西南夷发现的摇钱树　　373

图11—6　清镇汉墓出土摇钱树干佛像
（采自罗二虎《略论贵州汉墓出土的早期佛像》）

不见西王母形象。昭通桂家院子汉墓出土摇钱树，树干上没有佛像，却有"二莲枝托七钱，钱上生莲花"图像。

摇钱树上的佛教造像，可分为"主干佛像""枝叶佛像"与"顶饰佛像"三种情况。

各地出土摇钱树主干佛像的地点，包括贵州清镇（图11—6）、四川安县、三台，陕西勉县等。一般是每节树干铸佛像一尊，佛像高肉髻，有头光，高鼻大眼，面容丰润，着右衽圆领衣，U型衣纹。一手握衣角，一手施无畏印，结跏趺坐。四川安县摇钱树顶枝上，铸佛像一尊（正、背两面相同）坐于圆璧之上，高髻、白毫相，左手握衣角，右手施无畏印，结跏趺坐，佛像两侧为二胁士弟子，作胡僧相[①]。

---

① 何志国：《汉魏摇钱树初步研究》，第197页。

总之,摇钱树上以西王母为中心的神祇体系,包括西王母、天门、翼人、蟾蜍、玉兔、四灵、天禄、辟邪、灵芝仙草、佛像、舞乐百戏(抚琴、击鼓、械斗、杂技、博弈)、瑞兽(龙、马、鹿、熊、猴、狮、羊)、神禽(天鸡、凤鸟、孔雀)等。所有神祇都为烘托仙境生活主题:墓主人踏上通往天界的路上有天马、仙鹿、天鸡、神龙等神兽护送;天国是以西王母为中心的神仙世界,其中有日、月、四灵守护,有仙人博弈、舞乐、杂技,还有灵芝仙草、长生不死之药①。

摇钱树上的西王母系统的神仙形象、佛像与莲花等早期佛教造像,虽然呈现为不同的组合,甚至有不同的寓意,但他们都是围绕荣华富贵、长生久视的神仙信仰来布局的,是服务于摇钱树基本功能的。

第四节　摇钱树的文化渊源

不少研究者认为,考古发现中的摇钱树分布空间,呈现出以成都平原为中心,向东北、西北、西南、南方四个方向扩散的趋势。此种空间分布的意义,隐喻摇钱树是带有强烈地域文化特征的标志性器物,表达的是汉代西南地区的社会习俗和宗教信仰②。

何志国认为,摇钱树的起源来自三个方面:一是先秦以来巴蜀的神树信仰;二是汉代追求财富的社会风尚;三是由西南夷传入的早期佛教信仰③。我们认为,摇钱树的文化起源,确实应该从西南夷地域文化脉络中去找寻。

---

① 邱登成:《汉代摇钱树与汉墓仙化主题》,《四川文物》,1994年第5期。
② 罗世平:《早期佛教进入巴蜀的途径——以摇钱树佛像为中心》,《湖北美术学院学报》,2011年第2期。
③ 何志国:《汉魏摇钱树初步研究·序言》,第ii页。

一、西南夷土著文化对财富的崇拜

学界对于摇钱树的来源,有社树、神树、金钱树、钱树等不同观点。从学理上说,中国历史上,上古时期人们对神树的崇拜,是摇钱树信仰的思想基础。但是,摇钱树作为西南本土文化的重要器物,其渊源理应从西南本土文化中去寻找。因此,三星堆出土的商周青铜树,可以视为汉代摇钱树的远祖①。

春秋战国至西汉时期的西南夷,以及巴蜀地区的土著墓葬,往往以海贝随葬,海贝是那个时代通行的货币。滇国"王级"的墓葬,以及少数夜郎高等级墓葬中,出土一种专门用来贮藏海贝的"贮贝器"。贮贝器呈桶状,中空,有三足,有盖,器身上堆贴各种动物,器盖上铸造生产、生活、宗教场景,有人像,有神树、瑞兽、神猴与铜鼓等。贮贝器盖上铸造的人物与场景图像,具备政治礼教的意义,具有歌功颂德、夸示富贵之意②。出土时,贮贝器盛装海贝,器旁有神人持兵器守护。如果将

图11—7 石寨山出土青铜贮贝器
(采自张增祺《晋宁石寨山》)

---

① 何志国:《摇钱树佛像与印度初期佛像的关系》,《美术史研究》,2005年第2期。
② 李伟卿:《贮贝器及其装饰艺术研究》,《云南民族学院学报(哲社版)》,1989年第4期。

贮贝器与其盖面所铸立柱或树联系起来,钱与树已有某种程度的契合①。

(一)随葬海贝与贮贝器

我国先秦、秦汉时期的墓葬中,往往以海贝随葬②。譬如,1976年河南安阳殷虚妇好墓,出土随葬海贝近七千枚③。成都三星堆两座祭祀坑中,出土了大量的海贝④。文献中亦有古时以贝为币的记载,譬如《史记·平准书》太史公曰:"农工商交易之路通,而龟贝金钱刀布之币兴焉。""虞夏之币,金为三品,或黄,或白,或赤;或钱,或布,或刀,或龟贝。"⑤《汉书·食货志》则记货贝有大贝、壮贝、幺贝、小贝、漏度贝五品之说⑥。战国至秦汉时期,西南夷青铜时代的土坑墓、石棺墓遗迹中,发现海贝较多,譬如:

四川茂县战国至西汉石棺墓,出土海贝二百六十枚⑦;

四川宝兴汉塔山战国墓、瓦西沟西汉墓、老场村东汉石棺墓出

---

① 贺西林:《东汉钱树的图像及意义:兼论秦汉神仙思想的发展、流变》,《故宫博物院院刊》,1998年第3期。
② 王必建:《先秦秦汉时期海贝遗存研究》,河南大学硕士学位论文,2018年。
③ 中国社会科学院考古研究所:《殷虚妇好墓》,文物出版社,1980年。早年史语所殷墟发掘时,也出土海贝,参见钟柏生:《史语所藏殷虚海贝及相关问题初探》,《中研院历史语言研究所集刊》第六十四集第三分,1993年。
④ 赵善熙、陈显丹:《三星堆文化的贝币试探》,《四川文物》,1989年第1期;莫洪贵:《广汉三星堆遗址海贝的研究》,《四川文物》,1993年第5期;四川省文物考古研究所:《三星堆祭祀坑》,文物出版社,1999年,第150、419、438页。
⑤ 《史记》卷三〇《平准书》,第1442页。
⑥ 《汉书》卷二四下《食货志下》,第1178页。
⑦ 四川省文管会、茂汶县文化馆:《四川茂汶羌族自治县石棺葬发掘报告》,《文物资料丛刊(7)》,文物出版社,1983年。

土海贝①；

四川雅江石棺墓出土海贝②；

四川炉霍县石棺墓出土海贝③；

四川汉源、盐源、普格等县石棺葬中出土海贝④；

云南剑川沙溪鳌凤山战国时期墓葬出土海贝四十七枚⑤；

云南德钦纳古石棺墓出土海贝⑥；

云南中甸(香格里拉)石棺墓出土海贝⑦；

大理海东银梭岛战国墓出土海贝⑧；

呈贡天子庙战国中期第四十一号墓出土海贝一千五百余枚⑨；

晋宁石寨山五次考古发掘，共出土四百千克以上海贝：1955年至1960年前四次考古发掘中，出土海贝十六万余枚，主要藏于贮

---

① 四川省文管会、雅安地区文管所、宝兴县文管所:《四川宝兴汉塔山战国土坑积石墓发掘报告》，《考古学报》，1999年第3期；宝兴县文化馆:《四川宝兴县汉代石棺葬》，《考古》，1982年第4期；杨文成:《四川宝兴县石棺葬》，《考古与文物》，1983年第6期；四川省文管会、宝兴县文化馆:《四川宝兴陇东东汉墓》，《文物》，1987年第10期。
② 甘孜州文化馆、雅江县文化馆:《四川雅江呷拉石棺葬清理简报》，《考古与文物》，1983年第4期。
③ 四川省文物考古研究所、甘孜州文化局:《四川炉霍卡莎湖石棺墓》，《考古学报》，1991年第2期。
④ 肖明华:《西南地区古今海贝与南方丝绸之路》，《南方丝绸之路研究论文集》，巴蜀书社，2012年。
⑤ 云南省文物工作队:《剑川鳌凤山古墓发掘报告》，《考古学报》，1990年第2期。
⑥ 云南省博物馆文物工作队:《云南德钦县纳古石棺墓》，《考古》，1983年第3期。
⑦ 云南省文物考古研究所:《云南中甸县石棺墓》，《考古》，2005年第4期。
⑧ 田怀清等:《大理海马东出土一罐古钱》，《云南文物》，总第11期(1982)。
⑨ 昆明市文物管理委员会:《呈贡天子庙滇墓》，《考古学报》，1985年第4期。

贝器之中①。1996年第五次发掘,出土"叠鼓形贮贝器",堪称贮贝器中的精品②;

江川李家山两次发掘,共出土十几万枚海贝:1972年,江川李江山墓地,在战国末期至西汉初期的墓葬中,出土十一万枚海贝,有的贮藏在贮贝器中,有的置于墓主头部③。1990年代李家山古墓群第二次发掘,同样出土了"数以万计的海贝"④。

考古资料说明,随葬海贝是较为普遍的现象,但晋宁石寨山、江川李家山出土的海贝数量之多,是其他地方无法比拟的⑤。更重要的是,这里出土了专门用来贮藏海贝的"贮贝器",也是其他地方没有的⑥。

西南夷永昌郡出海贝的记载,见于汉晋时期的文献之中:

《华阳国志·南中志》说永昌郡有"罽旄、帛叠、水精、琉璃、

---

① 云南省博物馆考古发掘工作组:《云南晋宁石寨山古遗址及墓葬》,《考古学报》,1956年第1期;云南省博物馆:《云南晋宁石寨山古墓群发掘报告》;云南省博物馆:《云南晋宁石寨山第三次发掘简报》,《考古》,1959年第9期;云南省博物馆:《云南晋宁石寨山第四次发掘简报》,《考古》,1963年第9期。
② 云南省博物馆等:《云南晋宁石寨山第五次抢救性清理发掘简报》,《文物》,1998年第6期;蒋志龙:《晋宁石寨山M71出土的叠鼓形贮贝器》,《文物》,1999年第9期。
③ 云南省博物馆:《云南江川李家山古墓群发掘报告》,《考古学报》,1975年第2期。
④ 云南省文物考古研究所等:《云南江川县李家山古墓群第二次发掘》,《考古》,2001年第2期。
⑤ 西南地区考古发现的海贝,分商周、战国秦汉、唐宋元三个时期,发现地域主要集中在蜀地、西南夷地区、南诏大理国辖地。此处仅论前两个阶段,南诏大理至元代,另文讨论。
⑥ 贵州威宁中水汉墓出土过两件贮贝器,参见贵州省博物馆考古组等:《威宁中水汉墓》,《考古学报》,1981年第2期。

轲虫、蚌珠"①。《后汉书·西南夷哀牢传》说,哀牢地出产"铜、铁、铅、锡、金、银、光珠、虎魄、水精、琉璃、轲虫、蚌珠"②。轲虫即珂虫,就是海贝,所谓"贝大者为珂"。《三国志·魏书·乌丸鲜卑东夷传》引《魏略》说"大秦道……又有水道通益州永昌,故永昌出异物"③。

当作为货币的贝大量累积之后,才需要便于积蓄的"贮贝器"。滇国青铜文化中的贮贝器,起源于春秋晚期,盛于战国中期至西汉中期,消失于西汉晚期。出土贮贝器的墓葬,年代大多为西汉早、中期,而且都是高等级的大、中型墓葬④。贮贝器常与铜鼓共出,说明二者同为滇国青铜器的重器,是王权的象征⑤。当益州郡设立,汉式葬俗成为主流之后,高等级墓葬不再随葬大量滇式青铜器,而是以汉式器物与模型器的组合作为随葬器物,其中就有挂满五铢钱的青铜摇钱树。因为五铢钱在西南夷流通之后,贝币的使用逐渐减少,贮贝器失去了功用,并退出滇人的生活。郡县制度之下,人们生活中开始使用五铢钱等"汉钱"。于是,随葬摇钱树代替了原来的海贝与贮贝器,这是顺理成章的事情。

(二)钱纹、摇钱树崇拜

西汉中后期开始,内地的钱币开始在西南夷流行。大理洱海东岸的海东镇,在一个窖藏的陶罐中,一次性发现西汉晚期至王莽时期的钱币三百多枚,包括十三枚西汉五铢、二百七十一枚大泉

---

① 《华阳国志校补图注》,第 286 页。
② 《后汉书》卷八六《西南夷列传》,第 2849 页。
③ 《三国志》卷三〇《魏书·乌丸鲜卑东夷传》,第 861 页。
④ 肖明华:《论滇文化的青铜贮贝器》,《考古》,2004 年第 1 期。
⑤ 蒋志龙:《铜鼓·贮贝器·滇国》,《中华文化论坛》,2002 年第 4 期。

五十,以及六十一枚大布黄千[1]。西昌黄联汉代冶铜铸币遗址出土了炼炉、新莽货泉铜钱范、东汉五铢钱范、铜锭,还有五铢钱的叠铸件,说明这是一处官营的铸钱工场(图11—8)[2]。

目前所见完整的摇钱树图像,曾见于四川三台崖墓出土摇钱树树座,此树座两侧浮雕的图案中,一侧为西王母、大象图像,另一侧为一株挂满钱纹的摇钱树,树下有四个"打钱人"[3]。

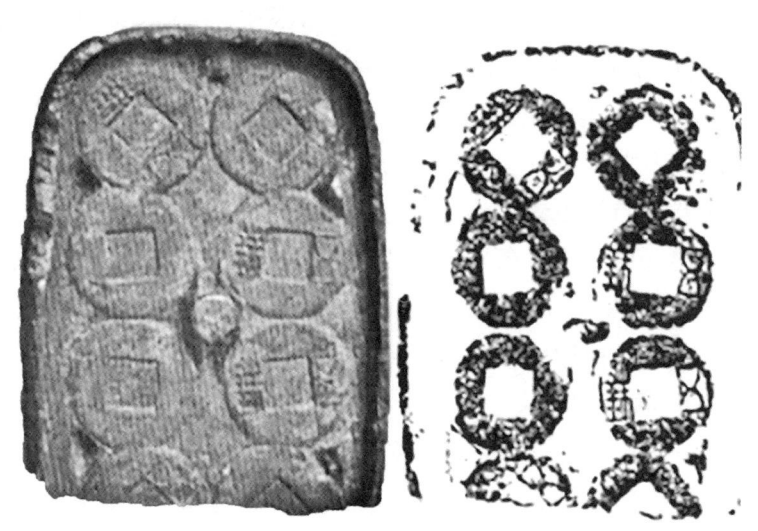

图11—8　西昌汉代遗址出土铜五铢钱范
（采自《四川西昌首次发现五铢钱铜范》）

---

[1] 田怀清、杨德文:《大理洱海东岸小海岛出土一罐古钱》,《考古》,1983年第9期。
[2] 四川大学历史系考古专业、西昌市文管所等:《四川西昌东坪汉代冶铸遗址的发掘》,《文物》,1994年第9期;西昌地区博物馆:《四川西昌发现货泉钱范与铜锭》,《考古》,1977年第4期;刘弘、刘世旭:《四川西昌首次发现五铢钱铜范》,《考古》,1986年第4期。
[3] 三台县文化馆:《四川三台县发现东汉墓》,《考古》,1976年第6期。

1984年，四川西昌北郊汉墓中，出土了西王母题材的摇钱树一株，树干五层，每层树干两侧树枝呈翼状展开。树冠是凤鸟立于莲枝上的造型。有趣的是，摇钱树枝的图像中，还有两人站立于摇钱树下的"二人摇钱树图"（图11—9）①。此"二人"应该是摇钱树图像中常见的蟾蜍与方士形象，蟾蜍与方士是西王母神系中的瑞兽与仙人，由此亦可推测摇钱树与西王母信仰的密切关联。

图11—9 西昌马道汉墓出土摇钱树上的"二人摇钱"图（采自《四川西昌市杨家山一号东汉墓》）

西昌为汉代越嶲郡故地，是西南夷七郡之一。上述两例图像，说明"摇钱树"信仰深入到蜀地、西南夷人民心中，以至于在钱树上还雕刻、铸造"人与摇钱树"图像。

"摇钱树"顾名思义，是能生钱的神树。钱纹所代表的财富，是摇钱树基本的母题。因此，以内方外圆的五铢钱为主的钱纹，就成为摇钱树的基本纹样，也是连接摇钱树枝上各种图像、纹样的关键部件。

---

① 四川省凉山彝族自治州博物馆：《四川西昌市杨家山一号东汉墓》，《考古》，2007年第5期。

西南夷砖室墓的墓砖上,钱纹是常见的纹饰。有的钱纹图案上还有"五铢"二字。

下关东汉熹平年墓砖,以菱形纹为底,中间模印"一树带二钱"的图像,中间一棵树,树杆中部向左、右两侧各伸出一树枝,枝上各挂一方孔圆钱。树冠下方,又伸出两只树枝。整体上树型小而钱纹大,形态夸张(图11—10)①。这是目前所见最接近青铜摇钱树的造型。相近地点发现的汉墓砖图案,则只有方孔圆钱,没有树②。由此我们作这样大胆的推测:汉墓砖上的钱纹,很可能就是"一树带二钱"摇钱树纹饰的省略版本。我们的理由是,汉代画像砖中,省略是一种常见的技法,譬如昭通白泥井汉墓出土较多的车马画像砖,一种是车马加随从的出行图像,另一种则只有两只车轮的画像,以此代表车马。

刘弘认为,东汉时期,随着西南夷各土著民族文化的消失,"汉钱"用于当地商品交易。"西南丝绸之路"沿线发现的汉式墓葬中,大多出土五铢和大泉五十、大布黄千、货泉等汉与新莽时期的货币,说明当时当地以钱币为等价物的商品贸易已经十分繁盛。另外,汉式墓葬中还出土摇钱树和大量装饰有钱纹图案的花纹砖,表明钱币为财富代表之物的观念,已然在西南夷地区流行③。

二、神仙世界与佛教信仰的契合

在汉代画像研究中,象征主义的解释方法认为,某一画面的真

---

① 大理州文物管理所:《云南大理市下关城北东汉纪年墓》,《考古》,1997年第4期。
② 大理州文物管理所:《云南大理大展屯二号汉墓》,《考古》,1988年第5期。
③ 刘弘:《南方丝绸之路早期商品交换方式变更考——从滇人是否使用贝币谈起》,《巴蜀文化研究集刊》,巴蜀书社,2009年。

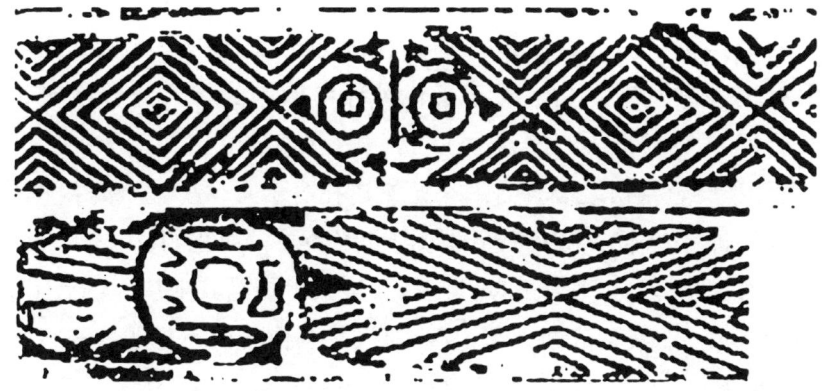

图11—10　大理东汉墓出土钱纹砖（采自《云南大理市下关城北东汉纪年墓》《云南大展屯二号汉墓》）

正含义并不在于具体描绘的物象而在于其内涵的潜在意象。为发掘这种意象或意识结构,研究者必须深入理解汉代的宇宙观、生死观以及丧葬礼仪的内在逻辑性①。

汉代,神仙巫术风行于全国,同时"崇高莫大于富贵"的思想流行于整个社会。随着内地与西南夷交流的加深,汉代的神仙信仰开始流行于西南夷。《后汉书·西南夷列传》说:

> 永平中,益州刺史朱辅,好立功名,慷慨有大略。在州数岁,宣示汉德,威怀远夷……白狼王唐菆等慕化归义,作诗三章……是时郡尉府舍皆有雕饰,画山神海马灵奇禽异兽,以眩耀之,夷人益畏惮焉。②

---

① 巫鸿:《国外百年汉画像研究之回顾》,《中原文物》,1994年第1期。
② 《后汉书》卷八六《西南夷列传》,第2854—2857页。

"山神海马灵奇禽异兽",就是常见于摇钱树图像中神仙世界中的诸路神祇。在西南地区的汉代画像砖、画像石,以及壁画墓中有较多的发现。文献对于汉代神仙信仰中的神人异兽也有记载,譬如《后汉书·天文志》注引张衡《灵宪》说:"羿请无死之药于西王母,姮娥窃之以奔月……姮娥遂托身于月,是为蟾蜍。"① 说明蟾蜍即是嫦娥。《山海经·海内北经》说:"西王母……有人曰大行伯,把戈。"② 则西王母像前持兵神人可能是其随从"大行伯"。1950年代,于豪亮依据文献记载,对汉代画像砖西王母题材进行解读,他说:

> 四川地区画像砖上的西王母是坐在云气之中的龙虎座上。龙、虎座大约象征西王母可以用极快的速度到任何地方去。西王母右侧有"三足乌",是替西王母觅食的使者。西王母左侧有白兔持一株灵芝草,据说灵芝草是仙药。白兔旁的云气之上有九尾狐,九尾狐是祥瑞的象征。西王母面前通常是一只蟾蜍与持兵神人。蟾蜍即是嫦娥,持兵神人可能是"大行伯"。画像砖下面的两个人大概是西王母的侍者,持笏跪拜的人也许是不远千里而来的求福者或求药者。③

汉代神仙信仰中,西王母居住于遥远的西方世界,那里有奇花异草,神鸟瑞兽,仙人方士,还有各种巧技幻术。来自西方世界的佛教,被认为与仙界相关。在汉代人的地理观念中,西方就是胡人

---

① 《后汉书》志第十《天文上》注引张衡《灵宪》,第3216页。
② 方韬译注:《山海经》,中华书局,2017年,第310页。
③ 于豪亮:《几块画像砖的说明》,《考古通讯》,1957年第4期。

居住的天竺、大秦等地。西南夷是汉朝连接"西方世界"的桥梁。佛教灵魂转世或登西方极乐世界的思想,与汉代的神仙信仰中的西方世界不谋而合。西南夷土著文化中对钱与神树的信仰与崇拜,使升天成仙、长命富贵有了恰当的载体。摇钱树便成为送迎死者灵魂进入天国仙界的特殊器物①。

摇钱树作为随葬的明器,它以神山和神树结合的形式,立体地表达昆仑登天信仰。树座(神山、神兽)、树干(建木、天柱)、枝叶(西王母与眩人、西王母与天门)、顶枝(凤鸟、西王母与天门)以及其他仙人、神兽、神仙意味的佛像所组成的摇钱树,正是这种信仰的体现②。摇钱树上的装饰图样,有不少形象是具有象征与隐喻的,譬如,三足鸟象征着《山海经》中给西王母带来食物的三只鸟,而云气纹,表现的是追求灵魂升天的神仙思想③。因此,出土摇钱树的汉墓,实际上不仅仅是死者坟墓,更是"由死而仙"的转换空间。

西汉中晚期,尽管有的西南夷土坑墓实行的是"汉式葬俗",出土器物组合也以"汉式器物"为主,但并没有发现摇钱树。目前所见的摇钱树遗迹,多出土于东汉、三国时期的砖室墓与石室墓之中,摇钱树与陶楼、井、仓、灶、陂塘水田等模型器共出。从这个意义上说,摇钱树具有东汉墓葬随葬明器的特征。摇钱树流行的时间与空间表明,摇钱树的产生,确实与西汉中期以来对西南夷的开拓与治理有关。

最后,我们要说,摇钱树的信仰基础是汉代的神仙、富贵思想,

---

① 邱登成:《汉代摇钱树与汉墓仙化主题》,《四川文物》,1994年第5期。
② 王煜:《四川汉墓出土"西王母与杂技"摇钱树枝叶试探》,《考古》,2013年第11期。
③ 何志国:《汉代云气纹与神仙思想》,《中国汉画学会第十二届年会论文集》,2010年,成都。

但这种特殊的器物,却只产生与流传于巴蜀与西南夷,其他地区的摇钱树,明显受其影响。因此,西南地域文化,才是催生摇钱树的文化土壤。

第五节　摇钱树的生产与流通

各地发现的摇钱树树座、西王母与杂技树枝、三龙衔柱树枝、龙与玉璧树枝、方士像、佛像等流行的题材,其图像造型、工艺大多相同或相近。譬如,贵州赫章出土的摇钱树枝装饰的璧、兴仁发现的摇钱树枝的璧,与四川绵阳何家山二号墓出土摇钱树的璧几乎完全相同。而四川安县和陕西城固佛像摇钱树枝叶,甚至完全重合,说明他们"不仅出自同一套格,甚至是出于同一模具"①。

何志国通过四川三台县摇钱树与云南昭通桂家院子摇钱树的比对,发现两者龙身主脉异人树枝、龙璧树枝、三龙衔柱树枝、二莲并蒂铭文树枝、持节方士像、蟾蜍像、凤鸟与碧枝叶,器型、纹饰与图样竟然完全相同。树枝上的铭文位置也完全相同,区别仅在于昭通摇钱树上的铭文为"金华"二字,而三台摇钱树为"延年"二字。昭通桂家院子摇钱树,与三台县摇钱树枝,二者如此雷同,很难说他们不是来自同一粉本,或者说是同一生产地点所使用的"套格"②。

这里就引出了摇钱树生产与流通议题。美国学者简·詹姆斯(Jean M.James)指出,摇钱树是由固定模范批量生产的商品。她

---

① 何志国:《汉魏摇钱树初步研究》,第 142 页。
② 何志国、陈丽群:《重庆国友博物馆收藏的东汉佛像摇钱树》,《华夏考古》,2008 年第 4 期。

甚至认为"摇钱树"是为社会中层的商人而制造的①。另一位美国学者艾素珊指出,摇钱树树座、树枝的题材,从区域分布到形状都相当一致。因此这些加工品的后面,应该有一个范本或者是一个中心作坊②。

摇钱树是一种成熟的程式化、规模化生产的产品,那么生产中心在哪里?蔡葵指出,东汉时期,益州郡形成了多个汉式青铜生产中心,向周边地区提供产品③。西南夷考古出土的汉代青铜器中,有明确生产地点的器物,主要涉及蜀郡、广汉郡、朱提、堂狼,还有邛都、同劳等地。因此,蜀郡、广汉郡、朱提、堂狼、邛都、同劳等地,应该是较大的生产中心。

朱提、堂狼所在的地域,即东汉犍为属国(朱提郡),今四川南部、云南东北部与贵州西部交汇地带,这里是汉代最早在西南夷治道、设治、移民的地区,近代以来在此区域内发现的汉式墓(梁堆)数量最多,摇钱树最多,佛教造像最多,朱提堂狼器最多。不少学者的研究表明,此地理空间内发现的摇钱树年代最早、佛教造像年代最早、汉式铜器数量多年代早,因此,生产朱提堂狼铜器的青铜生产中心,有可能同时生产摇钱树并向周边地区提供产品。

---

① 〔美〕简·詹姆斯著,贺西林译:《汉代西王母的图像志研究》,《美术史研究》,1997年第2、3期。
② Susan N. Erickson, *Money Tree of the Eastern Han Dynasty,* Published in Bulletin of Museum of Far Eastern Antiquities, 66, 1994.
③ 蔡葵:《云南汉代制造的商品性铜器》,《思想战线》,1995年第1期。

第十二章　西南夷祖源叙事与神话的变迁

汉代文献记载有西南夷土著族群的本土祖源叙事与神话传说。汉武帝开拓、经营西南夷以来,伴随着民族交往交流交融,西南夷的祖源叙事与神话开始演变、转型,出现汉族祖源,以及具有汉文化特征的西南夷神话。

第一节　西南夷土著祖源叙事

西南夷土著族群的祖源叙事,有夜郎竹王神话、哀牢夷九隆神话,以及滇人为庄蹻后裔的祖源叙事。他们与南蛮盘瓠神话、巴人廪君神话一样,都是中国南方民族的创世神话与祖源叙事。为了更好地进行讨论,我们先引述几则土著神话。

一、夜郎竹王神话

《华阳国志·南中志》记载:

> 有竹王者,兴于遁水。先是有一女子浣于水滨。有三节大竹流入女子足间,推之不肯去,闻有儿声。取持归,破之,得一男儿。养之,长有才武,遂雄夷濮,氏以竹为姓。捐所破竹

于野,成竹林,今竹王祠竹林是也……分侯支党,传数百年,秦并蜀,通五尺道,置吏主之。汉兴,遂不宾……汉武帝斩竹王,置牂牁郡……封(竹王)三子列侯,死,配食父祠。今竹王三祠是也。①

有竹王三郎祠,甚有灵响也。②

竹王为夜郎王,汉武帝斩竹王置牂牁郡,事后为竹王立祠,并封其三郎为侯,配食竹王祠。由此可知有关竹王的祭祀,是载入汉代官方祀典,为官方认可的。张泽洪指出,竹王神话见于《华阳国志》,说明汉魏两晋时期,此神话已在汉文语境中流播③。

二、九隆神话与"龙生夷"祖源叙事

西南夷土著族群祖源叙事中,传播最广的当数九隆神话。此神话首见于东汉杨终《哀牢传》④,后被收入《华阳国志》与《后汉书》⑤。因此,九隆神话,是西南夷本土祖源神话之一。"哀牢系"族群的后裔,至今多自称为九隆后裔。《华阳国志·南中志》"九隆神话"的记录如下:

永昌郡,古哀牢国。哀牢,山名也。其先有一妇人,名沙

---

① 《华阳国志校补图注》,第 230 页。
② 《华阳国志校补图注》,第 261 页
③ 张泽洪:《中国西南少数民族的竹王神话与竹崇拜》,《世界宗教研究》,2012 年第 3 期。
④ 〔汉〕杨终撰:《哀牢传》,王叔武辑著:《云南古佚书钞》,云南人民出版社,1996 年,第 1—4 页。
⑤ 《后汉书》卷八六《西南夷列传》,第 2848 页。

壹,依哀牢山下居,以捕鱼自给。忽于水中触一沈木,遂感而有娠。度十月,产子男十人。后沈木化为龙,出谓沙壹曰:"若为我生子,今在乎?"而九子惊走。惟一小子不能去,陪龙坐,龙就而舐之。沙壹与言语,以龙与陪坐,因名曰元隆,犹汉言陪坐也。沙壹将元隆居龙山下。元长大,才武。后九兄曰:"元隆能与龙言,而黠,有智天所贵也。"共推以为王。时哀牢山下,复有一夫一妇产十女,元隆兄弟妻之。由是始有人民。皆象文,衣皆著十尾,臂、胫刻纹。元隆死,世世相继,分置小王,往往邑居,散在溪谷。绝域荒外,山川阻深,生民以来,未尝通中国也。南中昆明祖之,故诸葛亮为其国谱也。①

"南中昆明祖之,故诸葛亮为其图谱也。"西南夷中的昆明族群,均自认为是哀牢夷的后裔。而"诸葛亮为其图谱",是将"龙生夷"的故事画成图像。说明蜀汉时期,九隆祖源在"夷人"中仍然有较大的影响力。

第二节　西南夷为"庄蹻之后"祖源叙事

汉晋文献多记载"庄蹻王滇"故事,后世因之称滇人、滇国乃至夜郎均为"庄蹻之后"。《史记·西南夷列传》说:

始楚威王时,使将军庄蹻将兵循江上,略巴、黔中以西。庄蹻者,故楚庄王苗裔也。蹻至滇池,方三百里,旁平地,肥饶数千里,以兵威定属楚。欲归报,会秦击夺楚巴、黔中郡,道塞

---

① 《华阳国志校补图注》,第284—285页。

不通,因还,以其众王滇,变服,从其俗,以长之。①

庄𫏋王滇之说,应该是当时地方社会记忆,才被司马迁写入《史记》之中。《汉书》的相关内容基本上与《史记》相同。当然,《后汉书》与《华阳国志》的记载,与《史记》有差异,但并未否认庄𫏋王滇的真实性。《后汉书·西南夷列传》就说"滇王者,庄𫏋之后也"②。到了隋末唐初,庄𫏋之后的祖源叙事,仍然流传。《新唐书·松外蛮传》称"自夜郎、滇池以西,皆庄𫏋之裔"③,说明庄𫏋祖源叙事流传的范围很广。

有关庄𫏋王滇的真实性,以及庄𫏋的身份问题,学术界曾经有过专门的讨论。蒙文通先生认为,庄𫏋王滇之事,很可能是由"贾人掇拾各地异闻而传至内地"之后,为司马迁等所取材,事实本身是大有问题的④。1975 年,《思想战线》杂志专题讨论庄𫏋王滇问题,不少专家学者发表论文,阐明各自的学术观点,但并未形成较为一致的看法⑤。另一方面,"滇国与滇文化"考古取得不少突破,但考古发现与研究并未找到支持庄𫏋王滇的材料。张增祺说,滇国青铜文化与楚国青铜文化"没有什么必然联系,均无共同之处,更谈不上楚国的先进文化和生产技术影响滇池区域的问题"⑥。庄𫏋王滇是否为历史的真实,至今仍然莫衷一是⑦。

---

① 《史记》卷一一六《西南夷列传》,第 2993 页。
② 《后汉书》卷八六《西南夷列传》,第 1923 页。
③ 《新唐书》卷二二二《南蛮·松外蛮传》,第 6321 页。
④ 蒙文通:《庄𫏋王滇辨》,《四川大学学报(社科版)》,1963 年第 1 期。
⑤ 参见《思想战线》,1975 年第 1—6 期;马曜:《马曜学术自选集》,第 291—353 页。
⑥ 张增祺:《滇国与滇文化》,第 25 页。
⑦ 杜玉亭、杜雪飞:《庄𫏋王滇千年争论的学理反思》,《云南社会科学》,2015 年第 1 期。

第三节　西南夷汉族祖源叙事

汉晋文献记载中，多称"蛮夷"为高辛氏后裔。譬如《后汉书·西南夷列传》说，高辛帝以女配盘瓠。盘瓠负女入南山石室，子孙繁衍于南方山地，号曰"蛮夷"①。《魏书·蛮传》说"蛮之种类，盖盘瓠之后，其来自久"②。盘瓠之后，亦为高辛氏之裔。华夏与诸夷，或在中国，或在蛮夷，同为五方之民。这是中国大一统思想的天下观与民族观，是中华民族共同体的思想基础。

一、土著族群流行汉族祖源

社会记忆中的祖谱、祖籍郡望等集体记忆，都有可靠的历史根基。汉晋时期进入西南夷的汉族移民，其移出地是较为清楚的。"民夷""夷汉""晋夷"等对举的概念，就是汉族移民与西南夷土著族群杂居共处的真实写照。

随着汉末社会大动荡的持续发展，中原王朝对西南夷的政治控制趋于松散，朝廷委派的郡守官吏很少到任，大多只是在长安、蜀郡"遥领"而已。除了因避战被迫流散、迁入西南夷的流民之外，由朝廷派遣到西南夷的各种移民大量减少。两汉以来进入西南夷的汉族移民，在与各土著族群接触、交流中，彼此间通婚、结亲，相互影响、融合。其结果是，汉晋以来迁入西南夷的早期汉族移民，多数被"夷化"，融入到当地土著族群之中。

民族间的融合是双向、互构的过程。当汉族移民被夷化，融入

---

① 《后汉书》卷八《西南夷列传》，第 2829 页。
② 〔北齐〕魏收撰：《魏书》卷一〇一《蛮传》，中华书局，1974 年，第 2245 页。

到西南夷土著族群的同时,当地土著族群也因为汉族移民的融入而不断演变、发展、分化,形成新的民族群体,出现新的族群称谓。而这些新的民族群体,往往自称有汉族祖源,并以内地郡望为尊、为荣。直到初唐时期,生活在洱海地区的土著部落,仍自称"其先本汉人",声称是汉族移民的后裔。《通典》说:

> 其西洱河从嶲州西千五百里,其地有数十百部落,大者五六百户,小者二三百户。无大君长,有数十姓,杨、赵、李、董为名家,各据山川,不相役属。自云其先本汉人,有城郭村邑,弓矢矛鋋,言语虽小讹舛,大略与中夏同。有文字,颇解阴阳历数。……至于死丧哭泣,棺椁袭敛无不毕备。三年之内,穿地为坎,殡于舍侧,上作小屋,三年而后出而葬之,蠡蚌封棺,令其而湿。豪富者杀马牛祭祀,亲戚必会,皆赍牛酒助焉,多者至数百人。父母死皆衰布衣,不澡。远者至四五年,近者二三年。然后即吉。①

"西洱河"地区的数十百部落,有的被称为"白蛮",有的被称为"河蛮",有的称"西爨白蛮"。他们"自云其先本汉人",也就是自认为是汉族移民的后裔。而且从其姓氏、语言、文字、历数、婚丧等状态看,他们的文化,确实与汉文化有不解之缘。

二、西南夷祖源叙事中的内地郡望

西南夷汉族祖源叙事,其祖籍郡望,常指向巴蜀、关中与三晋之地。

---

① 方国瑜主编:《云南史料丛刊》第二卷,第218—219页。

第十二章　西南夷祖源叙事与神话的变迁

(一)巴蜀四郡

在西南夷祖籍郡望叙事中,首当其冲的是"巴蜀四郡"。巴蜀是汉代经营西南夷的中心枢纽,是出发地,也是管辖西南夷七郡的益州刺史部所在地。因此进入西南夷的早期汉族移民,多来自巴蜀四郡。

《华阳国志·蜀志》记载,蜀王杜宇"以汶山为畜牧,南中为园苑"①。"汶山"泛指巴蜀以西的"西夷"地区,即今川西高原一带;"南中"指巴蜀以南的"南夷"地区,即今云南、四川南部及贵州西部。说明早在秦汉经略西南夷之前,巴蜀已开始经营该地区了。

秦并巴灭蜀,曾引发大量蜀人南迁,其中有不少进入川南、黔西北和滇北地区。还有的到达云南姚安、晋宁一带,对当地族群与文化造成深刻影响②。譬如,《元和郡县图志》"剑南道·姚州"条说"本汉云南县之地,武德四年(621),安抚大使李英以此中人多姓姚,故置姚州,为泸南之巨屏"③。姚姓居民,显然是此前由巴蜀迁徙而来的汉族移民后裔。

汉代进入西南夷的外来移民,以巴蜀之民为多。《史记·西南夷列传》记载:"当是时,巴蜀四郡通西南夷道,戍转相饷。"④这里所说的"巴蜀四郡",《史记》"集解"指明为汉中、巴郡、广汉与蜀郡。因此,汉代巴蜀四郡,就是西南夷汉族移民最早的移出地。

(二)三辅之地

我们在本书第四章《西南夷早期汉族移民》中,以方国瑜先生的研究为基础,指出汉晋时期西南夷的早期汉族移民,其祖籍地不

---

① 《华阳国志校补图注》,第118—121页。
② 蒙文通:《越史丛考》,人民出版社,1983年,第63—72页。
③ 〔唐〕李吉甫撰:《元和郡县图志》,第825页。
④ 《史记》卷一一六《西南夷列传》,第2995页。

止于巴蜀四郡，还有不少移民来自关中京畿之地，也有的来自陇西、中原大地。文献资料表明，当时西南夷的汉族移民，移出地有京兆、冯翊、扶风、弘农、天水、陇西、武威、武都、清河、颍川、南阳、河东、太原诸郡。以秦汉地理言之，其郡望多属"三辅之地"与"三晋故地"①。

"三辅之地"是指秦汉时期的关中京畿地区。譬如，汉代赵岐撰《三辅决录》，晋人著《三辅故事》，唐人《三辅旧事》，所述均为京畿地区的见闻记录②。

《汉书·百官公卿表》说：

> 主爵中尉，秦官，掌列侯。景帝中六年更名都尉，武帝太初元年更名右扶风，治内史右地。属官有掌畜令丞。又右都水、铁官、厩、廱厨四长丞皆属焉。与左冯翊、京兆尹是为三辅，皆有两丞。列侯更属大鸿胪。元鼎四年更置三辅都尉、都尉丞各一人。③

此处引文，明确指出右扶风、左冯翊、京兆尹为三辅。服虔注曰"皆治在长安城中"，即三辅所辖地域不同，但治所均在长安。《汉书·景帝纪》中六年五月诏曰：

> 夫吏者，民之师也，车驾衣服宜称。吏六百石以上，皆长

---

① 方国瑜：《汉晋时期在云南的汉族移民》，《人文科学》，1957年第2期。
② 〔汉〕赵岐撰、〔晋〕挚虞注：《三辅决录》，〔晋〕佚名：《三辅故事》，〔唐〕佚名：《三辅旧事》，见〔清〕张澍辑、陈晓捷注：《长安史迹丛刊：三辅决录·三辅故事·三辅旧事》，三秦出版社，2006年。
③ 《汉书》卷一九上《百官公卿表上》，第736页。

吏也，亡度者或不吏服，出入闾里，与民亡异。令长吏二千石车朱两轓，千石至六百石朱左轓。车骑从者不称其官衣服，下吏出入闾巷亡吏体者，二千石上其官属，三辅举不如法令者，皆上丞相御史请之。①

此所谓"三辅举不如法令者"之"三辅"，应劭注曰："京兆尹、左冯翊、右扶风共治长安城中，是为三辅。"与前引《百官公卿表》记载相同。

《史记·大宛列传》说："于是汉发三辅罪人，因巴蜀士数万人，遣两将军郭昌、卫广等往击昆明之遮汉使者。"② 说明汉代进入西南夷的军队，来自"三辅之地"的人数不少。

（三）三晋之地

三晋之地指周秦时期的晋国，以及"三家分晋"之后的韩、赵、魏三国故地。西南夷汉族移民，包括从军士卒、官吏、商贾与流民，多有来自三晋之地者。譬如西南夷早期汉族移民，有的来自颍川、南阳等地。《汉书·地理志》说："韩分晋得南阳郡及颍川……东接汝南，西接弘农……颍川、南阳本夏禹之国。"③ 颍川、南阳为韩国故地。

《后汉书·刘焉传》说："（初平二年）初，南阳、三辅民数万户流入益州，焉悉收以为众，名曰'东州兵'。"④ 此为东汉末南阳、三辅之民流入蜀郡、广汉、犍为等郡之记载。

《汉书·地理志》记载："赵分晋，得赵国……东有广平、钜鹿、

---

① 《汉书》卷五《景帝纪》，第149页。
② 《史记》卷一二三《大宛列传》，第3171页。
③ 《汉书》卷二八下《地理志下》，第1651、1654页。
④ 《后汉书》卷七五《刘焉传》，第2433页。

清河、河间……西有太原……"①西南夷早期汉族移民,有不少来自赵国故地,其郡望有钜鹿、清河、河间、太原、云中、上党等。

西南夷早期汉族移民,亦有来自河东郡、河内郡等地。河东郡、河内郡属魏国故地。《汉书·地理志》说,河内本殷之旧都,周既灭殷,分其畿内为邶、庸、卫三国。而河东州"本唐尧所居,《诗·风》唐、魏之国也"②。江川李家山就曾发现有"河内工官"铭文的铜弩机③。河内郡生产的弩机,被带入西南夷,很可能与移民有关。

三、六朝至唐宋时期对汉代内地祖籍故郡的记忆

西南夷各族群对内地祖籍郡望的追溯,自西汉中后期延续至六朝、唐宋时期,譬如南朝刘宋时期的"爨龙颜碑",碑文叙其祖源如下:

> 其先世则少昊颛顼之玄胄……子文铭德于春秋……逍遥中原……爰暨汉末,采邑于爨,因氏族焉……乃祖肃,魏尚书仆射河南尹,位均列,舒翮中朝,迁运庸蜀,流薄南入,树安九世,千柯繁茂,万叶云兴;乡望标于四姓,邈冠显于上京……④

袁嘉谷先生说,"爨龙颜碑"说明爨氏出自子文,传至班朗,居河东,即扶风郡。班彪班固之后,采邑于爨,因氏族焉。爨肃者仕魏为尚书仆射,迁蜀流南,遂为滇人,与四姓同标乡望。龙颜祖若

---

① 《汉书》卷二八下《地理志下》,第1655页。
② 《汉书》卷二八下《地理志下》,第1647—1648页。
③ 云南省博物馆:《云南江川李家山古墓群发掘报告》,《考古学报》,1975年第2期。
④ 孙太初:《云南古代石刻丛考》,第13页。

父,皆显宦于滇,龙颜继其职①。

《新唐书·两爨蛮传》则说:

> 西爨自云本安邑人,七世祖晋南宁太守,中国乱,遂王蛮中。梁元帝时,南宁州刺史徐文盛召诣荆州,有爨瓒者,据其地,延袤二千余里。土多骏马、犀、象、明珠。既死,子震翫分统其众。隋开皇初,遣使朝贡,命韦世冲以兵戍之,置恭州、协州、昆州。②

李京《云南志略》说:"今陆良州有《爨府君碑》,载爨氏出楚令尹子文之后,受姓班氏,汉末,食河南邑,因以为氏,为镇蛮校尉、宁州刺史。晋成帝以爨深为兴古太守,自后爨瓒、爨震相继不绝……爨人之名原此……字复讹为寸矣。"③将汉晋以来西南夷爨氏,与隋唐时期的爨氏,还有元代的白爨、黑爨,以及后世的寸姓相联系。

唐宋时期,南诏大理国诸多名家大姓祖源叙事,多有汉族祖源与内地郡望。郡望所在多为汉晋以来三辅之地、关中六郡、河西四郡,还有三晋故郡,以及巴蜀四郡,集中在北方的关中、陇西、晋阳,还有邻近"西南夷"的巴蜀之地。有关汉族祖源与内地郡望的考古发现材料较多,略举其大概如次:

四川西昌市三坡附近,发现一件大理国火葬墓碑残件。碑的正面中间开一小龛,内雕跏趺坐佛像,像两旁刻汉文,可识者有"维皇大理建昌……讳口娶天水郡……口永同记口道隆"等,背面刻发愿文,可识者有"当紫金光聚破幽……愿因星相毫……七重林下香风……

---

① 《新纂云南通志》(五),第64页。
② 《新唐书》卷二二二《南蛮·两爨蛮传》,第6315页。
③ 《大理行记校注 云南志略辑校》,第90—91页。

池中莲花"①。碑铭文为火葬墓志铭,其中提及祖籍地为"天水郡"。

云南通海县发现数百件大理国早期火葬墓碑,其中有四十余件墓志铭文涉及到墓主祖籍地,大多为秦汉时期的西北郡望(图11—1)。譬如:

图11—1　通海火葬墓碑铭郡望(采自《通海白塔心墓地发掘资料》)

《末好之碑》"陇西氏慈母末好之碑,天兴元年十一月廿九日立";

《释通允和尚墓碑》"秀山郡故弘农氏谥曰释通允和尚碑";

《真得芳保碑》"文治七年六月十三日亡□,陇西氏弎男真得之碑,弘浓氏妇人芳保之墓,岁御辛丑十一月廿八日立";

《众全墓碑》"落阳氏慈孝众全之碑";

《提意墓碑》"保天六载五九一而皈,弘浓娇女落阳贤妇禅提意之碑"②。

---

① 黄承宗:《西昌发现一方大理国时期刻石》,《文物》,1987年第4期。
② 李波:《通海博物馆藏大理国火葬墓纪年碑浅析》,《文物鉴定与鉴赏》,2016年第6期。

第十二章　西南夷祖源叙事与神话的变迁

　　上述墓志铭中的"天水""陇西""弘农""洛阳""清河""琅琊"等,都是秦汉时期关中、陇西、中原、山东郡望。

　　据吕余萍统计,通海县火葬碑铭文所记载墓主祖籍郡望的数量如下：弘农氏十件、清河氏十件；天水氏七件、琅琊氏七件；落(洛)阳氏四件；陇西氏与南阳氏各三件；太原氏两件；海南氏与武威氏各一件。墓主姓氏有董氏、张氏、杨氏、王氏、何氏、赵氏、李氏等①。

　　西南夷早期汉族移民祖籍郡望,一直保留在西南夷社会记忆之中。明清以来,云南大理、昆明、保山等地,民居"照壁"上往往书写着"堂号",近代以来的民居,很多还保留此风俗。譬如大理地区民居的照壁、门楣、屋檐、窗台上,通常会书写"清河世家""关西世第""颍川家声""京兆世第"等堂号,指称祖籍郡望；而更多的是以名门望族姓氏典故,标榜家族姓氏,夸示祖上荣光。譬如李姓常书"紫气东来",典出"老子过函谷关"故事。《史记·老子列传》说老子"居周久之,见周之衰,乃遂去。至关,关令尹喜曰：'子将隐矣,强为我著书。'于是老子乃著书上下篇,言道德之意五千余言而去,莫知其所终"。"索隐"引刘向《列仙传》之文说："老子西游,关令尹喜望见有紫气浮关,而老子果乘青牛而过也。"② 因此"紫气东来"之典故,与秦汉故事有关。李姓也有称"陇西世第""诗酒家声""青莲遗风""邺架家声"等,多与陇西郡望、李氏名流相连③。

　　当然,近世西南地区民居上的堂号,有出自秦汉,有的出自魏晋,更多出自唐宋。由此可知虽然同为堂号,但其所体现的郡望与祖籍,时代不同,含义各殊。但书写堂号的风俗,多与内地徙居西

---

① 吕余萍:《通海火葬墓碑刻铭文整理研究》,大理大学硕士学位论文(初稿)。
② 《史记》卷六三《老子列传》,第2141页。
③ "青莲遗风"的典故出自唐朝大诗人青莲居士李白的故事；"邺架家声"则源于唐代邺侯李泌"家多书,插架三万轴",家藏书万卷的典故。

南夷的汉族移民相关,则是可以肯定的。

第四节　西南夷土著神话的变迁

一、金马碧鸡—神马白乌

汉代文献中,均记载越巂郡青蛉县禺同山,有金马、碧鸡二神。如《汉书·地理志》"越巂郡"条记载:

> 青蛉,临池潿在北。仆水出徼外,东南至来惟入劳,过郡二,行千八百八十里。有禺同山,有金马、碧鸡。①

《华阳国志·南中志》"云南郡"条记载:

> 蜻蛉县有盐官、濮水,禺同山,有碧鸡、金马,光影倏忽,民多见之。有山神。汉宣帝遣谏议大夫蜀郡王褒祭之,欲致鸡、马。褒道病卒,故还宣著。②

《华阳国志》不仅记载金马碧鸡神话,还说汉宣帝曾遣使赴当地祭祀,欲招致金马碧鸡之神。而《后汉书·郡国志》"越巂郡"也有"青蛉有禺同山,俗谓有金马碧鸡"的文字记载③。

很显然,金马碧鸡是西南夷本土神话,为汉朝廷所认可,并载诸史册。《华阳国志·南中志》说:东汉章帝时,蜀郡王阜为益州太

---

① 《汉书》卷二八上《地理志上》,第1600页。
② 《华阳国志校补图注》,第290页。
③ 《后汉书》志第二十三《郡国五》,第3511页。

守,"治化尤异,神马四匹出滇池河中,甘露降,白乌见,始兴文学,渐迁其俗"①。《东观汉记·王阜传》说得更详尽:

> 王阜为益州太守,边郡吏多放纵。阜以法绳正吏民,不敢犯禁,政教清静。百姓安业。时有神马见滇河中,甘露降,芝草生,白乌见,连有瑞应。世谓其持法平,政宽慈,惠化所致。②

何为"白乌"? "白乌"作为古代的一种瑞物,在史书中被广泛提及。《尔雅翼·释鸟》说"乌本黑之称,故《瑞应图》以白乌为太阳之精,至孝之应"③。

"神马出滇河中"与"甘露降,芝草生,白乌见"相连,其结果是"始兴文学,渐迁其俗"。这就是说,西南夷的金马碧鸡出现,已经与甘露降、芝草生、白乌见具有同等的瑞应功效,是汉朝廷所认可的神祇。

《南史·范云传》记载南朝萧齐之时,范云进见齐高帝"会有献白乌,帝问此何瑞,云位卑最后答,曰:'臣闻王者敬宗庙则白乌至。'时谒庙始毕,帝曰:'卿言是也。感应之理,一至此乎。'"④ 此条史料,同时见于《梁书·范云传》⑤。

《魏书·灵征志》记载的白乌、三足乌的材料较多,譬如"高祖

---

① 《华阳国志校补图注》,第 237 页。
② 《东观汉记校注》卷一三,第 513 页。
③ 〔宋〕罗愿撰,石云孙点校:《尔雅翼》,第 141 页。
④ 〔唐〕李延寿撰:《南史》卷五七《范云传》,中华书局,1975 年,第 1416 页。
⑤ 〔唐〕姚思廉撰:《梁书》卷一三《范云传》,中华书局,1973 年,第 230 页。

太和二年七月,白乌见于凉州……九月,白乌见于京师"等等①。《晋书·凉武昭王传》曰:"是时白狼、白兔、白雀、白雉、白鸠皆栖其园囿,其群下以为白祥金精所诞,皆应时邕而至,又有神光、甘露、连理、嘉禾众瑞,请史官记其事。"② 由此可见,"白乌"代表着良禽、瑞兽,是汉晋间的普遍认知。而本土的金马、碧鸡演变成为神马、白乌,则是内地文化与西南夷土著文化结合的产物。

二、"龙生夷"神话的演变

《华阳国志·南中志》记载西南夷的信仰时说:

> 夷人大种曰昆,小种曰叟,皆曲头、木环、铁裹结。无大侯王,如汶山、汉嘉夷也。夷中有桀黠能言议屈服种人者,谓之"耆老",便为主。议论好譬喻物,谓之《夷经》。今南人言论,虽学者,亦半引《夷经》……其俗征巫鬼,好诅盟,投石结草,官常以盟诅要之。③

这段史料有两层意义,其一是夷人有"《夷经》",《夷经》为夷汉所重;其二是夷人普遍性地相信鬼神、"好诅盟"。何为《夷经》?任乃强先生认为,所谓《夷经》,是"口传之经",而非有文字之书,因为当时南中各族群还没有文字。印、缅来此传授密法之僧侣,以口头传出其经典格言,为夷人传诵,因此被称为《夷经》。

《华阳国志·南中志》接着记载了"诸葛亮为夷作图谱"之事:

---

① 《魏书》卷一一二下《灵征志下》,第 2935 页。
② 《晋书》卷八七《凉武昭王传》,第 2264 页。
③ 《华阳国志校补图注》,第 252 页。

> 诸葛亮乃为夷作图谱,先事天地、日月,君长,城府,次画神龙;龙生夷,及牛马羊;后画部主吏,乘马幡盖,巡行按恤;又画牵牛负酒、齐金宝诣之象,以赐夷。夷甚重之,许致生口直。又与瑞锦、铁券,今皆存。每刺史、校尉至,齐以呈诣。动亦如之。①

蜀汉平定南中之后,调整行政建置与治理策略。面对西南夷各族群的信仰特点,诸葛亮"为夷作图谱",将"天地日月"置于夷人图谱的首位,次画神龙,以连接"龙生夷"故事。还有君长、主吏、车马宝象等等。这一切,已然是汉人信仰中的天地日月之神、龙神,以及神仙思想中的升仙的乘马幡盖,还有富足安乐的仙境生活内容。

---

① 《华阳国志校补图注》,第247页。

第十三章　西王母信仰在西南夷的流传

先秦以来的天帝信仰,汉代逐渐演变成西王母信仰。《汉书·哀帝纪》记载,建平四年春,"关东民传行西王母筹,经历郡国,西入关至京师。民又会聚祠西王母,或夜持火上屋,击鼓号呼相惊恐"①。这是彼时民间西王母信仰的真实记载。汉代的西王母形象,并非孤立出现,而是形成以西王母为主神的神祇系统,即以西王母、东王公、昆仑、天门、奇禽、瑞兽、嘉禾等构成的祥瑞图以及羽化升仙图像②,表达的是当时人们憧憬的仙境天国。

随着汉武帝对西南夷的经营与治理,汉族移民以及汉文化、内地礼俗传入西南夷,影响当地的社会生活。在巴蜀四郡广泛流传的西王母信仰,随之进入西南夷社会。与此相关的日月神、伏羲女娲、四神等,也成为西南夷普遍信奉的神祇。西王母信仰的神仙图像与器物组合,常出现在摇钱树、画像砖与壁画之中。

---

① 《汉书》卷一一《哀帝纪》,第 342 页。
② 王煜:《四川汉墓出土"西王母与杂技"摇钱树枝叶试探》,《考古》,2013 年第 11 期;刘子亮、杨军、徐长青:《汉代东王公传说与图像新探——以西汉海昏侯刘贺墓出土"孔子衣镜"为线索》,《文物》,2018 年第 11 期。

第一节　汉代西王母信仰

西汉时期的信仰中，西方的昆仑山为最高天帝太一所居。昆仑既是天地的中心柱，又是登天的神山①。《史记·大宛列传》引《禹本纪》说：

> 河出昆仑。昆仑其高二千五百余里，日月所相避隐为光明也。其上有醴泉、瑶池。②

《淮南子·墬形训》说：

> 昆仑之丘，或上倍之，是谓凉风之山，登之而不死。或上倍之，是谓悬圃，登之乃灵，能使风雨。或上倍之，乃维上天，登之乃神，是谓太帝之居。③

西王母居于昆仑山，昆仑山在遥远的西方世界，是日、月没入之所。《竹书纪年》说："周穆王十七年，西征至昆仑丘，见西王母。"④《穆天子传》记载了西王母与周穆王"将子无死，尚能复来"

---

① 《史记·天官书》载："中宫天极星，其一明者，太一常居也。"（《史记》卷二七，第1289页）
② 《史记》卷一二三《大宛列传》，第3179页。
③ 〔汉〕刘安等编著，〔汉〕高诱注：《淮南子》卷四，上海古籍出版社，1989年，第69页。
④ 方诗铭、王修龄辑录：《古本竹书纪年辑证》，上海古籍出版社，1981年，第47—48页。

之约,证明人们相信西王母是长生不死,并握有不死药之神。人们到昆仑见西王母,是为了取得升仙的不死之药①。也就是说,升天之人必须在西王母处取得不死之药或获得升天成仙的资格,然后登上天门,才能进入天帝统治的天界。这就是汉代昆仑、天帝、天门和西王母信仰相结合、升天成仙思想。

有研究者指出,随着西域的开辟,"西方"的地理空间不断拓展,昆仑、西王母西移到了大秦②。晋张华《博物志》就说"汉使张骞渡西海,至大秦。西海之滨有小昆仑,高万仞,方八百里"③。《后汉书·西域传》"大秦"条说:"大秦国一名犁鞬,以在海西,亦云海西国。……或云其国西有弱水、流沙,近西王母所居处,几于日所入也。"④ 随着汉人对于"西方世界"认知的拓展,许多西方文化因素,如佛像、胡人、西域物产、有翼神兽、西域幻术、杂技歌舞等进入汉人的视野并附会到汉人的西方信仰中。

第二节　汉代西王母形象

文献中有不少西王母形象的描述,最早的记录曾三现于《山海经》,其文如下:

> 西王母其状如人,豹尾虎齿而善笑,蓬发戴胜,是司天之

---

① 郭璞注:《穆天子传》卷三,上海古籍出版社编:《汉魏六朝笔记小说大观》,王根林等校点,上海古籍出版社,1999年,第10页。
② 王煜:《昆仑、天门、西王母与天帝——试论汉代的"西方信仰"》,《文史哲》,2020年第4期。
③ 王根林校点:《博物志》卷一,《汉魏六朝笔记小说大观》,第187页。
④ 《后汉书》卷八八《西域传》,第2919—2920页。

厉及五残。(《西山经》)

西王母梯几而戴胜杖,其南有三青鸟,为西王母取食。(《海内西经》)

昆仑之丘,有人戴胜,虎齿、豹尾、穴处,名曰西王母。(《大荒西经》)①

上述三则文字,大意是说,西王母栖居于遥远的西方世界的昆仑之山,形象为半人半兽,豹尾、虎齿,凌乱的头发上戴着一个玉"胜"。

"胜"的本意,是鸟类头顶之羽冠。《尔雅·释鸟》说:"鶝,戴鵀。"郭璞注曰:"鵀即头上胜,今亦呼为戴胜。"②戴胜为鸟名。《山海经》所载西王母"戴胜"之"胜",郭璞释为"玉胜"③。《汉书·司马相如列传》有"吾乃今日睹西王母,暠然白首戴胜而穴处兮,亦幸有三足乌为之使",颜师古注曰:"胜,妇人首饰也,汉代谓之华胜。"④因此"胜"是汉代贵妇人的头饰。《后汉书·舆服志》有云:"太皇太后、皇太后入庙服……簪以瑇瑁为擿,长一尺,端为华胜,上为凤凰爵。"⑤"胜"的形象,汉代画像砖、摇钱树上的西王母图像中,有时是"金胜",有时则为"玉胜"。如山东武梁祠画像,祥瑞石二第二行最末端有"玉胜王者"榜题与图像⑥。

---

① 方韬注:《山海经》,第58、306、366页。
② 〔清〕郝懿行、王念孙、钱绎、王先谦等:《尔雅 广雅 方言 释名》清疏四种合刊(影印本),上海古籍出版社,1989年,第312页。
③ 〔梁〕萧统编,〔唐〕李善、吕延济、刘良、张铣、吕向、李周翰注:《六臣注文选》(全三册),中华书局,1987年,第283页。
④ 《汉书》卷五七下《司马相如传下》,第2596、2598页。
⑤ 《后汉书》志第三十《舆服下》,第3676页。
⑥ 王薪:《从汉墓考察西王母"戴胜"图像涵义及流变》,《西部学刊》,2018年第6期。

第十三章 西王母信仰在西南夷的流传

汉代西王母主题的图像,是以西王母为中心的神人、瑞兽、端木、嘉禾与仙境的组合,余英时对此有深入的讨论①。海外学者中,英国汉学家鲁惟一对汉代西王母信仰亦多有研究②,美国学者简·詹姆斯《汉代西王母的图像志研究》一文,可以说是总其大成。她认为,汉代艺术中充满了图案、叙事、古代圣贤故事、各式各样的日常生活、保护者、天上的居住者,但只有一位神,这就是西王母。西王母戴"胜",端坐于龙虎宝座之上。华盖位于她上方,代表天穹,云气飘浮在华盖周围。西王母通常由一只蟾蜍、一只拿着臼和杵的玉兔、一条九尾狐和一些信徒、仙人陪伴。仙人的形象是身上长着翅膀,样貌消瘦,不着衣物,长发飘飘。詹姆斯认为,汉代西王母信仰中的蟾蜍、兔子、臼、杵都与"不死药"有联系③。

1983年,四川彭山县双河镇东汉崖墓出土一具画像石棺,后来为乐山崖墓博物馆收藏,此石棺是该馆长期陈列展示的汉代遗物。石棺上镌刻西王母图像,西王母端坐于龙虎座上,左侧为三足鸟和九尾狐各一,右侧刻画一灵蟾、二玉兔,还有一求药人与一件类似于三足鼎的器具(图13-1)④。此图景描述的应为西王母居住的西方仙境。

---

① 余英时:《汉代思想中的生命和不朽》,《哈佛亚洲研究杂志》卷25(1964—65);《灵魂,归来!中国早期佛教中的来世和灵魂转换观念的研究》,《哈佛亚洲研究杂志》卷47—2(1987)。
② Michael Loewe, *Ways to paradise: The Chinese quest for immortality*. London: George Allen and Unwin, 1979, 106—108.
③〔美〕詹姆斯著,贺西林译:《汉代西王母的图像志研究》,《美术史研究》,1997年第2、3期。
④ 干树德:《东汉崖墓石棺上的西王母像》,《四川文物》,1992年第5期。

图13—1　彭山崖墓石棺西王母画像
（采自《东汉崖墓石棺上的西王母像》）

第三节　西南夷流传的西王母信仰

1960年代，昭通桂家院子东汉墓出土一件完整的摇钱树，摇钱树由四兽陶座、树干、七层树枝、树冠组成。树冠是钱纹上生莲花的图像，莲枝承托七枚方孔圆纹，钱一大六小，大者居中，代表天门。树枝为龙形，由树干向两侧伸展，树枝上布满方孔钱纹，并有龙、璧、神猴、蟾蜍、方士、凤鸟、蟠龙等神鸟瑞兽形象，还有"金华"铭文[1]。研究者普遍认为，此摇钱树所呈现的是西王母所居的西方仙境。

汉代牂牁郡故地，今贵州兴仁汉墓出土摇钱树枝上，有"方士持节迎候神仙"图像[2]。越嶲郡故地，今四川凉山州西昌高草、丧坡、马道砖室墓出土摇钱树残枝上，均有西王母形象[3]。

---

[1] 云南省文物工作队：《昭通桂家院子东汉墓发掘报告》，《考古》，1962年第8期。

[2] 贵州省博物馆考古组：《贵州兴义、兴仁汉墓》，《文物》，1979年第5期。

[3] 刘弘：《四川西昌高草出土汉代"摇钱树"残片》，《考古》，1987年第3期；何志国：《汉魏摇钱树初步研究》，第56—57页；凉山州博物馆：《四川凉山发现东汉蜀汉墓》，《考古》，1990年第5期；刘弘：《四川西昌马道出土的一株东汉摇钱树》，《南方民族考古》第六集，科学出版社，2010年。

第十三章 西王母信仰在西南夷的流传

1980年代,"西夷"之地的汉代汶山郡,今四川茂汶县,曾出土摇钱树残件若干,后经修复为一完整的摇钱树。树枝上的图像西王母、玉璧、双阙天门及神兽瑞木,描绘的是瑞木朋生、祥禽辈作的西方仙境[1]。

昆明羊甫头东汉墓(M268)出土一枝摇钱树残枝(图13—2),一条龙盘绕在基座中间的柱子上,迎头向上,龙头左侧有玉兔,头顶上方为方形平台。龙是西王母的随从之一。但凡有龙,特别是树干上的蟠龙,大多作为西王母的随从出现。从蟠龙、玉兔、方形平台等特征推测,此件应为西王母摇钱树残枝,方形平台之上,应为龙虎宝座[2]。

图13—2 羊甫头汉墓出土西王母摇钱树枝(采自《昆明羊甫头墓地》)

西南夷地区西王母题材多发现于摇钱树枝上,图像有简有繁,却大同小异,与汉代蜀地画像砖上的西王母题材画像相通甚至是相同。譬如,成都市博物馆收藏的国家一级文物,新都区新繁镇清白乡出土东汉西王母画像砖,画面中的西王母,双手入袖坐于龙虎座上,周围分别有直立而舞的蟾蜍、九尾狐、持灵芝的玉兔、执戟的大行伯、三足乌及拜谒的人像等。而新都县发现的东汉永元元年(89)纪年画像砖墓,墓砖上的画像,有凤鸟、联璧、招车、西王母、双

---

[1] 张善熙、李清裕:《"天门"图像钱树初探》,《中华文化论坛》,1999年第3期。
[2] 云南省文物考古研究所等:《昆明羊甫头墓地》,第761页,图613∶1。

阙、斧车、棚车、叙谈、养老等图像,几乎囊括了汉代神仙信仰、升仙思想中的各种元素①。

第四节 摇钱树与西王母信仰

西王母图像在摇钱树上所处位置有三种情况:一是位于顶饰部位,二是处于枝叶上,三出现在树座上。西王母的形象也是程式化的,通常顶上有华盖,头戴胜,双手入袖,端坐于宝座之上,宝座两旁有龙虎二胁士,座前有玉几,有时带双阙或天门。非常重要的是,摇钱树上的西王母像,与同期巴蜀、西南夷画像砖上的西王母像基本相同。而摇钱树上但凡出现西王母像,则其周围人物、神鸟、瑞兽、嘉禾等景物,都围绕其展开与布局,以突显其主神地位②。有研究者因此认为,摇钱树上的西王母属于万能之神的西王母,其职能就是引导亡人升天成仙,并保护墓主的后裔,使其子孙绵延不绝③。

摇钱树枝上,往往有一种以西王母为中心的杂技图像,王煜称之为"西王母与杂技"图像④。此种摇钱树,在汉代越嶲郡故地,今四川西昌,以及相邻近的四川三台⑤、绵阳⑥、新都⑦等地均有发

---

① 张德全:《新都县发现汉代纪年砖画像砖墓》,《四川文物》,1988 年第 4 期。
② 周克林:《摇钱树与早期道教教义的关系问题略说》,《华夏考古》,2012 年第 3 期;何志国:《汉魏摇钱树初步研究》,第 174 页。
③〔美〕简·詹姆斯著,贺西林译:《汉代西王母的图像志研究》,《美术史研究》,1997 年第 2、3 期。
④ 王煜:《四川汉墓出土"西王母与杂技"摇钱树枝叶试探》,《考古》,2013 年第 11 期。
⑤ 景竹友:《四川三台出土东汉钱树》,《文物》,2002 年第 1 期。
⑥ 何志国:《汉魏摇钱树初步研究》,第 43 页。
⑦ 四川省博物馆、新都县文管所:《新都县马家山崖墓发掘简报》,《文物资料丛刊(9)》。

现。而发现最多的是成都及其周边地区①。

一、西王母与杂技图像

1987年,刘世旭《四川凉山早期佛教遗迹考》一文刊登了西昌市郊桑坡出土的"西王母与杂技"摇钱树枝②。何志国《汉魏摇钱树初步研究》第二章《西南地区出土的汉魏摇钱树》,罗列了数十幅同类题材摇钱树枝图像的拓片、照片。说明西王母与杂技图像题材是摇钱树图像中的核心母题。

何志国与王煜的相关研究,使我们对"西王母与杂技"摇钱树枝有较为系统的认知。成都青白江区汉墓出土的"西王母与杂技"摇钱树枝最有代表性。王煜以《四川汉墓出土"西王母与杂技"摇钱树枝叶试探——兼论摇钱树的整体意义》为题,对此进行专题讨论。王煜指出,在汉魏时期人们的认知里,西王母居住在遥远的西方,那里是仙境所在。"西王母与杂技"题材中的眩人、幻人,来自西王母所在的西域之地,他们表演的杂技与幻术,代表了仙境中的法术仪轨与奇景幻象③。

成都青白江区汉墓出土"西王母与杂技"枝叶,分双层,上层为西王母与杂技图像,下层悬挂钱纹图像(图13—3)。

上层图像,西王母居于中央,正坐于龙虎座上,肩生双翼,头顶华盖。西王母之左是杂技、魔术表演,第一人表现"植瓜"魔术,第二人表演的是"盘舞"杂技,第三人表演"跳丸",第四人表演"叠案",第五人表演的是"种树"魔术。而西王母右侧,右一右二为两

---

① 何志国:《汉魏摇钱树初步研究》,第21—72页。
② 刘世旭:《四川凉山早期佛教遗迹考》,《东南文化》,1991年第6期。
③ 王煜:《四川汉墓出土"西王母与杂技"摇钱树枝叶试探》,《考古》,2013年第11期。

图13—3 青白区汉墓出土西王母摇钱树枝
（采自《四川汉墓出土"西王母与杂技"摇钱树叶试探》）

人,右三是一凤鸟,右四为一小人,组成"导安息孔雀、凤凰"杂技图景。此枝叶上所呈现的内容,大多为来自西域或深受西域影响的幻术,均可在两《汉书》《三国志》及《搜神记》《邺中记》等汉魏文献中找到相关记载。下层并列六枚方孔圆钱,钱纹之间亦有两人,均双手吊环,双脚弯曲,作荡漾之状[①]。

由此可见,摇钱树上的"西王母与杂技"图像,其内容、样式都是确定的格式,应该来自相同的"粉本",此类器物,是由固定的生产中心统一生产制作的。这应该与我们此前引述的东汉时期墓葬明器制作制度有关。

二、西王母与天门组合

1998年,出土于四川茂汶地区的摇钱树碎片,后经陈一先生修复,成为典型的西王母与天门图像摇钱树枝(图13—4)。

茂汶摇钱树共有六节,每节四面有树枝插入主杆,第六节以上为一大瑗,瑗上为西王母座像,像上立一大玄鸟。西王母头带胜,

---

① 何志国:《汉魏摇钱树初步研究》,第22—23页。

第十三章 西王母信仰在西南夷的流传

图13—4　茂汶东汉墓出土西王母摇钱树枝拓片（采自《汉魏摇钱树初步研究》）

双手笼袖，两肩生双翼，坐于龙虎座上，其下面是捣不死之药的蟾蜍和玉兔。大瑷两侧枝上有巨大的双阙，即金阙天门。双阙左右对称，为重檐结构，明檐下部有四条仿木柱，阙顶各立一展翅欲飞之铜雀，阙侧长有仙草或灵芝环绕阙顶及四周。阙底的枝条各为一神龙，枝上各有一人挑着四个带光芒的方孔钱前行。在神龙头上各有一灯盏。盏柄是一条周身鎏金的小龙，小龙张口回首呵护金阙[1]。

西昌高草汉墓，出土摇钱树残片，包括西王母铜饰片与龙首残件等。此西王母图像以双龙缠绕的树干支撑起整个画面。由下而上，双龙缠绕树干，双龙之上为环状饰物，由中间生出支柱，支撑起方形高座。环状饰物与高座之间，是人形玉兔、灵蟾，皆上身裸露，昂首挺胸，跽座，作捣药状。玉兔与灵蟾中间有仙草生长。方形高

---

[1] 张善熙、李清裕：《"天门"图像钱树初探》，《中华文化论坛》，1999年第3期。

座之上，西王母正襟危坐，头戴华胜，肩披云肩，圆领左衽，褒衣博带，两眼前视，笼袖挺身，左右有龙、虎二胁士①。简·詹姆斯认为，此西王母形象"长袍为左衽，这是西南非汉族的放牧者的习俗，表明了她生活在遥远的汉王朝边缘地区"②。如此，则西南夷发现的西王母像，彰显出与巴蜀、内地的差异性。

第五节　日月神、伏羲女娲与天门图像

日月神、伏羲女娲与天门图像，是西王母神仙信仰体系中重要的神祇与符号。西南夷考古发现中，往往见到日中金乌与月中蟾蜍、伏羲女娲、天门等图像，它们是西南夷西王母信仰的重要内容。

1970年代，云南省博物馆在昆明近郊访获一古墓画像石，四角刻四条龙，中刻作日形，日中有三足乌。又在晋宁访到相同的画像石，上面同样刻画着四龙、日月，日月中亦有三足乌与蟾蜍。上述发现被认为是汉晋间的遗物③。

1997年，云南陆良三堆子村"梁堆"墓，墓室券顶中央四方形封顶石上，雕刻精美的藻井图案，中间为二十四瓣莲花浮雕图案，莲花周围，围绕三足乌与红日、蟾蜍与满月，是神仙、飞天、龙、鱼、北斗七星等图案④。陆良在汉代为同劳县，原属于牂柯郡，后改属益州郡，是早期汉族移民较为集中分布的地区之一。

---

① 刘世旭：《四川西昌高草出土汉代"摇钱树"残片》，《考古》，1987年第3期。
② 〔美〕简·詹姆斯著，贺西林译：《汉代西王母的图像志研究》，《美术史研究》，1997年第2、3期。
③ 方国瑜：《云南史料目录概说》，第845页。
④ 支云华：《陆良三堆子村发现一座南北朝时期墓葬》，《云南文物》，1997年第2期。

第十三章 西王母信仰在西南夷的流传

汉代开始,"载日之乌"始为"三足",供西王母驱使。《淮南子·精神训》:"日中有踆乌,而月中有蟾蜍。"高诱注云:"踆,犹蹲也,谓三足乌。"① 汉墓出土的门楣画像石上,常在画像两端刻绘两圆轮以饰日、月。日、月与三足乌、蟾蜍相连,通常用三足乌和日轮的结合来表示日,其表现形式是日中三足乌和金乌负日,而月亮则用月中蟾蜍或玉兔来表示。马王堆汉墓出土的T形帛画,是作为铭旌而入葬的特殊随葬品,宗教意味浓厚。帛画顶端正中的人首蛇身像,安志敏认为是"烛龙",也有学者认为是伏羲、女娲像。右上方有大形的红色太阳,中有金乌,下为扶桑树,枝叶间有八个小形的红色太阳,并有一龙飞舞其间。左上方为新月,月上载有蟾蜍和玉兔。月下一女乘云飞腾,似属嫦娥奔月。此种日载金乌,月载蟾蜍、玉兔,以及日居东、月居西等特点,常见于汉魏以来的墓葬壁画或画像中②。

汉代西王母画像石一般都配以三足金乌、玉兔蟾蜍等日月象征物。《论衡·说日篇》称"儒者曰:日中有三足乌,月中有兔、蟾蜍……审日不能见乌之形,通而能见其足有三乎?此已非实"③。《后汉书·天文志》注引张衡《灵宪》之语说:"日者,阳精之宗。积而成鸟,象乌而有三趾。阳之类,其数奇。月者,阴精之宗。积而成兽,象兔。阴之类,其数偶。"④ 可见,东汉中叶以来,日中乌、月中蟾蜍已经成为普遍信仰。伏羲、女娲又被作为日神和月神的象征,因此在汉晋画像之中,常出现伏羲抱日、女娲抱月形象。

《山海经·大荒西经》说:"有西王母之山……大荒之中,有山

---

① 〔汉〕刘安等编著,〔汉〕高诱注:《淮南子》卷七,第69页。
② 安志敏:《长沙新发现的西汉制画试探》,《考古》,1973年第1期。
③ 黄晖撰:《论衡校释》卷一一,第502页。
④ 《后汉书》志第十《天文上》,第3216页。

名曰月山,天枢也。吴姖天门,日月所入……帝令重献上天,令黎邛下地,下地是生噎,处于西极,以行日月之行次。"① 天门为"日月所入",天门的形象大量见于汉墓艺术中,一般为双阙,有的榜题"天门"二字。天门与西王母、昆仑密切结合在一起,成为汉代西方信仰的重要元素②。譬如《汉书》所载《郊祀歌·后皇十四》"神之旅,过天门,车千乘,敦昆仑"之语,这是天门、阊阖与昆仑紧密联系的证据③。

《汉书·翟方进传》记载,王莽制大诰,其文有言:

> 太皇太后肇有元城沙鹿之右,阴精女主圣明之祥,配元生成,以兴我天下之符,遂获西王母之应,神灵之征,以祐我帝室,以安我大宗,以绍我后嗣,以继我汉功。厥害适统不宗元绪者,辟不违亲,辜不避戚。夫岂不爱?亦唯帝室。是以广立王侯,并建曾玄,俾屏我京师,绥抚宇内;博征儒生,讲道于廷,论序乖缪,制礼作乐,同律度量,混壹风俗;正天地之位,昭郊宗之礼,定五畤庙祧,咸秩亡文;建灵台,立明堂,设辟雍,张太学,尊中宗、高宗之号。昔我高宗崇德建武,克绥西域,以受白虎威胜之瑞,天地判合,乾坤序德。太皇太后临政,有龟龙麟凤之应,五德嘉符,相因而备。河图、洛书远自昆仑,出于重野。古谶著言,肆今享实。此乃皇天上帝所以安我帝室,俾我成就洪烈也。乌呼!天明威辅汉始而大大矣。尔有惟旧人泉

---

① 方韬译注:《山海经》,第359、363页。
② 王煜:《昆仑、天门、西王母与天帝——试论汉代的"西方信仰"》,《文史哲》,2020年第4期。
③ 《汉书》卷二二《礼乐志》,第1066页。

陵侯之言,尔不克远省,尔岂知太皇太后若此勤哉!①

文中提及元后"获西王母之应,神灵之征","高宗崇德建武,克绥西域,以受白虎威胜之瑞,天地判合,乾坤序德。太皇太后临政,有龟龙麟凤之应,五德嘉符,相因而备",提到白虎、龟、龙、麟、凤"五灵"。"河图、洛书远自昆仑,出于重野。古谶著言,肆今享实。此乃皇天上帝所以安我帝室。"颜师古注说"昆仑河所出、重野洛所出,皆有图书,故本言之"。河图、洛书源于天帝、昆仑信仰,是皇天上帝的恩赐。

第六节　西王母使者"神鸟送仙药"图像

西南夷汉式墓葬中,出土一种"鸟负罐"器物,其造像特点是鸟背上有罐,或钱币、羽人形象,鸟嘴中衔鱼或丹。"鸟负罐"就是西王母使者神鸟为修仙者送"不死药"的形象。

"鸟负罐"流行于汉代西南地区的墓葬之中,譬如成都青白江跃进村二号砖室墓、双流县沙河村崖墓、重庆合川圈圈坟二号石室墓都发现了各式"鸟负罐"造型②。与此相连的陕南汉中,也发现鸟负罐③。而更多的鸟负罐器物,出自西南夷的汉式墓葬之中。根据

---

① 《汉书》卷八四《翟方进传》,第 3432 页。
② 成都市文物考古工作队等:《成都市青白江跃进村汉墓发掘简报》,《文物》,1999 年第 8 期;李加锋:《双流华阳乡沙河村崖墓发掘简报》,《四川文物》,1991 年第 6 期;重庆市博物馆等:《重庆合川市南屏东汉墓葬群发掘简报》,《华夏考古》,2000 年第 2 期。
③ 陕西省考古研究所汉水考古队:《陕西南郑龙岗寺汉墓清理简报》,《考古与文物》,1987 年第 6 期。

马晓亮截至 2007 年的统计,鸟负罐分别出土于四川、重庆、云南、贵州、陕西等省市的数十个地点[1]:

汉代犍为属国(朱提郡)、牂柯郡故地出土较多,包括川南、滇东北、黔西等地,譬如:四川乐山大湾嘴十一号崖墓铜翠鸟[2],云南昭通白泥井訾家湾崖墓砖室墓鸡尊[3],云南昭通水富县楼坝镇乌龟石湾五号崖墓鸟负罐(图13—5)[4]、贵州清镇县一号砖室墓铜鸟负罐[5]、贵州兴仁县交乐六号石室墓鸟负罐[6]。

汉代益州郡故地,包括昆明呈贡七步场东汉墓砖室墓铜鸟负罐[7]、昆明羊甫头墓地铜鸟形器[8]。

汉代越嶲郡、永昌郡故地,包括西昌市马道镇杨家山一号砖室墓鸟[9]、禄丰县汉代砖室墓鸟形壶[10]。

汉代益州郡西部都尉(永昌郡)故地,有大理东汉熹平年墓青

---

[1] 马晓亮:《汉代翠鸟铜饰研究》,《考古》,2011 年第 9 期。
[2] 四川乐山市文管所:《四川乐山市中区大湾嘴崖墓清理简报》,《考古》,1991 年第 1 期。
[3] 曹吟葵:《云南昭通县白泥井发现东汉墓》,《考古》,1965 年第 2 期。
[4] 云南省文物考古研究所等:《昭通水富县楼坝崖墓发掘报告》,《云南考古报告集(之二)》。
[5] 贵州省博物馆:《贵州清镇平坝汉墓发掘报告》,《考古学报》,1959 年第 1 期。
[6] 贵州省考古研究所:《贵州兴仁交乐汉墓发掘报告》,《贵州田野考古四十年(1953—1993)》。
[7] 云南省博物馆文物工作队:《云南呈贡七步场东汉墓》,《考古》,1982 年第 1 期。
[8] 云南省文物考古研究所等:《昆明羊甫头墓地》,第 856、857 页。
[9] 四川凉山彝族自治州博物馆:《四川西昌市杨家山一号东汉墓》,《考古》,2007 年第 5 期。
[10] 云南省博物馆:《禄丰汉代砖室墓清理简报》,《文物资料丛刊(9)》。

铜鸟负罐①。

有研究者认为,鸟负罐中的罐子在汉代称为"罍",其谐音为"赢",因此罐的寓意是有余、赢利。可以推断人们把鸟负罐置于墓中,目的是祈求已故祖先的福佑②。姜生认为,用神使、丹鼎、神鸟"生物行精",宴饮歌戏之吉庆等多种象征符号反复强调墓主人之得神药成仙,目的是达成墓葬

图13—5 水富楼坝崖墓出土鸟负罐
(采自《昭通水富县楼坝崖墓发掘报告》)

对死者的生命转换功能。如此,汉墓中常见的"飞鸟衔丹"或"凤鸟吐丸"图像,表达的是神鸟送仙药的主题。而"鸟负罐"随葬器物与场景中,作为神使的神鸟,它背负瓶、罐,口衔仙丹飞行,为死者送丹药,使之服后成仙③。从这个意义上来理解,我们认为西南夷汉式墓葬中随葬的各式"鸟负罐"形象,属于西王母信仰。

第七节 "四神"信仰在西南夷的流传

西南夷发现的四神、四灵图像,有时是西王母神仙系统的神祇,有时则以独立的"四灵"出现。

---

① 大理州文物管理所:《云南大理市下关城北东汉纪年墓》,《考古》,1997年第4期。
② 马晓亮:《汉代翠鸟铜饰研究》,《考古》,2011年第9期。
③ 姜生:《汉墓的神药与尸解成仙信仰》,《四川大学学报(哲社版)》,2015年第2期。

1937年,昭通城东八里曹家老包"梁堆"墓中,出土"建初九年三月戊子造"摇钱树石座,石座四面分别刻四神图像,同时有"建初九年"纪年铭文①。此石座以龟、蛇、鹤、凤代表"四灵"形象。"建初"为东汉章帝年号,建初九年为公元84年,这是目前所知西南夷最早的东汉纪年墓。

　　昭通城南白泥井"梁堆"墓,曾经出土东汉桓帝永寿二年(156)的"孟孝琚碑"②。原碑左右两侧刻龙、虎纹,上下刻朱雀、玄武图案(朱雀纹已经缺失)③,说明其时四灵已经独立于其他信仰。这一情形与内地情况是同步的。

　　此外,西南夷汉墓中,出土汉代四神铜镜。譬如昆明羊甫头墓地东汉墓,就出土一面乳钉纹四神镜(图13—6),铜镜上有青龙、白虎、朱雀、玄武四神图像④。而西南夷汉式墓葬出土的摇钱树,树枝装饰的神鸟瑞兽之中,往往包含"四灵"形象。

　　东晋时期,朱提郡故地,今云南昭通后海子霍氏壁画墓,绘有朱雀、玄武、青龙、白虎"四神"及榜题,还有阙门、云气、日月、伏羲女娲、星象图等⑤,其主题就是"墓主升仙"。墓中图像虽然不见西王母,但显然与西王母信仰有关。

　　"四神"或"四灵"信仰源远流长,源头可追溯至商周时期⑥。战国时期,将凤、龙、龟、麒麟并称,譬如《吕氏春秋》有"夫覆巢毁

---

① 《新纂云南通志》(五),第22—25页。
② 《新纂云南通志》(五),第2—21页。
③ 汪宁生:《云南考古》,第112页。
④ 云南省文物考古研究所等:《昆明羊甫头墓地》,第730页。
⑤ 云南省文物工作队:《云南昭通后海子东晋壁画墓清理简报》,《文物》,1963年第12期。
⑥ 许继莹:《"四灵"考略》,《宁夏师范学院学报》,2019年第6期。

第十三章　西王母信仰在西南夷的流传　　425

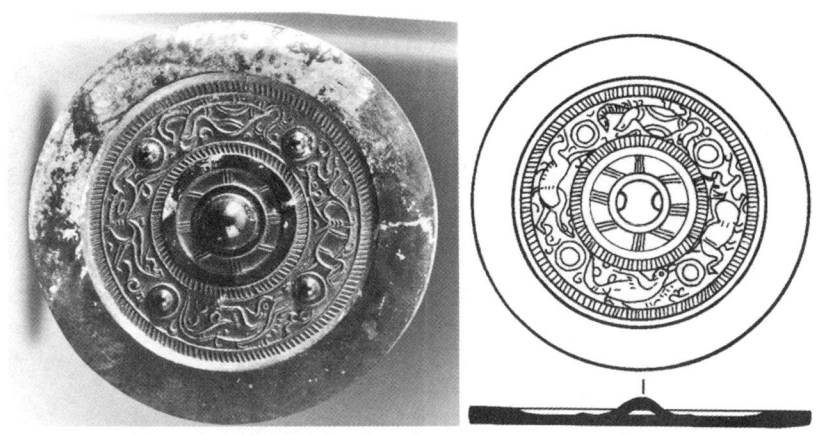

图13—6　羊甫头汉墓出土四神铜镜（采自《昆明羊甫头墓地》）

卵则凤凰不至,刳兽食胎则麒麟不来,乾泽涸渔则龟龙不往"之说①。汉代,"四灵"信仰普遍流行,人们给四灵赋予了新的职能,将其作为门户守护神与接引死者升天的使者。四神还是吉祥如意的象征②。

《史记·天官书》有东、南、西、北"四宫四神"的记载:"东宫苍龙","南宫朱鸟","西宫咸池","北宫玄武"。"索隐"解释道:"东宫苍帝,其精为龙";"南宫赤帝,其精为朱鸟";"西宫白帝,其精白虎";"北宫黑帝,其精玄武"③。成书于东汉时期的《三辅黄图》卷三《未央宫》有"青龙、白虎、朱雀、玄武,天之四灵,以正四方,王者制宫阙殿阁取法焉"之语,将青龙、白虎、朱雀、玄武四神说得清楚

---

① 许维遹撰,梁运华整理:《吕氏春秋集释》,第 286—287 页。
② 贾艳红:《汉代的四灵信仰——从天之四宫到住宅（墓门）守护神》,《济南大学学报（社科版）》,2003 年第 1 期。
③ 《史记》卷二七《天官书》,第 1295、1299、1304、1308 页。

明白①。

《礼记·礼运》篇最早出现"四灵"一词,其文如下:"何谓四灵?麟、凤、龟、龙,谓之四灵。故龙以为畜,故鱼鲔不淰;凤以为畜,故鸟不獝;麟以为畜,故兽不狘;龟以为畜,故人情不失。"论者以为,"四灵"最初来自现实世界中的"四畜"②。

《后汉书·冯衍传》说:

> 览天地之幽奥兮,统万物之维网;究阴阳之变化兮,昭五德之精光。跃青龙于沧海兮,豢白虎于金山;凿岩石而为室兮,托高阳以养仙。神雀翔于鸿崖兮,玄武潜于婴冥;伏朱楼而四望兮,采三秀之华英。③

冯衍生活在西汉末东汉初,此文作于光武帝刘秀建武年间,可见当时青龙、白虎、朱雀、玄武四神已经深入到社会生活各领域中,并已入"文学作品"。

整个汉代,"四灵"作为祥瑞的象征常常出现,成为人们评判朝政兴衰的标志。统治者横征暴敛大失民心时,往往灾祸频仍四灵匿迹;当轻徭薄赋人民安居乐业时,四灵必然出现。"四灵"或"四神"信仰的社会思想基础,是西汉末期流行的阴阳灾异思想、阴阳五行学说,以及两汉之际的谶纬学说、神仙升天思想。

王莽《大诰》说"高宗崇德建武,克绥西域,以受白虎威胜之瑞,天地判合,乾坤序德。太皇太后临政,有龟龙麟凤之应,五德嘉

---

① 何清谷撰:《三辅黄图校释》,中华书局,2005年,第201页。
② 杨天宇撰:《礼记译注》,上海古籍出版社,2004年,第278页。
③ 《后汉书》卷二八下《冯衍传》,第999页。

符,相因而备"①,将白虎、龟、龙、麟、凤合为"五灵"。

《后汉书·天文志》注引张衡《灵宪》篇说:"紫宫为皇极之居,太微为五帝之廷。明堂之房,大角有席,天市有坐。苍龙连蜷于左,白虎猛据于右,朱雀奋翼于前,灵龟圈首于后,黄神轩辕于中。"②"四灵"被提升到天神之位,所谓"悬象著明,莫大乎日月",与西汉以来的"四灵"思想一脉相承。

东汉早期,四灵观念传入巴蜀地区,并用于墓葬之中③。天门升仙,是巴蜀地区汉画像砖、石组合的母题。具体地说,以门阙、车骑、迎谒、宴饮、舞乐、仙人、四灵、西王母,以及庄园、市井、劳作所组成的神圣空间,一是表现以西王母为主神的天国仙境,二是送迎墓主人升仙④。

西汉武帝开拓西南夷以来,四灵与西王母题材一样,从巴蜀传入西南夷。西南夷汉式墓葬中的"四灵"信仰,正是汉代神仙思想在西南地区的反映,是西南夷丧葬礼俗遵从中原风俗的体现,这正是汉代移民"坟墓相从"制度的产物。

总之,汉代西南夷的西王母信仰,包括了西王母为核心的神祇体系,虽然它的载体多元多样,但基本内容的表达出现程式化特点,它涉及到西王母与昆仑信仰、西方幻术杂技、三足乌与蟾蜍、女娲伏羲、天门、神鸟、四神信仰等众多内容。西王母信仰体系在西南夷的流行,是汉代神仙信仰思想深入西南夷社会的体现,是汉代西南夷社会文化发展的内容之一。

---

① 《汉书》卷八四《翟方进传》,第3432页。
② 《后汉书》志第十《天文上》,第3216页。
③ 倪润安:《论两汉四灵的源流》,《中原文物》,1999年第1期。
④ 赵殿增、袁曙光:《"天门"考——兼论四川汉画像砖(石)的组合与主题》,《四川文物》,1990年第6期。

第十四章　西南夷与中国早期佛教

佛教何时何地传入中国,一直以来是佛教史上的核心话题。中国佛教的基本叙事是:汉明帝夜梦金人,遣使求法,后得竺法兰和摄摩腾两位高僧,在洛阳建白马寺,造像翻经,佛法由此在中国传播开来。

随着佛教考古新发现的增多,我们注意到汉代西南夷、荆楚地区发现的诸多早期佛教造像及图像、符号,年代多早于北方。1990年代,学术界开始讨论"中国早期佛教的南传系统"。此后,有关"蜀身毒道与早期佛教""南方丝绸之路与早期佛教"的探讨时有所闻。而汉代西南夷故地出土的佛教造像,成为中国早期佛教的关键性证据。

第一节　汉文献对中国早期佛教的记载

为深入讨论西南夷早期佛教造像的意义,我们先引述史籍文献,以廓清早期佛教在中国传播的社会历史情境。

一、汉代以前佛教入中国的记述

汉文献中有关中国佛教的记载,以东晋王嘉《拾遗记》所载故事年代最早,其时当战国燕昭王七年(前305),其文曰:

> 燕昭王七年,沐胥之国来朝,则身毒国之一名也。有道术人,名尸罗。问其年,云百三十岁,荷锡持瓶,云发其国五年乃至燕都。善炫惑之术,于其指端出浮屠十层,高三尺,乃诸天神仙。①

燕昭王七年,即有类似印度佛教僧人,以五年之行程,到达燕都。"浮屠十层,高三尺,乃诸天神仙"之语,正是佛教神迹、异术的描述。

文献中还有秦始皇帝时期,沙门室利防等"赍经来化"的故事,《历代三宝记》卷一说:

> 始皇时,有诸沙门室利防等十八贤者,赍经来化。始皇弗从,遂禁利防等。夜有金刚丈六人来破狱出之。始皇惊怖,稽首谢焉。②

此事亦见于《佛祖统记》卷三五,其文云"秦始皇四年(前243),西域沙门室利防等十八人,赍佛经来化。帝以异其俗,囚之。夜有丈六金神破户出之。帝惊,稽首称谢,以厚礼遣出境"③。

大概在同一时期,还有其他高僧来到中国传播佛法。佛经《善见律毗婆沙》称,阿育王(前273—前232)第三次结集后,曾派大

---

① 〔晋〕王嘉:《拾遗记》,《文渊阁四库全书》第1042册,上海古籍出版社,1987年,第330页。
② 〔隋〕费长房撰:《历代三宝纪》卷一,《续修四库全书》第1288册,上海古籍出版社,2002年,第384页。
③ 〔宋〕释志磐撰:《佛祖统记》卷三五,《大正藏·续藏经》第75册,第592页。

德摩诃勒弃多至汉地传教,当时有人出家为僧①。多罗那他《印度佛教史》亦称阿育王时有大德到中国来弘法②。

二、佛教汉代入中国之记录

《三国志·魏书·乌丸鲜卑东夷传》裴松之注引《魏略·西戎传》,记载"白象入梦""七步生莲"等佛传故事,同时记载汉哀帝元寿元年(前2),博士弟子景卢受大月氏王使者伊存口授《浮屠经》之事,其文如下:

> 临儿国,《浮屠经》云其国王生浮屠。浮屠,太子也。父曰屑头邪,母曰莫邪。浮屠身服色黄,发青如青丝,乳青毛,蛉赤如铜。始莫邪梦白象而孕,及生,从母左胁出,生而有结,堕地能行七步。此国在天竺城中。天竺又有神人,名沙律。昔汉哀帝元寿元年,博士弟子景卢受大月氏王使伊存口受《浮屠经》,曰复立者其人也。《浮屠》所载……比丘……皆弟子号也。③

此段文字,说明汉哀帝时期,佛教已经传入中国。此外,《史记·匈奴列传》记载:"汉使骠骑将军去病将万骑出陇西,过焉支山千余里,击匈奴,得胡首虏万八千余级,破得休屠王祭天金人。""正义"曰:"金人即今之佛像。"④则认为早在汉武帝时期,佛教图像就经匈奴传入中国。

---

① 〔萧齐〕僧伽跋陀罗译:《善见律毗婆沙经》,《大正藏》第24册,第685页。
② 〔日〕多罗那他著,张建木译:《印度佛教史》,中国佛教协会,1987年,第26页。
③ 《三国志》卷三〇《魏书·乌丸鲜卑东夷传》,第859页。
④ 《史记》卷一一〇《匈奴列传》,第2908—2909页。

当然,汉代佛教传入中国的典故,以"汉明帝夜梦金人"故事影响最为广泛。《后汉书·楚王英传》注引袁宏《汉纪》说:

> 浮屠,佛也,西域天竺国有佛道焉。佛者,汉言觉也,将以觉悟群生也。其教以修善慈心为主,不杀生,专务清静。其精者为沙门。沙门,汉言息也,盖息意去欲而归于无为。又以为人死精神不灭,随复受形,生时善恶皆有报应,故贵行善修道,以炼精神,以至无生而得为佛也。佛长丈六尺,黄金色,项中佩日月光,变化无方,无所不入,而大济群生。初,明帝梦见金人长大,项有日月光,以问群臣。或曰:"西方有神,其名曰佛。陛下所梦,得无是乎?"于是遣使天竺,问其道术而图其形像焉。①

梁僧祐《出三藏记集》著录陆澄《法论》,其中有"牟子"一条,记载东汉明帝梦神求法之说②。《理惑论》的作者与年代,多引发讨论③,因此李贤注引东晋袁宏《后汉纪》"汉明帝夜梦金人,遣使西行求法"的记载,被认为更加可靠。

《资治通鉴·汉纪三十七》合诸家所记而述之:

> 初,帝闻西域有神,其名曰佛,因遣使之天竺求其道,得其书及沙门以来。其书大抵以虚无为宗,贵慈悲不杀;以为人死,精神不灭,随复受形;生时所行善恶,皆有报应,故贵修炼

---

① 《后汉书》卷四二《光武十王·楚王英传》,第 1429 页。
② 〔梁〕释僧祐:《出三藏记集》,《大正藏》第 55 册,第 82、85 页。
③ 葛兆光:《"聊为友谊的比赛"——从陈垣与胡适的争论说到早期中国佛教史研究的现代典范》,《历史研究》,2013 年第 1 期。

第十四章　西南夷与中国早期佛教

精神,以至为佛。善为宏阔胜大之言,以劝诱愚俗。精于其道者,号曰沙门。于是中国始传其术,图其形像,而王公贵人,独楚王英最先好之。①

《资治通鉴》很显然是综合了《汉纪》《后汉书》等文献的内容。从此,汉明帝夜梦金人,遣使西行求法,得高僧、经像,立白马寺弘传佛法,便成为中国佛教史的标准叙事。

当佛教初传汉朝之时,信众不多,达官显贵更是很少有信奉佛教者,而楚王英是例外,因此史籍说"独楚王最先好之"。楚王者何许人也? 他是东汉光武帝十一子之一,排行老六。《后汉书》说:"楚王英,以建武十五年封为楚公,十七年进爵为王,二十八年就国。""英少时好游侠,交通宾客,晚节更喜黄老,学为浮屠斋戒祭祀",所谓"楚王诵黄老之微言,尚浮屠之仁祠"②。楚王英于今江苏徐州祠奉浮图之事,说明东汉初期,佛法在江淮一带更为兴盛。

永平十三年(70),楚王英因为"交通方士"而获罪,株连数千人。明帝从支持佛教转而打击、抑制佛教的传播。此后一百年的时间里,正史之中几乎没有关于佛教的记载。直到桓帝时期,情势才有所改观。《后汉书·西域传》记载:

> 世传明帝梦见金人,长大,顶有光明,以问群臣。或曰:"西方有神,名曰佛,其形长丈六尺而黄金色。"帝于是遣使天竺问佛道法,遂于中国图画形象焉。楚王英始信其术,中国因此颇有奉其道者。后桓帝好神,数祀浮图、老子,百姓稍有奉

---

① 《资治通鉴》卷四五《汉纪三十七》,汉孝明帝永平八年十月,第1447页。
② 《后汉书》卷四二《光武十王·楚王英传》,第1428页。

者,后遂转盛。①

因为桓帝好佛,"上行下效",百姓开始信仰佛教。《三国志·吴书·刘繇传》,记载了汉献帝时期江南一带佛教信仰盛况:

> 笮融……乃大起浮图祠,以铜为人,黄金涂身,衣以锦采。垂铜槃九重,下为重楼阁道,可容三千余人,悉课读佛经,令界内及旁郡人有好佛者听受道,复其他役以招致之,由此远近前后至者五千余人户。每浴佛,多设酒饭,布席于路,经数十里,民人来观及就食者且万人,费以巨亿计。②

《后汉书·陶谦传》记载同一件事时文字更为详尽:

> 初,同郡人笮融,聚众数百,往依于谦,谦使督广陵、下邳、彭城运粮。遂断三郡委输,大起浮屠寺。上累金盘,下为重楼,又堂阁周回,可容三千许人,作黄金涂像,衣以锦彩。每浴佛,辄多设饮饭,布席于路,其有就食及观者且万余人。③

笮融铸造佛像的时间,是东汉献帝时期。"笮融起浮屠,铸金身,布路席"成为中国佛教史上最早的造像记录。

魏收《魏书·释老志》总览总括汉代佛教记载与传说,叙述如下:

---

① 《后汉书》卷八八《西域传》,第 2922 页。
② 《三国志》卷四九《吴书·笮融传》,第 1185 页。
③ 《后汉书》卷七三《陶谦传》,第 2368 页。

> 汉武元狩中，遣霍去病讨匈奴，至皋兰，过居延，斩首大获。昆邪王杀休屠王，将其众五万来降。获其金人，帝以为大神，列于甘泉宫。金人率长丈余，不祭祀，但烧香礼拜而已。此则佛道流通之渐也。及开西域，遣张骞使大夏还，传其旁有身毒国，一名天竺，始闻有浮屠之教。哀帝元寿元年，博士弟子秦景宪受大月氏王使伊存口授浮屠经。中土闻之，未之信了也。后孝明帝夜梦金人，项有日光，飞行殿庭，乃访群臣，傅毅始以佛对。帝遣郎中蔡愔、博士弟子秦景等使于天竺，写浮屠遗范。愔仍与沙门摄摩腾、竺法兰东还洛阳。中国有沙门及跪拜之法，自此始也。愔又得佛经四十二章及释迦立像。明帝令画工图佛像，置清凉台及显节陵上，经缄于兰台石室。愔之还也，以白马负经而至，汉因立白马寺于洛城雍门西。摩腾、法兰咸卒于此寺。①

魏收此论，大有"集诸家所论，成一家之言"的意味，它叙述的几乎是汉代佛教传入中国的整个历史过程。如魏收所言，则在汉武帝时代，中土不但已知佛教造像，并知身毒国（印度）有佛法流传，与阿育王弘扬佛法的历史相吻合②。

三国时，支谦在孙权支持下，于东吴创建初寺，有所谓"以始有佛寺，故号为建初寺，因名其地佛陀里，由是江左佛法大兴"③之说。《出三藏记集》记载此事时说，孙权不相信佛舍利的神异，康僧会烧香礼请，经三七日，舍利真的出现，命力士用铁槌击打，都不碎裂。

---

① 《魏书》卷一一三《释老志》，第 3025—3026 页。
② 汤洪:《"峨眉"语源考》，《复旦学报（社会科学版）》，2017 年第 6 期。
③ 〔梁〕慧皎撰:《高僧传》卷一《康僧会传附支谦传》，《大正藏》第 50 册，第 325 页。

孙权大为叹服,立建初寺,命寺地为佛陀里①。

西晋怀帝永嘉四年,西域名僧佛图澄来到洛阳,后赵皇帝石勒奉其为国师,称"大和尚",四十年间,佛教在北方迅速传播,"中州胡晋,略皆奉佛"。佛图澄为中国佛教史上第一位国师级的高僧。其弟子道安,有"不依国主则法事不立"之名句②。

东晋初年,晋明帝曾经手绘佛像,经像至成帝时尚存。《晋书·蔡谟传》有"乐贤堂有先帝手画佛象,经历寇难,而此堂犹存"的记载,然又有"佛者,夷狄之俗,非经典之制"的说法③,说明成帝时期,不少士大夫依然将佛教看作"胡俗",鄙视其为外来的宗教信仰。

总之,佛法于汉代来华,但其真正的大规模传入,当是魏晋之际。汉魏时期,有关佛教的汉文记载并不多见。寥寥数条史料在不同史籍,甚至是同一载籍中反复出现。汉代,佛教为外来宗教,信仰佛教是"胡俗"。后世有关汉代佛教的论述多认为,当时人们对于佛教的理解多不完整,将佛陀视作西王母所在西方神仙世界中的众仙之一,并附会诸多幻术、魔术之类的神技。

第二节　佛教传入西南夷

1920年代,法国人伯希和《牟子考》指出:"当纪元一世纪时,云南及缅甸之通道,二世纪时交州南海之通道,亦得为佛法输入所

---

① 苏晋仁等点校:《出三藏记集》卷六,中华书局,1995年,第254页。
② 〔梁〕慧皎撰:《高僧传》卷九《佛图澄传》,《大正藏》第50册,第385、387页。
③ 《晋书》卷七七《蔡谟传》,第2035页。

必经。"① 伯希和甚至认为,摄摩腾和竺法兰二人,亦取道伊洛瓦底江上游、云南而至中国内地②。梁启超、胡适、冯承钧、吕思勉都倾向于"佛法来自南方"的观点③。任继愈《中国佛教史》亦认为,"蜀地佛教更大的可能是通过云南输入"④。上述有关中国早期佛教渊源的论说,多为研究者引述,为学界所熟悉。只是彼时考古发现不足以"证明"文献记载与学者们的"假说"罢了。

1990年代,随着"早期佛教造像南方系统"相关研究的开展,中国佛教"先由南方传入"的观点受到重视。于是有的研究者指出,早期佛教输入中国的通道既有北方"丝绸之路",还有南方海路与南方陆上丝绸之路(西南大通道)⑤。

一、佛教自永昌徼外传来

我们在本书第二章《汉代在西南夷设置的边郡与属国》中,厘清了益州西部属国与永昌郡设置的过程,正如《后汉书·明帝纪》所载,永平十二年(69),罢益州西部都尉,置永昌郡⑥。班固《东都赋》称之为"绥哀牢,开永昌,春王三朝,会同汉京。是日也,天子

---

① 〔法〕伯希和著,冯承钧译:《牟子考》,周叔迦编撰、周绍良新编:《牟子丛残新编》,上海书店,2001年,第91—114页。
② 〔法〕伯希和著,冯承钧译:《郑和下西洋考 交广印度两道考》,上海古籍出版社,2014年,第184页。
③ 梁启超:《佛学研究十八篇·佛教之初输入》,中华书局,1988年,第19—20页;吕思勉:《秦汉史》,上海古籍出版社,2005年,第752页。
④ 任继愈:《中国佛教史》,中国社会科学出版社,1981年,第185页。
⑤ 何志国、李凡:《早期佛教初传中国南方之路京都中日学术讨论会综述》,《四川文物》,1995年第1期。
⑥ 《后汉书》卷二《明帝纪》,第114页。

受四海之图籍,膺万国之贡珍,内抚诸夏,外接百蛮……"①

东汉永昌郡的西界已达今缅甸伊洛瓦底江流域②,因此,《华阳国志·南中志》说"身毒国,蜀之西南,今永昌郡(徼外)是也"③。东汉王朝以永昌郡为西南重镇,招徕邻近诸国、各部。史籍称永昌"有闽濮、鸠僚、僄、躲濮、身毒之民"就是例证④。东汉时期,经由永昌郡陆路通道内属、奉贡的徼外夷人络绎不绝:

建武二十七年(51)哀牢王贤栗等率种人内属。

永平十二年(69)哀牢王柳貌遣子率种人内属。⑤

永元六年(94)永昌徼外敦忍乙国入贡、九年掸国王入贡。

永元九年永昌徼外蛮夷及掸国重译奉贡。

永初元年(107)永昌徼外僬侥夷入贡。

元初中(114—120),日南徼外擅国献幻人。⑥

永宁元年(120)永昌徼外掸国王朝贺献乐,有海西大秦幻人。⑦

---

① 《后汉书》卷四〇《班彪列传》,第 1364 页。
② 方国瑜:《中国西南历史地理考释》,第 214 页。
③ 《华阳国志校补图注》,第 285 页。
④ 《华阳国志校补图注》,第 285 页。
⑤ 《后汉书》卷八六《西南夷列传》,第 2848—2849 页。方国瑜认为,《华阳国志》所载永昌郡哀牢人"以桐华布覆亡人,然后服之,乃卖与人"的风俗,来自佛教用布"覆亡人然后服之"习惯。参见方国瑜:《云南与印度缅甸之古代交通》,《西南边疆》,1941 年第 12 期。
⑥ 〔晋〕袁宏撰:《后汉纪》卷一五《殇帝纪》,方国瑜主编:《云南史料丛刊》第一卷,第 75 页。
⑦ 《后汉书》卷四《和帝纪》,第 177、183 页;卷五《安帝纪》,第 207、231 页。

第十四章 西南夷与中国早期佛教

> 永建六年（131）叶调国掸国,遣使诣阙贡献。①
>
> 延熹二年（159）身毒国从日南徼外来献。
>
> 延熹四年身毒国频从日南徼外来献。②

上述史料中的掸国、擅国指今缅甸；身毒国为汉代印度之称名；大秦或海西大秦指当时的罗马帝国；叶调国与僬侥夷均在东南亚一带。

我们在第十三章《西王母信仰在西南夷的流传》中曾指出，汉代，随着人们对于"西方世界"认知的拓展，许多与佛教相关的西方文化因素，如佛像、胡人、西域物产、有翼神兽、西域杂技、歌舞、幻术等进入汉人的视野并附会到汉人的西方信仰中。西域传来的大秦幻人、幻术与杂技，多见于当时文献记载。

《后汉书·西南夷列传》说：

> 永宁元年，掸国王雍由调复遣使者诣阙朝贺，献乐及幻人，能变化吐火，自支解，易牛马头。又善跳丸，数乃至千。自言我海西人。海西即大秦也，掸国西南通大秦。明年元会，安帝作乐于庭，封雍由调为汉大都尉，赐印绶、金银、彩缯各有差。③

此类乐舞、幻术是单纯的"杂技"，还是"释氏之乐"？张衡《西京赋》对幻术描述如下：

---

① 《东观汉记校注》卷三《安帝纪 顺帝纪》，第112页。
② 《后汉书》卷八八《西域传》："天竺国一名身毒……修浮屠道……和帝时,数遣使贡献,后西域反畔,乃绝。至桓帝延熹二年、四年频从日南徼外来献。"（第2921—2922页）
③ 《后汉书》卷八六《西南夷列传》，第2851页。

> 大驾乎平乐,张甲乙而袭翠被。……临迥望之广场,程角抵之妙戏。乌获扛鼎,都卢寻橦。冲狭燕濯,胸突铦锋。跳丸剑之挥霍,走索上而相逢。……白象行孕,垂鼻辚囷。海鳞变而成龙,状蜿蜿以蝹蝹。含(舍)利颬颬,化为仙车。骊驾四鹿,芝盖九葩。蟾蜍与龟,水人弄蛇。奇幻倏忽,易貌分形。吞刀吐火,云雾杳冥。画地成川,流渭通泾。……眳藐流眄,一顾倾城。展季桑门,谁能不营?①

何志国认为,《西京赋》所记载的表演中,"桑门""白象行孕""舍利""易貌分形、吞刀吐火"与佛教有关,"水人弄蛇"是印度的文化习惯。东汉外来杂技、幻术很可能由游方僧人从印度经蜀身毒道而非西域道传入,游僧同时还带来了中国最早的佛像。这些杂技幻术从西南地区先后传入中原和江南地区,成为南北朝佛教行像活动的重要内容②。

掸国进献的乐舞、杂技与幻术在朝堂表演之后,曾引发争议。《后汉书·陈禅传》记载:

> 永宁元年,西南夷掸国王献乐及幻人,能吐火,自肢解,易牛马头。明年元会,作之于庭,安帝与群臣共观,大奇之。禅独离席举手大言曰:"昔齐鲁为夹谷之会,齐作侏儒之乐,仲尼诛之。"又曰:"'放郑声,远佞人。'帝王之庭,不宜设夷狄之技。"尚书陈忠劾奏禅曰:"古者合欢之乐舞于堂,四夷之乐陈

---

① 陈宏天等主编:《昭明文选译注》第一册,吉林文史出版社,1987年,第102—103页。
② 何志国:《东汉外来杂技幻术与佛像关系及影响》,《民族艺术》,2016年第1期。

第十四章　西南夷与中国早期佛教

于门,故《诗》云'以《雅》以《南》,《韎任朱离》'。今掸国越流沙,逾县度,万里贡献,非郑卫之声,佞人之比,而禅廷讪朝政,请劾禅下狱。"有诏勿收,左转为玄菟候城障尉。诏:"敢不之官,上妻子从者名。"①

陈禅因"廷讪朝政",妄议"四夷之乐"而遭贬官。上述文献所记载奉献乐舞与幻术的掸国,是通过永昌郡,经由陆路先至益州(蜀郡),最终到达洛阳。《三国志·魏书》记载大秦幻人时说:

大秦国……俗多奇幻,口中出火,自缚自解,跳十二丸巧妙……大秦道既从海北陆通,又循海而南,与交趾七郡外夷比。又有水道通益州、永昌,故永昌出异物。前世但论有水道,不知有陆路,今其略如此。②

任乃强先生认为,永昌一路,西通印度,为三千年前蜀国商人所开,印度的佛教徒,亦随之进入于我国之滇僰民族地区。永昌西界有"蜀贾入市"见于《史记·大宛列传》与《汉书·西域传》。印度商人与闽濮、鸠僚、僄、躶濮等族群皆来交接商品于此。此永昌有"身毒之民"③。此即任乃强先生"佛教汉代由印度入滇,继而传到蜀川"的观点④。

---

① 《后汉书》卷五一《陈禅传》,第 1685 页。
② 《三国志》卷三〇《魏书·乌丸鲜卑东夷传》裴松之注引《魏略》,第 860—861 页。
③ 《华阳国志校补图注》,第 285—290 页。
④ 《华阳国志校补图注》,第 247—249 页。

二、西南夷是早期佛教流行之地

汉晋时期,西南夷是中国早期佛教流行的主要地区。迄今为止,西南夷东汉晚期到三国、两晋时期的墓葬之中,发现数十处早期佛教造像以及莲花纹饰,这是目前中国境内年代最早、发现数量最多的佛教造像,它们很可能代表了中国内地最早阶段的佛教造像①。鉴于两汉时期北方、中原地区的佛教刚传入不久,且不见大规模的佛像建造活动,因此,西南地区早期佛教并不是通过中原南传而来,而是通过西南夷从印度直接传入②。

西南夷发现的早期佛教造像,大多出自东汉时期的汉式墓葬中,既有单尊的陶佛像,亦有"摇钱树佛像",还有胡人吹箫俑。两晋南北朝时期的汉式墓葬,则在券顶藻井上雕刻莲花图案,壁画内多有莲蕊、云气、飞天、日月、四神等题材。有研究者指出,从佛像在墓葬中的位置判断,西南夷早期佛教造像很可能被视为西方仙境的神明。

如前所述,随着人们对"西方"认识的增进和西域佛教的传播,人们意识到原来佛陀就是西方之神,西域幻术与杂技,只不过是佛教的"法术"而已,于是尝试着用佛像来替换西王母像,或者把幻术置于西王母信仰体系之内。虽然此时佛像的意义对于一般民众来说还只是原来西王母信仰的延续,但人们长期以来对西方之神的信仰无疑为佛教的传入准备了主观条件,而早期佛教在中国的传播显然也有意利用了中国人原有的这种"西方信仰"③。

---

① 罗二虎:《论中国西南地区早期佛像》,《考古》,2005年第6期。
② 汤洪:《"峨眉"语源考》,《复旦学报(社会科学版)》,2017年第6期。
③ 王煜:《昆仑、天门、西王母与天帝——试论汉代的"西方信仰"》,《文史哲》,2020年第4期。

第三节　西南夷考古发现的佛教造像

西南夷考古发现中,出土了相当数量的陶佛像、铜佛像、石刻佛像,胡人俑,还有飞天、莲花、法轮、缠枝纹饰等佛教造像与图案,说明东汉中晚期佛教造像已经深刻影响西南夷宗教信仰与丧葬礼俗[①]。

西南夷考古发现的佛教造像,突破了文献记载里汉代中国佛教造像的时间上限,为探讨佛教传入中国的时间与路径,提供了更多可靠的实物史料。从考古发现而言,川渝地区、贵州以及云南发现的汉代佛教造像,分布地点集中于西南夷故地,即川南、川西南、黔西及滇东、滇池区域、洱海区域、澜沧江流域,与此相关联的荆楚、汉中等地亦有发现。这一地理范围,正是本书所讨论的西南夷及其周边区域。西南夷特殊的地理区位,使它成为佛教传入中国的关键区域。

一、犍为属国(朱提郡)、牂牁郡、越嶲郡发现的东汉佛教造像

滇东、黔西、川西南地区,是汉代犍为属国(朱提郡)、牂牁郡、越嶲郡故地,此区域内发现的汉代佛教造像较为集中,少数遗迹、遗物有明确的年号与纪年,为佛教造像提供了可靠的断代依据。

昭通地区是汉式墓葬(梁堆)分布密集之地,早在20世纪初叶,这里的"梁堆"墓考古发现引起国内学术界的关注,当时发现的"孟孝琚碑"、朱提堂狼铜洗、青铜摇钱树等文物,一时间成为学术界的热门话题。

《新纂云南通志·金石考》记载说:民国二十六年(1937),昭通

---

① 罗二虎:《论中国西南地区早期佛像》,《考古》,2005年第6期。

图14—1 昭通汉墓出土建初九年摇钱树座铭文(采自《新纂云南通志》)

城东八里曹家老包"梁堆"墓中,出土一件锥形石碑,碑四面刻文与画像,顶部有孔。分别刻画龟、蛇、鹤、凤与"建初九口三月戊子造"铭文(图14—1)。碑高六寸五分,每边八寸五分。"建初"为东汉章帝刘炟年号,建初九年当公元84年。此石刻后来被证实是摇钱树座。

据调查,出土建初石刻的曹家老包"梁堆"墓中,曾发现铜佛像一座、摇钱树枝若干。佛像下有柄,恰可插入此石刻树座顶部的孔中①。后来在相邻的贵州清镇等多处发现此类"摇钱树杆铜佛像"②,可证《新纂云南通志》所载建初九年石刻摇钱树有佛像,并非虚妄之言。

2000年,昭通水富县东汉崖墓考古发掘,出土早期佛陀造像一尊。此像现藏于昭通市博物馆。像为陶质,波状卷发,面容圆润,双目微闭,高鼻深目,身穿通体大衣,向下形成五重U形衣纹。造像右手施无畏印,左手握衣角,V形衣领,结跏趺坐③。头顶有残断

---

① 《新纂云南通志·金石考》记载:"昭通民众教育馆园丁林发贵,归其庄上曹家老包,距昭通城东十里,掘'梁堆'遗址,深数尺,得石一方,整块涂有朱色,因雇人取来,乃汉代造像画刻,顶凿一孔,据园工自述,数年前曾于其地掘获铜佛一尊,下有柄,恰可插入此石孔中,则此刻乃汉代佛像座子,足证佛教传入中国,云南早已波及,或由印度经云南方入中国亦未可知,待以后继出古物证明。"(《新纂云南通志》(五),第22—25页)
② 贵州省博物馆:《贵州清镇平坝汉墓发掘报告》,《考古学报》,1959年第1期。
③ 云南省文物考古研究所等:《昭通水富县楼坝崖墓发掘报告》,《云南考古报告集(之二)》。

的圆柱。此造像被定名为"昭通东汉陶佛像",云南省博物馆编《妙香秘境》一书,首页即刊登了此佛像照片①。它是中国早期佛教造像由西南夷传入的重要证据②。

2012年,宜宾南溪长顺坡崖墓,出土一件陶佛像,像高27.8厘米,结跏趺坐,坐于梯形高台之上。波状卷发,双眼微合,隆鼻,面相圆润,略带微笑;身着通肩大衣,U形衣纹;右手施无畏印,左手握住衣角。头顶有明显的残断痕迹。属于早期佛陀造像③。

2013年,泸州市博物馆公布了该馆收藏的一件东汉陶佛像灯台。此物1980年代出土于市内建筑工地的古墓之中,由底座、佛像与灯盏三部分组成,通高35.2厘米。底部为梯形台座,台座正中饰一朵盛开的莲花;中部为结跏趺坐佛像,上部为置于佛像头顶、肩部的三个灯盘④。造像手势不明,波状卷发,双眼微合,颧骨突出,鼻子高大,面部宽阔,略带微笑;身着通肩长衣,V形领,U字衣纹。属于早期佛陀造像⑤(图14—2)。

上述三件陶佛像,前两件出土于崖墓,后一件发现于砖室墓,时代均为东汉时期。通过比对,研究者认为,泸州陶灯台佛像为其原型,即所谓的陶佛像并非独立佛像,而是陶灯台的一部分。研究者认为,昭通水富陶佛像头顶上残存的圆柱,是圆形灯柱,但灯盏

---

① 云南省博物馆编:《妙香秘境:云南佛教艺术展》,云南民族出版社,2018年,第1页。
② 何志国、李莎:《从昭通东汉佛像看中国早期佛像的来源》,《民族艺术》,2008年第4期。
③ 四川省文物考古研究院:《天府皕宝图——四川省文物考古研究院60年出土文物选粹》,文物出版社,2013年,第107页。
④ 邹西丹:《泸州市博物馆藏东汉陶佛像灯台略考》,《四川文物》,2013年第2期。
⑤ 苏奎:《长江上游汉代佛像陶灯研究》,《长江文明》,2017年第2期。

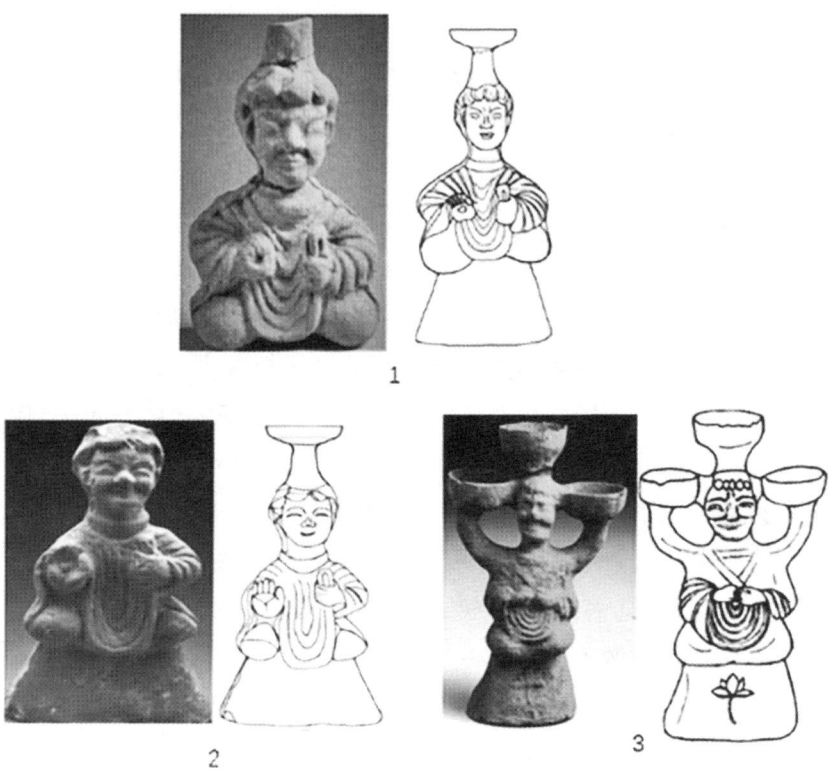

图14—2　滇北川南考古发现的东汉陶佛像：
1.水富崖墓陶佛像；2.宜宾长溪崖墓陶佛像；3.泸州东汉陶灯台佛像
（采自云南省博物馆编《妙香秘境：云南佛教艺术展》、苏奎《长江上游汉代佛像陶灯研究》、邹西丹《泸州市博物馆藏东汉陶佛像灯台略考》）

已失；此佛像应该还有一个梯形的台座。宜宾南溪陶佛像头顶的残断部分，是带支柱的灯盘，此像同属于陶灯台佛像的范畴[①]。

云南昭通水富县与四川宜宾市相邻，与泸州、乐山、彭山相近，

[①] 何志国：《泸州与昭通东汉陶灯座佛像比较研究》，《中国美术研究》，2015年第15期；苏奎：《长江上游汉代佛像陶灯研究》，《长江文明》，2017年第2期。

所处地理区位,为长江沿岸地带,是汉代犍为郡属地。此三件东汉陶灯台佛像的发现,说明汉代犍为郡是中国早期佛教的流行之地①。关于上述三处陶灯台佛像的来源,曾一度引发讨论。何志国认为,上述造像是我国最早的陶佛像,风格明显受到印度初期佛教造像的影响,其传入路线是"滇缅道",它对长江中下游吴晋时期陶瓷佛像和北方魏晋十六国时期铜佛像产生了影响②。

与此地相近的四川彭山汉墓中,发现了带佛像的摇钱树座③,而"下有柄,可插入孔中"的铜佛像,多发现于西南夷汉墓出土摇钱树干上,证明曹家老包"梁堆"墓出土的"建初石刻"与共出的摇钱树枝本应是一体④。如果《新纂云南通志》所记不虚,则此"建初摇钱树铜佛造像"就是目前所知纪年最早的佛教造像了。

1960年,云南省文物工作队,在昭通城东两公里处的桂家院子进行考古发掘,对"村子前后十多座大土冢"中的两个墓室进行清理,其中的一号墓室,保存较好,出土器物完整。在墓室西壁之下,发现一株摇钱树。陶座,木质主干,枝叶之中,有三龙抱柱、龙与人物、龙与璧枝叶、持节方士、凤鸟碧枝叶、蟾蜍、二莲并蒂以及"钱生莲"等图像。

"钱生莲"是摇钱树的顶枝,两枝并蒂莲花,左右伸展,托起七枚方孔圆钱,大者居中,六枚小钱环绕其左右,大钱正上方,径直生

---

① 云南省博物馆编:《妙香秘境:云南佛教艺术展》,第1页;何志国、李莎:《从昭通东汉佛像看中国早期佛像的来源》,《民族艺术》,2008年第4期。
② 何志国、李莎:《从昭通东汉佛像看中国早期佛像的来源》,《民族艺术》,2008年第6期。
③ 高文、王建纬:《摇钱树和摇钱树座考》,《四川文物》,1998年第6期;何志国:《南京博物院藏彭山陶座佛像考》,《东南文化》,2013年第5期。
④ 何志国:《摇钱树内涵溯源》,《中华文化论坛》,2000年第4期。

出一枝莲花,形成"二莲枝托七钱,钱上生莲花"的图像(图14—3)①。七枚方孔圆钱铸满莲枝纹饰。此图像或许隐喻步步生莲,或为莲花七佛造像,当然也可能是西王母信仰中的天门造像。

1950年代,与昭通相邻的贵州清镇发掘了一批汉墓,其中清镇十一号墓是石室墓,封土堆下有南北两个墓室。残存的随葬品包括五铢钱、铜盘,还有"铜人像"摇钱树枝(图14—4)②。经罗二虎辨认,"铜人像"属早期佛教造像。摇钱树杆与树枝上的两尊早期佛像,至今仍清晰可见。清镇属于汉代牂牁郡地,由此可知东汉末年,佛教已经传入夜郎故地。其传入的路径,很可能是从印度经缅

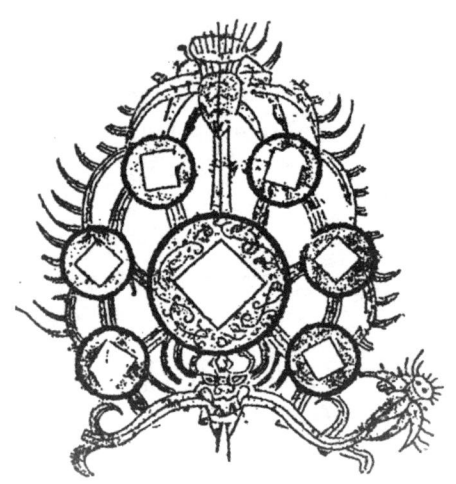

图14—3 昭通桂家院子汉墓出土莲花钱纹摇钱树枝(采自《云南昭通桂家院子东汉墓发掘》)

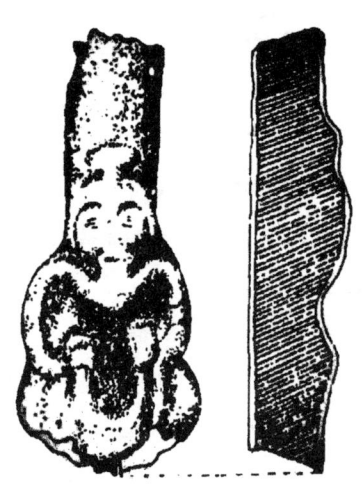

图14—4 清镇汉墓出土摇钱树干佛像(采自《贵州清镇平坝汉墓发掘报告》)

---

① 云南省文物工作队:《云南昭通桂家院子东汉墓发掘》,《考古》,1962年第8期。
② 贵州省博物馆:《贵州清镇平坝汉墓发掘报告》,《考古学报》,1959年第1期。

甸、云南而传入今贵州①。

2007年至2008年的考古发掘中,贵州省文物考古部门对务川县大坪汉墓群进行抢救性清理,在第十号砖室墓内,出土一件带佛像的摇钱树残件。佛像保存较好,结跏趺坐,左手提衣襟,右手施无畏印,顶有肉髻,高鼻大眼,面容丰润,着右衽圆领衣,其纹理清晰可见。发掘者认为该佛像与丰都延光四年砖墓中所出者、安县文管所收藏者十分相似②。

汉代越嶲郡治,今四川西昌的杨家山一号东汉墓出土摇钱树一件。此树由铜制的树冠、树干、树枝、插饰和空心铁管组成。共分八层,其中树冠二层、树干五层、铁管一层。五件树干的顶端都有四个呈"十"字交叉分布的插口,用于插树枝。插饰则插于树枝上,最下一层树干插入铁管中。整个摇钱树宽46厘米、通高127厘米。此摇钱树有"叶似桃叶,花似莲花"的树冠③。

二、犍为郡、巴郡发现的早期佛教造像

今四川南部,包括泸州、自贡、宜宾、乐山、内江、彭山等地,主要属于汉代犍为郡,此区域内发现的佛教造较多。四川盆地东部的汉代巴郡、黔中郡故地,亦发现不少佛教造像,包括乐山麻浩崖墓中的佛像石雕④、乐山柿子湾墓中的石刻佛像⑤、绵阳何家山一

---

① 罗二虎:《略论贵州清镇汉墓出土的早期佛像》,《四川文物》,2001年第2期。
② 李飞等:《贵州务川大坪汉墓群第一期发掘出土大量朱砂》,《中国文物报》,2008年5月9日。
③ 四川省凉山彝族自治州博物馆:《四川西昌市杨家山一号东汉墓》,《考古》,2007年第5期。
④ 李复华、曹丹:《乐山汉代崖墓石刻》,《文物》,1956年第5期。
⑤ 俞伟超:《东汉佛教图像考》,《文物》,1980年第5期。

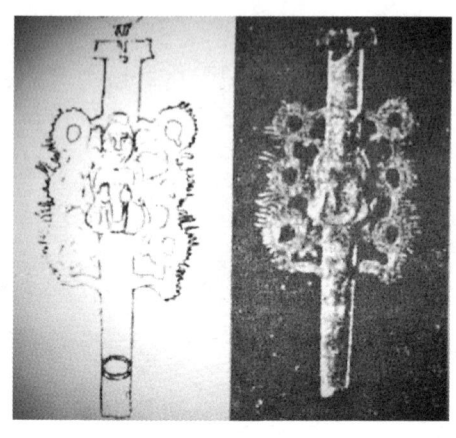

图14—5 忠县三国摇钱树佛像（采自《四川三国时期的画像与佛像》）

号墓青铜摇钱树上的五身佛像[1]、什邡汉墓画像砖上的佛塔和菩提树[2]、彭山崖墓陶摇钱树座上的佛像[3]，以及重庆忠县涂井蜀汉时期的崖墓摇钱树佛像（图14—5），等等[4]。此外还有学者注意到了芦山汉墓的青铜佛像、宜宾黄塔山汉墓的坐佛像、南溪汉墓的浮雕佛像遗迹[5]。罗二虎、何志国、段玉明诸先生对此多有讨论。

2001年底，重庆丰都县东汉延光四年（125）砖室墓出土了一尊摇钱树佛像。何志国说，丰都佛教造像比文献记载中的"笮融造像"早七十年，它把我国佛教造像的年代，推早到东汉中期，接近于印度佛像起源年代[6]。童恩正提出古印度文化与中国西南文化之间，存在双向互动的关系，"印度佛教文化受到西南文化影响"的观

---

[1] 何志国：《四川绵阳何家山1号东汉崖墓清理简报》，《文物》，1991年第3期。
[2] 谢志成：《四川汉代画像砖上的佛塔画像》，《四川文物》，1987年第4期。
[3] 南京博物院：《四川彭山汉代崖墓》，文物出版社，1991年，第37页。
[4] 赵殿增、袁曙光：《四川忠县铜佛像及铜摇钱树研究》，《东南文化》，1991年第5期；赵殿增、袁曙光：《四川三国时期的画像与佛像》，《四川文物》，2003年第4期。
[5] 邓廷良：《丝路文化》，浙江人民出版社，1995年，第137页。
[6] 何志国：《丰都东汉纪年墓出土佛的重要意义》，《中国文物报》，2002年5月3日。

点,似乎得到印证①。

四川三台县出土的摇钱树,树干为青铜铸造,共计六节,每节树干中央铸佛像一尊,共有六尊。佛像头顶有肉髻,头后有项光,两眼微合,上唇有口髭,穿圆领衣,U形衣纹。左手拳握衣角下垂,右手掌心向外,施无畏印,结跏趺坐。佛像两侧各纵列三枚方孔圆钱,相互连接,与佛像连为一体②。

从上述考古发现可知,西南夷及其周边地区发现的东汉佛像,其造像特征几乎都是头顶有肉髻,波状卷发,头后有项光,高鼻大眼,面容丰润,穿通肩长衣,U形衣纹,左手握衣角,右手施无畏印,结跏趺坐,表现出相当程度的一致性,形成地域性特色,由此甚至可以称之为"西南夷佛教造像"。西南夷佛教造像,整体上接近印度早期佛教遗像,风格上既有犍陀罗风格,亦有秣菟罗的元素。

三、西南夷发现的胡人吹箫俑

有研究表明,公元前2至前1世纪,中印度桑奇第一塔北门西柱,各国参拜者雕像中的两躯尖顶红帽胡人形象,被认为是最早与佛教有关的案例。其后"尖顶红帽胡人像"多出于印度佛教造像的南方系统——秣菟罗系统③。

西南夷汉代胡人俑,主要见于牂牁郡、益州郡、越巂郡故地汉式墓中,是一种头戴尖顶红帽,双手持箫吹奏的胡人伎乐俑。胡人吹箫俑多作为伎乐俑成组出现,有时也作为陶房、陶楼的附件,出

---

① 童恩正:《古代中国南方与印度交通的考古学研究》,《考古》,1999年第4期。
② 何志国、陈丽群:《重庆国友博物馆收藏的东汉佛像摇钱树》,《华夏考古》,2008年第4期。
③ 何志国、李凡:《早期佛教初传中国南方之路京都中日学术讨论会综述》,《四川文物》,1995年第1期。

现在随葬的楼房之上。从造像风格、人物形象判断,西南夷出土的"尖顶红帽胡人"与同期岭南地区的胡人俑形象差别较大,与北方的胡人形象亦明显不同。

西南夷汉墓中的胡人吹箫俑,往往与摇钱树、佛像共出,说明胡人吹箫俑与佛教关系密切。当然,也说明西南夷与域外胡人的交往密切,胡乐、胡舞等西方伎艺,成为彼时的社会时尚。

1990年,大理下关东汉熹平年(172—178)墓出土胡人吹箫俑一组七件。胡俑大小形制相同,均出自陶楼之上。吹箫俑头戴红色尖顶帽,高鼻深目,颧骨凸现,眉毛宽厚,是典型的胡人俑(图14—6)。七件都双手持箫,作吹奏状。发掘报告认为,陶楼中代表墓主的男女俑悠然自得,凭栏远眺;吹箫俑则坐在楼廊两端吹奏,以供主人享乐,彼此间的主从关系十分明确。发掘报告之所以特别强调吹箫俑"来自陶楼","供主人享乐",言下之意是此七件吹箫俑,与佛教色彩的"胡人俑"无关[1]。事实上,如前所述,汉代胡人

图14—6　大理熹平年汉墓出土胡人吹箫俑(作者摄)

---

[1] 大理州文物管理所:《云南大理市下关城北东汉纪年墓》,《考古》,1997年第4期。

乐舞、西域幻术与杂技的流行与佛教有莫大的渊源。此吹箫胡俑，应是尖顶红帽胡人像，是早期佛教造像的一种，很有可能是吹奏梵音的乐舞俑①。研究者认为，西南夷汉式墓葬随葬陶屋廊下和屋脊上排列整齐或按一定方位奏乐的胡人，应视为正在进行一种为死者祈祷冥福的佛教仪式②。云南保山汉庄汪官营蜀汉延熹十六年（253）墓，亦发现类似的陶质胡僧头像，则说明西南夷胡人造像，延续的时间较长③。

1999年，贵州兴仁交乐十九号汉墓出土一件吹箫俑（图14—7）。吹箫俑为男俑，高36厘米，宽20厘米。泥质灰陶，跽坐，中空，头和身分塑，套合成形。双手执箫，上端与唇相连，下端置于两膝之间，中间部分残断。头戴圆锥形尖顶高冠，帽沿饰联珠纹一圈。造像隆鼻大眼，双耳戴环状耳饰。右手掌残缺，左手持箫，作吹奏状。此俑很明显是来自西域的胡人④。

2000年，昭通水富县楼坝崖墓出土数量较多的陶人俑，其中有胡人吹箫俑一件（图14—8），头戴尖顶帽，隆鼻深目，双耳下垂，两眼作闭目状，面容丰腴，着双重宽袖衣。双手握箫，作口吹箫状。此陶俑与大理熹平年墓出土胡人俑相似度极高，是典型的"胡人吹箫"形象⑤。

重庆忠县花灯坟墓群出土胡人俑一件，陶俑头戴尖顶小帽，

---

① 李朝真：《云南大理东汉墓中发现的胡俑》，《东南文化》，1991年第6期。
② 吴焯：《四川早期佛教遗物及其年代与传播途径的考察》，《文物》，1992年第11期。
③ 王海涛：《云南佛教史》，云南美术出版社，2001年，第76—83页。
④ 贵州省文物考古研究所：《贵州兴仁县交乐十九号汉墓》，《考古》，2004年第3期。
⑤ 云南省文物考古研究所等：《昭通水富县楼坝崖墓发掘报告》，《云南考古报告集（之二）》。

图14—7 兴仁交乐汉墓出土胡人吹箫俑
（采自《贵州兴仁交乐十九号汉墓》）

图14—8 水富崖墓出土胡人吹箫俑
（采自《昭通水富县楼坝崖墓发掘报告》）

身着交领长服，两手竖执长箫。上端紧贴唇作直吹状，下端抵地，人物头发卷曲，面部深目高鼻，颧骨突出，具有典型的胡人形象特征[1]。

2000年以来，在三峡考古中，重庆丰都东汉至蜀汉时期的墓葬出土了数量较多的胡人吹箫俑[2]。

岭南地区出土过数量不少的汉代胡人俑，譬如广西贵县[3]、合

---

[1] 明建：《忠州文物·东汉吹箫胡俑》，忠州新闻网，2018年4月24日。
[2] 参见重庆市文物局、重庆市移民局：《重庆库区考古报告集》，1997年卷、1998年卷、1999年卷、2000年卷、2001年卷，科学出版社，2001—2007年。
[3] 广西文物工作队：《广西贵县风流岭三十一号西汉墓清理简报》，《考古》，1984年第1期；广西文物管理委员会：《广西贵县汉墓的清理》，《考古学报》，1957年第1期，图版壹：10。

浦①、兴安②、梧州③、昭平④、广东顺德、广州⑤等地都发现过胡人俑形象,多作深目高鼻,刻划络缌胡须,形象与西南夷胡人像有别。

陕西宝鸡汉墓出土摇钱树树枝佛像,佛像的左右二胁士为"尖顶红帽胡人"形象,证明尖顶红帽胡人俑与佛教造像具有关联性⑥。

以上考古发现,用今天的行政单元来区隔,分属川渝滇黔等不同省市区。有研究者指出,1940年代以来四川出土的早期佛教造像,其分布地理范围,是集中在"峨眉周边"区域⑦。如果我们把眼光回望至汉代,川南与滇东、黔西同属于犍为郡、牂柯郡、犍为属国（朱提郡）,它们与川西南、滇西北的越嶲郡山水相连,族群相类,文化相似,同属"西南夷"。因此,今天发现的汉代佛教造像与符号,切不可简单地以当下的行政区划,作碎片化的"分省"研究,而应该将"西南夷七郡"视为整体进行考察。惟其如此,方能认识、理解汉代西南夷及其周边地区佛教造像的价值与意义。

---

① 广西文物工作队等:《合浦风门岭汉墓——2003～2005年发掘报告》,科学出版社,2006年,彩版四二:7;广西文物工作队等:《合浦县凸鬼岭汉墓发掘简报》,《广西考古文集》,文物出版社,2004年,278页。
② 广西文物工作队等:《兴安石马坪汉墓》,《广西考古文集》,第247页,图八:16。
③ 梧州市博物馆:《广西梧州市近年出土的一批汉代文物》,《文物》,1977年第2期,图版叁:1。
④ 广西博物馆等:《广西昭平东汉墓》,《考古学报》,1989年第2期,图版八:3—4。
⑤ 广州市文物管理委员会等:《广州汉墓》,文物出版社,1981年;《西汉南越王墓》,文物出版社,1991年。
⑥ 庞乐:《宝鸡郭家崖墓地出土摇钱树已成功修复见证两千年前秦岭蜀道两端文化交流》,西安新闻网,2020年9月12日。
⑦ 汤洪:《"峨眉"语源考》,《复旦学报（社科版）》,2017年第6期。

四、西南夷考古发现中的晋代佛教文化遗迹

西南夷地区,汉代以来的厚葬之风延续到两晋南北朝时期。其时砖、石室墓中有较多佛教流行的证据,重要的考古发现如下:

1963年,昭通县后海东晋太元年间霍氏壁画墓。此墓券顶中部的藻井,是一块边长为32厘米的石块,石块上浮雕直径28厘米的垂莲。在覆斗形藻井上雕刻莲花,这是佛教建筑的标志。此外,在墓的北壁上,有多处莲花、莲枝图像①。有关霍氏墓的佛教题材图案及其意义,发掘报告没有讨论,后来的研究亦较少涉及。

1980年代,昆明官渡区云山村晋墓内,墓室券顶中部方形砂石上,发现一朵浮雕十二瓣大莲花。莲瓣双重,红、黄、黑三色相间,花心有红色莲子,属于石刻莲花藻井。官渡区的一座同类型砖室墓,其墓室券顶正中砂石上,同样雕刻三色莲花。曲靖汉墓亦发现莲花刻石。上述莲花形象,以莲花藻井为代表,被解读为与佛教造像同等重要的早期佛教符号②。

1997年,在陆良三堆子村南北朝"梁堆"墓,墓室券顶中央四方形封顶石上,雕刻精美的藻井图案,中间为二十四瓣莲花浮雕图案,莲花周围由日、月、三足乌、神仙、飞天、龙、鱼、北斗七星、蔓草等图案围绕。整个藻井布局严谨,线条流畅,技法娴熟,是一件非常成熟、刻意而为的作品。发掘报告认为,此中的莲花与飞天形象,是佛教艺术特征的图案③。

---

① 云南省文物工作队:《云南省昭通后海子东晋壁画墓清理简报》,《文物》,1963年第12期。
② 王海涛:《云南佛教史》,第76—83页。
③ 支云华:《陆良三堆子村发现一座南北朝时期墓葬》,《云南文物》,1997年第2期。

1998年,考古工作人员在云南晋宁县古城汉营新村清理了两座"梁堆"墓,一为石室墓,一为砖室墓。石室墓的券顶中央,是特制的正方形藻井石,内刻画莲花及缠枝纹蔓草图案(图14—9)。墓门及四壁石块上均有石刻题记,其中有"太元十六年"(376)纪年①。

图14—9 晋宁东晋墓券顶莲花蔓草纹藻井图案(采自《晋宁县古城汉营新村梁堆墓清理简报》)

《华阳国志·南中志》记载,蜀汉景耀年间(258—263),霍弋任南郡参军,"弋甚善参毗之礼,遂代宇(阎宇)为监军、安南将军。抚和异俗,为之立法施教,轻重允当,夷晋安之"。任乃强认为:"参毗之礼,盖佛教密法之一种仪式,其佛称毗庐佛,不曰释迦,盖甚原始之佛教也。由印、缅传入南中甚早……信奉者主要为僰民与氐叟,亦有汉民。"由于佛教是自印度阿萨姆传入永昌,然后经滇、邛、夜郎之商道,进入蜀地,永昌郡成为信奉佛法最早之地。霍弋"善参毗之礼",应该与其任永昌郡太守有关。任先生说:"魏晋世佛法尚未入蜀时,早期之印度佛法,即已流行于南中各阶层人物间……此其道故能自(印度)阿萨姆至永昌,经滇、邛、夜郎之商道来矣。世只知明帝迎金人于西域,达摩由海道入东吴者,亦为陋矣。"②

任先生认为,印缅佛法,不习经典,不究义理,但重仪轨。以参

---

① 晋宁县文物管理所:《晋宁县古城汉营新村"梁堆"墓清理简报》,《云南文物》,2007年第1期。
② 《华阳国志校补图注》,第247、325页。

拜规矩法度,锻炼心身,控制意识,以祈福报,故能深入流行于西南夷各族群之中。"夷民既奉此法,则能信赖同奉此法之官绅。霍戈能习其事,故最能得夷民拥戴,从而依其情俗,立法施教,则如水之行原,令行禁止,无不允当矣。"①任先生认为,中国佛教最早由西南夷传入,而且传入的是佛教秘密法,即密教。任先生的观点,不断为考古新发现所证实。

第四节 西南夷与早期佛教传播

一、西南夷佛教对周边地区的影响

有研究者指出,陕南城固出土的摇钱树枝叶佛像,与相邻地区四川安县出土者非常相似,它们可能有共同的渊源②。陕南汉中地区,自古为联结关中、巴蜀、荆楚的枢纽,其文化传统深受巴蜀影响。

陕西城固县文管所收藏一件佛像摇钱树③,佛像位于摇钱树顶部中央,佛像右手施无畏印,左手握衣端,结跏趺坐,白毫相,头顶有肉髻,头后有项光。着通肩衣,衣服的领口部分有略近似于变形莲花纹的装饰。罗二虎认为,此摇钱树佛像,具有明显的西南夷摇钱树佛教造像特征④。何志国进一步指出,城固和安县佛像摇钱树

---

① 《华阳国志校补图注》,第 249 页。
② 何志国:《安县与城固摇钱树佛像的比较研究》,《敦煌研究》,2004 年第 4 期。
③ 王寿芝:《桃都·天鸡·摇钱树》,《中国文物报》,1990 年 9 月 13 日。
④ 罗二虎:《陕西城固出土的钱树佛像及其与四川地区的关系》,《文物》,1998 年第 12 期。

枝叶不仅出自同一"套格",甚至是出于同一模具①。

2017年至2018年,陕西宝鸡郭家崖十五号墓,发现一株摇钱树,经修复后树体完整,底座为三叉状铁质支架,底座中部升起空心柱管,树干即插入此椎形柱管中。树干共五节,每节铸佛像一尊,佛像头顶有高肉髻,头后有椭圆形项光,佛像面部丰满,衣纹清晰,左手拳握衣角,右手施无畏印,结跏趺坐。树干上有纵横交错的五层枝叶,题材有凤鸟、钱纹枝叶、玉璧、神猴等,其中位于第五层枝叶正中的璧与佛像图案虽然略微残破,但是对照以往出土的佛像枝叶,形象依稀可见。佛像两侧各站立两个人,头戴尖顶帽,大眼,高鼻,小人抬头向上似乎在仰视佛像,戴尖帽小人手执莲花藤。佛像两侧以莲花状树叶装饰,树叶顶部各有一朵莲花,花瓣为八瓣,佛与莲花以及戴尖顶帽的小人均以蔓草之属连接②。研究者认为,此佛教造像是随着秦岭蜀道开通,我国西南地区和中原地区文化交流与传播的重要佐证③。

总之,汉晋时期,早期佛教造像、图像流行于西南地区。这些符号与造像,主要出土于东汉至魏晋时期的砖室墓以及同时期的崖墓之中。按照出土物的形态,大致可分为陶佛像、摇钱树佛像与墓葬内石刻佛像、莲花藻井、壁画莲花图像、莲花纹墓砖、法轮纹墓砖等,其时代以东汉、两晋时期为主。而与西南夷地区相近的巴蜀地区、陕南汉中、陇南天水、巴东三峡甚至荆楚湖北等地,其汉晋墓

---

① 何志国:《陕南出土的摇钱树佛教图像》,《中原文物》,2008年第5期。
② 郭青:《快看!东汉"摇钱树"长这样》,《陕西日报》,2020年9月13日,新华社图片。
③ 庞乐:《宝鸡郭家崖墓地出土摇钱树已成功修复见证两千年前秦岭蜀道两端文化交流》,西安新闻网,2020年9月12日。

葬中出土的早期佛教造像,都明显受到西南夷的影响①。

佛教造像的文献记载与考古发现证明,中国南方是早期佛教盛行之地,而它的传播路线,是沿着"西南大通道",自身毒(印度)经由西南夷传入巴蜀,再由巴蜀向周边延伸。西南夷发现的早期佛教造像,是该地区作为汉帝国与西南域外交通联系、文化交流大通道,最先接受"西方文化"的产物。早期佛教造像,是西南地域文化标志性符号之一。

二、西南夷佛教传播的路径

西南夷东汉晚期至三国年间佛教造像及相关符号、器物的发现,已引起了国内外学术界的注意②。相当多的学者认为,佛教传入中国,除了传统的北路外,可能还存在着另一条"南道"。佛教很可能由往返于中国西南部与印度之间古商道上的旅行者或香客们传入,而且时间早于北路③。

任乃强指出,"永昌与阿萨姆之间的中印上古通道",由伊洛瓦底江逆流而上,可至八莫或密支那,到达滇越、永昌,经云南、巴蜀至京都洛阳。胡人的"杂技幻术"藉由此道传入④。

1990年代,阮荣春认为,佛教造像先兴于南方,后盛于北方,而且在公元3世纪前后即存在一条由"中天竺"至长江流域的佛教文化传播路线。佛教从中天竺传入云南,进入四川,沿长江进入中国内地。西南夷及其周边地区发现的早期佛教遗迹,被认为是佛

---

① 何志国:《论西南与湖北早期佛像的关系》,《敦煌研究》,2011年第3期。
② 阮荣春:《"早期佛教造像南传系统"研究概说》,《东南文化》,1991年第3—4期。
③ 童恩正:《古代中国南方与印度交通的考古学研究》,《考古》,1999年第4期。
④ 任乃强:《蜀布、邛竹杖入大夏考》,《华阳国志校补图注》,第323—328页。

教沿着这条古道传入的重要证据①。

有研究者说得更为明白:从佛教诞生地尼泊尔经孟加拉、越缅甸密支那地区,即可抵达滇西大理。从大理北上丽江、盐源,可抵西昌。从大理东去楚雄,再北上攀枝花,亦可抵西昌。再由西昌北上旄牛道经汉源、雅安抵成都,或由西昌东折五尺道经宜宾北上犍为、乐山抵成都,此即近年来不断为考古学家、历史学家所证实的南方丝绸之路②。当然,还有一条路线,就是"从大理到昆明",然后转向滇东黔西,否则就无法解释滇池周边、滇东黔西发现的佛教造像了。

至于两广地区发现的汉代佛教图像与铭文,诸如广西贵县深钉岭东汉一号墓的铜镜"卍"纹饰、梧州东汉铜镜"王兮三羊卿重见佛囗"铭文③,则可能是西南大通道向南延伸的结果,也有可能是沿"交广道"传入的遗迹④。

无论如何,从考古发现中的佛教造像及图像判断,汉代西南夷社会,是中国早期佛教的流行之地,佛教对社会风俗的影响程度,是同时代北方、中原地区不能相比的。

西南夷早期佛教造像,譬如佛陀像、胡人吹箫像,均表现出较多的共性特征,佛像头发卷曲,高肉髻,有项光;深目高鼻,面相圆满;穿通肩长衣,U形衣纹;右手施无畏印,左手握衣角;结跏趺坐。彰显的是印度早期佛教造像风格。更重要的是,佛教造像虽

---

① 阮荣春:《早期佛教造像的南传系统》,《东南文化》,1990年第1—3期。
② 汤洪:《"峨眉"语源考》,《复旦学报(社会科学版)》,2017年第6期。
③ 黄启善:《广西铜镜》,文物出版社,2004年,第122、141页。
④ 罗世平:《早期佛教进入巴蜀的途径——以摇钱树佛像为中心》,《湖北美术学院学报》,2011年第2期。

为胡人面相,却不见希腊式的体貌特征,更多体现出南亚、西亚人群的面貌。部分造像的发式造型,非常接近西南夷土著族群的"椎髻"发式。与我国新疆、内地早期佛教造像具有较大的差异性。

从全国视域来考察,以年代而论,西南夷早期佛教造像时间最早;以数量而言,西南夷早期佛教造像数量最多、分布最集中;造像特征整体上呈现出印度早期佛教造像风格。由传入路径考察,一方面,西南早期佛教造像缺少来自北方或者南方海上的证据;另一方面,无论是文献记载抑或是考古发现,均指向西南大通道,即从中印度经永昌郡传入的陆上通道。从周边关系考察,西南夷早期佛教造像,对荆楚及陕甘南部等周边地区的早期佛教造像有明显的影响。汉代西南夷七郡是中国早期佛教的流传之地;佛教入华,除了传统的北方陆路、南方海路之外,还存在第三条路线,即汉代的西南大通道(蜀身毒道)。

结束语

　　本书所呈现的内容,包含三大主题,一为战国至秦汉西南夷土著族群及其文化,二是汉代对西南夷的治理,三是汉代西南夷社会的发展。其中的逻辑关系为:在汉代郡县制度、汉族移民、汉文化、内地礼俗的影响下,西南夷社会发生了根本性的变革,奠定了后世中国西南边疆社会发展的基础。

　　我们首先通过对战国秦汉时期西南夷土著族群与文化的陈述,厘清了汉代经营西南夷之前,当地的族群与文化关系,这是不同于中原内地的西南夷土著青铜文明。地理上它以云贵高原为主体,包括青藏高原与四川盆地、横断山区的交汇地带,这里山谷纵横,坝子遍布,自新石器时代以来,就形成多样性的土著文化。战国至秦汉时期,发展出具有共同地域传统的西南夷土著青铜文化。诸多族群之间既有联系又相区隔,多样性的族群与文化,如珍珠般散布在自然地理单元之间。它们与巴、蜀以及关中内地之间,早已存在文化甚至是族群的交流与联系。

　　秦汉以来,汉文化由关中传入巴蜀,再进入西南夷,体现的是"秦并巴灭蜀,汉经营西南夷"的历史进程。因此,第二部分重点从郡县制度、交通与邮传、移民等视角,呈现汉武帝以来对西南夷的经营设治与影响;西南夷七郡的设立,把"巴蜀以西以南"的广阔地域,纳入汉朝的郡县制度之下,大一统体制带来的政治设治、交通流动、人群迁徙、内地文化礼俗影响,还有"汉式器物"等物质交流,促成了西南夷土著文化与汉文化的接触、交流与融合。另一方面,由于对域外开拓、认识交流的不断深入,西南夷成为沟通汉朝与中国西南域外"西方世界"的门户,胡人、杂技、幻术、佛教由"西南大通道"传入,并经西南夷传到巴蜀,进入关中、内地。在汉族移民、汉文化、内地礼俗及佛教文化的交互影响下,西南夷社会开始变革、转型与发展。

第三部分是西南夷土著文化与汉文化接触、交流、融合过程及其结果。经过西汉武帝时期至东汉中期二百多年的发展,西南夷社会发生了根本性的变迁:政治上,从西南夷部族社会,转型为汉朝大一统体制内的郡县之地;族群上,从原来的"四裔边民"为主,发展成为"夷汉"多民族杂居共处,交往交流交融。交通上,由原来的"甲地到乙地,乙地到丙地"间接联系,形成"西南大通道"的互联互通,完全纳入到汉帝国的交通邮传网络之中;经济上,以巴蜀铁器、陂塘水田系统、朱提堂狼铜器为代表的先进农业与手工业生产,加速推进西南夷经济发展;文化上,从西南夷土著文化为主,转型为以汉文化为主体的"西南地域文化";宗教上,以汉代神仙信仰为主体,包含土著信仰、佛教信仰,形成了与内地既有联系,又有区别的西南夷宗教信仰体系。

汉武帝开拓、治理西南夷以来所涉及的历史事件、人物、文物遗迹,都指向汉代由关中至蜀地,再到西南夷的交通网络,即本书所称的"西南大通道"。西南地域性器物,譬如摇钱树、陂塘水田模型、朱提堂狼铜器、早期佛教造像等,均出自沿西南大通道分布的汉式墓葬。

总之,汉代是中国统一多民族国家、多元一体中华民族与中华文化形成、发展的关键时期,西南夷参与了这一伟大的历史进程。在秦汉大一统国家出现之前,西南夷作为"四裔"所居的徼外之地,其族群与文化与内地有着明显的差异性。秦汉时期开拓、经营、治理西南夷,设郡置吏的同时,"秦民"与"汉人","汉文化"与"内地礼俗"迁徙、传入、影响西南夷。西汉武帝时期以来,西南夷与全国其他地区一样,同属汉朝体制内的郡县,是夷汉大杂居小聚居的一方乐土。汉代西南夷社会的发展,奠定了后世中国西南边疆社会的政治基础、族群结构与文化方向。

费孝通先生说,中华民族作为一个自在的民族实体,形成于几千年的历史过程中。汉代西南夷社会"夷汉共居",即各民族大杂居小聚居格局的形成,以及此后两千多年中国西南边疆历史发展,充分证明中华民族共同体的形成与发展,是一个自在、自然的历史过程。

在民族交往交流交融视域下,汉代西南夷社会发展的研究,彰显的是中华民族共同体的根基历史与文化血脉,具有超越地方性的历史价值与当代意义。

主要参考文献

一、古籍文献

〔宋〕司马光编著,〔元〕胡三省音注:《资治通鉴》,中华书局,1956年。

〔汉〕司马迁撰,〔南朝宋〕裴骃集解,〔唐〕司马贞索隐,〔唐〕张守节正义:《史记》,中华书局,1959年。

〔晋〕陈寿撰,〔宋〕裴松之注:《三国志》,中华书局,1959年。

〔宋〕李昉等撰:《太平御览》,中华书局,1960年。

〔汉〕班固撰,〔唐〕颜师古注:《汉书》,中华书局,1962年。

〔南朝宋〕范晔撰,〔唐〕李贤注:《后汉书》,中华书局,1965年。

〔宋〕欧阳询撰,汪绍楹校:《艺文类聚》,中华书局,1965年。

〔梁〕萧子显撰:《南齐书》,中华书局,1972年。

〔唐〕姚思廉撰:《梁书》,中华书局,1973年。

〔北齐〕魏收撰:《魏书》,中华书局,1974年。

〔唐〕房玄龄等撰:《晋书》,中华书局,1974年。

〔梁〕沈约撰:《宋书》,中华书局,1974年。

〔唐〕李延寿撰:《南史》,中华书局,1975年。

〔后晋〕刘昫等撰:《旧唐书》,中华书局,1975年。

〔宋〕欧阳修、〔宋〕宋祁撰:《新唐书》,中华书局,1975年。

〔明〕宋濂等撰:《元史》,中华书局,1976年。

〔清〕阮元校刻:《十三经注疏》,中华书局,1980年。

〔唐〕李泰撰,贺次君辑校:《括地志辑校》,中华书局,1980年。

方诗铭、王修龄辑录:《古本竹书纪年辑证》,上海古籍出版社,1981年。

〔唐〕李吉甫撰:《元和郡县图志》,贺次君点校,中华书局,1983年。

〔汉〕刘熙撰:《释名》,中华书局,1985年。

〔清〕陈介祺辑:《十钟山房印举》,北京书店,1985年。

王明撰:《抱朴子内篇校释》,中华书局,1985年。

上海书店编:《诸子集成》,上海书店,1986年。

〔元〕郭松年、〔元〕李京撰,王叔武校注:《大理行记校注 云南志略辑校》,云南民族出版社,1986年。

〔晋〕常璩著,任乃强校注:《华阳国志校补图注》,上海古籍出版社,1987年。

〔后魏〕郦道元注,〔清〕杨守敬、〔清〕熊会贞疏:《水经注疏》,江苏古籍出版社,1989年。

〔汉〕刘安等编著,〔汉〕高诱注:《淮南子》,上海古籍出版社,1989年。

黄晖撰:《论衡校释》,中华书局,1990年。

〔北魏〕阚骃撰:《十三州志》,《西北稀见丛书文献》,兰州古籍书店,1990年。

〔明〕刘文徵撰:《滇志》,古永继校点,王云、尤中审订,云南教育出版社,1991年。

〔唐〕樊绰撰,向达原校,木芹补注:《云南志补注》,云南人民出版社,1995年。

王叔武辑著:《云南古佚书钞》,云南人民出版社,1996年。

〔宋〕王应麟辑:《玉海》,广陵书社,2003年。

杨天宇撰:《礼记译注》,上海古籍出版社,2004年。

何清谷撰:《三辅黄图校释》,中华书局,2005年。

〔清〕张澍辑,陈晓捷注:《长安史迹丛刊:三辅决录·三辅故事·三辅旧事》,三秦出版社,2006年。

周钟岳等纂:《新纂云南通志》,王珏等点校,李春龙审定,云南人民出版社,2007年。

〔汉〕刘珍等撰,吴树平校注:《东观汉记校注》,中华书局,2008年。

许维遹撰,梁运华整理:《吕氏春秋集释》,中华书局,2009年。

〔汉〕应劭撰,吴树平校译:《风俗通义校释》,天津人民出版社,1980年。

〔清〕吴式芬、〔清〕陈介祺撰:《封泥考略》,浙江人民美术出版社,2013年。

方韬译注:《山海经》,中华书局,2017年。

〔清〕阮元、〔清〕王崧、〔清〕李诚等纂修:《道光云南通志稿》,云南美术出版社,2021年。

二、考古报告

(一)发掘报告与考古报告集

云南省博物馆:《云南晋宁石寨山古墓群发掘报告》,文物出版社,1959年。

四川省文物考古研究所:《四川考古报告集》,文物出版社,1998年。

四川省文物考古研究所:《三星堆祭祀坑》,文物出版社,1999年。

云南省文物考古研究所:《曲靖八塔台与横大路》,科学出版社,2003年。

云南省文物考古研究所等:《昆明羊甫头墓地》,科学出版社,2005年。

云南省文物考古研究所编:《云南考古报告集(之二)》,云南科技出版社,2006年。

贵州省文物考古研究所:《赫章可乐二〇〇〇年发掘报告》,文物出版社,2008年。

云南省文物考古研究所等:《个旧市黑蚂井墓地第四次发掘报告》,科学出版社,2013年。

云南省文物考古研究所编著:《会泽水城古墓群发掘报告》,科学出版社,2014年。

贵州省文物考古研究所编著:《贵州田野考古报告集:1993—2013》,科学出版社,2014年。

云南省文物考古研究所:《石寨山文化考古发掘报告集》,科学出版社,2016年。

贵州省文物考古研究所、贵州省博物馆编著:《贵州考古出土文物精粹》,科学出版社,2021年。

(二)考古报告

云南省博物馆考古发掘工作组:《云南晋宁石寨山古遗址及墓葬》,《考古学报》,1956年第1期。

贵州省博物馆:《贵州清镇平坝汉墓发掘报告》,《考古学报》,1959年第1期。

云南省博物馆:《云南晋宁石寨山第三次发掘简报》,《考古》,1959年第9期。

云南省文物工作队:《云南昭通桂家院子东汉墓发掘》,《考古》,1962年第8期。

云南省博物馆:《云南晋宁石寨山第四次发掘简报》,《考古》,1963年第9期。

云南省文物工作队:《云南昭通后海子东晋壁画墓清理简报》,《文物》,1963年第12期。

济南市博物馆:《试谈济南无影山出土的西汉乐舞、杂技、宴饮陶俑》,《文物》,1972年第5期。

云南省博物馆:《云南江川李家山古墓群发掘报告》,《考古学报》,1975年第2期。

四川省博物馆:《四川阿坝州发现汉墓》,《文物》,1976年第11期。

贵州省博物馆考古组:《贵州兴义、兴仁汉墓》,《文物》,1979年第5期。

礼州遗址联合考古发掘队:《四川西昌礼州发现的汉墓》,《考古》,1980年第5期。

云南省博物馆文物工作队:《云南呈贡七步场东汉墓》,《考古》,1982年第1期。

郭清华:《陕西勉县老道寺汉墓》,《考古》,1985年第5期。

贵州省博物馆考古组、贵州省赫章县文化馆:《赫章可乐发掘报告》,《考古学报》,1986年第2期。

吉木布初、关荣华:《四川昭觉县发现东汉石表和石阙残石》,《考古》,1987年第5期。

大理州文物管理所:《云南大理大展屯二号汉墓》,《考古》,1988年第5期。

大理州文物管理所:《云南大理市下关城北东汉纪年墓》,《考古》1997年第4期。

云南省博物馆等:《云南晋宁石寨山第五次抢救性清理发掘简报》,《文物》,1998年第6期。

云南省文物考古研究所等：《云南江川县李家山古墓群第二次发掘》，《考古》，2001年第12期。

四川省凉山彝族自治州博物馆：《四川西昌市杨家山一号东汉墓》，《考古》，2007年第5期。

张元：《贵州赫章可乐出土的西汉纪年铭文瓦当》，《文物》，2008年第8期。

云南省文物考古研究所、昆明市晋宁区文物管理所：《云南昆明市河泊所青铜时代遗址》，《考古》，2023年第7期。

三、近人学术论著

（一）著作

文物出版社编：《兰亭论辩》，文物出版社，1973年。

云南各族古代史略编写组：《云南各族古代史略》，云南人民出版社，1977年。

陈直：《两汉经济史料论丛》，陕西人民出版社，1980年。

蒙文通：《巴蜀古史论述》，四川人民出版社，1981年。

蒙文通：《越史丛考》，人民出版社，1983年。

孙太初：《云南古代石刻丛考》，文物出版社，1983年。

方国瑜：《云南史料目录概说》，中华书局，1984年。

俞伟超：《先秦两汉考古学论集》，文物出版社，1985年。

方国瑜：《中国西南历史地理考释》，中华书局，1987年。

徐冶等：《南方陆上丝绸路》，云南民族出版社，1987年。

童恩正：《中国西南民族考古论文集》，文物出版社，1990年。

伍加伦、江玉祥主编：《古代西南丝绸之路研究》，四川大学出版社，

1990年。

汪宁生:《云南考古》,云南人民出版社,1992年。

李绍明、林向、赵殿增主编:《三星堆与巴蜀文化》,巴蜀书社,1993年。

冯承钧译:《西域南海史地考证译丛》第一卷,商务印书馆,1995年。

李如森:《汉代丧葬制度》,吉林大学出版社,1995年。

陆韧:《云南对外交通史》,云南民族出版社,1997年。

方铁、方慧:《中国西南边疆开发史》,云南人民出版社,1997年。

张增祺:《滇国与滇文化》,云南美术出版社,1997年。

张增祺:《晋宁石寨山》,云南美术出版社,1998年。

李伯谦:《中国青铜文化结构体系研究》,科学出版社,1998年。

马曜:《马曜学术论著自选集》,云南人民出版社,1998年。

孙华:《四川盆地的青铜时代》,科学出版社,2000年。

方国瑜著,林超民主编:《方国瑜文集》(第一至第四辑),云南教育出版社,2001年。

王海涛:《云南佛教史》,云南美术出版社,2001年。

童恩正:《古代的巴蜀》,重庆出版社,2004年。

尤中:《中国西南民族地区沿革史——先秦至汉晋时期》,民族出版社,2005年。

何志国:《汉魏摇钱树初步研究》,科学出版社,2007年。

林超民:《林超民文集》,云南人民出版社,2008年。

彭长林:《云贵高原的青铜时代》,广西科学技术出版社,2008年。

杨勇:《战国秦汉时期云贵高原考古学文化研究》,科学出版社,2011年。

张增祺:《中国西南民族考古》,云南人民出版社,2012年。

张合荣:《夜郎文明的考古学观察——滇东黔西先秦至两汉时期遗

存研究》,科学出版社,2014年。

肖明华:《云南古代官印集释》,文物出版社,2015年。

吴小平:《两汉时期云贵地区汉文化的考古学探索》,浙江大学出版社,2018年。

叶成勇:《战国至秦汉时期南夷社会考古学研究》,文物出版社,2019年。

(二)论文

方国瑜:《汉晋时期在云南的汉族移民》,《人文科学》,1957年第2期。

尤中:《汉晋时期的"西南夷"》,《历史研究》,1957年第12期。

蒙文通:《巴蜀史的问题》,《四川大学学报(社科版)》,1959年第5期。

冯汉骥:《云南晋宁石寨山出土文物的族属问题试探》,《考古》,1961年第9期。

江应樑:《明代外地移民进入云南考》,《云南大学学术论文集》第二辑,1963年。

童恩正:《近年来中国西南民族地区战国至秦汉时代的考古发现及其研究》,《考古学报》,1980年第4期。

孙太初:《云南"梁堆"墓之研究》,《云南省博物馆建馆三十周年纪念文集》,云南博物馆,1981年。

唐文元:《贵州汉墓及其分期特点》,《贵州文史丛刊》,1982年第4期。

刘世旭:《试论川西南大石墓的起源与分期》,《考古》,1985年第6期

宋治民:《川西和滇西北的石棺葬》,《考古与文物》,1987年第

3期。

张增祺:《古代云南的"梁堆"墓及其族属新探》,《云南民族学院学报(哲社版)》,1989年第4期。

刘弘:《从川滇古道上的汉墓看汉代邮亭》,《四川文物》,1990年第3期。

史继忠:《贵州汉族移民考》,《贵州文史丛刊》,1990年第1期。

罗开玉:《川滇西部及藏东石棺墓研究》,《考古学报》,1992年第4期。

童恩正:《古代中国南方与印度交通的考古学研究》,《考古》,1999年第4期。

蔡葵:《云南汉代制造的商品性铜器》,《思想战线》,1995年第1期。

苍铭:《云南汉族的来源》,《民族工作》,1997年第10期。

赵小帆:《试论贵州汉墓的几个问题》,《贵州民族研究》,1998年第4期。

罗二虎:《四川汉代砖石室墓的初步研究》,《考古学报》,2001年第4期。

罗二虎:《略论贵州清镇汉墓出土的早期佛像》,《四川文物》,2001年第2期。

李学勤:《略论巴蜀考古新发现及其学术地位》,《中华文化论坛》,2002年第3期。

赵殿增:《金沙江流域早期考古的几个问题》,《中华文化论坛》,2002年第4期。

罗二虎:《汉代模型明器中的水田类型》,《考古》,2003年第4期。

林超民:《汉族移民与云南统一》,《云南民族大学学报(哲社版)》,2005年第3期。

彭长林:《云贵高原与岭南早期文化关系的考古学观察》,《广西民族研究》,2006年第2期。

刘弘:《巴蜀文化在西南地区的辐射与影响》,《中华文化论坛》,2007年第4期。

孙华:《黔西滇东青铜文化初论——以云南昭通及贵州毕节地区的考古材料为中心》,《四川文物》,2007年第5期。

段玉明:《从出土文物看巴蜀早期佛教》,《四川文物》,2008年第3期。

段渝:《中国西南早期对外交通》,《历史研究》,2009年第1期。

李昆声、闵锐:《云南早期青铜时代研究》,《思想战线》,2011年第4期。

王煜:《四川汉墓出土"西王母与杂技"摇钱树枝叶试探》,《考古》,2013年第11期。

张勇:《云贵高原汉墓研究》,中山大学博士学位论文,2014年。

姜生:《汉墓的神药与尸解成仙信仰》,《四川大学学报(哲社版)》,2015年第2期。

杨勇:《云贵高原出土汉代印章述论》,《考古》,2016年第10期。

苏奎:《长江上游汉代佛像陶灯研究》,《长江文明》,2017年第2期。

张勇:《汉代西南属国考古学文化变迁及相关问题研究》,《郑州大学学报(哲社版)》,2017年第4期。

霍巍:《考古学视野下的四川汉代移民研究》,《中华文化论坛》,2019年第3期。

王煜:《昆仑、天门、西王母与天帝——试论汉代的"西方信仰"》,《文史哲》,2020年第4期。

四、史料汇编、考古研究文集

张星烺:《中西交通史料汇编》,中华书局,1977年。

上海书画出版社编:《上海博物馆藏印选》,上海书画出版社,1979年。

中国考古学会编:《中国考古学会第一次年会论文集(1979)》,文物出版社,1980年。

云南青铜器论丛编辑组:《云南青铜器论丛》,文物出版社,1981年。

罗福颐主编:《故宫博物院藏古玺印选》,文物出版社,1982年。

中国考古学会编:《中国考古学会第二次年会论文集(1980)》,文物出版社,1982年。

云南省博物馆编:《云南铁器时代文化论》,云南人民出版社,1992年。

贵州省博物馆考古研究所编:《贵州田野考古四十年(1953—1993)》,贵州民族出版社,1993年。

四川省文物考古研究所编:《四川考古论文集》,文物出版社,1996年。

云南省文物考古研究所编:《云南考古文集》,云南民族出版社,1998年。

上海古籍出版社编:《汉魏六朝笔记小说大观》,王根林等校点,上海古籍出版社,1999年。

方国瑜主编:《云南史料丛刊》,云南大学出版社,1998—2001年。

国务院三峡工程建设委员会办公室、国家文物局编:《2003年三峡文物保护与考古学研究学术研讨会论文集》,科学出版社,2003年。

杨世钰、赵寅松主编:《大理丛书·考古文物篇》,云南民族出版社,

2009年。

中国社会科学院考古研究所编著:《中国考古学·秦汉卷》,中国社会科学出版社,2010年。

云南省文物考古研究所:《石寨山文化考古研究论文集》,科学出版社,2018年。

云南省博物馆编:《妙香秘境:云南佛教艺术展》,云南民族出版社,2018年。

后　记

汉代文献中常以"夷汉歌咏"一词描绘西南夷的社会生活,它是西汉武帝时期以来,西南夷从"四裔边疆"成为"夷汉"大杂居小聚居乐土的真实写照。笔者注意到,与西南夷相关的文物、文献,均指向民族交往交流交融这一主题。早年,我在为研究生讲授《考古学与西南民族研究》课程时,其中就有一讲名为"梁堆墓与汉族移民",讨论的是汉晋砖室墓的考古发现与西南夷早期汉族移民话题。面对一茬又一茬学子,教学相长,自己对问题的认识因之得以深化,并萌生了撰写此书的念想。这就是本项研究的缘起,以及《夷汉歌咏:汉代西南夷民族交往交流交融》书名的来由。

"梁堆"墓就是"汉式墓葬",它保留、呈现的汉文化与内地礼俗,是汉代开拓、治理西南夷的物质文化遗产,它彰显的是中国统一多民族国家形成与发展初期,汉族移民与西南边疆各土著族群交往交流交融,共同开拓祖国疆域、共同书写中国历史的丰功伟业。然而,要揭示其深邃的文化内涵与宏大的历史意义,既要突破碎片化的地域研究局限,更需要从多学科、多维度出发,找到支撑考古发现、文献记载与民族志材料内在联系的底层逻辑。

常听人言,沉浸与究底,是学者的本性,也是基本的学术精神。资料是学术研究的根基,而有一分材料说一分话,是研究者应当遵循的基本原则。出于同好,笔者自甘寂寥,不闻窗外的喧嚣与热烈；热心文案，上穷碧落下黄泉，自得其乐。力求引用史料时不断章取义，尽力做到全面与系统；征引考古报告时，务求科学与精准。在事实呈现中，透物见人，阐明物象隐喻的社会文化意义；于史料诠释上，刨根问底，发现知识生产的社会历史情境。

学术论著的书写各有千秋，然而科学性与可读性的契合，当为学界同仁的共同愿景。为达成此目标，笔者写作时常怀读者之心，无论是谋篇布局、文字叙事，还是材料的征引，多曾思索再三，用心推敲。如今文字屡易，书稿草成，但落笔之余，总觉难尽人意。学术研究之旅，实为其路漫漫的自我修行。

书末所列参考书目，除古籍文献、学术著作之外，还将引用较多的考古报告与研究文章依次列出，以示对学术的尊重。书中所引图片，多采自相关考古报告与研究论著，特作说明，谨致谢忱！

特别感谢四川大学、云南大学、云南省博物馆、云南省文物考古研究所、贵州省博物馆、凉山州博物馆、昭通市博物馆、大理州博物馆、大理大学民族文化研究院等单位的支持与帮助。感谢新技术革命带来的互联网开放获取数字学术资源。感谢中华书局学术出版中心罗华彤主任、樊玉兰老师的关心与帮助，感谢王毓川、赵元梁、吕余萍、董相等诸多学友的协助，感谢大理大学科技处提供的经费支持，使得书稿能够顺利出版。

2023 年 11 月 23 日
李东红于昆明